Einführung in die neue Ökonomie der Medienmärkte

Ralf Dewenter · Jürgen Rösch

Einführung in die neue Ökonomie der Medienmärkte

Eine wettbewerbsökonomische Betrachtung aus Sicht der Theorie der zweiseitigen Märkte

Ralf Dewenter
Professur für Industrieökonomik
Helmut-Schmidt-Universität
Hamburg, Germany

Jürgen Rösch
Professur für Industrieökonomik
Helmut-Schmidt-Universität
Hamburg, Germany

ISBN 978-3-658-04735-1   ISBN 978-3-658-04736-8 (eBook)
DOI 10.1007/978-3-658-04736-8

Die Deutsche Nationalbibliothek verzeichnet diese Publikation in der Deutschen Nationalbibliografie; detaillierte bibliografische Daten sind im Internet über http://dnb.d-nb.de abrufbar.

Springer Gabler
© Springer Fachmedien Wiesbaden 2015

Lektorat: Claudia Hasenbalg

Gedruckt auf säurefreiem und chlorfrei gebleichtem Papier

Springer Fachmedien Wiesbaden ist Teil der Fachverlagsgruppe Springer Science+Business Media
(www.springer.com)

Vorwort

Die Medienökonomik hat sich in den letzten Jahren grundlegend verändert. Die Digitalisierung und die damit verbundene Konvergenz der Medien hat die Struktur und die Dynamik der Märkte verändert. Mit der Theorie der zweiseitigen Märkte wurde gleichzeitig ein Instrument geschaffen, das in der Lage ist, diesen Änderungen in adäquater Weise zu begegnen. Dieses Buch nimmt sich der *neuen* Medienökonomik an. Es beleuchtet Medienmärkte aus einer wettbewerbspolitischen Sicht, mithilfe der Theorie der zweiseitigen Märkte. Eine vollständige Betrachtung aller aktuellen und zukünftigen Probleme ist dabei nicht möglich. Sowohl die Theorie der zweiseitigen Märkte als auch deren Anwendung in der Medienökonomik hält noch einige offene Frage bereit.

Unseres Wissens existiert aber bisher noch kein Lehrbuch, das sich intensiv mit dieser *neuen* Medienökonomik beschäftigt. Unser Ziel ist deshalb eine Einführung in die Theorie der zweiseitigen Märkte und deren Anwendung auf die Medienökonomik zu geben. Die Betrachtung kann dabei weder vollständig noch abschließend sein. Dennoch gibt sie einen Einblick in die Funktionsweise von Medienmärkten, die daraus resultierenden Problemen, aber auch die Besonderheiten und Chancen der digitalen Medienwelt. Das vorliegende Buch ist im Laufe der Jahre aus Vorlesungen zur Medienökonomik an der Helmut-Schmidt-Universität Hamburg, der Ruhr-Universität Bochum, der Leuphana Universität Lüneburg, der Technischen Universität Ilmenau und der Heinrich-Heine Universität Düsseldorf entstanden und stellt daher eine Weiterentwicklung der Vorlesungsskripte dar. Wir verstehen das Buch daher auch vor allem als Grundlage für Vorlesungen im Bereich der Medienökonomik. Das Buch ist aber ebenso Ergebnis vieler Diskussionen mit Vertretern von Medienunternehmen, Rechtsanwaltskanzleien, der Wettbewerbspolitik und Regulierung sowie der Politik. Es bietet daher auch ebenso Ansätze, die Verwendung in der Praxis und Politik finden können.

Wie jedes Buch, ist eine inhaltliche als auch physische Erstellung nicht ohne Hilfe möglich. Wir danken daher für die dauerhafte Unterstützung und Diskussion während der gesamten Erstellungsphase: Oliver Budzinski, Björn Frank, Justus Haucap, Ulrich Heimeshoff, Niklas Im Winkel, Thomas Jaschinski, Ulrich Kaiser, Wolfgang Kerber, Torsten Körber, Jörn Kruse, Björn Kuchinke, Ulrich Schwalbe.

Außerdem danken wir für wertvolle Unterstützung bei der tatsächlichen Erstellung des Buches: Sylvia Leuschner, Katrin Peemöller, Albert Rösch und Anna Terschüren.

Hamburg, Germany   Ralf Dewenter
                                                                                            Jürgen Rösch

Inhaltsverzeichnis

Abbildungsverzeichnis

Tabellenverzeichnis

Teil I
Einleitung

Ökonomie der Medienmärkte

1.1 Eine neue Theorie der Medienökonomie

In den letzten Jahren hat der gesamte Mediensektor extreme Veränderungen erfahren. Neue Technologien, neue Geschäftsmodelle, die Digitalisierung sowie die Konvergenz der Medien haben alte Strukturen aufgebrochen und zu einer besonders dynamischen Entwicklung geführt. Unternehmen, aber auch Politik und Wissenschaft stehen vor großen Herausforderungen, die neue Situation anzunehmen, zu erklären und zu bewerten. Zeitgleich gibt es in der Ökonomie einen deutlichen Anstieg an Forschungsarbeiten, die sich mit Medienmärkten beschäftigen. Mit der Theorie der zweiseitigen Märkte wurde in der Industrieökonomik vor ca. zehn Jahren eine Methode entwickelt, die es erlaubt, Medienmärkte vor allem unter dem Aspekt der Interdependenz von Inhalte- und Werbemärkten zu analysieren.

Wie die Medienmärkte, verändert sich auch die Medienökonomie und damit auch die Medienökonomik. Aus der Digitalisierung und der Konvergenz der Medien ergeben sich immer neue Angebote und Märkte. Im Internet entstehen und vergehen neue Plattformen: Sie werden bekannt, potentiell marktmächtig und nicht selten wieder von einer neuen Plattform abgelöst. In der Medienökonomie hat sich durch das Instrumentarium der zweiseitigen Märkte eine neue Sichtweise auf Medienmärkte etabliert, die zwar lange bekannt, aber nicht systematisch erfasst war. Medienunternehmen bieten ihren Kunden Inhalte an, verkaufen aber auch Werbeflächen. Sie vertreiben damit zwei unterschiedliche Produkte, deren Nachfragen voneinander abhängen. Nur, wenn die Verbindung der beiden Produkte optimal berücksichtigt wird, kann das Unternehmen erfolgreich sein.

Noch vor wenigen Jahren beschäftigte sich die Medienökonomik vornehmlich mit Fragen der Printmedien und des Rundfunks. Diskutiert wurden beispielsweise die Notwendigkeit und der Umfang einer staatlichen Bereitstellung von Rundfunkmedien oder die Wirkung der Medienkonzentration auf die publizistische Vielfalt. Durch die technischen Gegebenheiten musste über die Zuteilung und Nutzung knapper Frequenzen entschieden werden. Telekommunikationsmedien, egal ob stationär oder mobil, wurden dabei in der

© Springer Fachmedien Wiesbaden 2015
R. Dewenter, J. Rösch, *Einführung in die neue Ökonomie der Medienmärkte*,
DOI 10.1007/978-3-658-04736-8_1

Regel völlig außer Acht gelassen. Zuerst wurde von einer Konvergenz abstrahiert, dann wurde der Frage nachgegangen, ob es in Zukunft zu einer Konvergenz der Medien kommen würde und wie stark diese ausgeprägt sei. Die vollständige Konvergenz der Medien ist aber mittlerweile fast schon Realität. Nun steht daher die Analyse dieser neuen und komplexen konvergierten, oftmals mehrseitigen Strukturen der Märkte im Vordergrund.

Unter diesen Voraussetzungen sind es vornehmlich industrieökonomische und wettbewerbspolitische Fragen, die einer genauen Betrachtung bedürfen. So können Programme ohne großen Aufwand über das Internet vertrieben werden. Die Möglichkeiten, in den Markt einzutreten, sind rasant gestiegen und werden auch zunehmend genutzt, da die Kosten gleichermaßen gesunken sind. Die Digitalisierung der Inhalte hat also zu einer starken Senkung der Markteintrittsbarrieren geführt. Zum Markteintritt ist nur der Zugang zum Internet notwendig, die notwendige Infrastruktur dazu steht allen zur Verfügung. Auf diese Weise ist es zu einer verstärkten Konvergenz der Medien gekommen, da nun das Netz als Distributionsweg im Prinzip allen Medien zur Verfügung steht und damit neue Strukturen und Geschäftsmodelle schafft.

Die Analyse und Bewertung dieser neuen Strukturen und Geschäftsmodelle ist die neue Aufgabe der Medienökonomie. Dabei geht es um das Erkennen und Verstehen der Mechanik von konvergenten Medienmärkten, die sich von den traditionellen Medien über die komplette digitale Medienwelt bis hin zu Telekommunikationsmedien und mobiler Mediennutzung erstrecken. Ökonomische Modelle erlauben, diese komplexen Strukturen einfach und intuitiv abzubilden, schaffen dabei dennoch ein ausreichend scharfes Abbild der Realität. Anhand dieser Modelle können die Funktionsweisen der Märkte und Plattformen, sowie deren Verhalten im Wettbewerb erläutert werden. Wie muss beispielsweise die extrem hohe Konzentration mancher Internetmärkte bewertet werden? Wie lässt sich eine Messung der Konzentration dieser Märkte vornehmen? Welche Wirkungen auf Preise, Mengen und Wohlfahrt sind zu erwarten? Was ist etwa davon zu halten, wenn eine große und erfolgreiche Internetplattform plötzlich Produkte kostenlos durch Werbung finanziert anbietet, die zuvor eigenständig verkauft wurden? Und wer sollte für den Transport von Inhalten über Netze und Infrastruktureinrichtungen zahlen – der Inhalteanbieter, der vom Transport profitiert oder der Netzbetreiber, der bestimmte Inhalte präferiert?

Die Theorie der zweiseitigen Märkte bietet die Möglichkeit, diesen Fragen nachzugehen und Antworten zu finden. Traditionelle als auch Internetmärkte sind typischerweise zweiseitige Märkte, die hier tätigen Unternehmen sind zweiseitige Plattformen, die Werbe- und Rezipientenmarkt miteinander verbinden. Sie verkaufen zwei voneinander abhängige Produkte, und nur wenn sie es schaffen, beide Märkte gemeinsam „an Bord zu bekommen", können sie erfolgreich wirtschaften. Oftmals sind auch mehrere zwei- oder mehrseitige Plattformen beteiligt, was die Analyse der verbundenen Märkte zusätzlich erschwert. Noch immer gibt es zwar viele offene Fragen, die sich um zweiseitige Plattformen drehen und es herrscht noch immer deutlicher Forschungsbedarf; dennoch kann bereits jetzt sehr viel über die Funktionsweise von Medienmärkten gesagt und gelernt werden.

Ziel des Buchs ist es daher, die Theorie der zweiseitigen Märkte darzustellen, zu diskutieren und auf Medienmärkte anzuwenden. Wir verwenden dazu einfache und intuitive Modelle, die es uns erlauben, die wesentlichen Wirkungsweisen der betrachteten Märkte und Plattformen abzuleiten. Hierbei legen wir großen Wert auf die didaktischen Eigenschaften der Modelle. Ziel ist es nicht, einen möglichst komplexen mathematischen Rahmen zu schaffen, sondern mit einfachen Strukturen die wesentlichen Eigenschaften und Effekte zu erläutern. Wir analysieren beispielsweise den Einfluss verschiedener Faktoren wie Marktstruktur, Wettbewerb, Kosten, Struktur der Plattform etc. auf das Marktergebnis. Welche Mengen, Preise und Gewinne stellen sich unter bestimmten Bedingungen ein? Wie verhalten sich die Plattformen bei verschiedenen Gegebenheiten? Wie ist eine solche Situation zu bewerten? Darüber hinaus diskutieren wir besondere Plattformen wie etwa soziale Netzwerke. Außerdem untersuchen wir wettbewerblich relevante Situationen wie Kartellabsprachen oder den Missbrauch von Marktmacht. Aus unserer theoretischen Betrachtung versuchen wir dann allgemeingültige Implikationen für die wettbewerbspolitische Beurteilung von zweiseitigen Medienmärkten abzuleiten.

Das vorliegende Lehrbuch soll eine Einführung in die neue Medienökonomik geben. Es dient dem grundlegenden Verständnis und erläutert die wesentlichen Zusammenhänge. Das Buch ist aus den Vorlesungen zur Medienökonomik entstanden und daher letztendlich eine Weiterentwicklung des Vorlesungsskripts. Es richtet sich vornehmlich an Studierende der Bachelorstudiengänge der Betriebs- und Volkswirtschaftslehre aber, wegen des starken Bezugspunkts zur Wettbewerbspolitik, ebenso an interessierte Leser, die eine Bewertung von Medienmärkten und Verhalten der Plattformen vornehmen müssen. Es ist daher ebenso als eine Einführung für Ökonomen, Juristen oder auch Medienwissenschaftler geeignet, die direkt oder indirekt mit diesen Märkten in Berührung kommen.

Im Mittelpunkt steht dabei die wettbewerbliche Analyse aus Sicht der zweiseitigen Märkte. Wir beschränken uns ganz bewusst auf diese Fragen, wohl wissend, dass auch andere Herangehensweisen existieren. Diese werden jedoch an dieser Stelle ausdrücklich nicht thematisiert. Auch Fragen des Medienmanagements, der Medienwissenschaft oder des Medienrechts werden von uns nicht diskutiert. Im Wesentlichen will die neue Medienökonomie – wie wir sie verstehen – eine optimale Wettbewerbspolitik definieren und Regulierungs- bzw. Deregulierungsbedarf feststellen. Wir postulieren keineswegs, dass Eingriffe in den Markt nicht notwendig seien, stellen jedoch fest, dass diese deutlich vorsichtiger vorgenommen werden sollten, als dies in einseitigen Märkten der Fall ist. Auch deshalb, weil einige der Wirkungen des Verhaltens zweiseitiger Medienplattformen noch nicht abschließend beurteilt werden können und gerade Internetmärkte sehr dynamisch sind. Die Auswirkungen einer falschen Regulierung oder eines voreiligen Eingreifens könnten schwerer wiegen als die möglichen Verwerfungen im Markt, die damit behoben werden sollten.

1.2   Medien, Digitalisierung und Konvergenz

Medien sind Instrumente zur Verbreitung von Informationen. Sie können zum Informationsaustausch zwischen einzelnen Personen genutzt werden (z.B. Telefone, Faxgeräte, Smartphones, E-Mails und Chats). Sie können aber auch zur nicht personenbezogenen Verbreitung von Informationen dienen, etwa über Massenmedien wie Zeitungen, Zeitschriften, mithilfe von Anzeigen- und Flugblättern oder Büchern, des Fernsehens, des Radios, anhand von CDs und DVDs oder auch des Internets. Bedingt durch die Digitalisierung und Konvergenz der Medien verschwindet die Unterscheidung in Massen- und Kommunikationsmedien zunehmend.

Medienunternehmen erfüllen seit jeher eine wichtige Aufgabe: Sie sammeln Informationen und verbreiten diese mithilfe der genannten Instrumente. Nachrichtenagenturen und Zeitungen beschäftigen Journalisten, um Informationen zu beschaffen, zu bewerten und zu überprüfen. Danach werden die gesammelten Daten selektiert und redaktionell bzw. physisch aufbereitet. Informationen und Nachrichten verschiedener Ressorts werden gebündelt und zusammengefasst. Die Verbreitung erfolgt entweder über ein Trägermedium, z.B. die Zeitung, das Magazin oder über das Internet bzw. den Rundfunk. Medienunternehmen handeln im Normalfall also nicht nur mit Informationen, sondern bieten Trägermedien oder Dienstleistungen zum Kauf an.

Diese eher traditionelle Sichtweise umfasst vor allem klassische Medienunternehmen wie Verlage, Zeitungen und Rundfunkanstalten. Die Digitalisierung von Inhalten hat diese Sichtweise nun grundlegend und nachhaltig umgekrempelt. Im weiteren Sinne befasst sich die Medienökonomie jetzt beispielsweise auch mit Musik-, Computer- oder Online-Spiele-Märkten, der Werbung aber auch der mobilen Mediennutzung. Die Möglichkeit, Informationen und Inhalte digital ohne Trägermedium zu verkaufen, entzieht einigen traditionellen Geschäftsmodellen die Grundlage: Einnahmen durch den Verkauf des eigentlichen Produkts, z.B. der Zeitung, der CD oder der DVD, entfallen zum Teil vollständig. Musik kann losgelöst von einem physischen Produkt als MP3-Datei verkauft werden; Zeitungsinhalte benötigen keine physische Zeitung mehr, sondern können über Internetseiten oder auf Tablets und Smartphones gelesen werden. Unternehmen sind dadurch verstärkt auf andere Einnahmequellen wie etwa die Werbung angewiesen und damit auf große Reichweite und viele Konsumenten. Medienunternehmen konkurrieren vor allem um die Aufmerksamkeit der Konsumenten.

Die Digitalisierung führt zu einer zunehmenden Konvergenz verschiedener Medien und Märkte: Konsumenten konsumieren Inhalte off-, online oder mobil. Medienunternehmen müssen ihr klassisches Geschäftsfeld erweitern und zusätzliche Instrumente bzw. Kommunikationsmittel einsetzen, um Nutzer zu erreichen. Das Internet und die Digitalisierung erhöhen den Konkurrenzdruck also doppelt: Erstens müssen die Geschäftsmodelle angepasst werden und die entfallenen Einnahmen aus dem Verkauf von Zeitungen, CDs, etc. kompensiert werden. Zweitens wachsen verschiedene Medien mehr und mehr zusammen, wodurch Konkurrenz nicht nur auf dem eigenen Markt, z.B. dem Rezipientenmarkt bei Zeitungen, besteht, sondern auch auf anderen Rezipientenmärkten wie denen von Online-Medien.

Gleichzeitig treten Konsumenten nicht mehr nur als Rezipienten in Erscheinung, sie sind ebenso Produzenten von Inhalten oder auch Distributoren: Blogger produzieren Artikel, Programmierer stellen Applikationen zur Verfügung, Nutzer kommentieren und bewerten Artikel und Produkte. Über soziale Netzwerke werden Informationen ausgetauscht und verbreitet und etablieren sich zu einem wichtigen Vertriebskanal. Dies eröffnet nicht nur die Möglichkeit neuer Werbeformen, wie virales Marketing, sondern führt auch zu einer noch weiter zunehmenden Konvergenz.

Weitere Herausforderungen stellen sich insbesondere den klassischen Medienunternehmen. Aggregatoren wie *Google* sammeln Informationen und stellen diese gebündelt und kostenlos zur Verfügung. Inhalteanbieter im Internet bieten innovative Dienste an und nutzen dazu die vorhandene Infrastruktur, ohne dass eine Differenzierung im Netz vorgenommen werden kann. Medienunternehmen müssen, wenn sie bestehen wollen, diese Herausforderungen annehmen und ihre Geschäftsmodelle an die neuen Situationen anpassen. Der Konkurrenzdruck steigt für alle Mediengattungen. Selbst regionale Lokalzeitungen, die lange eine relativ gesicherte Position in ihrem lokal abgeschotteten Markt genossen, erfahren zunehmend Konkurrenz durch überregionale Zeitungen oder durch Blogs und neue Internet-Services. Auch überregionale Zeitungen stehen stärker unter Konkurrenzdruck: Leser müssen sich nicht mehr für eine Zeitung entscheiden, sondern können den Inhalt verschiedener Zeitungen online meist kostenlos abrufen. Zum einen brechen dadurch die Verkaufseinnahmen weg, zum anderen können Qualität und Inhalt der Zeitungen direkt miteinander verglichen werden. Die Konkurrenz ist immer „nur einen Klick entfernt".

Durch den Wandel der Medienbranche ändert sich ebenso die Medienökonomie. Traditionelle Fragen nach der Notwendigkeit des öffentlich-rechtlichen Rundfunks, der Vielfaltsicherung, der Meinungsfreiheit oder auch der Konvergenz der Medien werden zwar immer noch diskutiert. Aufgrund der dynamischen Entwicklung der Märkte, rücken aber mehr und mehr wettbewerbliche und regulatorische Probleme in den Fokus. Wie lässt sich zum Beispiel Marktmacht in zweiseitigen Medienmärkten messen? Wie müssen Internetmärkte abgegrenzt werden? Welches Verhalten der Plattformen kann als wettbewerblich und welches als Wettbewerbsbeschränkung eingestuft werden? Sind Monopole auch in zweiseitigen Märkten schädlich? Die Konvergenz führt zudem dazu, dass vermehrt Probleme hinsichtlich der vertikalen Integration und der vertikalen Beziehungen entstehen. Sollte z.B. Netzneutralität regulatorisch festgelegt werden? Sind Plattformverbote für den Handel von Produkten problematisch? Und sind Bestpreis-Klauseln schädlich für den Wettbewerb?

1.3   Alter Wein in neuen Schläuchen?

Die Theorie der zweiseitigen Märkte hat in der Ökonomie einen regelrechten Boom an
Forschungsarbeiten zu medienökonomischen Fragestellungen ausgelöst.[1] Die Berücksichtigung der Verbindung der Märkte durch indirekte Netzwerkeffekte und die damit einher-
gehende Modellierung erlaubt plötzlich die Analyse einer Reihe von Fragestellungen, die
zuvor nur unzureichend oder nicht in adäquater Weise betrachtet werden konnten. Die
Zahl an Forschungsarbeiten zu dem Thema ist teilweise so groß, dass man sich an den das
Sprichwort erinnert fühlt *„If all you have is a hammer, everything looks like a nail"*. Und
tatsächlich muss die Frage erlaubt sein, ob jede Arbeit auch immer einen wesentlichen
Beitrag zu einem relevanten Problem liefert.

Eine weitere Kritik, die der neuen Theorie entgegenschlägt, ist der Vorwurf, dass die
darin formulierten Beziehungen doch seit Jahren bekannt seien und somit nichts neues
entstanden sei – also sozusagen *alter Wein in neuen Schläuchen* verkauft würde. Dieser
Kritik ist entgegenzuhalten, dass zwar die grundsätzlichen Beziehungen in der Medienökonomik tatsächlich seit langem bekannt waren. Zeitungen und andere Medien nutzen
Werbung schon immer als Einnahmequelle. Und schon in den 1950er- und 60er-Jahren
wurden grundlegende Arbeiten zum Zusammenhang von Leser- und Anzeigenmarkt bei
Tageszeitungen veröffentlicht. Jedoch wurde die Forschung an dieser Stelle nicht weiter
vorangetrieben, die Theorien wurden nicht wesentlich weiterentwickelt. Ebenso wurden
nicht die notwendigen Schlüsse aus diesen ersten Ergebnissen gezogen. Ein Grund dafür war womöglich die über lange Zeit relativ statische Entwicklung des Mediensektors.
Durch den technischen Fortschritt der letzten Jahre entstanden und entstehen immer neue
relevante Fragen. Die Medienökonomie kann und muss diese Fragen beantworten.

Mit der Theorie der zweiseitigen Märkte lassen sich nun deutlich mehr Implikationen
ableiten als bisher. Allerdings muss die Übertragung der Theorie auf die Besonderheiten
von Medienmärkten angepasst werden. Im Zentrum der Theorie stehen indirekte Netzeffekte, die zwischen den jeweiligen Märkten – hier oftmals Rezipienten- und Werbemarkt
– vorliegen. Diese können, im Gegensatz zu vielen anderen Märkten, vor allem bedingt
durch Werbemärkte sowohl positiv als auch negativ sein. Durch die Internalisierung dieser
Netzwerkeffekte kommt es zu einem Markterweiterungseffekt. Dieser kann, abhängig von
der Stärke der Netzwerkeffekte, sehr groß ausfallen. Auch die Preise auf den verbundenen
Märkten unterscheiden sich sowohl in der Höhe also auch in der Struktur stark von denen
auf einseitigen Märkten.

Markterweiterung und Preisstruktur sind die wichtigsten Eigenschaften zweiseitiger
Medienmärkte. Sie führen letztendlich dazu, dass sich die industrieökonomischen sowie
wettbewerbpolitischen Beurteilungen zweiseitiger Medienmärkte zum Teil deutlich von
denen einseitiger Märkte unterscheiden. Die Regeln zur Beurteilung einseitiger Märkte

---

[1]Nach den ersten grundlegenden Arbeiten von Rochet und Tirole (2003b) sowie Armstrong (2006)
folgten viele weitere Arbeiten wie z.B. Weyl (2010), Peitz und Valletti (2008), Anderson und Coate
(2005), Rysman (2009) und viele mehr.

können nicht einfach übertragen werden. Vielmehr muss in jedem Einzelfall die Auswirkung der indirekten Netzeffekte auf die Beurteilung überprüft werden. Dazu ist häufig eine Bewertung der Stärke der Netzeffekte notwendig. Sind diese klein, kann es sein, dass sie sich nicht wesentlich auswirken. Sind sie dagegen relativ groß, kann es sein, dass eine komplett andere Einschätzung im Vergleich zu einseitigen Märkten erfolgen sollte. Wie wir später noch zeigen werden, hängt etwa die Frage, ob eine Fusion zu positiven oder negativen Wohlfahrtseffekten führt, im erheblichen Maße auch davon ab, wie stark der Markterweiterungseffekt ausgeprägt ist. Das Preissetzungsverhalten zweiseitiger Medienplattformen lässt sich nur dann bewerten, wenn das Verhältnis der indirekten Netzeffekte bekannt ist. Eine Anpassung der Industrieökonomik und Wettbewerbspolitik ist daher in Teilen notwendig; die ursprüngliche Theorie alleine kann das bisher nicht leisten.

1.4 Aufbau des Buchs

Das Buch ist in drei Teile unterteilt: Nach dieser Einführung, die den ersten Teil bildet, werden im zweiten Teil II die Grundlagen diskutiert, die zum tieferen Verständnis der eigentlichen Analyse der Märkte notwendig sind. Hierzu stellen wir zunächst die ökonomischen Besonderheiten von Medienmärkten dar Kapitel 2 und erläutern verbal, welche Güterarten, Kostenstrukturen, Netzeffekte etc. typischerweise auf Medienmärkten relevant sind. Die Darstellung fasst die wichtigsten Begriffe zusammen, ist nicht formal und richtet sich vor allem an Nicht-Ökonomen. Im folgenden Kapitel 3 werden die für den Analyseteil notwendigen industrieökonomischen bzw. modelltheoretischen Grundlagen vermittelt. Alle relevanten Konzepte werden formal zusammengefasst, von einfachen Monopol- und Oligopolmodellen über Produktdifferenzierung und vertikale Beziehungen bis hin zu Netzeffekten. Der zweite Teil schließt mit einer kurzen Einführung in die Wettbewerbspolitik Kapitel 4. Es werden die wichtigsten Institutionen und Organisationen der europäischen und deutschen Wettbewerbspolitik dargestellt und die Struktur des wettbewerbspolitischen Instrumentariums diskutiert. Im Mittelpunkt stehen die drei Säulen der Wettbewerbspolitik: Kartellverbot, Missbrauchsaufsicht und Fusionskontrolle.

Der dritte Teil ist der Hauptteil des Buchs III und enthält die theoretischen Überlegungen zur neuen Medienökonomik aus Sicht der zweiseitigen Märkte. Hier erläutern wir zunächst das Konzept der zweiseitigen Märkte Kapitel 5. Diese Darstellung verzichtet vollständig auf die Verwendung von Modellen und Formeln, um auch Nicht-Ökonomen einen Einstieg in die Theorie zu ermöglichen. Es beginnt mit einer Erläuterung von direkten und indirekten Netzeffekten, diskutiert dann das Konzept der Zweiseitigkeit und die Besonderheiten zweiseitiger Märkte. Abschließend wird das Konzept auf Medienmärkte angewandt.

Das folgende Kapitel 6 ist der eigentliche Kern des Buchs. Hier werden Medienmärkte als zweiseitige Märkte modelliert. Angefangen bei monopolistischen Plattformen über duopolistische und oligopolistische Märkte werden ebenso besondere asymmetrische Strukturen abgebildet als auch spezielle Plattformen wie etwa soziale Netzwerke. Darüber hinaus werden wettbewerbsrelevante Fragen wie Kartellabsprachen oder der Missbrauch von Marktmacht diskutiert.

Das Kapitel 8 schließt mit einer Diskussion der aus dem modellteoretischen Teil ableitbaren Implikationen. Auch hier verzichten wir auf eine formale Darstellung, um ein möglichst breites Publikum anzusprechen. Es werden zunächst die Schlussfolgerungen bezüglich des wettbewerblichen Verhaltens der Plattformen dargestellt. Danach erfolgt eine Diskussion der Ergebnisse bezüglich Marktergebnis und Marktstruktur.

Die wettbewerbspolitischen Implikationen bilden den Abschluss. In diesem Kapitel diskutieren wir zum Beispiel, wie zweiseitige Medienmärkte abgegrenzt werden sollten und wie Marktmacht von Plattformen zu beurteilen oder zu bestimmen ist. Ebenso werden die Implikationen bezüglich der Beurteilung möglicher Wettbewerbsbeschränkungen dargestellt. Hier analysieren wir, wie Kartelle, Missbrauch marktbeherrschender Stellungen und Fusionen in zweiseitigen Medienmärkten zu bewerten sind und inwiefern eine zu einseitigen Märkten unterschiedliche Bewertung vorgenommen werden muss.

Insgesamt weisen die einzelnen Kapitel bewusst einige Redundanzen auf. So verweisen wir mehrfach auf die Wirkungsweise zweiseitiger Märkte oder wiederholen einige der verwendeten Beispiele. Dies hat zum einen den Vorteil der wiederkehrenden Erläuterungen, die hoffentlich einen größeren Lernerfolg ermöglichen. Zum anderen sind einige der Kapitel auch für sich allein genommen nachvollziehbar und verständlich.

Teil II
Grundlagen

Ökonomische Besonderheiten von Medienmärkten

2.1 Einleitung

Medienmärkte sind aus verschiedenen Gründen besondere Märkte, ihnen kommt eine Sonderstellung in der Gesellschaft zu: Zeitungen, Rundfunk, Fernsehen und Internet tragen wesentlich zur Informationsübermittlung und damit zur Aufklärung und Meinungsbildung der Bevölkerung bei. Bürger verwenden einen bedeutenden Teil ihres Zeitbudgets für die Mediennutzung. Neben positiven Aspekten wie Informationsübermittlung und Meinungsbildung können Medien aber auch für politische und ideologische Zwecke missbraucht werden. Im Grundgesetz ist daher die Freiheit der Presse und damit der Medien besonders geschützt. Auch kommt dem Mediensektor die Aufgabe einer außerstaatlichen Kontrollinstanz zu. Medienmärkte sollten deshalb frei und unabhängig sein, aber auch vielfältig und ausgewogen.

Die Bedeutung von Medienmärkten resultiert aber ebenso aus ökonomischen Besonderheiten. Es ist daher wichtig, diese zu kennen und richtig zu beurteilen, um das Funktionieren der Märkte sicherzustellen. Jede dieser im Folgenden besprochenen Eigenschaften ist auch auf manchen anderen Märkten anzutreffen, die Kombination daraus macht Medienmärkte jedoch besonders.

Medienunternehmen bündeln verschiedene Informationen, so dass ein neues Produkt entsteht. Viele Medienprodukte sind darüber hinaus mit „Produktinformationen", also Werbung, gekoppelt. Sie stellen oftmals Erfahrungs- oder auch Vertrauensgüter dar. Die Medienproduktion ist traditionell von Kostenvorteilen geprägt und einige Medien weisen darüber hinaus Gewöhnungseffekte auf. Die herausragendste ökonomische Besonderheit von Medienmärkten sind indirekte Netzwerkeffekte. Sie begründen eine Zweiseitigkeit der Märkte, die Medienmärkte von vielen anderen Märkten unterscheidet. Ökonomische Modelle und daraus resultierende Implikationen können nicht einfach von gewöhnlichen einseitigen Märkten ohne Netzwerkeffekte übernommen werden.

© Springer Fachmedien Wiesbaden 2015
R. Dewenter, J. Rösch, *Einführung in die neue Ökonomie der Medienmärkte*,
DOI 10.1007/978-3-658-04736-8_2

In diesem Kapitel werden zunächst die grundlegenden ökonomischen Konzepte erläutert, die Medien, Medienmärkten und Medienprodukten zugrunde liegen. Dabei werden die verschiedenen Güterarten, unterschiedliche Kostenarten und -strukturen, Netzeffekte, habitualisiertes Verhalten sowie andere Eigenschaften diskutiert. Die hier gewählte Darstellung dient jedoch lediglich der Übersicht über die wesentlichen Faktoren.[1]

2.2   Güterarten

Aus ökonomischer Sicht lassen sich unterschiedliche Güterarten definieren. Diese Güterarten weisen unterschiedliche Eigenschaften auf, was ebenso unterschiedliche Implikationen zur Folge hat. Rivalisieren Konsumenten nicht im Konsum und können einzelne Personen nicht gezielt vom Konsum ausgeschlossen werden, spricht man zum Beispiel von öffentlichen Gütern. Öffentliche Güter können zu Marktversagen führen und staatliches Eingreifen notwendig machen. Je nach Anwendbarkeit der Merkmale *Rivalität im Konsum* und *Ausschließbarkeit* können private Güter, Klub-, Allmende-Güter und öffentliche Güter unterschieden werden.

Ist der Kauf eines Gutes oder einer Dienstleistung mit Unsicherheit verbunden, kann zwischen Such-, Vertrauens- und Erfahrungsgüter unterschieden werden. Die Informationen über die Qualität oder Eigenschaften des Produktes sind bei diesen Gütern ungleich zwischen Käufer und Verkäufer verteilt. Auch diese Informationsasymmetrien können zu Ineffizienzen in der Bereitstellung oder bei den Nachfragern kommen. Marktversagen kann auch in diesem Fall die Folge sein.

2.2.1   Öffentliche Güter

Die meisten konsumierten Güter sind private Güter. Kauft ein Konsument ein Auto, so kann er dieses nach seinen eigenen Bedürfnissen selbst nutzen, verleihen, verkaufen oder auch einfach in eine Garage stellen. Vor allem aber können andere Konsumenten von der Nutzung des PKWs ausgeschlossen werden. Nur der Eigentümer kann (zumindest mit legalen Mitteln) entscheiden, wer das Fahrzeug nutzt. Es gilt also Ausschließbarkeit. Ebenso kann das Fahrzeug zur gleichen Zeit von nur einem Fahrer und einer begrenzten Zahl an Mitfahrern genutzt werden. Es gilt also ebenso Rivalität im Konsum. Der Marktmechanismus und ausreichend Wettbewerb sorgen bei privaten Gütern für die Bereitstellung und effiziente Verteilung. Im Optimalfall also dafür, dass alle Konsumenten mit einer Zahlungsbereitschaft größer oder gleich den Produktionskosten das Gut konsumieren können.

---

[1] Weiterführende und ergänzende Literatur zu diesem Kapitel findet sich z.B. bei Pindyck und Rubinfeld (2009), Tirole (1999), Varian und Buchegger (2004), Belleflamme und Peitz (2010), Heinrich (2010, 2001), Beck (2011, 2006), Beyer und Carl (2012), Kiefer (2005), Knieps (2007) oder Siegert (2003).

Anders bei öffentlichen Gütern: Von der Straßenbeleuchtung profitieren beispielsweise viele Bürger. Die Beleuchtung wird darüber hinaus auch nicht schlechter und verbraucht sich nicht, je mehr Anwohner von der Beleuchtung profitieren (Nicht-Rivalität im Konsum). Ebenso kann kein Bürger mit vertretbarem Aufwand von der Nutzung ausgeschlossen werden (Nicht-Ausschließbarkeit). Man könnte kaum allen Bürgern, die nicht zur Finanzierung der Straßenbeleuchtung beitragen, die Augen verbinden oder anderweitig verhindern, dass sie die bereitgestellte Beleuchtung nutzen. Öffentliche Güter verbrauchen sich also nicht, wenn sie von mehreren Konsumenten genutzten werden, noch nimmt ihre Qualität merklich ab (Nicht-Rivalität im Konsum).[2] Außerdem können potenzielle Nutzer nicht ohne Weiteres oder zumindest nicht mit vertretbarem Aufwand von der Nutzung ausgeschlossen werden (Nicht-Ausschließbarkeit).

Bei nicht-ausschließbaren Gütern ist es ökonomisch und/oder technisch nicht möglich, Konsumenten mit vertretbarem Aufwand vom Konsum auszuschließen. Nicht-Ausschließbarkeit kann daher zu Trittbrettfahrer-Verhalten führen. Konsumenten mit positiver Zahlungsbereitschaft und positivem Nutzen können das Gut auch ohne Bezahlung nutzen. Die private Bereitstellung des Gutes wäre nur dann möglich, wenn genügend Konsumenten dennoch zahlen würden. Wenige zahlende Konsumenten würden dann die nicht zahlenden subventionieren. Jeder Konsument hat aber den Anreiz, sich als Trittbrettfahrer zu verhalten und das Gut umsonst zu konsumieren. Es kommt zum Marktversagen, da ein positiver Preis nicht durchgesetzt werden kann, die Kosten der Produktion damit nicht gedeckt würden und deshalb auch niemand das Produkt anbieten würde, obwohl es grundsätzlich eine Zahlungsbereitschaft größer als die Kosten gäbe.

Liegt Nicht-Rivalität im Konsum vor, so verursacht ein zusätzlicher Konsument keine zusätzlichen Kosten. Die Grenzkosten, also die Kosten einer zusätzlichen Einheit eines Gutes, sind für öffentliche Güter gleich null. Die Straßenlaterne verursacht nicht mehr oder weniger Kosten, wenn eine Person mehr durch den Lichtkegel läuft. Dementsprechend wäre der effiziente Preis der Bereitstellung ebenfalls null. Für einen privaten Anbieter wäre es aber zu diesem Preis nicht profitabel, das Gut anzubieten. Entsteht den Konsumenten aber ein positiver Nutzen aus dem Konsum, wäre die Bereitstellung effizient.

Eine Lösung dieses Problems ist die staatliche Bereitstellung. Die Straßenbeleuchtung und viele andere öffentliche Güter werden deshalb typischerweise von der Stadt oder dem Staat bereitgestellt. Die Finanzierung der gesamten Kosten kann z.B. aus Steuereinnahmen vorgenommen werden.

Sind beide Kriterien (Nicht-Rivalität und Nicht-Ausschließbarkeit) gegeben, spricht man von einem öffentlichen Gut. Ist nur eines der Kriterien erfüllt spricht man entweder von einem Klubgut einem Allemendegut, oder wenn keines erfüllt ist von einem privaten Gut (siehe Abb. 2.1).

---

[2]Tatsächlich ist manchmal ausreichend, dass nur partielle Rivalität vorliegt. Dies ist dann der Fall, wenn erst ab einer bestimmten Anzahl an Nutzern Rivalität auftritt. Straßen sind zum Beispiel partiell rival. Nutzen nur wenige Fahrzeuge eine Straße, herrscht keine Rivalität. Wird sie von zu vielen genutzt, besteht Rivalität, es kommt zum Stau. Allerdings können Verkehrsteilnehmer von der Nutzung mancher Straßen wie Autobahnen ausgeschlossen werden.

	keine Rivalität im Konsum	Rivalität im Konsum
Nicht- Ausschließbarkeit	**Öffentliches Gut** (z.B. Information)	**Allmendegut** (z.B. überfüllte Straße)
Ausschließbarkeit	**Klubgut** (z.B. Bezahl Streaming- Dienste)	**Privates Gut** (z.B. Apfel)

Abb. 2.1 Nicht-Rivalität und Nicht-Ausschließbarkeit

Können einzelne Konsumenten nicht gezielt und unter vertretbarem Aufwand vom Konsum ausgeschlossen werden, rivalisieren Kunden aber im Konsum, liegt ein Allmendegut vor. Typisches Beispiel (z.b. Dewenter und Haucap 2009) ist eine überfüllte Straße. Zusätzliche Autos verstopfen die Straße noch weiter, jedem Konsumenten entsteht also ein Nachteil, wenn die Straße von weiteren Konsumenten genutzt wird.

Können Konsumenten zwar ausgeschlossen werden, besteht aber keine Rivalität im Konsum, spricht man von einem Klubgut. Bei Paid-Content (Nachrichtenseiten, Pay-TV, Bezahl-Streamingdienste, etc.) herrscht keine Rivalität im Konsum. Verschiedene Konsumenten können gleichzeitig oder auch zeitversetzt einen bestimmten Service nutzen, einen Film schauen oder ein Musikstück anhören. Durch technische Vorrichtungen wie Verschlüsselung oder Bezahlschranken, können Konsumenten, die keine oder eine zu geringe Zahlungsbereitschaft haben, jedoch vom Konsum ausgeschlossen werden.

Ein privates Gut schließlich liegt vor, wenn Rivalität im Konsum herrscht. Wird ein Apfel von einem Konsumenten gegessen, kann er nicht gleichzeitig oder anschließend von einem anderen Konsumenten verzehrt werden. Ebenso können Konsumenten ganz einfach vom Konsum ausgeschlossen werden – man verkauft ihnen den Apfel nicht, wenn sie nicht bereit sind, dafür einen entsprechenden Preis zu bezahlen.

Medienmärkte und öffentliche Güter   Der derzeitige Stand der Technik erlaubt in Medienmärkten einen Ausschluss zu vertretbaren Kosten. Fernsehsender können ihr Programm verschlüsseln, nicht zahlungswilligen Konsumenten können ohne die notwendige Entschlüsselungstechnik das Angebot nicht nutzen. In vielen Ländern hat sich das Pay-TV-Konzept auch als Alternative zum Free-TV durchgesetzt. Es ist also nicht nur technisch möglich, sondern kann auch wirtschaftlich sinnvoll sein, Rezipienten vom Konsum auszuschließen. In Deutschland müssen Konsumenten nur für einige Fernsehinhalte bezahlen. Um zum Beispiel Fußball-Bundesliga-Spiele privat live verfolgen zu können, ist es notwendig, ein Pay-TV-Abonnement abzuschließen. Aber auch andere Bezahlservices wie Musik- oder Film-Streamingdienste, Online-Spiele oder auch bestimmte Nachrichtenseiten mit Bezahlinhalten zeigen, dass der Ausschluss von nicht zahlungswilligen Konsumenten ein erfolgreiches Geschäftsmodell sein kann.

Andere Medienunternehmen wie Zeitungen oder Zeitschriften schließen Konsumenten seit jeher aus. Solange der Inhalt an ein Trägermedium (Zeitung, Magazin, CD, Buch, etc.) gebunden ist, findet dieser Ausschluss automatisch statt. Nur, wenn Inhalte nicht gleichzeitig mit dem Medium verkauft werden, entsteht das Problem der Nicht-Ausschließbarkeit. Aber auch dieses Problem wurde mittlerweile durch technische Entwicklungen behoben. In den Anfangszeiten des Rundfunks wurden die Funksignale einfach ausgesendet, mit geeigneten Empfangsgeräten konnten diese Signale empfangen und die Inhalte konsumiert werden, ein Ausschluss war nicht möglich. Technische Neuerungen brachten aber die Möglichkeit Inhalte zu verschlüsseln und somit den Konsum zu verhindern.

Free-TV, freie Services im Internet und Gratiszeitungen zeigen aber auch, dass auf Medienmärkte privates Angebot auch ohne monetären Preis für die Konsumenten und ohne staatliche Unterstützung möglich ist – in bestimmten Fällen selbst dann, wenn dafür ein Trägermedium an den Konsumenten verteilt werden muss. Die Vielzahl privater Radio- und Fernsehsender und die kostenlosen Angebote im Internet zeigen, dass dies sogar sehr profitabel sein kann. Auch bei vielen Internet-Services zum Beispiel rivalisieren Konsumenten nicht im Konsum, die Grenzkosten der Bereitstellung sind gleich null und auch der Ausschluss ist technisch möglich. Allerdings ist der Grenzertrag, der Ertrag den ein zusätzlicher Konsument einbringt, in diesen Fällen größer null. Medienunternehmen verkaufen gleichzeitig Werbefläche und je mehr Konsumenten sie mit ihren kostenlosen Services anlocken können, desto besser können sie die Aufmerksamkeit der Konsumenten, also der Rezipienten, an die Werbekunden in Form von Werbeflächen verkaufen.

Der Konsument zahlt also einen nicht geldlichen (nicht-monetären) Preis. Er stellt seine Aufmerksamkeit zur Verfügung, die die Medienplattform bündelt und an Werbekunden weiterverkauft. Obwohl also kein direkter Transfer zwischen Zuschauer und Fernsehsender stattfindet, ist der Grenzerlös dennoch positiv – wenn auch vielleicht sehr gering pro einzelnem Konsumenten. Die private Bereitstellung des Gutes ist somit möglich, auch zu einem Preis von Null (siehe dazu Kapitel 5 und 6). Es liegt kein Trittbrettfahrerverhalten vor und es besteht, zumindest aus diesem Grund kein Anlass zur staatlichen Bereitstellung. Grund dafür ist, dass hier zwei Produkte, Inhalte und Werbung, miteinander gekoppelt werden. Auch wenn ein Ausschluss am Inhaltemarkt nicht möglich oder erwünscht ist, der Konsum von Werbeflächen ist dagegen immer rival und ausschließbar.

Lediglich die Information selbst kann zumindest teilweise als öffentliches Gut verstanden werden. Es ist zwar möglich, Konsumenten von bestimmten Inhalten auszuschließen, es kann jedoch nicht verhindert werden, dass die darin enthaltenen Informationen weiter verbreitet werden. Zeitungsleser können den Inhalt eines Artikels verbreiten, die Zeitung weitergeben oder können den Artikel in ihrem eigenen Blog zitieren. Auch die Information eines Buches oder einer Fernsehshow kann weiterverbreitet werden. Die Urheber der Information sind zwar besonders geschützt, dennoch kann die Verbreitung der Information an sich nicht unterbunden werden.

Im Gegensatz zu Informationen können Medienprodukte zwar jeweils einzelne Eigenschaften öffentlicher Güter aufweisen, jedoch liegen diese typischerweise nie gleichzeitig vor. Medienprodukte stellen daher auch keine öffentlichen Güter dar.

2.2.2 Such-, Vertrauens- und Erfahrungsgüter

Asymmetrisch verteilte oder unvollständige Informationen können dazu führen, dass das Marktsystem nicht effizient funktioniert. Es kommt dann in der Konsequenz zu einer Über- oder auch Unterbereitstellung eines Gutes. Verbraucher verzichten unter Umständen sogar ganz auf den Kauf oder Konsum des Produktes, obwohl sie einen Nutzen daraus ziehen würden. Zu wenige oder asymmetrisch verteilte Informationen können also dazu führen, dass Güter nicht oder in nicht ineffizienter Weise bereitgestellt werden.

Bei asymmetrischen Informationen können qualitativ hochwertige Produkte von minderwertigen Produkten von Markt verdrängt werden (Akerlof 1970). Akerlof zeigt dies am Beispiel des Gebrauchtwagenmarkts, die Erkenntnisse können aber auch auf andere Produkte, wie Versicherungen oder Finanzprodukte übertragen werden. Das Phänomen wird als *adverse Selektion* bezeichnet. Existieren zum Beispiel zwei Arten Gebrauchtwagen, mit hoher Qualität bzw. mit geringer Qualität, und können Käufer die Qualitäten der Fahrzeuge nicht feststellen, dann werden sie nur bereit sein, einen Preis zu zahlen, der dem erwarteten Wert des Fahrzeugs entspricht, das sie erwerben möchten. Dieser wird aber umso weiter unter dem Preis liegen, den der Verkäufer für Fahrzeuge hoher Qualität aufruft, je größer die Wahrscheinlichkeit ist, ein schlechtes Fahrzeug zu erwischen. Der Verkäufer will aber die guten Fahrzeuge nicht unter Wert verkaufen, was wiederum dazu führt, dass zunehmend schlechte Fahrzeuge angeboten werden.[3] Die Qualität sinkt stetig, der Markt bricht letztendlich zusammen. Es kommt zum Marktversagen, wenn nicht Käufer oder Verkäufer in der Lage sind, Mechanismen zu finden, um gute Qualitäten zu identifizieren. Diese Mechanismen werden als Screening oder Signaling bezeichnet. Der Käufer kann zum Beispiel die Qualität eins Gutes „screenen"; der Verkäufer ist in der Lage, Qualität zu signalisieren. So können zum Beispiel Garantien vergeben werden, Verkäufer können eine Reputation aufbauen oder es können Gutachter beauftragt werden, die Qualität eines Fahrzeugs zu inspizieren. Eine weitere Möglichkeit ist die Existenz von Informationsmärkten. Eine Zeitschrift etwa, die Produkttests durchführt, kann diese Informationen an den Leser verkaufen.

Auch im Medienbereich können viele Produkte vor dem Kauf nur teilweise oder schlecht bewertet werden: Musik, die Qualität einer Zeitung/eines Zeitungsartikels oder Suchergebnisse einer Suchmaschine können erst nach dem Konsum richtig eingeschätzt werden. Unter Umständen kann bei Suchergebnissen oder auch Zeitungsartikeln oder TV-Berichten die Qualität selbst nach dem Konsum nur teilweise oder gar nicht vollständig beurteilt werden. Dies muss allerdings nicht gleich zu Marktversagen führen. Wie stark die Unsicherheit der Konsumenten bzw. die asymmetrische Verteilung zwischen Konsumenten und Verkäufer tatsächlich ist, kann anhand der Unterscheidung von Such-, Erfahrungs- und Vertrauensgütern vorgenommen werden, wobei die Unsicherheit bei Suchgütern am kleinsten und bei Vertrauensgütern am größten ist.

---

[3]Im englischen Originalaufsatz ist von „Lemons", also Zitronen die Rede. Im Deutschen würde man eher von „Gurken" reden.

2.2.2.1 Suchgüter

Bei Suchgütern kennt der Konsument die Eigenschaften des Produkts nicht. Der Konsument kann aber vor dem Kauf herausfinden, ob das Produkt die gewünschten Eigenschaften hat. Er muss sich informieren bzw. das Produkt inspizieren. Dadurch entstehen Suchkosten. Vor dem Kauf kann sich ein Konsument z.B. über Farbe, Schnitt oder andere optische Eigenschaften von Kleidungsstücken oder Schuhen informieren. Ihm entstehen dabei Kosten, da er die gewünschten Produkte im Internet suchen oder in einem Geschäft anschauen und vergleichen muss. Produzenten können die Suchkosten verringern, indem sie dem Konsumenten möglichst viele Informationen zugänglich machen bzw. den Konsumenten über die Eigenschaften informieren.

Reine Suchgüter sind im Medienbereich schwer zu finden. Meist kann die Qualität nicht durch reinen Augenschein beurteilt werden. Vielmehr muss die Zeitung, Zeitschrift, CD oder der Blog konsumiert werden, erst dann kann ein Urteil über die Qualität gebildet werden. Die meisten Medienprodukte sind also eher Erfahrungsgüter.

2.2.2.2 Erfahrungsgüter

Bei Erfahrungsgütern kann der Konsument die Qualität bzw. bestimmte Merkmale erst nach dem Kauf beurteilen. Er muss das Produkt also erfahren. Ob Schuhe auch über längere Zeit bequem sind, kann man häufig erst beurteilen, wenn man sie auch länger getragen hat; die Qualität eines Musikstücks kann erst beurteilt werden, wenn man es gehört hat. Auch viele andere Medienprodukte wie Filme, Zeitungsartikel, Qualität des Mobilfunknetzes, der Internetverbindung oder von Computerspielen sind Erfahrungsgüter. Letztendlich können Käufer die Qualität eines Films erst beurteilen, wenn sie ihn bis zum Ende gesehen haben oder das Computerspiel eine bestimmte Zeit gespielt haben.

Anbieter müssen den Konsumenten erst von der Qualität des Gutes überzeugen. Deshalb können solche Produkte oft vor dem Kauf getestet werden. CDs können beispielsweise im Laden angehört werden, durch Streaming wurde es auch möglich Musik zuhause zu testen. Allerdings kann es dann sein, dass Konsumenten auf den Kauf verzichten und sich mit der Probe (Streaming auf *YouTube* mit verminderter Qualität) zufrieden geben. Zeitungen verschenken oft Freiexemplare oder bieten Probe-Abos zu besonderen Konditionen an und ermöglichen so Konsumenten die Qualität ihres Produktes kostenlos oder zu niedrigen Kosten zu erfahren. Auch Garantieleistungen (wie z.B. Produkthaftung, Zufriedenheitsgarantie, Geld-Zurück-Garantie etc.) können die Unsicherheit des Konsumenten bezüglich der Qualität mindern und so Kosten des Testens reduzieren.

2.2.2.3 Vertrauensgüter

Die Unsicherheit bezüglich Qualität und Eigenschaften eines Produktes ist bei Vertrauensgütern am höchsten. Selbst nach dem Kauf kann der Konsument die Qualität des Produktes oder der Dienstleistung nicht einwandfrei beurteilen. Der Konsument weiß vielleicht nicht genau, welche Qualität er benötigt, der Verkäufer als Experte in der Regel dagegen schon. Ein Patient kann seine Krankheit nicht so gut einschätzen wie der Arzt. Der Arzt weiß (im Idealfall), welche Behandlung der Patient benötigt. Selbst nach der Behandlung weiß der Patient aber nicht, ob er die bestmögliche Behandlung bekommen hat. Der Arzt kann ihm eine teurere Behandlung empfohlen haben als notwendig gewesen wäre; oder eine zu schlechte. Es ist auch möglich, dass der Arzt selbst nicht wusste, wie genau die Krankheit zu behandeln ist. Lässt man sein Auto reparieren steht man vor dem gleichen Problem: Der Kfz-Mechaniker kann das Problem besser einschätzen und mehr Teile austauschen als notwendig wären, oder behaupten, er hätte bestimmte Teile ausgetauscht, ohne es wirklich getan zu haben (Hubbard 1998). Taxifahrer können die Unerfahrenheit von Fahrgästen ausnutzen und kostspielige Umwege fahren. Ein stadtfremder Kunde kann dies nicht nachvollziehen oder kontrollieren (Balafoutas, Beck, Kerschbamer und Sutter 2013).

Vertrauensgüter können zu drei Ineffizienzen führen. Erstens *Unterversorgung*: Experten nutzen die Unsicherheit der Konsumenten aus und bieten ihnen schlechtere Qualität an als sie benötigen. Zweitens *Überversorgung*: Der Experte weiß genau, was der Konsument benötigt, verkauft ihm aber ein teureres Produkt, als notwendig wäre. Und drittens *Überpreisung*: Der Experte berechnet mehr für die Behandlung, da der Konsument die Qualität der erbrachten Leistung nicht einschätzen kann. Konsumenten kaufen dann entweder gar nicht oder werden mit minderwertiger Qualität versorgt (vgl. Dulleck und Kerschbamer 2006).

Diese Ineffizienzen können durch verschiedene Maßnahmen behoben werden. Dazu können in bestimmten Fällen auch staatliche Maßnahmen sinnvoll sein. Beispielsweise können *Haftungsregelungen* eingeführt werden, die sicherstellen, dass Experten ein bestimmtes Mindestniveau anbieten. Ist die Behandlung *nachprüfbar*, werden dem Experten Anreize genommen, die Unwissenheit des Konsumenten auszunutzen. Beispielsweise können sich Autobesitzer die ausgetauschten Teile nach einer Reparatur in den Kofferraum legen lassen (Dulleck, Kerschbamer und Sutter 2011). Dies vermindert den Anreiz und die Möglichkeiten des Mechanikers mehr oder falsche Reparaturen abzurechnen.

Anbieter von Vertrauensgütern können sich durch wiederholt gute Leistung und zufriedene Kunden einen guten Ruf aufbauen. Konsumenten können dann einen vertrauenswürdigen Anbieter wählen. Der Anbieter muss allerdings darauf achten, die richtigen Signale auszusenden, die ihn klar von schlechten Anbietern unterscheiden (Dulleck, Johnston, Kerschbamer und Sutter 2012). Hier kann das Internet als Medium helfen: Konsumenten können auf Vergleichsportalen Erfahrungen anderer Konsumenten mit dem Arzt, der Kfz-Werkstatt oder auch Friseur abrufen und vergleichen.

Schließlich kann *ausreichend Wettbewerb* zwischen den Anbietern dazu führen, dass schlechte Anbieter aus dem Markt gedrängt werden. Genügend starker Wettbewerb sorgt dafür, dass sich die Unternehmen gegenseitig überwachen und Anbieter minderwertiger Qualität enttarnt werden.

Einige Medienprodukte weisen Eigenschaften von Vertrauensgütern auf. Die Qualität einer Zeitung oder einer Berichterstattung kann nicht unmittelbar nachvollzogen werden. Wer ein guter Journalist oder was eine gute Zeitung ist, ist a priori schwer herauszufinden. Zeitungen und Blogs brauchen deshalb oft lange sich eine Reputation aufzubauen. Die Konkurrenz unter den Zeitungen und die leichtere Vergleichbarkeit durch Internetangebote von Zeitungen können helfen, schlechte Angebote schnell zu enttarnen. Bei Suchergebnissen ist es dagegen schwieriger. Konsumenten können nicht unmittelbar beurteilen, ob die

Suchergebnisse die bestmöglichen für ihre Suchanfrage sind. Auch wenn sie auf eine Seite geleitet werden, die ihr Problem löst, wissen sie nicht, ob es nicht auch bessere Seiten oder Services gegeben hätte. Oder, ob die Betreiber der Suchmaschine eigene Services bevorzugen, obwohl andere Angebote vielleicht die gleiche oder sogar bessere Qualität hätten. Aus Konsumentensicht ist dies aber nicht abschließend zu beurteilen.

2.3   Kosten

2.3.1   Kostenarten

Aus ökonomischer Sicht können verschiedene Kostenarten unterschieden werden. Neben betriebswirtschaftlichen Kosten (fixe und variable Kosten), werden auch Opportunitäts-, Grenzkosten oder versunkene Kosten betrachtet.

2.3.1.1 Variable, Fix- und Grenzkosten

Bei der Produktion von Gütern und Dienstleitungen kann zwischen *fixen* und *variablen Kosten* unterschieden werden. Fixkosten entstehen unabhängig von der produzierten Mengen, eine Änderung des Produktionsniveaus ändert das Fixkostenniveau nicht. Selbst wenn die Produktion kurzfristig eingestellt wird, fallen diese Kosten weiterhin an. Die Kosten für die Verwaltung, Buchhaltung, Controlling, oder Unternehmensführung aber auch für Mieten und Pachten, Gehälter und Abschreibungen ändern sich nicht kurzfristig mit dem Produktionsniveau.

Eine Variation der Fixkosten sind die sogenannten *sprungfixen Kosten*. Diese sind anhängig von der Kapazität und steigen mit deren Ausweitung. Sollen also z.B. weitere 10.000 Stück eines Gutes produziert werden und muss dazu eine neue Maschine angeschafft werden, dann fallen sprungfixe Kosten an. Eine Variation der sprungfixen Kosten, sind die sogenannten *Inkrementalkosten*. Diese fallen ausschließlich für ein bestimmtes Inkrement an und sind diesem eindeutig zuzuordnen. So lassen sich die zusätzlichen Kosten bestimmen, die für den Betrieb einer Online-Redaktion einer Zeitung anfallen oder für das Teilnehmeranschlussnetz eines Telekommunikationsunternehmen.

Variable Kosten entstehen dagegen nur dann, wenn das Unternehmen tatsächlich produziert. Sie sind beispielsweise die Materialstückkosten oder die eines produzierten Gutes direkt zurechenbaren Arbeitskosten. *Grenzkosten* sind die Kosten, die für eine zusätzlich produzierte Einheit entstehen. Sie zeigen, um wie viel die Kosten eines Unternehmens ansteigen, wenn eine Einheit mehr produziert wird. Anders ausgedrückt sind sie die erste Ableitung der Kosten eines Unternehmens bezüglich der produzierten Menge.

Mit *Durchschnittskosten* bezeichnet man entweder die variablen Kosten pro Einheit (variable Durchschnittskosten) oder aber die Gesamtkosten pro produzierter Einheit (gesamte Durchschnittskosten). Diese zeigen, welche Kosten pro produziertem Stück oder verkaufter Dienstleistung anfallen. Der Verlauf der Durchschnittskosten hängt stark von

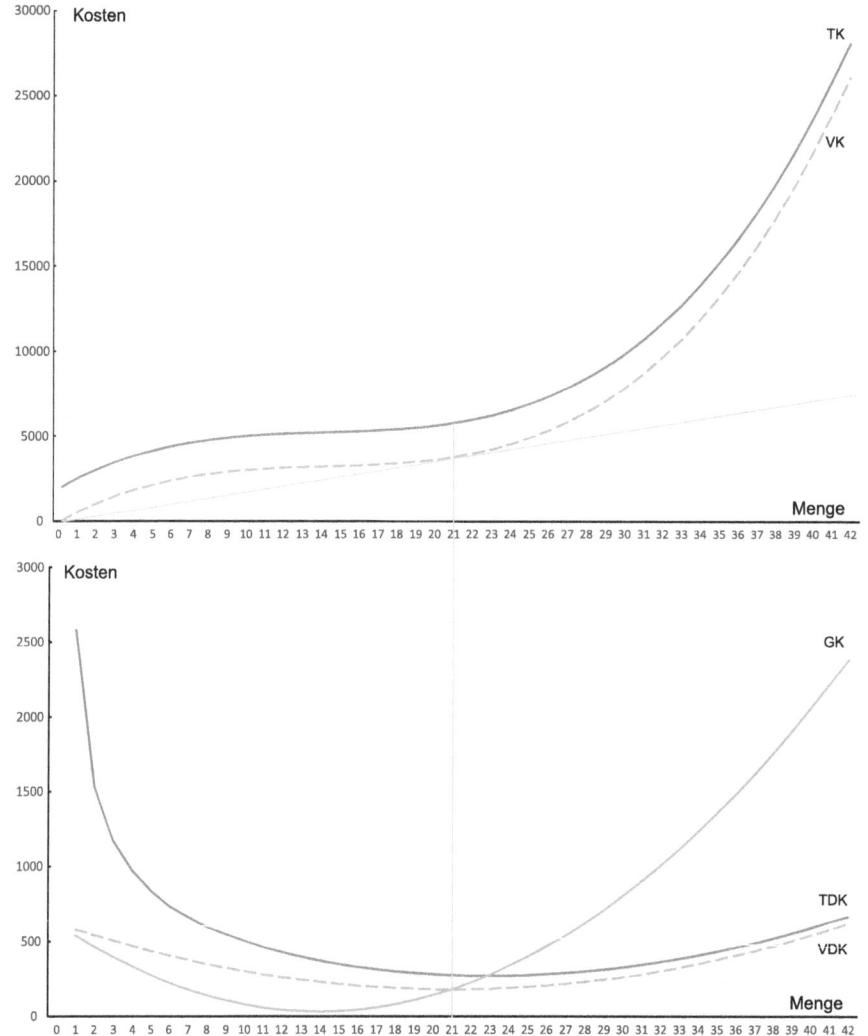

Abb. 2.2 Kostenkurven

der Zusammensetzung und Art der Kosten ab. Existiert zum Beispiel ein hoher Fixkostenanteil, so liegen eher fallende Durchschnittskosten vor. Ist der Fixkostenblock gering,
hängt der Verlauf der Durchschnittskosten davon ab, ob die variablen Kosten mit der Ausbringungsmenge steigen, fallen oder konstant bleiben.

Abbildung 2.2 zeigt in der oberen Hälfte den Verlauf der Gesamtkosten (TK), sowie
der variablen Kosten (VK). Im unteren Teil sind die Grenzkosten (GK), gesamten Durchschnittskosten (TDK) und die Durchschnittskosten ohne Fixkosten (VDK) dargestellt.
Der Schnittpunkt der Grenzkosten mit den gesamten Durchschnittskosten bzw. variablen
Durchschnittskosten zeigt jeweils das Minimum der Durchschnittskostenkurve an.

Der Anteil und auch die Höhe der fixen, variablen und Grenzkosten ist bei Medienunternehmen ganz unterschiedlich. Bei Zeitungen fallen z.B. variable Kosten in Form von Kosten für den Druck einer Zeitung an (Papier und Druckerschwärze) und weitere variablen Kosten für die Erstellung einer Anzeige an. Es sind also unterschiedliche variable Kosten auf den beiden Märkten vorhanden. Am Lesermarkt variieren sie mit der Auflage bzw. den Lesern. Die Grenzkosten, also die Kosten pro zusätzlichem Leser sind daher positiv, da eine weitere Zeitung gedruckt und distribuiert werden muss. Auf dem Anzeigenmarkt variieren die Kosten mit der Zahl der Anzeigen bzw. Anzeigenkunden. Auch hier fallen positive variable und Grenzkosten an. Fixkosten könnten durch das Betreiben der Druckerei, einer Redaktion, das Marketing etc. entstehen.

Bei Rundfunkunternehmen sind die Kosten dagegen anders verteilt. Hier werden die Kosten am Rezipientenmarkt vor allem durch einen hohen Fixkostenblock getrieben. Die technischen Einrichtungen als auch die Redaktion fallen als Fixkosten an. Variable Kosten existieren zwar im Hinblick auf die Anzahl der produzierten Beiträge, jedoch variieren diese nicht mit der Zahl an Rezipienten. Die Grenzkosten am Rezipientenmarkt sind daher null – ein weiterer Zuhörer oder Zuschauer führt zu keinen höheren Kosten. Es können lediglich sprungfixe Kosten anfallen, wenn z.B. das Sendegebiet erweitert wird. Am Werbemarkt fallen dagegen sowohl variable als auch Grenzkosten an, da mit jedem zusätzlichen Werbekunden auch weitere Kosten entstehen.

Bei Internetplattformen hängt die Verteilung der Kosten sehr stark davon ab, welche Dienstleistungen angeboten werden. Handelt es sich zum Beispiel um eine Nachrichtenseite, sind die Kosten pro zusätzlichem Leser, die Grenzkosten am Rezipientenmarkt, null. Am Werbemarkt fallen jedoch Kosten für die Erstellung von z.B. Werbebanner an. Fixkosten sind ebenso vorhanden. Wird eine eigene Redaktion beschäftigt, fallen diese entsprechend höher aus. Suchmaschinen haben dagegen durch den Betrieb der Server und andere technischer Einrichtungen einen extrem hohen Fixkostenblock. Handelsplattformen betreiben Lager und müssen Kosten für die Distribution aufwenden. Je nach Geschäftsmodell variieren variable, Grenz- und Fixkosten also sehr stark.

2.3.1.2 Opportunitäts- und versunkene Kosten

Opportunitätskosten sind keine tatsächlichen Kosten. Sie entstehen aber, da die Ressourcen des Unternehmens nur für einer bestimmten Verwendung zukommen und damit für andere Investitionen bzw. Ausgaben nicht zur Verfügung stehen. Besitzt ein Medienunternehmen zum Beispiel ein Bürogebäude, so kann es das Gebäude entweder selber nutzen oder vermieten. Entschließt es sich die Bürogebäude zu nutzen, entstehen Opportunitätskosten in Höhe der entgangenen Mieteinnahmen. Mit den eingesetzten Ressourcen könnten also ebenso Einnahmen erzielt werden (Pindyck und Rubinfeld 2009). Eine Zeitung kann einen Artikel frei über das Internet verbreiten und damit viele Leser erreichen oder ihn digital oder in einer Zeitung verkaufen. Die Kosten der Erstellung des Artikels sind zunächst gleich hoch, egal, ob er frei zugänglich ist oder nur über den Kauf der Zeitung lesbar ist. Entscheidet sich die Zeitung für die kostenlose Variante, entstehen Opportunitätskosten in Höhe der anteiligen Verkaufs- und Werbeerlöse, die durch den Verkauf des

Einzelartikels oder in der gedruckten Ausgabe erzielt worden wären. Ist der Artikel dagegen nicht frei zugänglich wird er unter Umständen weniger oft gelesen, wodurch die Zeitung weniger Aufmerksamkeit bekommt, was sich negativ auf Werbeeinnahmen und Reputation auswirken könnte – die Opportunitätskosten sind in diesem Fall die entgangene Aufmerksamkeit durch die kostenlose Bereitstellung.

Versunkene Kosten, auch *irreversible Kosten* oder *Sunk Costs* genannt, sind Ausgaben, die bereits getätigt wurden und nicht mehr rückgängig gemacht werden können. Es handelt sich um Kosten, die für eine Verwendung spezifisch sind. Wird die Produktion oder die Unternehmung eingestellt, können diese nicht mehr umgekehrt werden. Wird ein Unternehmen insolvent, können Visitenkarten mit dem Unternehmenslogo beispielsweise nicht für ein nachfolgendes Unternehmen verwendet werden. Ebenso sind Marketingausgaben für den Markteintritt oder ein bestimmtes Produkt nicht mehr reversibel. Man unterscheidet generell nach Art der Irreversibilität in Industrie-, Markt- und Transkationsirreversibilitäten, diese legen den Grad der Spezifität der Investitionen fest. So fallen Markt- bzw. Industrieirreversibilitäten dann an, wenn Investitionen nur in einem bestimmten Markt oder einer bestimmten Industrie reversibel sind. Wird jedoch die Live-Tour eines Musikers abgesagt, sind die Kosten für Marketingausgaben komplett versunkene Kosten. Da versunkene Kosten nicht rückgängig gemacht werden können, sollten sie zukünftige Entscheidungen nicht beeinflussen.

Opportunitätskosten sind keine tatsächlichen Kosten, beeinflussen aber die Entscheidung eines Unternehmens. Versunkene Kosten dagegen sind tatsächlich angefallen dürfen aber bei zukünftigen Entscheidungen nicht mehr berücksichtigt werden.

2.3.2 Kostenstrukturen

Die Kosten eines Unternehmens hängen nicht nur von der Produktion eines Produkts oder einer Dienstleistung selbst ab, sondern auch noch von Faktoren wie der Ausbringungsmenge, der Größe des Unternehmens, Erfahrung oder Verbundenheiten mit anderen Produkten. Dadurch kann ein großes Unternehmen unter Umständen die gleichen Mengen günstiger produzieren als viele kleine Unternehmen in der Summe.

Für viele Medienunternehmen sind vor allem die *First-Copy-Costs* relevant. Die Produktion der ersten Einheit ist sehr teuer, alle weiteren Einheiten können dann sehr günstig oder vielleicht sogar kostenlos hergestellt bzw. vervielfältigt werden. Das Erstellen einer Zeitung oder die Produktion einer Reportage ist sehr aufwendig und erfordert Personalaufwand und andere Ressourcen (Reisen, Spesen, etc.). Ist die Zeitung aber einmal erstellt, kann sie beliebig oft gedruckt werden. Die Kosten sind nur die anteiligen Produktionskosten, je öfter sie aber verbreitet wird, desto stärker verteilen sich die ursprünglichen Produktionskosten auf die einzelnen Zeitungsexemplare. Noch günstiger können Artikel im Internet vervielfältigt werden, dort fallen für einen zusätzlichen Konsumenten keine weiteren Kosten an – gegeben, die Zeitung hat bereits eine Internet-Seite. Gleiches gilt für Musik, die zuerst geschrieben, komponiert und produziert werden muss, dann aber günstig über CDs oder MP3 vertrieben werden kann. Ebenso Filme, Computerspiele oder sonstige Software.

Je öfter ein solches Produkt vertrieben wird, desto geringer sind die Durchschnittskosten. Man spricht von fallenden Durchschnittskosten oder auch von einer Kostendegression. Unternehmen mit großer Ausbringungsmenge haben bei stark fallenden Durchschnittskosten deutliche Kostenvorteile gegenüber Unternehmen, die nur einen geringen Output realisieren.

Darüber hinaus können weitere Effekte vorliegen, die auf die Kostenstruktur eines Unternehmens wirken: Economies of Scale (Skaleneffekt), Economies of Scope (Verbundeffekt) und Economies of Experience (Erfahrungseffekte).

2.3.3 Economies of Scale

Economies of Scale oder Skaleneffekte liegen vor, wenn die durchschnittlichen Kosten mit zunehmender Größe des Unternehmens abnehmen. Erhöht ein Unternehmen die Produktion um 50 %, steigen die Kosten aber nur um 30 %, liegen Skalenerträge vor. Ein großes Unternehmen kann die gleiche Produktionsmenge günstiger herstellen als viele kleine. Produktionsfaktoren können z.B. in größeren Mengen günstiger eingekauft werden kann, Maschinen besser ausgelastet werden oder Arbeitskräfte können spezialisierter arbeiten.

Industrien mit Größenvorteilen sind oft hoch konzentriert. Wenige große Unternehmen produzieren effizienter als viele kleine. Auch gesamtgesellschaftlich ist es dann besser, wenn wenige Unternehmen die Nachfrage bedienen.[4]

Medienunternehmen arbeiten effizienter, wenn ihre Produkte (Artikel, Musik bzw. Inhalt) an möglichst viele Abnehmer verteilt werden können. Die *First-Copy-Cost* verteilt sich so auf viele einzelne Abnehmer, die Stückkosten pro Konsumenten sinken mit zunehmender Größe. Auch Druckmaschinen in Zeitungen können effizienter genutzt werden oder Tonstudios besser ausgelastet werden.

2.3.4 Economices of Scope

Economies of Scope oder Verbundvorteile ergeben sich aus der gemeinsamer Produktion oder dem gemeinsamen Vertrieb verschiedener Produkte. Liegen Verbundvorteile vor, kann ein Unternehmen zwei Produkte zu geringeren Kosten herstellen als zwei einzelne Unternehmen. Verbundvorteile können völlig unabhängig von Größenvorteilen entstehen. Beispielsweise können bestimmte Maschinen für die Produktion beider Produkte verwendet werden, wodurch die Fixkosten nur einmal anfallen; ein bereits aufgebauter Vertriebskanal auch für das andere Produkt verwendet werden oder die Verwaltungskosten entstehen nur einmal.

---

[4]Dies kann allerdings zu Wohlfahrtsverlusten aufgrund von Marktmacht führen, also einem Effizienzverlust. In diesem Fall muss zwischen produktiven Effizienzgewinnen durch Skaleneffekte und allokativen Effizienzverlusten durch Marktmacht abgewogen werden.

Zeitungen können ihre Artikel sowohl in der Zeitung als auch online vermarkten. Verlage vertreiben oft mehrere Zeitungen und Zeitschriften gemeinsam und nutzen dafür einen gemeinsamen Vertriebsweg (Zeitungsausträger). Plattenlabels vermarkten mehrere Künstler gemeinsam. Auch viele Radio- und Fernsehstationen sind in größeren Konzernen vereint und nutzen gemeinsam die gleichen Sende- und Produktionsanlagen.

2.3.5   Economies of Experience

Economies of Experience treten auf, wenn die Grenz- und Durchschnittskosten aufgrund der Erfahrung des Unternehmens sinken. Das Unternehmen lernt das Produkt effizienter zu produzieren, man spricht auch von der Lern- oder Erfahrungskurve. Die Kosten sinken nicht mit der Ausbringungsmenge, sondern mit der gesamten Anzahl der bisher produzierten Einheiten bzw. der kumulierten Produktionsmenge. Das Unternehmen, bzw. dessen Mitarbeiter werden besser im Produktionsprozess; Arbeitskräfte werden zunehmend geschickter in der Fertigung, je öfter sie das gleiche Produkt herstellen oder Prozesse werden im Lauf der Zeit optimiert. Auch Führungskräfte können Abläufe zunehmend besser koordinieren oder die Zusammenarbeit mit Partnerunternehmen oder Zulieferern effektiver gestalten. Mit steigender gesamter Produktionsmenge können die Kosten eines Unternehmens sinken, wenn das Unternehmen *lernt* effizienter zu arbeiten.

Grundsätzlich spielen Lernkosteneffekte insbesondere in traditionellen Medienmärkten keine wesentliche Rolle. Verlage können zwar im Laufe der Zeit die technische Produktion der Zeitung verbessern, jedoch ist dies typischerweise Folge von Innovationsprozessen beim Druck etc. In neuen Märkten können jedoch *Economics of Experience* zum Tragen kommen. So lernt eine Suchmaschine mit der absoluten Zahl an Suchanfragen und kann damit das Ergebnis stetig verbessern. Diesen Vorteil müssen Newcomer erst aufholen, wenn sie die gleiche Qualität anbieten wollen. Markteintritte von jungen, dynamischen Plattformen zeigen aber auch, dass auch ohne Erfahrung, aber durch neue Technologien sehr große Erfolge erzielt werden können.

2.4   Netzeffekte

In Märkten mit Netzeffekten (auch Netzwerkeffekte genannt) hängt der Nutzen eines Konsumenten direkt oder indirekt vom Verhalten anderer Konsumenten ab. In Märkten ohne Netzeffekte hängt der Nutzen eines Konsumenten dagegen lediglich von seinen eigenen Präferenzen sowie den Eigenschaften und dem Preis des Gutes ab.[5] Liegen Netzeffekte vor, wird der Nutzen eines Konsumenten durch die Größe eines „Netzwerks" bestimmt. Dies kann bei direkten Netzeffekten das Netzwerk der Nutzer des gleichen Produkts sein oder aber, wenn indirekte Netzeffekte vorliegen, die Größe eines anderen Netzwerks.

---

[5]Andere Konsumenten beeinflussen den Nutzen eines Konsumenten nur indirekt über den Preis, da sich eine höhere oder niedrigere Nachfrage bzw. die Preiselastizität auf das Preissetzungsverhalten der Unternehmen auswirkt.

2.4.1 Direkte Netzeffekte

Bei direkten Netzeffekten wird der Nutzen eines Konsumenten von der Anzahl der gesamten Nutzer beeinflusst. Profitieren Konsumenten davon, dass andere Konsumenten ebenfalls das gleiche Produkte verwenden, spricht man von positiven direkten Netzeffekten; sinkt der Nutzen mit der Anzahl der Konsumenten, die das gleiche Produkt benutzen, liegt ein negativer direkter Netzeffekt vor.

Neben den Produkteigenschaften und dem Preis ist es für den Konsumenten dann auch entscheidend, wie viele andere Konsumenten sich für das gleiche Produkt entscheiden. Die Kaufentscheidung des Konsumenten hängt zum einen davon ab, wie viele Konsumenten sich bereits für das Produkt entschieden haben und zum anderen von seinen Erwartungen, wie viele Konsumenten sich noch zum Kauf entscheiden werden.

Ein soziales Netzwerk beispielsweise stiftet einem einzigen Konsumenten praktisch keinen Nutzen. Je mehr Leute (aus seinem Umfeld) aber beitreten, desto wertvoller wird das Netzwerk für den Konsumenten. Das Netzwerkunternehmen, bzw. die Plattform, muss also versuchen möglichst viele neue Konsumenten dazu zu bewegen beizutreten. Ist das Netzwerk, die Kundenbasis, genügend groß, zieht das Netzwerk selbst immer neue Konsumenten an. Gerade bei sozialen Netzen und anderen virtuellen Netzwerken ist eine Verbreitung damit sehr schnell möglich.

Schwieriger ist es dagegen bei physischen Produkten. Häufig müssen zunächst Geräte angeschafft werden, d.h. Konsumenten müssen sich für ein Netzwerk entscheiden und binden sich dann durch den Kauf an das Netzwerk. Videosysteme wie *VHS* und *Betamax*, sowie *Blue-Ray* und *HD-DVD* zeigen dies.[6] Zur Nutzung des Systems ist jeweils ein Gerät notwendig, das entweder das eine oder das andere Format abspielen kann. Der erwartete Nutzen der potentiellen Käufer muss den Anschaffungswert übersteigen.

Für das Netzwerkunternehmen bedeutet dies, dass es zunächst ein Netzwerk aufbauen muss. Es muss genügend Konsumenten von seinem Produkt überzeugen, um so ausreichend große Netzeffekte zu ermöglichen. Erst, wenn die *kritische Masse* erreicht ist, steigt die Nutzerzahl (exponentiell) an. Das Produkt kann sich durchsetzen. Gibt es nur zwei oder drei Nutzer von Telefonanschlüssen, ist der Nutzen relativ gering. Je mehr Nutzer die Telefongesellschaft aber von einem Anschluss überzeugen kann, desto wertvoller wird der Anschluss für jeden einzelnen Konsumenten. Ist die Kundenbasis groß genug, wird es für Konsumenten ohne Anschluss zunehmend interessanter sich für einen solchen zu entscheiden.

Das Netzwerkunternehmen steht somit eher vor einem intertemporalen Problem. Um in der Anfangsphase möglichst viele Konsumenten anzulocken, kann das Unternehmen verschiedene Strategien verfolgen. Die notwendigen Geräte können beispielsweise vergünstigt angeboten oder sogar verschenkt werden. Telefonendgeräte können subventioniert oder kostenlos zu einem Telefonanschluss dazugegeben werden. Oft wählen Unternehmen auch eine dynamische Preisstruktur: Zuerst wird der Preis gering gehalten. Erst

---

[6]In beiden Fällen liegen direkte Netzeffekte vor: Je mehr Leute das gleiche System benutzen, desto mehr Austauschmöglichkeiten existieren.

später, wenn mehr und mehr Konsumenten das Produkt nutzen, wird der Preis angehoben. Am Anfang entscheiden sich nur Konsumenten mit sehr hoher Zahlungsbereitschaft für das Produkt. Ob sich das Produkt aber durchsetzen kann, hängt davon ab, wie viele weitere Konsumenten sich dafür entscheiden. Besonders in der Anfangsphase ist es deshalb für Unternehmen wichtig, weitere Konsumenten vom Kauf zu überzeugen. Ein niedriger Preis oder Beigaben erhöhen die Konsumentenrente der ersten Nutzer und schaffen so eine Kundenbasis. Das Unternehmen subventioniert die ersten Käufer, um so ein Netzwerk aufzubauen. Später kann die höhere Zahlungsbereitschaft aufgrund der höheren Netzeffekte, dann durch höhere Preise abgeschöpft werden.

Haben sich Konsumenten für ein Netzwerk entschieden und ist die kritische Masse erreicht, kann es zum *Lock-in* kommen. Durch die notwendige Investition (z.B. Anschaffung der Hardware) binden sich Konsumenten an einen Anbieter. Der Wechsel zu einem anderen Anbieter ist dann mit Kosten verbunden und die Konsumenten sind weniger bereit den Anbieter zu wechseln.

Netzeffekte können somit zu *Wechselkosten* (*switching costs*) führen. Konsumenten, die sich für einen Anbieter entschieden haben, können nicht kostenlos zu einem anderen Anbieter oder zu einem anderen Produkt wechseln. Entscheidet sich ein Konsument z.B. für die *Xbox* muss er Konsole und Spiele anschaffen. Bei einem Wechsel zur *Playstation* müsste er nochmals Konsole und Spiele kaufen. Die zuvor gekauften *Xbox*-Spiele können nicht auch auf der neuen Konsole verwendet werden. Die ursprünglichen Ausgaben für Gerät und Spiele können bei einem Wechseln nicht oder nur zum Teil rückgängig gemacht werden.

Wechselkosten treten nicht nur in Form von Anfangsinvestitionen auf. Ein Wechsel kann auch dann erschwert oder verhindert werden, wenn z.B. vertragliche Bindungen vorliegen, komplizierte Produkte erlernt werden müssen oder auch Suchkosten entstehen, wie folgenden Beispiele erläutern:

- Bei *langfristigen Verträgen* z.B. im Mobilfunk kann der Anbieter nur zu hohen Kosten frühzeitig gewechselt werden.
- Bei manchen Produkten muss die Anwendung erst *erlernt* werden. Das ist besonders bei neuen, technisch komplizierten Produkten oder bei Software der Fall. Betriebssysteme, die QWERTY-Tastatur oder Software-Pakete (*Office*, Statistikprogrammpakete etc.) sind Beispiele dafür. Gleiches gilt auch für Steuersysteme von *Playstation*, *Xbox* oder *Nintendo*. Bei jeder Konsole unterscheidet sich auch die Bedienung.
- *Wechselkosten* können auch aus Loyalität zu einem Anbieter oder durch einen Gewöhnungseffekt entstehen. Die Strategie der Firma *Apple* ist auf beides ausgerichtet: Zum einen unterscheidet sich die Bedienung von anderen Produkten (Lern- und Gewöhnungseffekt); zum anderen kann bei Apple-Kunden häufig eine hohe Loyalität gegenüber des Unternehmens beobachtet werden.
- Bei der Anschaffung eines neuen Produktes fallen *Suchkosten* an. Der Wechsel zu einem anderen Anbieter oder zu einem anderen Produkt erfordert eine Investition, um sich über das Angebot zu informieren. Diese Kosten treten jedoch unabhängig von Netzeffekten auf.

Eine weitere Eigenschaft, die Einfluss auf den Nutzen von Netzwerkgütern nimmt, ist die sogenannte Kompatibilität. Diese liegt vor, wenn Produkte oder auch Netzwerke miteinander verwendet werden können. Konsumenten kompatibler Produkte oder Netzwerk profitieren dann voneinander. Für den Nutzen der Konsumenten ist es nicht mehr relevant, wie viele andere Konsumenten das Produkt eines bestimmten Herstellers nutzen, sondern vielmehr wie viele Nutzer ein Produkt (von allen Herstellern insgesamt) nutzen.

Kompatibilität spielt aus zwei Gründen eine wichtige Rolle: Erstens, sinken dadurch *Wechselkosten*. Zweitens, können die Netzeffekte trotz mehrerer Anbieter voll ausgenutzt werden. Der Datenaustausch zwischen verschiedenen Software-Programmen ist nur dann möglich, wenn diese kompatibel sind. Hängt der Nutzen eines Konsumenten von der Anzahl der anderen Konsumenten ab, die das gleiche Produkt verwenden, dann steigt der Nutzen mit der Größe des Netzwerks. Wird ein Produkt aber von verschiedenen Anbietern angeboten und sind die Produkte untereinander nicht kompatibel, gibt es mehrere (inkompatible) Teilnetzwerke. Der Nutzen jedes Konsumenten steigt aber mit der Größe des Netzwerks, das bei Kompatibilität demnach größer ist. Sind zum Beispiel Textdateien unabhängig vom verwendeten Betriebssystem austauschbar, so steigt der Nutzen der Nutzer der entsprechenden Software mit der Anzahl der Nutzer aller kompatiblen Systeme.

Allerdings profitieren Konsumenten nicht immer von Kompatibilität. Sind die Produkte inkompatibel, müssen die Unternehmen um Konsumenten kämpfen. Sobald ein Konsument sich für ein Netzwerk entschieden hat, ist er für das andere Unternehmen nicht bzw. nur noch schwer mehr zu erreichen. Die konkurrierenden Unternehmen müssen deshalb ihre Preise senken, um mehr Konsumenten zu gewinnen. Der Preiswettbewerb zwischen den Unternehmen nimmt zu. Kompatibilität dagegen schwächt den Preiswettbewerb ab. Konsumenten profitieren zwar von einem größeren Netzwerk, müssen dafür aber höhere Preise bezahlen.

Märkte mit Netzeffekten sind oftmals hoch *konzentriert*. Starke Vorteile aus den Netzeffekten und eine geringe Kompatibilität führen nicht selten dazu, dass nur wenige Anbieter der Netzwerkgüter vorhanden sind. Im Gegensatz zu Märkten ohne Netzeffekte, kann das aber eine wohlfahrtsoptimale Situation sein. Existiert anstelle vieler inkompatibler kleiner Netze nur ein großes kompatibles Netzwerk, ist der Nutzen aus dem Netzeffekt am stärksten. Es liegen zwei entgegengesetzte Effekte vor: Konsumenten profitieren von mehr Wettbewerb durch niedrigere Preise, dadurch können die Netzeffekte aber möglicherweise weniger stark ausgenützt werden. Welche Marktstruktur für Konsumenten vorteilhaft ist, hängt von der relativen Stärke dieser beiden Effekte ab.

In Märkten mit Netzeffekten, kommt es daher häufig zum Wettbewerb *um* den Markt. Anfänglich konkurrieren mehrere Unternehmen um Konsumenten, am Ende kann sich aber nur ein Unternehmen am Markt behaupten. Der Format-Krieg der konkurrierenden Videorekorder-Systeme *VHS* und *Betamax* zeigt das anschaulich: Obwohl die Systeme technisch ähnlich waren, konnte sich am Ende VHS alleine durchsetzen. Gleiches bei *Blue-ray* und *HD-DVD*, auch hier konnte sich nur ein System durchsetzen. Man spricht deshalb auch von *Winner-takes-it-all- Märkten*. Auch bei sozialen Netzwerken ist unklar, ob sich eine Plattform oder mehrere durchsetzen werden. Allerdings können Konsumenten hier leicht zwischen verschiedenen sozialen Netzwerken wechseln und auch mehrere gleichzeitig benutzen. Kosten entstehen nur durch die zusätzliche Zeit, die man investieren muss, um alle Netzwerke nutzen zu können.

Standards, also Vereinheitlichungen von z.b. Produkten oder Prozessen sichern Kompatibilität und können so das Problem abschwächen oder sogar beheben. Sie ermöglichen so den Austausch zwischen den Mitgliedern verschiedener Netzwerke und auch mehr Wettbewerb auf dem Markt. Standards können entweder von den beteiligten Firmen selbst festgelegt werden oder von außen auferlegt werden (durch Gesetze oder Regulierung). Damit könnten Wechselkosten gesenkt und der Wettbewerb zwischen den Systemen gefördert werden. Gleichzeitig können die Netzeffekte bestmöglich ausgenutzt werden. Für Netzwerkunternehmen können Standards mehrere Effekte haben: Einerseits führt die Kompatibilität zu einer Abschwächung des Preiswettbewerbs. Andererseits steigt auch der Nutzen der Konsumenten, was sich durch höhere Preise wiederum positiv auf den Gewinn auswirken kann.

Netzeffekte können außerdem zu *Markteintrittsbarriere* führen, wenn es z.b. hohe Wechselkosten zwischen den Anbietern gibt oder die verschiedenen Netzwerke nicht kompatibel sind. Neue Anbieter müssen entweder die kritische Masse mit den Konsumenten erreichen, die bisher noch nicht gekauft haben, oder sie müssen Konsumenten von etablierten Anbietern abwerben. Ersteres ist deshalb schwierig, weil Kunden mit hoher Zahlungsbereitschaft für das Produkt auch als erstes das Angebot der anderen Anbieter wahrnehmen. Auch zweitens, das Abwerben von Kunden, wird durch Netzeffekte und Wechselkosten erschwert. Der Nutzen durch den Netzwerkwechsel müsste den Konsumenten einen mindestens genauso großen Nutzen wie im bisherigen Netzwerk bieten und noch dazu die Anfangsinvestitionen kompensieren. Der Markteintritt wird dadurch sehr viel teurer.

Bei *direkten Netzeffekten* hängt der Nutzen eines Konsumenten von der Anzahl der anderen Konsumenten ab, die sich ebenfalls für das gleiche Produkt entscheiden. Der Nutzen des Konsumenten ergibt sich aus den Eigenschaften des Produkts, dem Preis und aus der Größe des Netzwerks.

Wichtige Konzepte und Begriffe im Zusammenhang mit direkten Netzeffekten siehe Tab. 2.1.

2.4.2 Indirekte Netzeffekte

Bei indirekten Netzeffekten hängt der Nutzen einer Konsumentengruppen bzw. eines Netzwerks von der Größe eines anderen Netzwerks ab. Steigt zum Beispiel das Netzwerk der Nutzer eines bestimmten Computersystems (etwa PC oder Apple-Computer), so steigt damit auch die Zahl der zur Verfügung stehenden Hard- und Software, die mit diesem System kompatibel ist. Der Nutzen der jeweiligen Nutzer des Systems steigt also indirekt mit der Größe des Netzwerks über die Anzahl der vorhandenen Programme oder Hardware-Komponenten bzw. deren Programmierer.

Eine spezielle Form liegt vor, wenn die Netzwerke über indirekte Netzeffekte miteinander verbunden sind und eine Plattform diese koordiniert: Eine Single-Bar verbindet beispielsweise zwei Netzwerke, das der Single-Männer mit dem der Single-Frauen. Der Nut-

Tab. 2.1 Begriffe im Zusammenhang mit direkten Netzeffekten

Kritische Masse	Netzwerkunternehmen müssen eine Mindestanzahl an Kunden erreichen.
Lock-in	Haben sich Konsumenten für ein Netzwerk entschieden, sind sie mehr oder weniger stark daran gebunden. Das Netzwerkunternehmen kann das nutzen/ausnutzen.
Wechselkosten/switching costs	Der Wechsel zwischen Netzwerken ist nicht kostenlos. Konsumenten verlieren ihre Anfangsinvestitionen, müssen sich an das neue Netzwerk gewöhnen oder sich einlernen.
Kompatibilität	Können sich Mitglieder verschiedener Netzwerke untereinander austauschen, steigt der Nutzen jedes Konsumenten mit der Größe des eigenen Netzwerkes und mit allen verbundenen Netzwerken.
Standards	Standards können die Kompatibilität zwischen Netzwerken institutionalisieren. Sie können entweder endogen durch die beteiligten Netzwerke beschlossen oder von außen auf den Markt auferlegt werden.
Hohe Konzentration	Märkte mit Netzeffekten weisen häufig eine hohe Konzentration auf. Netzeffekte können nur von einem oder wenigen Unternehmen internalisiert werden. Kompatibilität und Standards können das überkommen.
Markteintrittsbarrieren	Durch Wechselkosten und die Notwendigkeit eine kritische Masse zu erreichen, können Markteintrittsbarrieren entstehen.

zen eines Mannes steigt mit der Anzahl der Frauen, die ebenfalls in die Bar kommen, umgekehrt sind Frauen auch daran interessiert alleinstehende Männer zu treffen. Sind nur wenige oder gar keine Männer in der Bar, ist der Nutzen für Frauen relativ gering. Die Größe des eigenen Netzwerks hat (zunächst) aber nur einen indirekten Einfluss auf den Konsumenten. Je mehr Frauen sich für die Single-Bar entscheiden, desto attraktiver wird die Bar für Männer, desto attraktiver wird sie aber auch für die einzelne Frau. Man spricht deshalb von indirekten Netzeffekten.

Die Kundengruppen können sich aber auch negativ beeinflussen. Ein Fernsehsender bietet seine Inhalten Zuschauern an und gleichzeitig Werbefläche für Unternehmen. Werbetreibenden sind zwar daran interessiert möglichst viele Zuschauer zu erreichen, Fernsehzuschauer dagegen sind nur wenig an der Unterbrechung des Programms interessiert. In diesem Fall liegen nur einseitig positive indirekte Netzeffekte vor (vom Fernsehzuschauer zu den Werbetreibende). Die Werbetreibenden üben aber über die Werbung oftmals einen negativen indirekten Netzwerkeffekt auf die Zuschauer aus.

Unternehmen, die die beiden Netzwerke verbinden, werden als zweiseitige Plattform bezeichnet. Allgemein spricht man von einem zweiseitigen Markt (oder mehrseitigen Markt, wenn mehr als zwei Kundengruppen beteiligt sind). Zweiseitige Märkte sind das zentrale Thema dieses Buches (siehe Teil III).

2.5   Habituiertes Verhalten

Konsumenten in Medienmärkten zeigen häufig habituiertes (auch: habitualisiertes) Verhalten. Sie benutzen ein Produkt eines Anbieters über mehrere Perioden hinweg, sie gewöhnen sich an das Produkt und konsumieren es regelmäßig. Das zeigt sich z.B. an den Abonnement-Zahlen von Zeitungen, aber auch Online-Nachrichtenportale, soziale Netzwerke oder auch Fernsehsender, all diese Medienprodukte haben eine wiederkehrende Nutzerbasis. In Deutschland werden etwa über 90 % der Auflage regionaler Tageszeitungen über Abonnements vertrieben. Für deutschlandweite Zeitungen liegt der Abonnement-Anteil mit 82 % nur knapp darunter. Zwei von drei Deutschen lesen darüber hinaus regelmäßig eine gedruckte Tageszeitung.[7]

Habituiertes Verhalten kann unterschiedliche Ursachen haben: Erstens, gewöhnen sich Nutzer an bestimmte Medien, an das Format einer Zeitung, das Layout einer Internet-Seite oder die Uhrzeit einer Sendung. Zweitens muss die Benutzung bestimmter Produkte erst erlernt werden. Wurde sie einmal erlernt, führt das zu stärkerer Treue zum Produkt. Bei Spielkonsolen unterscheidet sich beispielsweise die Steuerung der einzelnen Systeme. Drittens, kann es sich um rationales „Suchtverhalten" à la Becker und Murphy (1988) handeln. Die Autoren gehen in dem Modell davon aus, dass Konsumenten genau wissen, wie sich ihr heutiges Verhalten auf die Zukunft auswirkt; aber das jetzige Verhalten maximiert den zukünftig (abdiskontierten) Nutzen. Die Abhängigkeit ist also frei gewählt und entspricht der individuellen, intertemporalen Nutzenmaximierung. Und viertens könnte das Verhalten auch durch Produktzufriedenheit ausgelöst werden. Der wiederholte Kauf ist also auf die bisherigen Erfahrung oder auch auf den guten Ruf der Zeitung oder des Medienproduktes zurück zu führen.

Das Verhalten der Nachfrager hat Auswirkungen auf das Verhalten der Plattform. Kunden, die sich an das Produkt gewöhnt haben, reagieren weniger elastisch auf Preisänderungen. Das Medienunternehmen hat einen größeren Spielraum bei der Preisgestaltung. Zunächst kann der Preis niedrig gesetzt werden, sobald sich aber die Konsumenten an das Produkt gewöhnt haben, wird der Preis erhöht (Dewenter und Rösch 2011). Es kommt also auch hier zu einem *Lock-in*. Durch den Gewöhnungseffekt entstehen Wechselkosten.

Das Nachfrageverhalten hat dadurch auch Auswirkungen auf den Wettbewerb zwischen Medienunternehmen. Ist der Effekt sehr stark, können sehr hohe Wechselkosten auftreten. Dadurch haben die Unternehmen Marktmacht über ihre Kunden. Der Wettbewerb wird somit abgeschwächt. Unter Umständen können dadurch aber Netzeffekte besser ausgenutzt werden. Außerdem reduzieren sich die Suchkosten für Konsumenten.

Bisher gibt es nur wenige Arbeiten auf dem Gebiet des habituierten Nachfrageverhaltens in Medienmärkten, insbesondere im Zusammenhang mit Netzeffekten. Dennoch können Gewöhnungseffekte oder auch die stärkere Form der Internetsucht wichtige Phänomene in Medienmärkten sein.

---

[7]Aktuelle Zahlen und Statistiken können auf der Internetseite des Bundesverbands deutscher Zeitungsverleger unter Markttrends und -daten nachgelesen werden: http://www.bdzv.de/.

2.6 Marktzutrittsbarrieren

Markteintrittsbarrieren können verschiedene Ursachen haben. Sie können der Struktur des Marktes oder den Eigenschaften des Produktes geschuldet sein (strukturelle Markteintrittsbarrieren), sie können staatlich oder regulatorisch auferlegt sein (institutionelle Markteintrittsbarrieren) oder können durch das strategische Verhalten der Marktteilnehmer hervorgerufen werden (strategische Markteintrittsbarrieren).

Marktzutrittsbarrieren sind wesentlich für den Wettbewerb auf dem Markt und das Verhalten der Unternehmen. Ist Marktzutritt ohne größere Kosten möglich, müssen Unternehmen bei ihren Entscheidungen auch die Möglichkeit des Markteintrittes – also des potenziellen Wettbewerbs – berücksichtigen. Je schwieriger der Marktzutritt aber ist, desto freier können Unternehmen ihre Entscheidungen treffen, desto geringer ist der Wettbewerbsdruck.

2.6.1 Strukturelle Marktzutrittsbarrieren

Die Kostenstruktur des Marktes (vgl. Abschn. 2.3.2) kann dazu führen, dass neue Unternehmen deutliche Kostennachteile haben. Etablierte Unternehmen können durch ihre Größe, Erfahrung oder durch den Verbund mit anderen Produkten günstiger produzieren. Sie haben häufig auch einen Vorteil durch besser geschultes Personal, den besseren Zugang zu Lieferanten oder der Erfahrung in der Branche. In bestimmten Fällen kann es auch günstiger sein, dass nur ein Unternehmen die gesamte Nachfrage bedient. Man spricht dann von einem natürlichen Monopol (siehe Abschn. 2.9.4).

Die Tatsache, dass Markteintrittskosten anfallen, stellt zwar eine Markteintrittsbarriere aber nicht unbedingt ein Problem dar. In den meisten Märkten sind Anfangsinvestitionen notwendig. In vielen Fällen handelt es sich dabei auch um versunkene Kosten. Um in den Zeitungsmarkt einzutreten braucht man neben der Redaktion und dem Know-how auch Zugang zu Druckmaschinen und ein Vertriebsnetz. Abhängig vom Verbreitungsgebiet der Zeitung kann das sehr aufwendig und teuer sein. Durch die Digitalisierung hat auch der Wettbewerbsdruck für Zeitungen zugenommen, die Kosten in den Markt einzutreten und mit etablierten Zeitungen zu konkurrieren sind deutlich gesunken. So sind einige Produkte wie News-Seiten oder Blogs nur noch ausschließlich online verfügbar. Der Aufbau eines Distributionsnetzes entfällt, es liegen deutliche Kostenvorteile vor.

Auch Netzeffekte können strukturelle Markteintrittsbarrieren hervorrufen (siehe Abschn. 2.4.1). Unternehmen müssen eine kritische Masse erreichen, nur dann kann sich das Produkt am Markt etablieren. Häufig kommt es dabei zum *Lock-in*, wodurch Konsumenten an einen bestimmten Anbieter gebunden sind. Der Markteintritt wird dann zum einen durch die fehlende Kundenbasis erschwert, zum anderen durch die mangelnde Wechselbereitschaft der Konsumenten bzw. der zu hohen Wechselkosten. Indirekte Netzeffekte können den Markteintritt ebenfalls erschweren. Auch hier muss zunächst eine kritische Masse erreicht bzw. das *Chicken–Egg-Problem* gelöst werden (siehe Kapitel 5). Allerdings zeichnen sich zweiseitige Märkte häufig durch eine hohe Marktdynamik und geringe Wechselkosten aus. Dadurch sinken die Kosten des Markteintritts (siehe Kapitel 5 und auch Kapitel 8).

In bestimmten Fällen können die Markteintrittskosten so hoch sein, dass es wirtschaftlich nicht sinnvoll ist in einen Markt einzutreten und z.B. die Einrichtung bzw. die Infrastruktur zu duplizieren, die dazu aufgebaut werden müsste. Man spricht dann von einer wesentlichen Einrichtung oder *essential facility*. Es wäre beispielsweise nicht sinnvoll sein zweites Eisenbahnschienen- oder ein zusätzliches Stromnetz aufzubauen. In solchen Fällen kann es sinnvoll sein, den Zugang zu einer solchen wesentlichen Einrichtung zu regulieren (vgl. z.B. Motta (2004) vgl. auch Abschn. 7.2.2).

2.6.2   Institutionelle Marktzutrittsbarrieren

Staatliche Maßnahmen bzw. regulatorische Bedingungen können ebenfalls Markteintrittsbarrieren darstellen. Im Rundfunkbereich sind Frequenzen notwendig, die nach §20 Rundfunkstaatsvertrag (RStV) durch die jeweiligen Landesmedienanstalten vergeben werden. In Nordrhein-Westfalen werden auch private Radiosender stark reguliert. Dort gibt es keine landesweiten privaten Sender, sondern lediglich verschiedene Lokalradios in 46 Sendegebieten. Das sog. Zwei-Säulen-Modell trennt die Organisation des privaten Radiosenders in Veranstaltung- und Betriebsgesellschaft. Erstere ist ein Verein und für die Gestaltung des Programms zuständig, die Betriebsgesellschaft dagegen nur für die Finanzierung. Das Zwei-Säulen-Modell soll so die Trennung von „Kommerz und Programm" garantieren, stellt aber neben der Lizenzierung ebenso eine Markteintrittbarriere dar. Private Sender können nicht selbst über das Programm entscheiden, oder nur sehr eingeschränkt.

Der Rundfunksstaatsvertrag regelt allgemein die Zulassung von privaten Sendern. Durch die Zulassung darf keine Stellung erreicht werden, die eine vorherrschende Meinungsmacht begründet. Darüber hinaus werden private Rundfunkanstalten von den jeweiligen Landesmedienanstalten überwacht. Gemäß §26 RStV wird die Konzentration auf Rundfunkmärkten kontrolliert, um so die Meinungsvielfalt zu sichern und Meinungsmacht zu verhindern. §26 Abs. 1 RStV erlaubt das Betreiben einer unbegrenzten Anzahl von Programmen, wenn dadurch keine Meinungsmacht erlangt wird. Die Kommission zur Ermittlung der Konzentration im Medienbereich (KEK) ist dafür zuständig. Sie soll sicherstellen, dass die Meinungsvielfalt nicht gefährdet wird. Der KEK obliegt die fortlaufende Überwachung von Medienmärkten, sie wird damit auch bei der Zulassung (Markteintritt) neuer Sender tätig.

2.6.3   Strategische Marktzutrittsbarrieren

Auch strategisches Verhalten etablierter Unternehmen kann den Markteintritt neuer Unternehmen ver- oder behindern. Vertikale Verträge können den Weg zum Endkunden für neue Firmen versperren (Marktverschluss) und so den Markteintritt unrentabel machen.

Besitzt ein Unternehmen beispielsweise ein Monopol über Internetzugänge für Endkunden in einer bestimmten Region, könnte es mit Inhalteanbietern Exklusivverträge schließen. Konkurrierende Inhalteanbieter hätten dann keinen oder schlechteren Zugang zu den Endkunden. Bevorzugt der Internetanbieter einen Musik-Streamingdienst durch schnellere Durchleitung, werden die konkurrierenden Streaming-Anbieter benachteiligt, für einen neuen Anbieter steigen dadurch die Markteintrittskosten.

Im Zusammenhang mit der sogenannten Netzneutralität wird diskutiert, inwiefern ein nicht-neutrales Internet dazu führt, dass es zur Diskriminierung bestimmter Inhalte kommen kann (vgl. z.B. Economides und Tåg 2012; Van Schewick 2006; Schuett 2010; Dewenter 2009). Würden nicht die Verpflichtung bestehen, alle verschickten Datenpakete gleich zu behandeln, so ein Argument, könnten Internet-Service-Provider (ISPs) bestimmte Dienste bevorzugen (bzw. benachteiligen) oder gar ausschließen. Inhalteanbieter, die einen Ausschluss befürchten, würden dann dem Markt fernbleiben. Auf alle Fälle würden sich dadurch aber die Markteintrittskosten erhöhen, so die Verteidiger der Netzneutralität. Befürworter der Aufhebung der Netzneutralität argumentieren dagegen, dass es zu Effizienzgewinnen kommen kann, da zeitsensible Daten auch bevorzugt behandelt werden könnten (z.B. Dewenter 2009). Es würden dann zwar zusätzliche Kosten entstehen, ein qualitativ hochwertiger Service könnte so aber überhaupt nur angeboten werden. Besteht eine Zahlungsbereitschaft der Kunden für diesen Service wäre dies effizient. Ein kompletter Ausschluss von Diensten ist dagegen wenig wahrscheinlich und nur mit Marktmacht möglich. Dies wäre jedoch ein unzulässiger Missbrauch von Marktmacht (vgl. Abschn. 7.2.2 oder Dewenter und Rösch 2014).

Ein Verkauf der Produkte unter Einstandspreise mit Verdrängungsabsicht *predatory pricing* kann ebenfalls den Markteintritt verhindern oder zum Marktaustritt führen. Ein etabliertes und finanzstarkes Unternehmen könnte die Preise soweit senken, dass es für eine neu eintretenden Firma unrentabel ist, das Produkt anzubieten. Das etablierte Unternehmen würde zunächst Verluste in Kauf nehmen, um dann höhere Preise durchsetzen zu können, wenn der Markteintritt verhindert wurde. Dieses Verhalten ist aber zum einen durch das Kartellrecht untersagt, zum anderen würde es auch erfordern, dass die etablierte Firma den Markteintritt nachhaltig verhindern kann. Es müssten also weitere Marktzutrittsbarrieren vorliegen, die den Markteintritt weiterer Konkurrenten verhindern. Ansonsten ist die Strategie für das etablierte Unternehmen nicht lohnend.

Grundsätzlich fallen bei praktisch jedem Markteintritt Kosten an und somit bestehen auch in jedem Markt mehr oder weniger hohe Eintrittsbarrieren, jedoch in unterschiedlicher Höhe. Der Eintritt in den Suchmaschinenmarkt ist beispielsweise aufwendig und teuer. Es muss zunächst ein Algorithmus entwickelt, der Serverpark aufgebaut und Marketing betrieben werden. Aber die derzeit bekannteste und beliebteste Suchmaschine *Google* ist selbst erst relativ spät in einen Markt mit starken etablierten Anbietern (*yahoo!*, *Altavista*, etc.) eingetreten. Markteintrittskosten müssen somit immer in Abhängigkeit des Marktes betrachtet werden. Sehr hohe Markteintrittsbarrieren führen dazu, dass Märkte tendenziell stark konzentriert sind (vgl. Abschn. 8.2.1).

Wettbewerb entfaltet sich am besten, je geringer die Markteintrittskosten sind. Liegen keine Markteintrittsbarrieren vor, ist also auch der Marktaustritt kostenlos, wäre der Markt vollständig bestreitbar. Unabhängig von der Marktstruktur würde sich ein effizientes Ergebnis einstellen. Selbst ein Monopolist müsste dann den Wettbewerbspreis setzen, da seine Gewinne sonst zu Markteintritt führen würden (vgl. z.b. Baumol, Panzar, Willig und Bailey 1982, Coenen und Haucap 2012).

2.7   Bündelung und Kopplung auf Medienmärkten

2.7.1   Bündelung

Medienprodukte werden häufig als *Bundle*, also als Produktbündel mit anderen Produkten, verkauft. Zeitungen veröffentlichen Artikel nicht einzeln, sondern Redaktionen bündeln die Arbeiten mehrere Journalisten zu einer Zeitung. Musikstücke wurden (lange Zeit) ausschließlich als Album verkauft – im Bündel mit anderen Musikstücken, einen Cover, Booklet und zum Teil auch mit Texten. Erst seit der Erfindung des MP3-Standards werden Musikstücke auch einzeln angeboten. Kauft man allerdings das ganze Album, ist jedes einzelne Stück in der Regel günstiger. Software wie das Office-Paket von Microsoft wird ebenfalls als Produktbündel angeboten. Auch werden manchmal Internet-Anschlüsse mit Filmpaketen oder anderen Angeboten von Kabelanbietern gebündelt. Vor allem Inhalte, die über ein physisches Trägermedium verkauft werden, werden häufig mit anderen ähnlichen Inhalten gebündelt.

Für die aus Sicht des Unternehmens wirtschaftlich sinnvolle Bündelung mehrerer Produkte müssen zwei Voraussetzung gegeben sein: Zum einen müssen verschiedene Konsumentengruppen mit verschiedene Nachfragekurven vorliegen. Zum anderen darf es dem Unternehmen nicht möglich sein, diese unterschiedlichen Zahlungsbereitschaft durch Preisdiskriminierung ausnutzen (vgl. Pindyck und Rubinfeld 2009) zu können. Das Unternehmen sieht sich also heterogenen Nachfrager gegenüber und kann diese Heterogenität nicht mit Preisdiskriminierung begegnen.

Betrachten wir eine Zeitung (Abb. 2.3), die zwei verschiedene Ressorts anbietet (z.B. Sport und Wirtschaft) und zwei verschiedene Gruppen von Nachfragern bedienen möchte (hier: Sport- und Wirtschaftsinteressierte). Beide Kundengruppen haben eine Zahlungsbereitschaft für beide Ressorts, aber eine klare Präferenz für Wirtschaft bzw. Sport (zum Beispiel 0,90 bzw. 0,70 Euro für das präferierte Produkt und 0,50 bzw. 0,70 Euro für das jeweils andere Produkt). Verkauft die Zeitung den Sportteil einzeln, wählt sie den Preis von 0,50 Euro und verkauft jeweils ein Exemplar an beide Kundengruppen (2 · 0,50 Euro = 1,00 Euro). Gleiches gilt für den Wirtschaftsteil: Um beide Gruppen bedienen zu können wählt die Zeitungen einen Preis von 0,50 Euro und hat ebenfalls Einnahmen von 1,00 Euro. Die Gesamteinnahmen der Zeitungen betragen damit 2,00 Euro (2 · 1,00 Euro = 2,00 Euro). Wählt die Zeitungen einen höheren Preis, würde sie die jeweils andere Gruppe vom Konsum ausschließen. Verkauft die Zeitung die beiden Ressorts Sport und Wirtschaft aber als Bündel, kann sie einen Preis von 1,20 Euro

	Kundengruppe A Manager	Kundengruppe B Sportler
Wirtschaft	0,90 €	0,50 €
Sport	0,50 €	0,70 €

Abb. 2.3 Zahlungsbereitschaften für verschiedene Ressorts

	Kundengruppe A Manager	Kundengruppe B Sportler
Wirtschaft	0,90 €	0,50 €
Sport	0,50 €	0,40 €

Abb. 2.4 Zahlungsbereitschaften für verschiedene Ressorts – positive Korrelation der Nachfrage

(0,50 Euro + 0,70 Euro = 1,20 Euro) verlangen und einen Gesamterlös von 2,40 Euro ($2 \cdot 1,20$ Euro = 2,40 Euro) erzielen. Die Gesamteinnahmen im Bündel sind höher als im Einzelverkauf (hier 0,40 Euro).[8]

Bundling ist in diesem Beispiel wirtschaftlich sinnvoll, weil die beiden Kundengruppen jeweils ein Ressort höher bewerten als das andere und auch höher als die andere Gruppe. Die relative Bewertung der Ressorts ist also gegenläufig (vgl. Pindyck und Rubinfeld 2009). Bewertet eine Kundengruppe beide Produkte höher als die andere und bewerten die Gruppen jeweils ein Ressort höher als das andere Ressort, führt Bundling zum gleichen Ergebnis wie der Einzelverkauf. Abbildung 2.4 zeigt das für das Zeitungsbeispiel.

---

[8]Beide Kundengruppen sind auf die Größe 1 normiert, d.h. wir nehmen an, dass jede Kundengruppe nur aus einem Konsumenten besteht. Das Ergebnis bleibt unverändert, wenn man annimmt, dass z.B. jeweils 1000 Kunden diese Zahlungsbereitschaft haben. Lediglich der Gesamterlös der Zeitung erhöht sich dadurch. Man nimmt dann nicht mal zwei sondern mal zweitausend.

In Abb. 2.3 sind die Nachfragen negativ miteinander korreliert, d.h. Kundengruppe A hat für Wirtschaft die höhere Zahlungsbereitschaft, während sie für Sport einen geringere hat. Für Kundengruppe B verhalten sich die Zahlungsbereitschaften genau umgekehrt. Die Nachfrager in Kundengruppe B haben eine höhere Zahlungsbereitschaft für Sport als die Nachfrage in Gruppe A; dafür aber eine niedrigere Zahlungsbereitschaft für den Wirtschaftsteil. In Abb. 2.4 hat Kundengruppe A jeweils eine höhere Zahlungsbereitschaft für beide Ressorts. Beide Kundengruppen bewerten den Nutzen aus dem Wirtschaftsteil aber höher als den Nutzen aus dem Sportteil. Die Zeitung könnte für jeden Teil einzeln 0,50 Euro bzw. 0,40 Euro verlangen (0,50 Euro für Wirtschaft und 0,40 Euro für Sport) und damit Gesamteinnahmen von 1,80 Euro (2 · 0,90 Euro) erzielen. Entscheidet sich die Zeitung für die Bündelung der beiden Produkte in einer gemeinsamen Zeitung könnte sie einen Preis von 0,90 Euro für beide Kundengruppe durchsetzen: Kundengruppe A wäre insgesamt bereit 1,40 Euro (0,90 Euro + 0,50 Euro) zu bezahlen, Kundengruppe B aber nur 0,90 (0,50 Euro + 0,40 Euro). Die Gesamteinnahmen der Zeitung betragen dann ebenfalls genau 1,80 Euro (2 · 0,90 Euro = 1,80 Euro).

Für ein profitables Bundling ist es also wichtig, dass die beiden Nachfragen negativ korreliert sind, d.h. eine Kundengruppe schätzt das eine Produkt höher als das andere und höhere als die andere Nachfragegruppe; für die anderen Nachfragegruppe verhält es sich genau umgekehrt. Die Bündelung von Produkten dient somit nicht dazu den Verbrauchern ein Produkt zu verkaufen, das sie vielleicht nicht kaufen möchten, sondern dazu die unterschiedlichen Zahlungsbereitschaften von Nachfragegruppen zu nutzen.

Dem Unternehmen steht aber noch eine weitere Option zur Verfügung: Sie können die Produkte sowohl einzeln als auch als Bündel verkaufen. Konsumenten können dann entscheiden, ob sie lieber eines der beiden Produkte kaufen oder das Produktbündel. Diese Strategie wird auch *mixed bundling* (gemischte Bündelung) genannt, während das obere Beispiel als *pure bundling* (reine Bündelung) bezeichnet wird. Gemischte Bündelung von Produkten ist besonders dann interessant, wenn die Wertschätzung bestimmter Konsumenten für ein Produkt unterhalb der Grenzkosten der Produktion liegen. Dann kann es für das Unternehmen wirtschaftlich sinnvoll sein, die Produkte sowohl einzeln als auch als Bündel anzubieten. Auch wenn keine Grenzkosten anfallen, die Wertschätzung der verschiedenen Konsumentengruppen aber nicht perfekt negativ korreliert sind, kann die gemischte Bündelung für das Unternehmen vorteilhaft sein.

Produktbündel sind auf vielen Medienmärkten anzutreffen. In klassischen Medien werden Inhalte typischerweise auf einem Trägermedium gebündelt. Eine Zeitung verkauft verschiedene Artikel und Ressorts als Zeitung gebündelt. Lokalzeitungen z.B. bündeln den Lokalteil mit überregionalen Nachrichten, den sogenannten Mantel. Auch bei Musik war es lange üblich Alben oder Singles zu verkaufen, die mehrere Musikstücke umfassten. Diese Bündelung entstand aber zum Teil auch aus der Notwendigkeit heraus, dass einzelne Inhalte (Artikel, Musikstück, Film) nicht wirtschaftlich sinnvoll einzeln verkauft werden konnten.

Die Digitalisierung brachte die Möglichkeit Medieninhalte in einzelnen Einheiten und nicht nur als Bündel anzubieten. Die Probleme der Musikindustrie die Geschäftsmodelle an den Einzelverkauf von Musikstücken (als MP3), im Gegensatz zum Verkauf im Bündel (auf CDs oder Vinyl), können als Anzeichen gesehen werden, dass die Bündelung verschiedener Inhalte aber auch eine gewinnmaximierende Strategie für Medienunternehmen ist. Gleiches gilt auch für Zeitungen, da Konsumenten jetzt Artikel auch einzeln im Internet nachlesen können und nicht mehr die komplette Zeitung kaufen müssen. Die zwangsweise Entbündelung von Produktpaketen durch die Digitalisierung zwingt Medienunternehmen ihre bisherige Strategie zu überdenken. Konsumenten können jetzt nicht nur einzelne Musikstücke erwerben, sondern auch einzelne Artikel oder Ressorts verschiedener Zeitungen lesen, ohne jede Zeitung einzeln kaufen zu müssen. Zeitungen stehen jetzt nicht mehr nur um das gesamte Produkt (Zeitung) im Wettbewerb mit anderen Anbietern, sondern auch um einzelne Ressorts oder sogar Artikel.

2.7.2   Kopplung

Bei Kopplung (*Tying*) müssen zwei Produkte miteinander gekauft werden, d.h. die Nutzung des einen Produktes bedingt den Kauf des anderen. Reine Bündelung (*pure bundling*) ist somit eine Unterkategorie der Kopplung. Kopplung ist aber weiter gefasst. Um ein *Playstation*-Spiel nutzen zu können, braucht man zuerst eine *Playstation*. Das Spiel ist also an die Konsole gekoppelt. Um einen *iPod* bespielen zu können, braucht man *Apples iTunes*. Kopplung ist eine Strategie des Unternehmens, bei der erst ein Produkt gekauft werden muss, um dann ein zweites erwerben zu können.

Im Medienbereich wurde Koppelung vor allem durch das Verfahren gegen Microsoft bekannt. *Microsoft* wurde vorgeworfen seinen Browser *Internet Explorer* an das Betriebssystem *Windows 98* zu koppeln. Dadurch sollte, laut Anklage, die marktbeherrschende Stellung am Betriebssystemmarkt auf den Browser-Markt übertragen werden. Konkurrenten wie *Netscape* sollten so aus dem Markt gedrängt werden. *Microsoft* wurde dazu verpflichtet eine Version des Betriebssystems auch ohne Browser anzubieten.

Medienunternehmen koppeln ihre Inhalte auch oft an Werbung. Zeitungen verdienen einen Großteil ihres Geldes über Werbung. Fernsehsendungen können bei privaten Anbietern nur mit Werbeunterbrechung konsumiert werden. Auch Internet-Seiten „zwingen" den Konsumenten neben den Inhalten auch Werbung wahrzunehmen; das Produkt (Inhalt) kann nur zusammen mit einem anderen Produkt (Werbung) konsumiert werden. Der Grund für diese Koppelung sind aber indirekte Netzeffekte und deren Internalisierung durch das Medienunternehmen (vgl. z.B. Evans und Schmalensee 2013). Diese werden wir im Teil III dieses Buches ausführlich besprechen.

2.8   Werbung

Fast alle Medienunternehmen finanzieren sich teilweise oder ganz aus Werbeeinnahmen. Viele Fernseh- und Radiosender, Internet-Zeitungen und die meisten Internet-Services verdienen Geld ausschließlich durch das Angebot an Werbeflächen oder -zeiten. Werbetreibende haben die Möglichkeit, ihre Produkte und Dienstleitungen über die Medien zu bewerben. Dies geschieht etwa durch Vermittlung von Informationen oder aber durch bewusste Einflussnahme auf die Kaufentscheidung. Dabei ist nicht immer klar, ob Werbung den Konsumenten einen Nutzen stiftet oder ob sie als störend wahrgenommen wird. Empirische Studien zeigen, dass vor allem in Zeitungen und Magazinen Werbung häufig als informativ wahrgenommen wird und sogar einen Nutzen stiftet (Kaiser und Song 2009; Kaiser und Wright 2006). Anders bei Fernsehwerbung, hier wird Werbung eher als störend empfunden, da das laufende Programm unterbrochen wird.

2.8.1 Werbearten

Es kann keine pauschale Antwort darauf geben, ob Konsumenten Werbung als störend empfinden oder nicht. Jedoch kann grundsätzlich zwischen informativer und suggestiver Werbung unterschieden werden. Die Erste informiert über die Existenz, den Preis oder bestimmte Charakteristika des Produktes. Suggestive Werbung dagegen soll die Präferenzen von Konsumenten verändert. Es kann z.B. die Produktdifferenzierung verstärkt herausgestellt, Marken aufgebaut oder die Markentreue verstärkt werden (vgl. z.B. Belleflamme und Peitz 2010; Shy 2001).

Informative Werbung hilft Konsumenten bessere Entscheidungen zu treffen, da sie über Eigenschaften des Produktes aufgeklärt werden, durch Werbung können Informationsnachteile abgebaut werden. Die Nachfrage wird dadurch tendenziell elastischer, Unternehmen haben dann weniger Preissetzungsspielraum. Es sind also niedrigere Preise zu erwarten. Informative Werbung wirkt damit positiv auf die Wohlfahrt, da der Wettbewerb zwischen den Unternehmen zunimmt. Außerdem sinken die Suchkosten der Konsumenten. Potentielle Konsumenten müssen Informationen nicht aufwendig suchen, sondern bekomme, diese vom Hersteller geliefert, Transaktionskosten werden gesenkt.

Suggestive Werbung dagegen zielt darauf ab, die Präferenzen von Konsumenten zu verändern, zum Beispiel soll die Loyalität zu einer Firma erhöht werden. Die Elastizität der Nachfrage sinkt dadurch. Der Wettbewerb zwischen den Unternehmen nimmt ab, höhere Preise können die Folge sein. Auf die Wohlfahrt würde sich das negativ auswirken. Suggestive Werbung soll auch die wahrgenommene Produktdifferenzierung zwischen Unternehmen erhöhen. Unternehmen stehen dann zwar weniger stark im Wettbewerb, aber Konsumenten profitieren nicht von tatsächlich unterschiedlichen Produkten. Allerdings ist für horizontale Produktdifferenzierung nur die vom Konsumenten wahrgenommene Produktdifferenzierung relevant. Die Wohlfahrtswirkung ist somit unklar.

Ebenso kann Werbung auch als komplementär zu dem Produkt angesehen werden. Diese Sichtweise ist zwischen informativer und suggestiver Werbung anzusiedeln. Sie ist zwar wenig informativ, geht aber als ein Faktor in die Nutzenfunktion des Konsumenten ein. Sie stiftet also einen positiven Nutzen.

Firma j Firma i	keine Werbung	Werbung
keine Werbung	50/50	20/60
Werbung	60/20	30/30

Abb. 2.5 Business Stealing

2.8.2   Werbung im Wettbewerb

Im Wettbewerb kann Werbung ebenso informativ sein und damit wettbewerbsintensivierend wirken. Konsumenten werden über die Existenz von Konkurrenzprodukten oder über unterschiedliche Produkteigenschaften informiert. Dadurch steigt der Preiswettbewerb und die Konsumenten profitieren von niedrigeren Preisen. Es erfahren zudem mehr Konsumenten von der Existenz des Produkts. Darüber hinaus steigt die Zahlungsbereitschaft der Konsumenten, die über Produkteigenschaften, die sie präferieren aber zuvor nicht kannten, informiert wurden. Es kommt insgesamt zu einer Verschiebung der Nachfragefunktion nach außen – der Markt vergrößert sich. Dieser Effekt wird als *Market-Enlargement-Effekt* bezeichnet.

Andererseits kann es auch zu einem sogenannten *Business-Stealing-Effekt* kommen. Bewerben Unternehmen zum Beispiel die Eigenschaften ihrer Produkte, kann es sein, dass sie der Konkurrenz Nachfrage entziehen, wenn die beworbenen Eigenschaften das Produkt relativ gesehen besser aussehen lassen. Die Unternehmen kämpfen dann über die Werbung um Marktanteile. In diesem Fall kommt es nicht zur Markterweiterung, das Produkt wird also nicht häufiger verkauft. Es werden vielmehr die Anteile der Unternehmen am Markt verschoben.

Liegt ein starker Business-Stealing-Effekt und ein geringer Markterweiterungseffekt vor, so kann es sein, dass Unternehmen sich durch Werbung schlechter stellen. Das folgende Beispiel verdeutlicht diese Situation.

Zwei identischen Unternehmen 1 und 2 stehen miteinander im Wettbewerb und können entscheiden, ob sie Werbung betreiben oder nicht. Der Erlös jedes Unternehmens ohne Werbung beträgt 50, wirbt nur Unternehmen 1 realisiert es einen Erlös von 60, Unternehmen 2 ohne Werbung dagegen nur einen Erlös von 20. Wirbt Unternehmen 2 und Unternehmen 1 nicht, liegt die umgekehrten Erlösstruktur vor. Durch Werbung sollen zudem Kosten in Höhe von 20 entstehen.

Abbildung 2.5 zeigt die Auszahlungsmatrix der beiden Unternehmen. Im Gleichgewicht werden beide Firmen werben und einen Gewinn von 30 realisieren, da Werbung hier die dominante Strategie darstellt. Eine dominante Strategie liegt deshalb vor, da die

Unternehmen, wenn sie werben, immer höhere Gewinne realisieren als ohne Werbung, unabhängig davon, wie sich der Konkurrent verhält. Könnten sich beide Unternehmen darauf einigen nicht zu werben, könnten beide einen Gewinn von 50 erzielen. Jedes Unternehmen hätte dann aber einen Anreiz, sich nicht an die Einigung zu halten und dennoch zu werben, da dann ein Gewinn von 60 möglich wäre. Da das nicht werbende Unternehmen dann nur einen Gewinn von 20 realisiert, besteht für beide immer eine Anreiz zu werben. Es besteht damit ein stabiles Gleichgewicht; beide Unternehmen machen einen Gewinn von 30.

Werbung wirkt sich in diesem Fall zwar negativ auf den Gewinn der Unternehmen aus, dennoch werben beide Unternehmen. Der Markt erweitert sich nicht durch Werbung, lediglich die Marktanteile werden zwischen den Konkurrenten verschoben. Jedes Unternehmen muss werben, um seinen Marktanteil halten zu können, verursacht dadurch aber höhere Kosten und realisiert einen geringeren Gewinn. Eine solche Situation wird auch als Gefangenendilemma bezeichnet. Beide Unternehmen könnten den gemeinsamen Gewinn maximieren, wenn sie nicht werben würden, haben aber individuelle Anreize zu werben, um damit den jeweiligen Unternehmensgewinn zu erhöhen.

2.9   Marktversagen in Medienmärkten

In vielen Ländern unterliegen Medienmärkte einer Vielzahl an Regulierungen. Zu diesen Regulierungen gehört z.B. die Bereitstellung des öffentlich-rechtlichen Rundfunks, die Beschränkung von Werbezeiten oder auch die Gewährung von Monopolen bei den sogenannten Presse-Grossisten. Regulierung, also staatliches Eingreifen in den Marktmechanismus, muss aber gerechtfertigt sein. Es ist nur bei Marktversagen sinnvoll, eben dann, wenn der Markt alleine nicht zu einer effizienten Allokation führt. Die Preise senden dann weder an Konsumenten noch an Produzenten die richtigen Signale (vgl. z.B., Pindyck und Rubinfeld 2009), im schlechtesten Fall kommt überhaupt gar kein Markt zustande.

Aus ökonomischer Sicht gibt es verschiedene Gründe, warum Märkte nicht zu einem optimalen Ergebnis führen: Öffentliche Güter, Externe Effekte (Externalitäten), asymmetrische oder unvollständige Informationen, natürliche Monopole und Marktmacht. Darüber hinaus wird in der Diskussion um Medienmärkte auch immer ein nicht ökonomisches Argument vorgebracht – die Meritorik: Märkte liefern nicht das gewünschte Ergebnis. Die Meritorik geht davon aus, dass der Staat oder eine übergeordnete Instanz besser entscheiden kann, welche Verteilung besser für die Gesellschaft ist, als die vom Markt erreichte.

Das Vorliegen einer dieser Gründe rechtfertigt aber nicht automatisch ein staatliches Eingreifen. Sind die Externalitäten beispielsweise eher klein oder die Informationsasymmetrien nur gering ausgeprägt, sind auch die dadurch verursachten Verwerfungen gering. Die Funktionsfähigkeit des Marktes ist vielleicht (minimal) eingeschränkt, aber nicht gefährdet. Außerdem ist nicht klar, ob und wie in den Markt eingriffen werden soll. Regulatorische Maßnahmen können zu einem besseren Ergebnis führen, können die Situation aber auch verschlechtern. Ein falscher Regulierungsansatz kann schlimmere Auswirkungen auf das Marktergebnis haben, als das ursprüngliche Marktversagen. Außerdem müssen auch die Kosten, die durch die Regulierung verursacht werden, mit dem aus der Regulierung entstehenden Nutzen verglichen werden (bedingt durch die Einführung und Überwachung der Regulierung und die Regulierungsbehörde etc.). Nur dann, wenn die Nutzen aus der Regulierung die Kosten übersteigen, sollte in den Marktmechanismus eingegriffen werden.

Im Folgenden diskutieren wir das mögliche Vorliegen unterschiedlicher Gründe für ein Marktversagen in Medienmärkten.

2.9.1 Öffentliche Güter

Rivalisieren Konsumenten nicht im Konsum und können sie darüber hinaus nicht vom Konsum des Gutes ausgeschlossen werden, spricht man von öffentlichen Gütern. Konsumenten können das Produkt dann auch ohne Bezahlung (als sog. Trittbrettfahrer) nutzen. Eine effiziente Bereitstellung des Gutes durch den Markt ist dadurch nicht mehr gewährleistet.

Wie in Abschn. 2.2.1 diskutiert, kann nur die Information selbst zum Teil als öffentliches Gut betrachtet werden, nicht jedoch das Medienprodukt. Der aktuelle Stand der Technik erlaubt für alle Mediengattungen eine zielgerichtete und effiziente Ausschlussmöglichkeit. Die notwendige Voraussetzung *Nicht-Ausschließbarkeit* ist damit auf Medienmärkten nicht (mehr) gegeben.

Darüber hinaus kann eine Finanzierung des Medienprodukts auch dann stattfinden, wenn ein Ausschluss nicht oder nur sehr schwer möglich ist. Die Verbindung von Rezipienten- und Werbemarkt ermöglicht es einer Medienplattform, trotz möglicher Nullpreise am Rezipientenmarkt, positive Werbepreise zu erheben und Gewinne zu erzielen. Werbekunden können darüber hinaus immer von der Nutzung der Werbeflächen ausgeschlossen werden.

Medienprodukte können demnach nicht als öffentliche Güter bezeichnet werden, eine staatliche Bereitstellung kann damit ebenfalls nicht begründet werden.

2.9.2 Externe Effekte

Werden Konsumenten oder Produzenten durch Aktivitäten eines anderen Wirtschaftssubjekts beeinflusst und gibt es keine Kompensation für die Auswirkungen der Aktivität, spricht man von einem (technologischen) externen Effekt. Das (ökonomische) Handeln eines Agenten hat dann zwar Auswirkungen auf andere, wird aber nicht auf korrekte Weise in den Marktpreisen widergespiegelt. Typisches Beispiel ist Luftverschmutzung durch Industrieunternehmen. Durch die Produktion entstehen Abgase, die ungefiltert in die Luft gelangen, dies wirkt sich negativ auf die Gesundheit und das Wohlbefinden der Bewohner der näheren Umgebung aus, die dafür aber nicht kompensiert werden. Das Unternehmen wird nicht in seiner Produktion beeinträchtigt, die Kosten der Produktion enthalten nicht die Kosten, die durch negativen Effekt entstehen und sind daher zu gering. Es wird aus

Wohlfahrtssicht zu viel produziert, der Preis, der am Markt entsteht, ist zu gering. Würde die Fabrik die negativen Auswirkungen auf die Anwohner berücksichtigen und z.B. Filter einbauen, würden zusätzliche Kosten entstehen, so könnte die Verschmutzung internalisiert werden.

Neben negativen externen Effekten existieren aber auch positive externe Effekte. Forschungstätigkeiten einer Unternehmung können zu neuen Erkenntnissen und Produkten führen, die dann auch von anderen Unternehmen genutzt werden können. Kann man andere nicht von der Nutzung dieser Erkenntnisse (etwas durch die Verwendung von Patenten) ausschließen, profitieren andere von dieser Forschung, ohne dafür den Erfinder zu kompensieren. Die Folge wäre eine zu geringe Forschungstätigkeit.

Können oder werden externe Effekte nicht ausreichend von den Marktteilnehmern internalisiert, kann es zu Marktversagen kommen. Negative externe Effekte können dazu führen, dass zu viel eines bestimmten Gutes produziert wird; positive dagegen dazu, dass aus Wohlfahrtssicht zu wenig produziert wird. Entscheidend für die Beurteilung eines möglichen Marktversagens ist, ob und inwieweit die externen Effekte mithilfe des Marktmechanismus berücksichtigt werden können.

Auf Medienmärkten können z.B. positive direkte Netzwerkexternalitäten zwischen Konsumenten auftreten. Der gemeinsame Konsum einer Fernsehsendung könnte soziale Kontakte fördern. Außerdem werden durch Medien Informationen verbreitet und einer breiten Masse zugänglich gemacht. Dadurch wird die Bevölkerung informiert und aufgeklärt. Auch bei sozialen Netzwerken treten positive Netzeffekte auf. Der Nutzen eines Teilnehmers hängt von der Anzahl der Nutzer ab, die das Netzwerk ebenfalls nutzen.

Eine Internalisierung der externen Effekte kann durch eine Verhandlungslösung herbeigeführt werden. Dies ist aber abhängig von der der Verteilung der Eigentumsrechte und der Höhe der Transaktionskosten (Coase-Theorem). Sind Verhandlungen aber möglich, können staatliche Maßnahmen wie Steuern, Subventionen oder Gesetze unter Umständen zu einer Lösung führen.

Medien werden immer wieder externe Effekte zugeschrieben. Ein häufiges Argument betrifft das Auftreten negativer externer Effekte, die z.B. beim Senden von gewaltverherrlichenden Sendungen entstehen. Die Lösung des Problems, sollte es tatsächlich existieren, ist z.B. über Inhaltsregulierungen möglich. Teilweise existiert eine solche auch schon bei der freiwilligen Selbstkontrolle oder dem Jugendschutzgesetz. Positive externe Effekte sollen dagegen entstehen, wenn etwa aus einer bildungspolitischen Sicht, besonders wertvolle Sendungen gezeigt werden. Letztere werden häufig als Begründung zur Bereitstellung des öffentlich-rechtlichen Rundfunks angeführt (vgl. z.B. Kops 2005). Auch bei diesen positiven externen Effekten ist die Existenz fraglich. Ob jedoch im Falle des Vorliegens tatsächlich der öffentlich-rechtliche Rundfunk als adäquate und kostengünstige Lösung geeignet erscheint, ist ebenso fraglich.

Besonders relevant in der Medienökonomie sind jedoch indirekte Netzwerkexternalitäten. Sie sind die herausragendste ökonomische Besonderheit von Medienmärkten und zentrales Thema dieses Buchs und der folgenden Kapitel. Die Modelle in Kapitel 5 des Buchs zeigen, wie die Marktteilnehmer diese Effekte optimal bei der Wahl ihrer Preise oder Mengen berücksichtigen.

2.9.3 Informationsasymmetrien

Informationsmängel und -asymmetrien können ebenfalls zu Marktversagen führen. Abhängig von der Güterart kann es zu starken Informationsasymmetrien zwischen Käufer und Verkäufer führen. Die Unsicherheit der Verkäufer kann dazu führen, dass gute Qualität von schlechter Qualität vom Markt verdrängt wird (siehe Abschn. 2.2.2). Vor dem Kauf besteht bei den Konsumenten Unsicherheit bezüglich der Qualität des Produktes. Man unterscheidet dabei zwischen Such-, Erfahrungs- und Vertrauensgütern, wobei die Unsicherheit bei Vertrauensgütern am größten ist. Konsumenten können selbst nach dem Kauf die Qualität nicht einwandfrei bewerten.

Grundsätzlich können Medien als Instrumente zur Verbreitung von Informationen verstanden werden. Sie sollen also Informationsasymmetrien verringern. Zeitungen oder auch Nachrichtensendungen können in diesem Sinne auch als ein Kontrollorgan für Politik, Wirtschaft und Gesellschaft gesehen werden. Sie informieren über aktuelle gesellschaftlich relevante Themen, decken Skandale auf, testen und bewerten Produkte, bewerten die Auswirkungen politischer Entscheidungen, berichten über wirtschaftliche Entwicklungen und das Verhalten von Unternehmen. Wirtschaftsnachrichten können und wirken sich z.B. auf Börsenkurse, Rohstoffpreise oder Standortentscheidungen aus. Medien ermöglichen es Verbrauchern sich eine umfassende und unabhängige Meinung zu verschiedensten Themen und Produkten zu bilden.

Auf der anderen Seite können Verbraucher die Qualität der Inhalte der Medienunternehmen zum Teil nur schwer beurteilen. Verbraucher können unter Umständen selbst nach dem Konsum die Qualität der Berichterstattung nicht zweifelsfrei evaluieren. Daraus resultiert zumindest die Möglichkeit, dass es zu Verzerrungen kommt. Beispielsweise können Anreize für Zeitungen oder Fernsehsender bestehen, Inhalte zugunsten bestimmter politischer Parteien oder zugunsten von Werbepartnern zu verändern. Dieses Problem wird als *Media Bias* bezeichnet. Inwieweit Zeitungen oder Medienunternehmen im Allgemeinen einen Anreiz haben Inhalte verzerrt wiederzugeben ist aber eine empirische Frage. Eine eindeutige Antwort kann darauf nicht gegeben werden (vgl. z.B. Reuter und Zitzewitz 2006; Gentzkow und Shapiro 2006; DellaVigna und Kaplan 2007; Ellman und Germano 2009; Dewenter und Heimeshoff 2014).

2.9.4 Natürliche Monopole

Ein natürliches Monopol begründet sich aus der Kostenstruktur, die der Produktion des Gutes zugrunde liegt und ist nicht etwa Ausdruck einer bestimmten Marktstruktur (siehe z.B. Baumol, Panzar, Willig und Bailey 1982). Ein solches natürliches Monopol liegt vor, wenn ein einzelnes Unternehmen ein Produkt kostengünstiger herstellen kann als zwei oder mehr Unternehmen (siehe Abschn. 2.3.2). Technisch ausgedrückt ist dies der Fall, wenn die Kostenfunktion (im relevanten Bereich) subadditiv ist (z.b. Bühler und Jaeger 2002).[9] Für jede Aufteilung der Gesamtmenge auf mehr als ein Unternehmen sind die Gesamtkosten höher als bei der Produktion durch nur ein einziges Unternehmen. Hinreichende aber nicht notwendige Bedingung ist das Vorliegen von sinkenden Durchschnittskosten. Aber auch andere Kostenvorteile können zur Subadditivität führen. Sinken die Durchschnittskosten bis zur mindestoptimalen Betriebsgröße.[10] (MOB) und ist diese so groß, dass bei bestehender Nachfragestruktur nur ein Unternehmen alleine in der Lage ist, diese Menge anzubieten, hat dieses Unternehmen immer einen Kostenvorteil. Es kann daher geringere Preise setzen als alle anderen Konkurrenten. Es entsteht ein natürliches, aus der Kostenstruktur resultierendes, Monopol.

Neben der Subadditivität der Kosten spielt also auch die Höhe der Nachfrage nach dem Produkt und damit die Marktgröße eine wesentliche Rolle. Steigen die Durchschnittskosten ab einem bestimmten Punkt wieder an oder laufen sie waagerecht, entscheidet die Marktgröße darüber, wie viele Unternehmen in der MOB, also im Kostenminimum, ihre Produkte absetzen können. Die Kostenfunktion muss daher im relevanten Bereich subadditiv sein.

Natürliche Monopole sind oftmals in Märkten mit hohen Fixkosten und sehr niedrigen variablen Kosten zu beobachten. Beispielsweise ist es mit sehr hohen Investitionen verbunden, ein Telefonnetz aufzubauen; das einzelne Gespräch, also die Nutzung der Leitung ist dagegen relativ kostengünstig. Dennoch sind lediglich einzelne Bereiche oder Infrastruktureinrichtungen subadditiv. In der Telekommunikation zurzeit noch meist die Teilnehmeranschlussleitung. Ähnliches trifft auch auf andere netzgebundene Industrien wie Eisenbahn, Strom, Wasser oder Gas zu. In den meisten Fällen sind vor allem die Verteilernetze subadditiv. Die Dienstebene ist typischerweise nicht subadditiv und auch andere Netze wie Fern- oder Übertragungsnetze müssen nicht unbedingt diese Eigenschaft aufweisen.

Zwar kann ein Unternehmen im natürlichen Monopol immer zu geringsten Kosten produzieren (vgl. z.B. Pindyck und Rubinfeld 2009), allerdings würde auch dieses Unternehmen den Monopolpreis setzen, wenn es keinem Wettbewerb ausgesetzt ist. In dem Fall würde es aufgrund der Monopolstellung ebenso zu allokativen oder auch anderen Effizienzverlusten kommen. Aus wohlfahrtsökonomischer Sicht kann es daher sinnvoll sein, natürliche Monopole zu regulieren. Grundvoraussetzung dafür ist, dass es sich um ein resistentes Monopol handelt, dass es also vor Konkurrenz durch Marktzutrittsbarrieren geschützt ist. Häufigste Form von Marktzutrittsbarrieren in Netzindustrien ist die Existenz von irreversiblen Kosten, die es anderen Unternehmen deutlich erschwert oder unmöglich macht, in den Markt einzutreten. Mögliche Regulierungen können dann den Marktzutritt

---

[9] $K(X_1 + X_2 + X_3 + \cdots + X_n) < K(X_1) + K(X_2) + K(X:3) + \cdots + K(X_n)$. Die Formel besagt, dass jede Menge X von einem Unternehmen günstiger hergestellt werden kann, als von mehreren Unternehmen.

[10] Dies ist die Größe, die mindestens erreicht werden muss, um kosteneffizient produzieren zu können.

betreffen, den diskriminierungsfreien Zugang zu einer wesentlichen Einrichtung regeln oder auch die Zugangsentgelte direkt regulieren.

Neben der Kostenstruktur können auch direkte und indirekte Netzeffekte eine Art quasi-natürliches Monopol begründen. Liegen sehr starke Netzeffekte vor, kann ein Unternehmen die Netzeffekte besser internalisieren als zwei oder mehrere. Konsumenten profitieren von den hohen Netzeffekten und ihr Nutzen ist somit bei nur einem Anbieter höher als bei zwei oder mehr Anbietern. Bei direkten Netzeffekten kann Kompatibilität wichtig sein, um einen Markt zu erobern. Bei indirekten Netzeffekten ist es vorteilhaft, wenn die verschiedenen Netzwerke von nur einer Plattform bedient werden, da diese die indirekten Netzeffekte am besten internalisieren kann. Allerdings können Konsumenten durch *Multihoming* häufig mehrere Plattformen gleichzeitig nutzen, was den Vorteil einer hohen Marktkonzentration und damit die Tendenz zu einem natürlichen Monopol abschwächt. Marktmacht und natürliche Monopole auf Medienmärkten werden in Abschn. 8.2 näher betrachtet.

2.9.5 Meritorik

Neben ökonomischen werden häufig auch meritorische Argumente zur Begründung staatlichen Eingreifens herangezogen. Der Konsum bzw. das Marktergebnis entspricht in diesem Fall nicht dem gewünschten Ergebnis. Meritorische Güter werden weniger und demeritorische mehr konsumiert, als gesellschaftlich wünschenswert wäre – als von politischen Entscheidungsträgern gewollt ist. Der Markt liefert vielleicht das effiziente Ergebnis, aber nicht das gewünschte.

Bei einigen Gütern soll der Konsum deshalb reduziert werden wie etwa bei Tabak oder Alkohol. Bei anderen Produkten soll der Konsum dagegen gesteigert werden wie bei Bildung, „guten" Nachrichten, Bildungsfernsehen oder dem Theater. Durch staatliche Bereitstellung der gewünschten Produkte, z.B. in Form des öffentlich-rechtlichen Rundfunks oder durch Subventionen wird damit das Angebot der meritorischen Güter erhöht. Demeritorische Güter werden verboten oder mit hohen Steuern belegt.

Staatliches Eingreifen soll so die Präferenzen der Konsumenten verändern. Klassische Begründungen dafür sind Informationsasymmetrien. Die Präferenzen der Konsumenten wären verzerrt, da sie nicht oder nur unvollständig informiert sind. Wären sie besser informiert, würden sie auch anders handeln. Dieser Logik folgend müssen Konsumenten mit bestimmten Gütern versorgt werden (oder nicht), obwohl sie diese nicht nachfragen, bei vollständiger Information aber nachfragen würden. Konsumenten handeln somit nicht rational.

Die Meritorik ist daher von Grund auf paternalistisch. Um bewerten zu können, ob Präferenzen verzerrt sind, muss zuerst bestimmt werden, wie die unverzerrten Präferenzen aussehen würden. Es muss festgelegt werden, wie sich Individuen optimalerweise zu verhalten hätten oder wie sie sich bei vollständiger Information verhalten würden. Politische Entscheidungsträger, Experten oder die Gesellschaft als Ganzes müssen zunächst festlegen, ob die Präferenzen verzerrt sind und wie sie dann beeinflusst werden sollen. Allerdings dürften in diesem Fall die Beurteiler selbst nicht von der Verzerrung betroffen sein oder Eigeninteressen verfolgen.

Sollen die Präferenzen beeinflusst werden, muss auch entschieden werden, wie das geschehen soll. Eine Möglichkeit ist ein staatliches Alternativprogramm, das die gewünschten Inhalte ausstrahlt. Dieses muss dann aber wiederum frei von politischer Einflussnahme sein und auch nachgefragt werden. Darüber hinaus wird angenommen, dass der Staat besser einzuschätzen in der Lage ist, was ein meritorisches Gut darstellt und was nicht bzw. welche Menge davon angeboten werden sollte.

Meritorische Eingriffe in Medienmärkte sind aber nicht nur das Senden von Bildungsfernsehen oder Kindersendungen. Auch die Great Chinese Firewall, Internetsperren im Iran, das Abschalten bestimmter Services (*Twitter*) in der Türkei oder bestimmte Ansätze der Medienpolitik in Russland lassen sich unter dem Titel Meritorik subsummieren.

Baumol und Baumol (1981) etwa haben die Meritorik wie folgt charakterisiert:

The term merit good merely becomes a formal designation for the unadorned value judgement that the arts are good for society and therefore deserve financial support [...] the merit good approach is not really a justification for support – it merely invents a bit of terminology to designate the desire to do so.

In diesem Buch werden daher ausschließlich ökonomische Argumente betrachtet, vor allem, wie die Wirtschaftspolitik das Funktionieren der Medienmärkte gewährleisten kann und es so zu einem effizienten Marktergebnis kommt.

3.1 Einführung

Ökonomische Modelle verdichten die Komplexität von realen Märkten auf die wesentlichen Merkmale und ermöglichen so eine zielführende Analyse. Modelle vereinfachen Zusammenhänge soweit, bis die grundlegenden Funktionsweisen von Märkten sichtbar werden. Dabei steht das gewinnmaximale Verhalten von Unternehmen im Vordergrund. Welchen Preis oder welche Mengen setzen Unternehmen? Wie wirkt sich Wettbewerb auf dieses Verhalten aus? Wie können Unternehmen den Wettbewerb umgehen? Was ist besser für Konsumenten und für die Gesellschaft?

Bevor wir Medienmärkte anhand von ökonomischen Modellen analysieren, werden zunächst die wichtigsten industrieökonomische Modelle diskutiert. Damit werden die Grundlagen für die später verwendeten Ansätze geschaffen. Die hier vorgestellten Modelle zeigen ganz allgemein, wie sich Unternehmen optimal verhalten. Die Ergebnisse können dann später mit denen der medienspezifischen Modelle verglichen werden. Erst dadurch können dann die Besonderheiten von Medienmärkten aufgezeigt und genauer abgebildet werden.

Mit jedem hier diskutierten Modell ist eine Reihe von Annahmen verbunden. So gehen wir immer davon aus, dass die Unternehmen Gewinnmaximierung betreiben. Maximieren also Medienunternehmen in der Realität ebenfalls den Gewinn, so sollten unsere Modelle das Verhalten widerspiegeln. Unternehmen verfolgen zwar in der Realität auch andere Ziele. Um am Markt jedoch bestehen zu können, müssen sie aber mindestens eine Gewinnerzielung beabsichtigen. Die Gewinnmaximierung ist dann lediglich eine stärkere Ausprägung dieses Ziels. Das Verhalten der Unternehmen sollte also in den meisten Fällen zumindest mit den Aussagen der Modelle kompatibel sein.

Das Kapitel ist wie folgt gegliedert: Das Monopolmodell zeigt, wie sich ein monopolistisches Unternehmen verhält und welche Probleme dabei für den Konsumenten und die Gesellschaft entstehen. Die dann diskutierten Wettbewerbsmodelle berücksichtigen, wie sich Unternehmen verhalten, die im Wettbewerb zueinander stehen. Für das Ergebnis ist

© Springer Fachmedien Wiesbaden 2015 49
R. Dewenter, J. Rösch, *Einführung in die neue Ökonomie der Medienmärkte*,
DOI 10.1007/978-3-658-04736-8_3

es dabei ausschlaggebend, ob die Unternehmen in Preisen oder in Mengen konkurrieren. Durch Produktdifferenzierung können Unternehmen diesen Wettbewerb wieder abschwächen. Diese entsprechenden Modelle werden anschießend erläutert.

Nach den grundlegenden Ansätzen, werden die ersten medienrelevanten Fragestellungen erweitert. Im Zentrum der Darstellung stehen dann Fragen, wie sich z.B. direkte Netzeffekte auf die Preissetzung von Unternehmen auswirken, wie ein Monopolist seine Werbemenge festlegen sollte oder auch wie sich Kompatibilität im Wettbewerb auswirkt.[1]

3.2   Monopolmärkte

Das Monopolmodell dient als Ankerpunkt in unserer Betrachtung, es stellt – wie auch das Modell vollständigen Wettbewerbs – einen Extrempunkt dar, wobei Monopole in der Realität durchaus auch anzutreffen sind. Die Ergebnisse dienen im Folgenden als Referenzwert und zeigen, wie das Verändern bestimmter Parameter wie etwa stärkerer Wettbewerb, Innovationen, Produktdifferenzierung, Netzeffekte usw. das Marktergebnis verändern.

Im Monopol steht annahmegemäß ein einziger Anbieter einer Vielzahl Nachfragern gegenüber. Der Monopolist legt frei von Konkurrenz den Preis oder seine Verkaufsmenge fest. Er muss dabei nur die Nachfragesituation und seine Produktionskosten beachten. Es ist auch irrelevant, ob er Preise oder Mengen setzt; beides führt zum gleichen Ergebnis. Konkurrieren Unternehmen um Nachfrager, ist die Form des Wettbewerbs jedoch entscheidend. Es ist dann wichtig, ob die Unternehmen Preise festlegen oder die Produktionsmenge wählen.

Wählt der Monopolist seine Menge, weitet er diese solange aus, bis der Umsatz aus der letzten zusätzlichen angebotenen Menge (Grenzerlös) gleich den Kosten dieser letzten zusätzlichen Einheit ist (Grenzkosten). Sind die Kosten der letzten produzierten Einheit geringer als der Umsatz aus dem Verkauf dieser Einheit (Grenzerlös > Grenzkosten), kann der Monopolist seinen Gewinn steigern, indem er seine Menge erhöht. Sind die Kosten der letzten Einheit dagegen größer als der Umsatz dieser Einheit (Grenzerlös < Grenzkosten), dann würde der Monopolist einen Verlust machen und dann seine Menge wieder reduzieren.

Im Gleichgewicht muss gelten, dass der Monopolist seinen Gewinn durch eine Veränderung der Menge nicht verändern kann. Das ist dann der Fall, wenn die Grenzkosten gleich dem Grenzerlös sind, d.h. dann, wenn die Einnahmen der letzten Einheit gerade den Kosten der letzten verkauften Einheit entsprechen.

---

[1]Weiterführende und ergänzende Literatur zu diesem Kapitel findet sich z.B. bei Pindyck und Rubinfeld (2009), Tirole (1999), Varian und Buchegger (2004), Belleflamme und Peitz (2010) oder Knieps (2007).

3.2.1 Allgemeine Darstellung

Die Darstellung der Ergebnisse ist davon abhängig, ob eine bestimmte funktionale Form der Nachfrage unterstellt oder ein nicht genau spezifizierter Zusammenhang angenommen wird. Die allgemeine Form ist zwar abstrakter aber dafür unabhängig von weiteren Annahmen gültig und geeignet, allgemeine Implikationen herzuleiten.

Ganz allgemein lässt sich der Monopolfall anhand nicht spezifischer Funktionen abbilden. Nimmt man an, dass sowohl die inverse Nachfrage als auch die Kosten von der verkauften Menge abhängen, lassen sich folgende Funktionen aufstellen:

$$p = p(Q) \quad \text{und} \quad C = c(Q), \tag{3.1}$$

$p(Q)$ ist die Nachfragefunktion und beschreibt, wie der Preis von der Menge Q abhängt (wobei $\frac{\partial p}{\partial Q} < 0$). Da der Preis von der Menge abhängt spricht man von der inversen Nachfragefunktion. Würde umgekehrt die Menge vom Preis abhängen, bezeichnet man dies als Nachfragefunktion. c sind die Stückkosten, sie werden mit der Anzahl der produzierten Stück multipliziert.

Der Gewinn des Monopolisten ergibt sich aus der Differenz des Preises und den variablen Kosten multipliziert mit der verkauften Menge bzw. aus der Differenz aus Gesamtumsatz $p(Q)Q$ und Gesamtkosten $C(Q)$. Sein Optimierungskalkül lautet also:

$$\max_{Q} \pi = p(Q)Q - C(Q). \tag{3.2}$$

Leitet man die Gewinnfunktion nach Q ab, erhält man die Bedingung erster Ordnung: $\frac{\partial \pi}{\partial Q} = \frac{\partial p}{\partial Q}Q + p - \frac{\partial C}{\partial Q} \overset{!}{=} 0$. Setzt man $\varepsilon = -\frac{\partial Q}{\partial p}\frac{p}{Q}$ und $c = \frac{\partial C}{\partial Q}$, erhält man die sogenannte Preis–Kosten-Marge. Diese drückt aus, welcher prozentualer Anteil des Preises als Gewinn für den Monopolisten entsteht (Preis pro Stück abzüglich der Kosten der Grenzkosten $p - c$ geteilt durch den Preis p):

$$\frac{p - c}{p} = \frac{1}{\varepsilon}. \tag{3.3}$$

Gleichung (3.3) zeigt, dass die Preis–Kosten-Marge der inversen der Preiselastizität entspricht. Der prozentuale Preisaufschlag entspricht dem Kehrwert der Elastizität der Nachfrage. Dieser Zusammenhang wird auch als *Lerner-Index* bezeichnet. Da $\frac{p-c}{p}$ immer kleiner als 1 ist, muss $|\varepsilon|$ größer als 1 sein. Wäre $|\varepsilon| < 1$, könnte der Monopolist durch eine Preiserhöhung seinen Gewinn steigern. Eine Nachfrageelastizität unter eins würde bedeuten, dass durch eine Preiserhöhung um 1 % die Nachfrage um weniger als 1 % sinken ließe. Erst wenn die Elastizität größer als eins ist, hat der Monopolist also sein Gewinnmaximum erreicht. Die Preis–Kosten-Marge zeigt aber auch, dass der Kostenaufschlag des Monopolisten mit zunehmender Elastizität abnimmt. Je elastischer also Konsumenten auf eine Preissteigerung reagieren, desto geringer fällt der Gewinn des Monopolisten aus.

Die Fähigkeit, die Preise über Grenzkosten festzusetzen, drückt Marktmacht aus. Je weniger elastisch die Nachfrage also ist, desto mehr Marktmacht hat der Monopolist, desto höher kann er den Preis oberhalb der Grenzkosten setzen. Ein Monopolpreis ist also nicht immer gleich hoch, sondern abhängig von Kosten und Nachfrage.

Auffrischung: Nachfrageelastizität

Die Elastizität der Nachfrage misst, wie Konsumenten auf Preiserhöhung reagieren, d.h. wie stark geht die Nachfrage zurück $\frac{\partial Q}{Q}$, wenn der Preis um eine Einheit $\frac{\partial p}{p}$ erhöht wird:

$$\frac{\frac{\partial Q}{Q}}{\frac{\partial p}{p}}$$

Da die Nachfrage im Normalfall negativ auf eine Preiserhöhung reagiert, wird die Elastizität ε_Q meist als $|\frac{\partial Q}{\partial p} \frac{p}{Q}|$ definiert.

Folgende Fälle können unterschieden werden:

- $\varepsilon_Q \to \infty$: Bei einer Preisänderung sinkt die Nachfrage auf Null (Nachfrage ist unendlich elastisch).
- $\varepsilon_Q > 1$: Eine Preiserhöhung von einem Prozent führt zu einem Nachfragerückgang von mehr als einem Prozent (elastische Nachfrage).
- $\varepsilon_Q < 1$: Eine Preiserhöhung von einem Prozent führt zu einem Nachfragerückgang kleiner als ein Prozent (inelastische Nachfrage).
- $\varepsilon_Q = 0$: Die Nachfrager reagieren nicht auf einen Preisänderung (Nachfrage ist inelastisch).

Merke

- Der Monopolist maximiert seinen Gewinn gegeben der Nachfrage und Kosten. Das heißt, er wählt einen Preis oder eine Menge und berücksichtigt, wie die Nachfrager auf seine Entscheidung reagieren und wie hoch seine Kosten sind.
- Der Monopolist erhöht seine Menge/den Preis so lange, bis der Erlös aus der letzten verkauften Einheit genau den Kosten der letzten Einheit entspricht.
- Je schwächer Nachfrager auf Preis-/Mengenänderungen reagieren, desto mehr Marktmacht hat der Monopolist, d.h. desto höher kann er den Preis oberhalb der Grenzkosten setzen.
- Der Preis–Kosten–Aufschlag $\frac{p-c}{p} = \frac{1}{\varepsilon}$ misst die Marktmacht des Monopolisten (Lerner-Index).

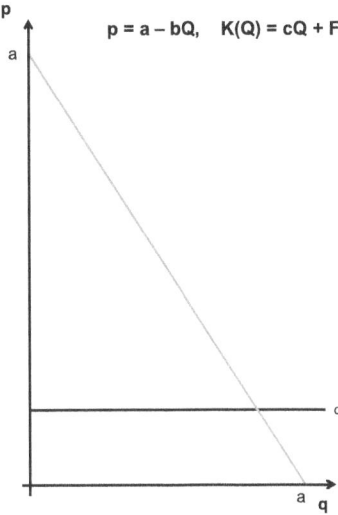
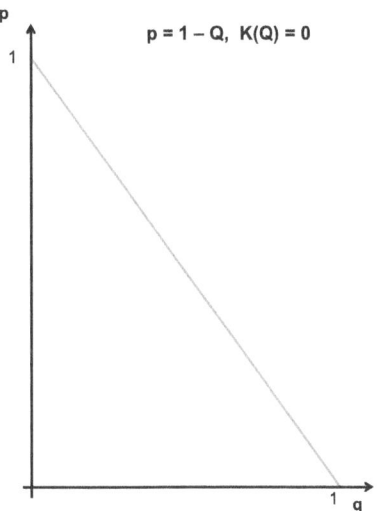

Abb. 3.1 Lineare Nachfragefunktionen

3.2.1.1 Lineare Nachfrage

Anschaulicher wird das Verhalten des Monopolisten, wenn die allgemeine inverse Nachfragefunktion $p(Q)$ durch eine lineare $p(Q) = a - bQ$ Form ersetzt wird. Der Preis p ist eine abnehmende Funktion der Menge Q. a ist die vertikale Marktgröße bzw. der Prohibitivpreis. Würde dieser Preis vom Monopolisten gesetzt, wäre die nachgefragte Menge gleich null. Der Parameter b stellt die Steigung der Funktion dar, sie gibt an, wie stark der Preis reagiert, wenn Q sich um eine Einheit ändert.

$C = C(Q)$ kann ebenfalls durch eine lineare Kostenfunktion ersetzt werden $C(Q) = cQ + F$. Die Kosten setzen sich aus einem variablen Teil cQ und einem fixen Teil F zusammen. cQ steigt mit der ausgebrachten Mengen, F bleibt unabhängig von der gewählten Mengen oder Preis gleich. c sind also ebenso die Grenzkosten des Monopolisten. In Abb. 3.1 sind die lineare Nachfragefunktion und Grenzkosten abgebildet. Ebenso findet sich dort ein weiteres Beispiel, bei dem $a = 1$ und $c = 0$ gesetzt sind.

Der Monopolgewinn π ergibt sich aus Gesamtumsatz abzüglich der Gesamtkosten:

$$\pi = pQ - cQ - F = (p - c)Q - F = (a - bQ - c)Q - F. \tag{3.4}$$

Das Optimierungskalkül des Unternehmens ergibt sich aus der Maximierung der Gewinnfunktion:

$$\max_{Q} \pi = (a - bQ - c)Q - F. \tag{3.5}$$

Durch das Ableiten der Gewinnfunktion bezüglich der Menge erhält man die Bedingung erster Ordnung: $\frac{d\pi}{dQ} = a - 2bQ - c \overset{!}{=} 0$ oder $a - 2bQ = c$. Die linke Seite der Gleichung beschreibt den Grenzertrag, der durch den Verkauf einer weiteren Einheit erzielt wird. Die rechte Seite die Grenzkosten c. Das Optimum liegt dort, wo der Grenzerlös den Grenzkosten entspricht ($GE = GK$).

Die optimale Menge Q ergibt sich dann durch Auflösen dieser Bedingung erster Ordnung nach Q:

$$Q = \frac{a - c}{2b}. \tag{3.6}$$

Die optimale Menge hängt sowohl von der Marktgröße a, als auch den Grenzkosten c und der Steigung der inversen Nachfragefunktion b ab. Je größer der Markt, desto höher die gewinnmaximale Menge ($a\uparrow \rightarrow Q\uparrow$). Je höher die Kosten und je größer die Steigung der Nachfrage, desto geringer die Menge im Optimum ($c\uparrow \rightarrow Q\downarrow$). Der Parameter c muss immer kleiner als die Marktgröße sein, es muss gelten: $0 \leq c \leq a$, ansonsten würde kein Unternehmen das Produkt anbieten.

Setzt man die optimale Mengen Q in die Preisfunktion $p(Q) = a - bQ$ ein, erhält man den optimalen Preis:

$$p = \frac{a + c}{2} \quad \text{bzw.} \quad p = c + \frac{a - c}{2}. \tag{3.7}$$

Der Preis steigt mit der Marktgröße a sowie den Grenzkosten c und liegt immer oberhalb der Grenzkosten. Der Monopolpreis ist daher immer höher als der optimale Preis im Wettbewerb, der den Grenzkosten entspricht $p^W = c$.

Der Preis–Kosten–Aufschlag beträgt $\frac{a-c}{2}$, er zeigt – analog zum allgemeinen Fall – wie hoch der Aufschlag des Monopolisten auf die Grenzkosten ist. Je größer dieser Aufschlag, desto mehr Marktmacht hat der Monopolist. Er ist im Fall linearer Funktionen nicht von der Steigung b, sondern nur von der Marktgröße und den Grenzkosten abhängig.

Der Gewinn ergibt sich wiederum aus dem Produkt der Menge mit der Differenz aus Preis und Kosten als:

$$\pi = \frac{(a - c)^2}{4b} - F. \tag{3.8}$$

Der Monopolgewinn steigt mit der Marktgröße a und sinkt mit steigendem c, F und b.

Merke
- Die gewinnmaximale Menge des Monopolisten liegt dort, wo der Grenzertrag den Grenzkosten entspricht ($a - 2bQ = c$).
- Die Menge hängt positiv von der Marktgröße a, aber negativ von den Grenzkosten c und der Steigung b ab.
- Der Preis liegt oberhalb der Grenzkosten, d.h. der Monopolist hat Marktmacht.
- Marktmacht kann mithilfe des Preis–Kosten–Aufschlag $c + \frac{a-c}{2}$ dargestellt und gemessen werden.

3.2.1.2 Normierte Märkte

Noch anschaulicher wird das optimale Verhalten des Monopolisten, wenn man die Variablen a, b und c auf bestimmte Werte normiert. Vor allem für die Modelle zur Analyse von Medienmärkten bietet das den Vorteil, dass die Ergebnisse vergleichbar mit dem normalen Monopolmodell sind. Die Marktgröße a und die Steigung b der inversen Nachfragefunktion werden im Folgenden gleich 1 gesetzt: $a = b = 1$. Das vereinfacht die Darstellung, ändert aber nichts an der Allgemeingültigkeit des Modells.

Die Ergebnisse lassen sich auf zwei Arten bestimmen: Entweder durch das Maximieren der Gewinnfunktion: $\max_Q \pi = (1 - Q)Q$ oder durch einfaches Einsetzen der Werte $a = 1$ und $b = 1$ in den Gleichungen für die Mengen, Preis und Gewinn:

$$ Q = \frac{1-c}{2}, \qquad p = c + \frac{1-c}{2} \quad \text{und} \quad \pi = \frac{(1-c)^2}{4}. \tag{3.9}$$

Sind auch die Grenzkosten gleich null $c = 0$, ergibt sich für Menge, Preis und Gewinn $Q = \frac{1}{2}$, $p = \frac{1}{2}$ und $\pi = \frac{1}{4}$. Diesen Fall werden wir im Laufe des Buches aufgrund seiner einfachen Form häufiger verwenden. Vor allem für Vergleiche verschiedener Marktformen oder zur Bestimmung der Wirkung bestimmter Einflussfaktoren eignet sich diese Darstellung besonders gut. Diese Ergebnisse sind stark vereinfacht, zeigen aber dennoch, wie sich ein Monopolist grundsätzlich verhält. Selbst wenn andere Faktoren berücksichtigt werden, bleibt das Optimierungskalkül des Monopolisten gleich. Mit dem Ziel der Gewinnmaximierung, wird er die Menge soweit ausweiten, bis die Grenzkosten der letzten Einheit genau den Grenzertrag aus dieser letzten Einheit entsprechen.

Zusätzlich können alle folgenden Modelle mit dem einfachen Modellfall verglichen werden. Das Monopol stellt einen Extremfall dar: Nur ein Unternehmen bedient die komplette Nachfrage. Wie die Wohlfahrtsbetrachtung im nächsten Kapitel zeigt, führt das zu Nachteilen für die Konsumenten. Die Beurteilung der Ergebnisse der Wettbewerbsmodelle kann und muss deshalb anhand der Monopolergebnisse erfolgen.

3.2.1.3 Grafische Darstellung

Die Gewinnmaximierung des Monopolisten lässt sich auch grafisch lösen. Die grafische Lösung führt zum gleichen Ergebnis wie die Berechnung (im Fall $a = 1$, $b = 1$ und $c = 0$). Das Gewinnoptimum des Monopolisten liegt in beiden Fällen an der Stelle, an der der Grenzertrag (aus dem Verkauf der letzten Einheit) den Grenzkosten (Produktionskosten der letzten Einheit) entspricht. Diese Überlegung findet sich auch in Abb. 3.2. Mit zunehmender Ausbringungsmenge Q sinkt der Grenzertrag (gestrichelte Linie). Jede weitere Einheit, die der Monopolist produziert und verkauft, führt dazu, dass der Preis für alle Einheiten sinkt. Solange der Grenzerlös aber größer ist als die Grenzkosten, ist es für den Monopolisten besser, mehr zu produzieren. Das Optimum liegt dann genau dort, wo der Ertrag aus der letzten Einheit genau den Einnahmen aus eben dieser Einheit entspricht. Also dort, wo die Grenzertragskurve die Grenzkostenkurve schneidet (bzw. die x-Achse schneidet, wenn die Grenzkosten gleich null sind ($c = 0$).

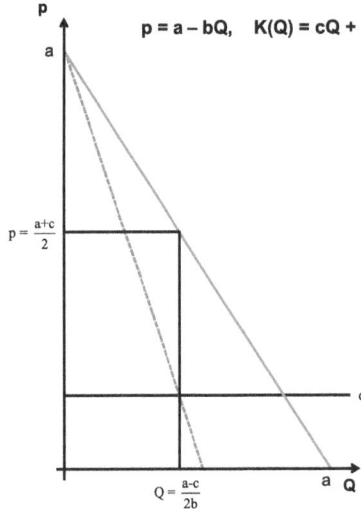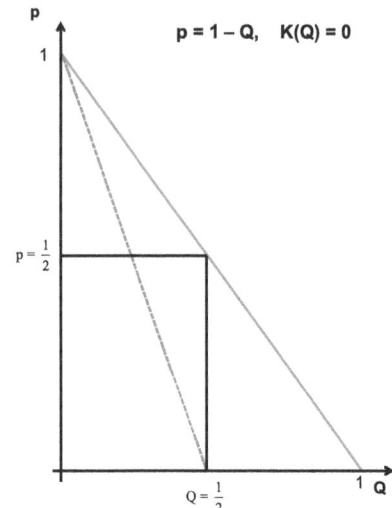

Abb. 3.2 Monopol: grafische Lösung

Abbildung 3.2 zeigt die grafische Lösung für den allgemeinen Fall mit Grenzkosten und für die vereinfachte Variante mit Marktgröße und Steigung der Nachfrage gleich 1 $a = 1$ und $b = 1$, sowie Grenzkosten gleich null $c = 0$.

Die Grenzerlöskurve (gestrichelte Linie) hat immer die doppelte Steigung der Nachfragekurve. Sie beginnt also im Punkt a bzw. 1 und endet genau bei der Hälfte der Nachfragekurve. Die Grenzertragskurve entspricht der ersten Ableitung der Gewinnfunktion π nach der Menge q ohne die Kosten.

3.2.2 Wohlfahrt im Monopol

Die Wohlfahrt berücksichtigt nicht nur das Verhalten des Unternehmens (hier den Monopolisten), sondern auch die Auswirkungen auf die Konsumenten und somit auf die Gesellschaft als Ganzes. Die Wohlfahrt setzt sich aus Konsumenten- und Produzentenrente zusammen.

Die Konsumentenrente ist die Differenz zwischen maximaler Zahlungsbereitschaft des Konsumenten und dem gezahlten Preis. Beträgt die maximale Zahlungsbereitschaft eines Konsumenten beispielsweise 100 Euro, der Preis aber nur 70 Euro, ist seine ökonomische Rente aus dem Geschäft 30 Euro. Die gesamte Konsumentenrente auf einem Markt ist die Summe aller Renten aller Konsumenten, die das Produkt konsumiert haben. Die Konsumentenrente gibt für jeden Konsumenten an, wie weit der Preis unterhalb seiner marginalen Zahlungsbereitschaft liegt.

Die Produzentenrente ist die ökonomische Rente des Unternehmens aus dem Geschäft. Sie entspricht also dem Preis abzüglich der Kosten und damit dem Gewinn des Unternehmens. Das Unternehmen oder hier der Monopolist versucht also seine Produzentenrente

Abb. 3.3 Wohlfahrt im
Monopol

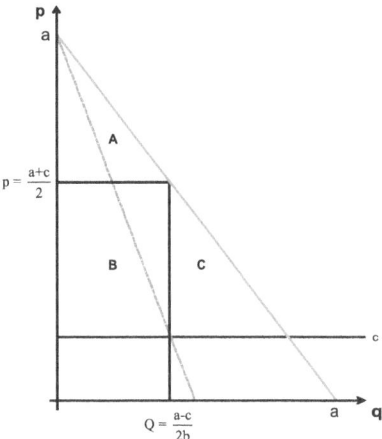

zu maximieren. Anders ausgedrückt versucht es für sich das Optimale aus dem Geschäft
zu erwirtschaften.

Grafisch lässt sich die Wohlfahrtsbetrachtung im Monopol in drei Bereiche einteilen:
Konsumentenrente (A), Produzentenrente (B) und Wohlfahrtsverlust (C) (vgl. Abb. 3.3).

Die Konsumentenrente entspricht dem Dreieck unterhalb der inversen Nachfragekurve
und oberhalb des Preises oder $KR = \frac{1}{2}(a - p^{\cdot})Q^{\cdot}$ bzw.

$$KR = \frac{1}{2}\left(a - \frac{a+c}{2}\right)\frac{a-c}{2b} = \frac{(a-c)^2}{8b}. \tag{3.10}$$

Die Produzentenrente entspricht dem Gewinn des Monopolisten: $\frac{(a-c)^2}{4b}$ und der Wohlfahrtsverlust (NWV) kann folgendermaßen berechnet werden: $\frac{1}{2}(Q^{max} - Q^{\cdot})(p - c)$ oder[2]

$$NWV = \frac{1}{2}\left(\frac{a-c}{b} - \frac{a-c}{2b}\right)\left(\frac{a+c}{2} - c\right) = \frac{(a-c)^2}{8b}. \tag{3.11}$$

Das Unternehmen maximiert seinen Gewinn, beachtet in seinem Optimierungskalkül aber
weder Konsumentenrente noch Gesamtwohlfahrt. Einige Konsumenten mit einer Zahlungsbereitschaft größer als die Grenzkosten bleiben dadurch unversorgt. Ökonomisch
wäre es aber effizient, wenn alle Konsumenten, deren Zahlungsbereitschaft die Grenzkosten übersteigt das Produkt konsumieren würden. Der Kauf würde zu einer ökonomischen
Rente führen. Für die Gesamtwohlfahrt ist es dabei unerheblich, ob das Unternehmen mehr
Gewinn macht oder die Konsumentenrente höher ausfällt – nur wenn die Konsumenten unversorgt bleiben, kommt es zum Wohlfahrtsverlust. Monopole sind also zumindest allokati-
tiv ineffizient. Ein Teil der möglichen Wohlfahrt wird nicht realisiert, weder Konsumenten

---

[2]Die maximale Menge Q^{max} entspricht der Menge bei perfektem Wettbewerb, wenn Preis = Grenzkosten gilt, also: $c = a - bQ$.

noch das Unternehmen profitieren davon. Für das Unternehmen ist es dennoch optimal die
Monopolmengen (bzw. den Monopolpreis) zu wählen, da so sein Gewinn maximiert wird.

Sozialer Planer   Während ein Unternehmen ausschließlich seinen Gewinn maximiert,
berücksichtigt der sogenannte *sozialer Planer* die Summe aus Produzenten- und Konsumentenrente. Es wird also der hypothetische Fall betrachtet, dass eine Person, eine Insti-
tution oder andere Instanz die Gesamtwohlfahrt optimiert:

$$\max_{Q} W = KR + PR. \tag{3.12}$$

Setzt man den Gewinn ein und nutzt die Dreiecksformel zu Berechnung der Konsumentenrenten erhält man:

$$W = (a - c - bQ)Q + \frac{1}{2}\big(a - (a - bQ)\big)Q. \tag{3.13}$$

Durch die Ableitung $\frac{\partial W}{\partial Q} \overset{!}{=} 0$ und das anschließende Auflösen nach Q erhält man die
Mengen und den Preis:

$$Q = \frac{a - c}{b} \quad \text{und} \quad p = c. \tag{3.14}$$

Der Preis p entspricht den Grenzkosten c, es wird nicht nur die Hälfte, sondern der komplette Markt bedient. Ein Unternehmen am Markt würde eine Produzentenrente von Null
realisieren ($\pi = 0$).[3] Der wohlfahrtsoptimale Preis ist dann erreicht, wenn der Preis gleich
den Grenzkosten der Produktion entspricht. Jeder Konsument mit einer Zahlungsbereitschaft, die mindestens den Grenzkosten entspricht, wird das Produkt konsumieren. Der
Wohlfahrtsverlust verschwindet vollständig.

Dieses Ergebnis kann auch durch Wettbewerb erreicht werden. Je mehr Unternehmen
in den Markt eintreten, desto größer ist die verkaufte Menge und der Preis nähert sich den
Grenzkosten an. Wenn der Preis den Grenzkosten entspricht, können alle Konsumenten,
deren Zahlungsbereitschaft mindestens den Grenzkosten entspricht das Produkt konsumieren. Es kommt nicht mehr zu einem Effizienzverlust. Konkurrieren Unternehmen nicht in
Mengen, sondern in Preisen, sind unter Umständen auch zwei Unternehmen ausreichend,
um das Ergebnis des perfekten Wettbewerbs herbeizuführen, wie wir später noch zeigen
werden.

---

[3]Eine solche Mengen- bzw. Preissetzung ist also nur möglich, wenn keine Fixkosten vorliegen, die
durch die Produzentenrente gedeckt werden muss. Liegen Fixkosten vor, müsste die Wohlfahrt unter
der Bedingung maximiert werden, dass der Monopolist zumindest keine Verluste realisiert.

3.2.3 Mehrproduktmonopolist

Gehen wir nun davon aus, dass ein Monopolist zwei und nicht nur ein Produkt anbietet. Diese können sich entweder nicht gegenseitig beeinflussen, können positiv von einander abhängen und damit Komplemente darstellen oder können Substitute sein, wenn sie als austauschbar gelten (vgl. z.B. Borrmann und Finsinger 1999; Bühler und Jaeger 2002; Bester 2010).

Ein Monopolist bietet zwei Produkte an, deren Nachfrage jeweils von den Preisen p_i und p_j abhängt $q_i(p_i, p_j)$ und $q_j(p_i, p_j)$. Bei der Produktion der beiden Güter entstehen Kosten. Die Kostenfunktion in Abhängigkeit der Mengen (und damit auch in Abhängigkeit der Preise p_i und p_j) lautet: $C(q_i(p_i, p_j), q_j(p_i, p_j))$. Produziert der Monopolist also die Menge q_i und q_j (wobei $q_i = q_i(p_i, p_j)$), betragen seine Kosten $C(q_i, q_j)$. Die Gewinnfunktion des Monopolisten lautet damit:

$$\pi = q_i(p_i, p_j)p_i + q_j(p_i, p_j)p_j - C\big(q_i(p_i, p_j), q_j(p_i, p_j)\big) \tag{3.15}$$

Die Maximierung des Gewinns bezüglich p_i führt zu folgendem Ergebnis:

$$\frac{\partial \pi}{\partial p_i} = q_i + p_i \frac{\partial q_i}{\partial p_i} + p_j \frac{\partial q_j}{\partial p_i} - \frac{\partial C}{\partial q_i}\frac{\partial q_i}{\partial p_i} - \frac{\partial C}{\partial q_j}\frac{\partial q_j}{\partial p_i} \overset{!}{=} 0 \tag{3.16}$$

Setzt man für die Grenzkosten des i-ten Produkts $\frac{\partial C}{\partial q_i} = c_i$ und für die des j-ten Produkts $\frac{\partial C}{\partial q_j} = c_j$, kann die Ableitung analog zur Gewinnmaximierung des einfachen Monopolisten nach $p_i - c_i$ auflösen (wobei beide Seiten mit $\frac{\partial p_i}{\partial q_i}$ multipliziert wurden):

$$p_i - c_i = -q_i \frac{\partial p_i}{\partial q_i} - (p_j - c_j)\frac{\partial q_j}{\partial q_i}. \tag{3.17}$$

Durch Division der beiden Seiten mit p_i erhält man nun den Preis–Kosten–Aufschlag des einfachen Monopolisten (Lerner-Index), erweitert um einen weiteren Term. Wobei $\epsilon_{ii} = -\frac{\partial q_i}{q_i}\frac{p_i}{\partial p_i}$ die Preiselastizität der Nachfrage des i-ten Produkts bezüglich des i-ten Preises ist:

$$\frac{p_i - c_i}{p_i} = \frac{1}{\epsilon_{ii}} - \frac{(p_j - c_j)\partial q_j}{p_i \partial q_i}. \tag{3.18}$$

Durch geschicktes Erweitern des zweiten Terms und Berücksichtigung von ϵ_{ii} sowie der Kreuzpreiselastizität $\epsilon_{ij} = \frac{\partial q_j}{q_j}\frac{p_i}{\partial p_i}$ erhält man den folgenden Ausdruck:

$$\underbrace{\frac{p_i - c_i}{p_i}}_{\textit{Lerner-Index}} = \frac{1}{\epsilon_{ii}} + \underbrace{\frac{(p_j - c_j)\epsilon_{ij}q_j}{\epsilon_{ii}q_i p_i}}_{\textit{Ramsey-Aufschlag}}. \tag{3.19}$$

Das negative Vorzeichen des zweiten Terms auf der rechten Seite wird durch ϵ_{ii} positiv. Da die Preiskostendifferenz $p_j - c_j$ grundsätzlich positiv ist, entscheidet der Einfluss des Preises von Produkt i auf die Nachfrage von Produkt j ($\frac{\partial q_j}{\partial p_i} \gtrless 0$) über den Einfluss des Terms auf die Preissetzung des Monopolisten von Produkt p_i. ϵ_{ij} kann dementsprechend einen positiven Wert annehmen (Substitute), einen negativen (Komplemente) oder gleich null sein (keine Beeinflussung):

- $\frac{\partial q_j}{\partial p_i} = 0$: Die Produkte beeinflussen sich gegenseitig nicht: $\epsilon_{ij} = 0$. Der Monopolist verhält sich auf jedem Markt wie im einfachen Monopolmodell. Er besitzt zwei Monopole auf zwei getrennten Märkten.
- $\frac{\partial q_j}{\partial p_i} > 0$: Die Produkte sind Substitute $\epsilon_{ij} > 0$. Die Nachfrage nach Produkt j steigt, wenn der Preis von Produkt i steigt. Erhöht der Monopolist also seinen Preis von Produkt i, wandern Konsumenten zu Produkt j ab. Der Monopolist steht zu sich selbst in Konkurrenz. Er berücksichtigt die Verbindung der beiden Produkte durch einen höheren Preis für Produkt i.
- $\frac{\partial q_j}{\partial p_i} < 0$: Die Produkte sind Komplemente $\epsilon_{ij} < 0$. Der Preis–Kosten–Aufschlag wird kleiner. Verkauft der Monopolist mehr von Produkt i, steigt die Nachfrage nach Produkt j.

Im Gegensatz zum Einprodukt-Monopol muss das Unternehmen nun also auch die Kreuzpreiseffekte (Austauschbeziehungen) zwischen den Produkten beachten. Das zweite Produkt kann entweder in Konkurrenz zum ersten Produkt stehen, komplementär dazu sein oder die beiden Produkte beeinflussen sich gar nicht.

Handelt es sich um Substitute, internalisiert der Monopolist die gegenseitige Beeinflussung der Produkte (Externalitäten) und setzt einen höheren Preis für Produkt i (bzw. Produkt j). Handelt es sich dagegen um Komplemente, hat der Monopolist einen Anreiz den Preis für Produkt i zu senken und so den Verkauf von Produkt j zu fördern. Ist der Effekt auf Produkt 2 besonders stark, kann es sein, dass der Monopolist Produkt i unterhalb der Grenzkosten anbietet.

Die gleiche Logik trifft auch zu, wenn der Monopolist mehr als zwei Produkte anbietet. Entscheidend für die Preissetzung ist immer die Austauschbeziehung zwischen den Produkten, die der Monopolist durch seine Preissetzung internalisiert.

3.3 Duopolistische Märkte

Bieten zwei Unternehmen auf einem Markt gleiche oder ähnliche Produkte an, wird diese Marktform als Duopol bezeichnet. Die Unternehmen müssen neben der Nachfrage und der Kostenstruktur auch das strategische Verhalten des Wettbewerbers beachten. In das Optimierungskalkül des Unternehmens fließen nicht mehr nur das Verhalten der Konsumenten auf Preis-/Mengenänderungen ein, sondern auch die Preis- bzw. Mengensetzung des Konkurrenten. Das Unternehmen muss bedenken, wie das andere Unternehmen auf die eigenen Aktionen reagiert und wie es selbst auf mögliche Strategien des Konkurrenten antwortet.

3.3.1 Preiswettbewerb im Duopol

Der Preiswettbewerb im Duopol trägt den Namen seines Erfinders und wird als Bertrand-Wettbewerb bezeichnet (Bertrand 1883). Zwei Unternehmen ($i = 1, 2$) bieten ein homogenes Produkt an, die Grenzkosten sind für beide Unternehmen identisch und betragen c. Jedes der beiden Unternehmen kann seinen Preis p_i frei wählen. Außerdem wird angenommen, dass vollkommene vertikale auch vollkommene horizontale Markttransparenz herrscht und keine Kapazitätsbeschränkungen vorliegen. Sowohl Nachfrager als auch die Anbieter sind jeweils über alle Preise informiert und beide Unternehmen können im Zweifel immer die komplette Nachfrage bedienen.

Aus den Annahmen resultiert, dass das Unternehmen mit dem niedrigeren Preis im Bertrand-Modell immer die gesamte Marktnachfrage auf sich zieht. Kein Konsument entscheidet sich dagegen für das Unternehmen mit dem höheren Preis – selbst, wenn der Preisunterschied nur sehr gering ist. Wählen beide Unternehmen den gleichen Preis bedient jedes Unternehmen jeweils die Hälfte der Nachfrage. Die Nachfrage jedes Unternehmens $q_i(p_i, p_j)$ hängt somit vom eigenen Preis und vom Preis des Wettbewerbers ab:

$$q_i(p_i, p_j) = \begin{cases} Q(p_i), & \text{wenn } p_i < p_j, \\ \frac{1}{2}Q(p_i), & \text{wenn } p_i = p_j, \\ 0, & \text{wenn } p_i > p_j. \end{cases} \tag{3.20}$$

Ohne Fixkosten ist der Gewinn π_i eines Unternehmens das Produkt aus Nachfrage q_i und die Differenz aus Preis und Kosten $p_i - c$:

$$\pi_i(p_i, p_j) = (p_i - c) \cdot q_i(p_i, p_j). \tag{3.21}$$

Im Bertrand-Wettbewerb gibt es nur ein Nash-Gleichgewicht, d.h. nur eine Kombination von Preisen (p_i, p_j), bei der kein Unternehmen einen Anreiz, hat vom gewählten Preis abzuweichen (um einen höheren Gewinn zu erzielen), solange auch das andere Unternehmen nicht abweicht.

Dieses Nash-Gleichgewicht ist bei $p_i = p_j = c$ erreicht. Um dies zu zeigen, können fünf mögliche Fälle unterschieden werden.

1. $p_i > p_j > c$

    Unternehmen i zieht keine Nachfrage auf sich, realisiert somit keinen Gewinn. Es hat einen Anreiz, Unternehmen j marginal zu unterbieten. Setzt Unternehmen i einen Preis von $p_j - \epsilon$, zieht es die komplette Nachfrage auf sich und kann einen Gewinn von

$\pi_i = q_i(p_i, p_j) \cdot (p_j - \epsilon - c)$ verzeichnen. Unternehmen j macht dann einen Gewinn von $\pi_j = 0.$[4]

Wählt Unternehmen i z.B. einen Preis von 5 Euro bei Grenzkosten von $c = 2$ Euro und Unternehmen j einen Preis von 4 Euro, zieht Unternehmen j die gesamte Marktnachfrage auf sich. Angenommen es gibt 100 Nachfrager, die sich immer für den günstigsten Anbieter entscheiden. Unternehmen j macht dann einen Gewinn von $\pi_j = (4 - 2) \cdot 100 = 200$. Unternehmen i würde zwar den höheren Deckungsbeitrag pro Stück 5 Euro $-$ 2 Euro $=$ 3 Euro erzielen, hat aber keine Nachfrage und macht deshalb einen Gewinn von $\pi_i = (5 - 2) \cdot 0 = 0$.

Unternehmen i hat somit einen Anreiz, seinen Preis zu senken und Unternehmen j marginal zu unterbieten. Setzt es einen Preis von $p_i = 3,99$ Euro, erzielt es einen Gewinn von $\pi_i = (3,99 - 2) \cdot 100 = 199$. Unternehmen i hat also einen Anreiz von seiner gewählten Strategie abzuweichen. $p_i > p_j > c$ kann demnach kein Nash-Gleichgewicht sein.

2. $p_i = p_j > c$

   Beide Unternehmen setzen den gleichen Preis, teilen sich die Marktnachfrage und erzielen dadurch einen Gewinn von: $\frac{1}{2}\pi_i = q_i(p_i, p_j) \cdot (p_i - c) > 0$. Allerdings kann Unternehmen i wieder die komplette Marktnachfrage auf sich ziehen, indem es den Preis von Unternehmen j wiederum marginal unterbietet: $p_i = p_j - \epsilon$. Unternehmen j macht dann wieder einen Gewinn von $\pi_i = q_i(p_i, p_j) \cdot (p_j - \epsilon - c)$ und Unternehmen j einen Nullgewinn.

   Setzen beide Unternehmen einen Preis von $p_i = p_j = 4$ Euro, erzielen beide Unternehmen einen Gewinn von $\pi_i = \pi_j = (4 - 2) \cdot 50 = 100$ Euro. Jedes Unternehmen bedient also genau die Hälfte des Marktes. Weicht aber Unternehmen i von seiner gewählten Strategie ($p_i = 4$) ab und unterbietet Unternehmen j wieder marginal mit $p_i = 3,99$, hat es wieder die ganze Nachfrage für sich und macht einen Gewinn von $\pi_i = (3,99 - 2) \cdot 100 = 199$ Euro. $p_i = p_j > c$ kann also auch kein Nash-Gleichgewicht sein.

3. $p_i = p_j < c$

   Beide Unternehmen setzen den gleichen Preis, kein Unternehmen hat einen Anreiz, das andere Unternehmen zu unterbieten, aber beide Unternehmen erzielen einen Verlust, da der Preis unterhalb der Grenzkosten liegt. Beide Unternehmen haben somit einen Anreiz, den Preis auf mindestens c zu erhöhen.

   Wählen beide Unternehmen einen Preis von $p_i = p_j = 1$ Euro, realisieren beide Unternehmen einen Gewinn von $\pi_i = \pi_j = (1 - 2) \cdot 50 = -50$ Euro. Beide Unternehmen würden also einen Verlust hinnehmen und würden nicht anbieten. Beide Unternehmen würden von der gewählten Strategie ($p_i = p_j = 1$ Euro) abweichen und den Preis anheben. Auch diese Strategie kann somit kein Nash-Gleichgewicht sein.

---

[4] ϵ Steht für eine marginale Einheit, d.h. Unternehmen i unterbietet Unternehmen j mit der kleinstmöglichen Preiseinheit.

4. $p_j = c$ und $p_i > c$

   Unternehmen j zieht die komplette Nachfrage auf sich, während Unternehmen i keine Nachfrage auf sich zieht, beide Unternehmen erzielen einen Gewinn von $\pi_j = 0$. Unternehmen i hat jedoch einen Anreiz seinen Preis zu senken, um so die Hälfte des Marktes zu bedienen.

   Erhöht Unternehmen j seinen Preis auf $p_j = 2$ Euro und Unternehmen i auf $p_i = 3$ Euro, erzielen beide Unternehmen einen Gewinn von $\pi_i = \pi_j = 0$ Euro ($\pi_= (3-2) \cdot 0 = 0$ Euro und $\pi_j = (2-2) \cdot 100 = 0$ Euro). Unternehmen i hat einen Anreiz, seinen Preis zu senken und Unternehmen j seinen Preis zu erhöhen. Die gewählten Strategien können wiederum kein Nash-Gleichgewicht sein.

5. $p_i = p_j = c$

   Das einzige Nash-Gleichgewicht im Bertrand-Wettbewerb ist erreicht, wenn beide Unternehmen den gleichen Preis setzen, der den Grenzkosten entspricht. Beide Unternehmen setzen im Bertrand-Wettbewerb den Preis in Höhe der Grenzkosten ($p_i = p_j = 2$ Euro). Nur dann hat kein Unternehmen einen Anreiz, von der gewählten Strategie abzuweichen, gegeben der Strategie des anderen Unternehmens. Die Nachfrager teilen sich gleichmäßig auf beide Unternehmen auf. Beide Unternehmen machen einen Gewinn von $\pi_i = \pi_j = (2-2) \cdot 50 = 0$ Euro.

Die Gesamtmenge, die beim Preis $p = c$ nachgefragt wird, hängt von der Form der Nachfragefunktion ab. Unterstellen wir eine lineare Nachfrage wie im Monopolmodell, so ergibt sich eine Nachfrage aus der Gleichung $p = a - bQ = c$ bzw. $Q = \frac{a-c}{b}$. Das entspricht der Mengen bei vollkommenen Wettbewerb. Beide Unternehmen bieten dann die halbe Wettbewerbsmenge des homogenen Gutes ($q_{i,j} = \frac{a-c}{2b}$) an. Dies entspricht der Monopolmenge.

Im Gegensatz zum Monopolfall beträgt der Preiskostenaufschlag Null ($p_i - c = 0 = p_j$). Die Wettbewerber können keinen Deckungsbeitrag durchsetzen und damit auch keine möglichen Fixkosten decken. Sie würden dauerhaft Verluste hinnehmen, wenn $F > 0$ und $p = c$.

Das Ergebnis dieses Modells wird auch als Bertrand-Paradoxon bezeichnet. Es gibt keinen Anreiz in einen solchen Markt einzutreten. Gibt es Markteintrittskosten, können diese nicht am Markt erwirtschaftet werden. In der Realität sollten nach dem Bertrand-Modell nur Monopole zu beobachten sein. Aber ganz im Gegenteil, können Märkte mit unterschiedlich vielen Marktteilnehmern und auch Markteintritte beobachtet werden, außerdem erwirtschaften Unternehmen regelmäßig auch Gewinne. Die Prognose des Modells ist daher zunächst unrealistisch.

Das Bertrand-Duopol ist dennoch oder gerade deshalb ein guter Vergleichsmaßstab für andere Modelle. Nimmt man homogene Produkte, unbegrenzte Kapazität bei den Unternehmen und perfekte Preistransparenz für Konsumenten an, dann sollte es zu diesem Ergebnis kommen. In der Realität liegen jedoch selten vollkommen homogene Produkte vor. Die Produkte der meisten Unternehmen unterscheiden sich technisch oder optisch, auch haben Unternehmen unterschiedlich ausgeprägte Marken und können so unter Umständen einen höheren Preis aufgrund ihres besseren Rufs durchsetzen. Häufig kann ein Unternehmen weder die gesamte Marktnachfrage auf sich ziehen noch diese bedienen, wenn es einen günstigeren Preis setzt. In der Realität haben Unternehmen begrenzte Kapazitäten und Konsumenten sind nicht jederzeit über jeden Preis perfekt informiert. Außerdem können unterschiedliche Beschaffungskosten vorliegen, weil die Unternehmen z.B. unterschiedlich weit vom Nachfrager entfernt sind oder unterschiedliche Qualität haben.

Merke
- Beide Unternehmen setzen Preis = Grenzkosten $p_i = p_j = c$.
- Das Ergebnis entspricht dem bei vollständigen Wettbewerb (alle Konsumenten mit einer Zahlungsbereitschaft größer oder gleich der Grenzkosten kaufen das Produkt).
- Unternehmen haben keine Marktmacht, sie können den Preis nicht oberhalb der Grenzkosten festlegen.
- Die Unternehmen erzielen keinen Gewinn.

Eine andere Möglichkeit imperfekten Wettbewerb abzubilden ist der Cournot-Wettbewerb (benannt nach Cournot 1838). Unternehmen setzen nicht Preise, sondern wählen die produzierte Menge. Der Preis ergibt sich dann am Markt in Abhängigkeit der Ausbringungsmenge des Konkurrenten.

3.3.2 Mengenwettbewerb im Duopol

Im Gegensatz zum Bertrand-Modell konkurrieren die Anbieter nicht in Preisen sondern über die Ausbringungsmenge. Die Unternehmen i und j wählen jeweils ihre optimale Menge q_i und q_j. Der Marktpreis ergibt sich dann gemäß der inversen Nachfragefunktion aus der Gesamtmenge, die am Markt angeboten wird.[5]
Die Annahmen für das Cournot-Duopol sind ähnlich zum Bertrand-Duopol:

- Homogene Produkte: Die Produkte sind aus Konsumentensicht perfekte Substitute.
- Markttransparenz: Konsumenten kennen das Angebot und den Marktpreis.
- Kostenstruktur: Beide Unternehmen haben die gleiche Kostenstruktur $K = cq_i + F$.
- Simultane Züge: Die beiden Unternehmen entscheiden gleichzeitig über ihre Angebotsmenge.

---

[5]Preis- und Mengenwettbewerb führen unter bestimmten Bedingungen zu identischen Ergebnissen. Wie Kreps und Scheinkman (1983) zeigen, entspricht das Ergebnis des Cournot-Wettbewerbs dem des Preiswettbewerbs unter Kapazitätsbeschränkung und ist damit viel realistischer als auf den ersten Blick zu vermuten ist.

Abb. 3.4 Reaktionsfunktionen
im Cournot-Duopol

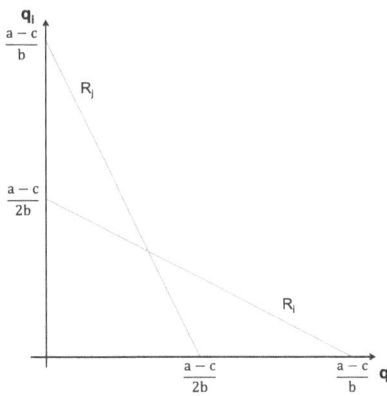

Das Modell unterstellt eine lineare inverse Nachfragefunktion der Form

$$p = a - bQ. \tag{3.22}$$

Die Gesamtmenge Q ist die Summe der Einzelmengen der beiden Unternehmen $Q = q_i + q_j$. Hieraus lässt sich die inverse Nachfragefunktion eines Cournot-Duopolisten ableiten als $p_{i,j} = a - b(q_i + q_j)$. Die Gewinnfunktionen der beiden Anbieter ergeben sich aus Preis multipliziert mit der Menge q_i abzüglich der Kosten: $\pi_{i,j} = pq - cq - F$ oder $\pi_{i,j} = (p - c)q - F$; und wenn p durch $p = a - bQ$ ersetzt wird:

$$\pi_{i,j} = \big(a - b(q_i + q_j - c)\big)q_{i,j} - F. \tag{3.23}$$

Das Unternehmen i maximiert nun den Gewinn bezüglich der Menge. Dazu wird die Gewinnfunktion π_i nach q_i abgeleitet und gleich null gesetzt $\frac{\partial \pi_i}{\partial q_i} = a - 2bq_i - bq_j - c \overset{!}{=} 0$. Anschließend wird diese Bedingung erster Ordnung nach q_i aufgelöst, sodass gilt:

$$q_i = \frac{a - c}{2b} - \frac{q_j}{2}. \tag{3.24}$$

Da es sich um symmetrische Unternehmen handelt, verhält sich das Unternehmen j genauso wie Unternehmen i: $\frac{\partial \pi_j}{\partial q_j} = a - bq_i - 2bq_j - c \overset{!}{=} 0$. Daraus folgt ebenfalls: $q_j = \frac{a-c}{2b} - \frac{q_i}{2}$. Ein Cournot-Duopolist setzt die Monopolmenge $\frac{a-c}{2b}$ abzüglich der halben Menge des anderen Unternehmens i bzw. j. In das Optimierungskalkül der Unternehmen fließen sowohl die Marktparameter a und b, die Grenzkosten c als auch die Menge des Wettbewerbers q_i bzw. q_j ein.

Die Funktionen $R_i = \frac{a-c}{2b} - \frac{q_j}{2}$ und $R_j = \frac{a-c}{2b} - \frac{q_i}{2}$ werden Reaktionsfunktionen oder Beste-Antwort-Funktionen genannt. Sie zeigen, wie sich das Unternehmen optimalerweise verhält, gegeben der Marktbedingungen und des Verhaltens des Konkurrenten. Die Funktionen zeigen die beste Antwort auf die Mengensetzung des Konkurrenten. Abbildung 3.4

stellt die beiden Reaktionsfunktionen grafisch dar: Die beiden Produkte sind dabei strategische Substitute, nimmt die eine Menge zu, muss die andere Menge abnehmen und umgekehrt.

Ist die Menge des Wettbewerbers gleich null ($q_j = 0$), setzt das Unternehmen die Monopolmenge $q_i = \frac{a-c}{2b}$. Unternehmen i ist in diesem Fall Monopolist. Je größer aber die Mengen von Unternehmen j, desto niedriger ist die optimale Menge von Unternehmen i. Die Reaktionsfunktionen R_i und R_j zeigen, wie sich das Unternehmen gewinnmaximal verhält, gegeben der Strategie (der gewählten Menge) des anderen Unternehmens. Für Unternehmen i wäre es die beste Strategie nicht in den Markt einzutreten, wenn Unternehmen j die Menge $q_j = \frac{a-c}{2b}$ wählt. Der Preis würde dann den Grenzkosten entsprechen und Unternehmen j würde den ganzen Markt bedienen. Allerdings wäre der Gewinn von Unternehmen j gleich null, da der Preis den Grenzkosten entspricht. Setzen beide Unternehmen eine positive Menge, reduziert sich die Menge des Unternehmens immer um die Hälfte der Mengen des anderen Unternehmens, im Vergleich zur Monopolmenge.

Als Reaktion auf eine Mengenerhöhung des Konkurrenten ist es also optimal, seine eigene Menge zu senken. Das liegt daran, dass die Gesamtmenge den Marktpreis bestimmt und nicht die Menge eines einzelnen Unternehmens. Erhöht Unternehmen i seine Menge, so erhöht sich die Gesamtmenge und der Preis sinkt. Bei gleicher Menge von Unternehmen j würde dies dessen Umsatz verringern. Eine Mengenreduktion von Unternehmen j erhöht den Preis wieder, was zu einem erneuten Anstieg des Umsatzes führt. Für das Unternehmen ist es also besser seine Menge zu senken und damit zu verhindern, dass der Preis zu stark sinkt.

Die Mengen der Unternehmen sind *strategische Substitute*, da die Menge des einen Anbieters durch die Menge des anderen Anbieters „substituiert" wird. Im Bertrand-Wettbewerb dagegen sind die Preise *strategische Komplemente* – die Preise bewegen sich in die gleiche Richtung. Senkt ein Unternehmen den Preis, muss auch das andere Unternehmen seinen Preis senken, um weiterhin eine einen Teil der Nachfrage auf sich zu ziehen. Die Preise bewegen sich also in die gleiche Richtung, die Mengen dagegen in entgegengesetzte.

Setzt man die Reaktionsfunktionen von i und j ineinander ein, erhält man die gewinnmaximalen Mengen

$$q_{i,j} = \frac{a-c}{3b}. \tag{3.25}$$

Die Mengen der beiden Wettbewerber q_i und q_j sind zwar geringer als die Menge im Monopol, die Gesamtmenge am Markt ($Q = q_i + q_j$) ist jedoch größer als die Monopolmenge. Dennoch wird nicht der komplette Markt bedient, die Menge ist ebenso kleiner als im Bertrand-Modell. Durch Einsetzen der Mengen in die Nachfragefunktion $p = a - bQ$ ergibt sich der Marktpreis von

$$p = \frac{a+2c}{3} = c + \frac{a-c}{3}. \tag{3.26}$$

Der Marktpreis ist geringer als im Monopol, jedoch höher als im Bertrand-Modell. Der Preis–Kosten–Aufschlag ist positiv, was zu einem positiven Deckungsbeitrag der Unternehmen führt. Der Gewinn eines Monopolisten ist somit größer null und beträgt:

$$\pi_{i,j} = \frac{(a-c)^2}{9b} - F. \tag{3.27}$$

Da die Unternehmen einen Preis größer der Grenzkosten durchsetzen können, machen sie einen positiven Gewinn bzw. eine positive Produzentenrente, um die Fixkosten zu decken.

Merke

- Im Cournot-Duopol konkurrieren die beiden Unternehmen in Mengen.
- Die Mengen sind strategische Substitute, die Wettbewerber senken ihre Mengen, wenn das andere Unternehmen seine Menge erhöht.
- Die Gesamtmenge ist größer als im Monopol, die Einzelmengen der Unternehmen dagegen kleiner als die Monopolmenge.
- Der Gewinn der Unternehmen ist kleiner als im Monopol.
- Der Preis liegt oberhalb der Grenzkosten. Die Unternehmen besitzen Marktmacht.

3.3.3 Normierte Märkte und Wohlfahrt

Normiert man die Marktgröße und die Steigung auf 1 ($a = 1$ und $b = 1$), können die Ergebnisse anschaulich dargestellt und später mit Medienmärkte verglichen werden. Die Mengen, der Preis und die Gewinne der Unternehmen vereinfachen sich zu:

$$q_{i,j} = \frac{1-c}{3}, \qquad p = c + \frac{1-c}{3} \quad \text{und} \quad \pi_{i,j} = \frac{(1-c)^2}{3}. \tag{3.28}$$

Setzt man gleichzeitig auch die Grenzkosten $c = 0$, ergibt sich:

$$q_{i,j} = \frac{1}{3}, \qquad p = \frac{1}{3} \quad \text{und} \quad \pi_{i,j} = \frac{1}{9}. \tag{3.29}$$

Die einzelnen Mengen der Unternehmen sind kleiner als im Monopol $\frac{1}{3} < \frac{1}{2}$. Die Gesamtmenge am Markt $\frac{1}{3} + \frac{1}{3} = \frac{2}{3}$ ist jedoch größer als im Monopolfall. Dadurch ergibt sich ein niedrigerer Marktpreis im Duopol $\frac{1}{3} < \frac{1}{2}$. Allerdings sind auch die Gewinne im Duopol geringer als im Monopol: $\frac{1}{9} < \frac{1}{4}$. Insgesamt können im Duopol mehr Konsumenten zu einem günstigeren Preis konsumieren als im Monopolfall.

Abbildung 3.5 zeigt Mengen und Preise für das Cournot-Duopol und den Monopolfall. Anhand der Abbildung lässt sich erkennen, dass der Wohlfahrtsverlust durch den Mengenwettbewerb zurückgeht. Noch immer gibt es Nachfrager mit einer Zahlungsbereitschaft

Abb. 3.5 Cournot-Monopol
und Duopol im Vergleich

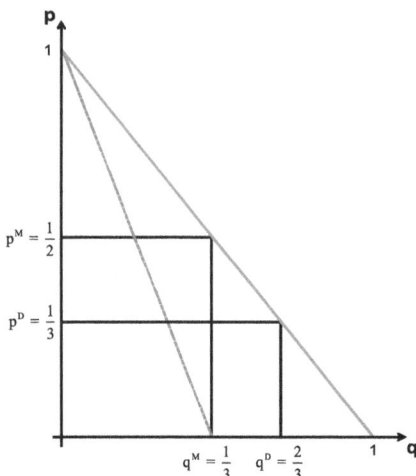

größer als die Grenzkosten, die das Produkt nicht konsumieren. Insgesamt geht der Wohlfahrtsverlust jedoch zurück. Die Wohlfahrt steigt durch den Markteintritt von Unternehmen j. Jedes Unternehmen macht einen geringeren Gewinn als im Monopol und auch der
Gesamtgewinn beider Unternehmen ist geringer als im Monopol. Dieser Rückgang wird
aber durch den Zugewinn an Konsumentenrente mehr als ausgeglichen, wodurch insgesamt eine größere Gesamtwohlfahrt entsteht.

3.4 Cournot-Oligopol

Treten noch weitere Anbieter in den Markt ein, spricht man von einem Cournot-Oligopol.
Die Gesamtmenge des Marktes setzt sich nun aus der Summe der Teilmengen der
$i = 1, \ldots, n$ Wettbewerber zusammen: $Q = \sum_{i=1}^{n} q_i$. Unter den Annahmen von symmetrischen Unternehmen, linearen Kosten- und Nachfragefunktionen, lautet die Gewinnfunktion eines Wettbewerbers i:

$$\pi_i = \left(a - bq_i - b \sum_{j=2}^{n} q_n - c \right) q_i - F. \tag{3.30}$$

Die Bedingungen erster Ordnung für die n Gewinnfunktionen lauten:

$$\frac{\partial \pi_1}{\partial q_1} = a - 2bq_1 - b \sum_{j=2}^{n} q_j - c \overset{!}{=} 0,$$

$$\vdots \tag{3.31}$$

$$\frac{\partial \pi_n}{\partial q_n} = a - 2bq_n - b \sum_{j=1}^{n-1} q_j - c \overset{!}{=} 0.$$

Die Unternehmen sind symmetrisch, d.h. alle Unternehmen sehen sich der gleichen inversen Nachfragefunktion gegenüber (gleiche Marktgröße a, gleiche Anzahl an Marktteilnehmern n und gleiche Steigung b) und haben identische Kosten. Daraus folgt, dass sich alle Unternehmen im Gleichgewicht identisch verhalten werden, kein Unternehmen kann im Optimum anders handeln. Die n Bedingungen erster Ordnung können daher zusammengefasst werden zu $a - 2bq_i - b(n-1)q_i - c = 0$. Auflösen nach q_i ergibt:

$$q_i = \frac{a-c}{b(n+1)}. \tag{3.32}$$

Mit steigendem n sinkt die Menge der einzelnen Wettbewerber, während die Gesamtmenge des Marktes $Q = nq = \frac{n}{n+1}\frac{a-c}{b}$ steigt. Da $\lim_{n\to\infty}\frac{n}{n+1} = 1$, nähert sich Q mit zunehmendem Marktzutritt der Wettbewerbsmenge $Q_w = \frac{a-c}{b}$ an. Setzt man die Gesamtmenge Q in die Nachfragefunktion ein, ergibt die Marktpreis als:

$$p = \frac{a+nc}{1+n} = c + \frac{a-c}{n+1}. \tag{3.33}$$

Mit zunehmenden Markteintritt ($n\uparrow$) sinkt sowohl der Marktpreis als auch der Preis–Kosten–Aufschlag. Die Marktmacht jedes einzelnen Unternehmens sinkt somit mit der steigenden Anzahl an Wettbewerbern. Die Marktmacht nimmt mit zunehmenden Wettbewerb ab. Darin spiegelt sich auch die angesprochene Cournot-Logik wider. Markteintritt führt zu einer Mengenausdehnung und damit zu einer Preissenkung. Für jedes Unternehmen ist es als Reaktion auf den Markteintritt eines weiteren Unternehmens und damit auf eine Vergrößerung der produzierten Menge optimal, seine eigene Menge zu reduzieren und damit die negativen Auswirkungen auf den Preis zu reduzieren.

Der Gewinn eines Wettbewerbers i ist folglich:

$$\pi_i = \frac{1}{b}\left(\frac{a-c}{n+1}\right)^2 - F. \tag{3.34}$$

Mit steigendem n, also vermehrtem Marktzutritt, sinken die Deckungsbeiträge und der Gewinn geht gegen Null. Marktzutritt ist aber nur solange zu erwarten, solange die Produzentenrenten die Fixkosten decken, solange also

$$\pi_i = \frac{1}{b}\left(\frac{a-c}{n+1}\right)^2 \geq F. \tag{3.35}$$

Nach n aufgelöst, ergibt sich die maximale Anzahl an profitabel anbietenden Unternehmen im Markt als

$$n_{max} = \frac{a-c}{\sqrt{bF}} - 1. \tag{3.36}$$

Je größer also der Markt und je geringer die Fixkosten, desto größer ist die Anzahl an Unternehmen im Markt. Ebenso steigt mit geringer Reagibilität der Nachfrage (b) und geringem c das n.

3.4.1 Normierte Märkte

Setzt man die Parameter a und b wiederum gleich 1, erhält man:

$$q = \frac{1-c}{n+1}, \qquad p = c + \frac{1-c}{n+1} \quad \text{und} \quad \pi = \left(\frac{1-c}{n+1}\right)^2 - F. \tag{3.37}$$

Setzt man außerdem $c = 0$, sind die Grenzkosten also vernachlässigbar, folgt:

$$q = \frac{1}{n+1}, \qquad p = \frac{1}{n+1} \quad \text{und} \quad \pi = \left(\frac{1}{n+1}\right)^2 - F. \tag{3.38}$$

Auch dieses sehr stark vereinfachte Modell eignet sich sehr gut für die spätere Betrachtung von Medienmärkte und dem Vergleich zu „normalen" Märkten. Das Modell erlaubt durch seinen intuitiven Aufbau, auf die wesentliche Aspekte der Märkte abzustellen.

Stehen Unternehmen im Wettbewerb, ist es wichtig, die genaue Wettbewerbsform zu kennen, d.h. konkurrieren die Unternehmen in Mengen oder in Preisen. Setzen Unternehmen Preise, sind zwei Unternehmen ausreichend, um perfekten Wettbewerb bei homogenen Produkten herbeizuführen. Die beiden Unternehmen unterbieten sich solange bis der Preis für beide Unternehmen gleich den Grenzkosten ist. Jeder Konsument, der eine Zahlungsbereitschaft von größer oder gleich den Grenzkosten für das Produkt hat, kann das Gut konsumieren. Die Wohlfahrt wird dadurch maximiert. Allerdings macht keines der Unternehmen Gewinn, Fixkosten können in diesem Markt nicht gedeckt werden. Es würde so zu keinem Markteintritt in einen solchen Markt kommen. In der Realität müssten demnach nur Monopole zu beobachten sein, bzw. kein Unternehmen sollte Gewinne erzielen. Das ist aber nicht der Fall. Das Ergebnis hängt daher sehr stark von den Annahmen ab.

Konkurrieren Unternehmen dagegen in Mengen, ergeben sich Oligopole, wie sie auch in der Realität zu beobachten sind. Je mehr Unternehmen in den Markt eintreten, desto größer wird die Gesamtmenge und nähert sich schließlich dem Ergebnis bei perfektem Wettbewerb. Konsumenten profitieren von mehr Wettbewerb, der Gewinn jedes einzelnen Unternehmens sinkt dagegen mit steigender Anzahl an Unternehmen im Markt. Aus Wohlfahrtssicht sind viele Wettbewerber ideal, dadurch reduziert sich der Wohlfahrtsverlust, die Konsumentenrente steigt, allerdings zum Teil auf Kosten der Produzentenrente. Tabelle 3.1 gibt einen Überblick über die Mengen und Preise bei verschiedener Anzahl an Unternehmen n.

Tab. 3.1 Mengen und Preise bei unterschiedlichen Marktstrukturen

	$n = 1$ Monopol	$n = 2$ Duopol	$n = 3$ Tripol	n Oligopol
q_i	$\frac{a-c}{2b}$ oder $\frac{1}{2}$	$\frac{a-c}{3b}$ oder $\frac{1}{3}$	$\frac{a-c}{4b}$ oder $\frac{1}{4}$	$\frac{a-c}{(n+1)b}$ oder $\frac{1}{n+1}$
p	$c + \frac{a-c}{2}$ oder $\frac{1}{2}$	$c + \frac{a-c}{3}$ oder $\frac{1}{3}$	$c + \frac{a-c}{4}$ oder $\frac{1}{4}$	$c + \frac{a-c}{n+1}$ oder $\frac{1}{n+1}$

3.4.2 Stackelberg-Duopol

Eine besondere Form des Cournot-Duopols ist das sogenannte Stackelberg-Duopol. Stackelberg (1934) hebt in seinem Modell die Annahme auf, dass die beiden Unternehmen simultan über die produzierte Menge entscheiden. Stattdessen gibt es ein Unternehmen, das zuerst seine Mengen wählt (*First-Mover*). Das zweite Unternehmen beobachtet die Mengenwahl von Unternehmen 1 und wählt anschließend seine eigene Menge. Es wird davon ausgegangen, dass Unternehmen 2 die Mengensetzung von Unternehmen 1 akzeptiert und entsprechend seinen eigene optimale Menge setzt. Eine mögliche Erklärung liegt in der Existenz von sogenannten First-Mover-Vorteilen. Eines der Unternehmen ist aufgrund seiner Reputation, seiner Marktanteile oder auch seiner Finanzkraft in der Lage, die dominante Position am Markt einzunehmen. Das zweite Unternehmen akzeptiert diese Dominanz und passt sein Verhalten entsprechend an.

Das Spiel läuft somit in zwei Stufen ab:

- Stufe 1: Unternehmen 1 (Stackelberg-Leader, First-Mover) legt die Produktionsmenge fest.
- Stufe 2: Unternehmen 2 (Stackelberg-Follower) legt die Produktionsmenge fest, nachdem die Menge von Firma 1 bekannt geworden ist.

Das Stackelberg-Duopol wird durch Rückwärtsinduktion gelöst. Unternehmen 1 weiß, dass Unternehmen 2 die Mengenentscheidung aufgrund seiner eigenen Entscheidung trifft. Deshalb wird zunächst die optimale Menge von Unternehmen 2 berechnet, das jede Menge von Unternehmen 1 akzeptieren wird (Abb. 3.6).

Gegeben ist die inverse Nachfragefunktion: $p(q_1, q_2) = a - b(q_1 + q_2)$ sowie die Kostenfunktion $c_i(q_i) = cq_i$. Die beiden Unternehmen haben die gleiche Kostenstruktur. Fixkosten werden nicht betrachtet.

Stufe 2:
Die Gewinnfunktion von Unternehmen 2 lautet:

$$\pi_2(q_1, q_2) = (a - bq_1 - bq_2 - c)q_2. \tag{3.39}$$

Abb. 3.6 Reaktionsfunktionen
im Stackelberg-Duopol

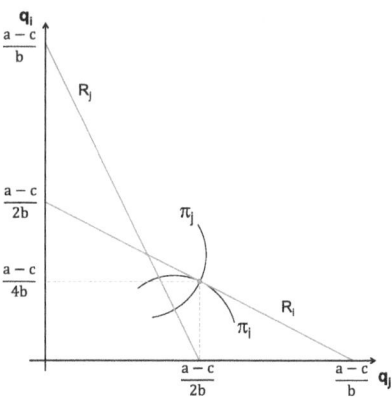

Die Ableitung der Gewinnfunktion nach q_2 $\frac{\partial \pi_2}{\partial q_2} = a - bq_i - 2bq_j - c \overset{!}{=} 0$ ergibt die Reaktionsfunktion von Unternehmen 2. Diese zeigt analog zum Cournot-Modell das optimale Verhalten der Firma 2 auf die Mengenentscheidung von Unternehmen 1:

$$q_2(q_1) = \frac{a - c}{2b} - \frac{1}{2} q_1. \qquad (3.40)$$

Entsprechend setzt Unternehmen 2 die Monopolmenge abzüglich der halben Menge von Unternehmen 1. Es verhält sich also wie ein Cournot-Duopolist.

Stufe 1:
Unternehmen 1 trifft seine Mengenentscheidung vor Unternehmen 2, weiß jedoch, dass Unternehmen 2 seine Menge nach der Reaktionsfunktion $q_2(q_1)$ wählen wird und berücksichtigt deshalb diese Reaktionsfunktion in seinem Gewinnmaximierungskalkül. Der zu maximierende Gewinn des Unternehmen 1 lautet daher:

$$\pi_1\big(q_1, q_2(q_1)\big) = \left(a - bq_1 - b\left(\frac{a - c}{2b} - \frac{1}{2}q_1\right)\right)q_1 - cq_1, \qquad (3.41)$$

wobei q_2 durch die Reaktionsfunktion von Unternehmen 2 ersetzt wurde. Die Ableitung der Gewinnfunktion nach q_1 ergibt die optimale Menge $\frac{\partial \pi_1}{\partial q_1} \overset{!}{=} 0$:

$$q_1 = \frac{a - c}{2b}. \qquad (3.42)$$

Unternehmen 1 wählt in der ersten Stufe die Monopolmenge. Unternehmen 2 beobachtet die Mengenwahl von Unternehmen 1 und setzt die gewählten Mengen in seine Reaktionsfunktion ein (q_1 in $q_2(q_1)$). Die optimale Reaktion auf die Mengenwahl von Unternehmen 1 ist damit:

$$q_2 = \frac{a - c}{4b}. \qquad (3.43)$$

Unternehmen 2 wählt also genau die Hälfte der Mengen von Unternehmen 1.

Der Marktpreis ergibt sich durch Einsetzen der beiden Mengen in die inverse Nachfragefunktion:

$$p = \frac{a + 3c}{4} \quad \text{oder} \quad p = c + \frac{a - c}{4}. \tag{3.44}$$

Preis und Preis–Kosten–Aufschlag sind damit kleiner als im Monopol und im Cournot-Duopol (Monopol $p_M = c + \frac{a-c}{2}$ und Duopol $p_D = c + \frac{a-c}{4}$).

Die Gewinne der beiden Firmen lauten entsprechend:

$$\pi_1 = \frac{(a - c)^2}{8b} \quad \text{und} \quad \pi_2 = \frac{(a - c)^2}{16b}. \tag{3.45}$$

Unternehmen 1 setzt zwar die Monopolmenge durch den im Vergleich zum Monopol niedrigeren Preis, daher ist der Gewinn zwar höher als im Coutnot-Duopol ($\pi_i^D = \frac{(a-c)^2}{9b}$), jedoch geringer als im Monopol ($\pi_i^M = \frac{(a-c)^2}{4b}$).

Firma 2 setzt sowohl eine kleinere Menge als im Cournot-Duopol ($q_2 = \frac{a-c}{3b}$) und realisiert demnach auch einen geringeren Gewinn ($\pi_i^D = \frac{(a-c)^2}{9b}$). Der Stackelberg-Leader setzt somit die größere Menge und macht dementsprechend auch einen höheren Gewinn.

3.5 Produktdifferenzierung

Bisher sind wir von homogenen Gütern ausgegangen, die Produkte waren für den Konsumenten nicht unterscheidbar bzw. vollkommen substituierbar. In der Realität trifft diese Annahme aber nur auf wenige Produkte zu; Strom oder Benzin sind Beispiele dafür. Doch selbst hier bevorzugen Kunden häufig bestimmte Markentankstellen, fragen grünen Strom nach oder wählen einen lokalen Anbieter. Bei den meisten Produkten ist tatsächlich der Normalfall, dass sich die Produkte von Konkurrenten unterscheiden. Produkte verschiedener Hersteller unterscheiden sich z.B. in Qualität, Farbe, Ausstattung oder dem Image des Produkts. Es können also objektive Qualitätsunterschiede oder aber auch einfach unterschiedliche Eigenschaften vorliegen, die qualitativ nicht objektiv unterscheidbar sind. Ökonomisch unterscheidet man daher zwischen horizontaler oder vertikaler Produktdifferenzierung:

- Vertikale Produktdifferenzierung: Ein Produkt ist eindeutig qualitativ hochwertiger als das andere. Alle Konsumenten sind sich einig, dass ein Produkt dem anderen Produkt qualitativ überlegen ist. Bei gleichem Preis wählen alle Konsumenten das qualitativ hochwertigere Produkt.

- Horizontale Produktdifferenzierung: Kein Produkt ist eindeutig besser als das andere. Die Vorteilhaftigkeit hängt von den individuellen Präferenzen des Nachfragers ab. Die Produkte unterscheiden sich z.b. durch Farbe, Marke, Standort oder Design.

Unternehmen können durch Produktdifferenzierung den Wettbewerbsdruck entgehen und ihre Marktmacht erhöhen. Je stärker die Produkte differenziert sind, desto höher ist die Marktmacht des Unternehmens. Sind die Produkte so stark differenziert, dass sie von den Konsumenten nicht mehr als Substitute wahrgenommen werden, hat jedes Unternehmen ein Monopol über sein Produkt. Werden die Produkte dagegen als perfekte Substitute wahrgenommen, kommt es zu den oben gezeigten Ergebnissen im Bertrand- oder Cournot-Duopol.

3.5.1 Mengenwettbewerb

Zwei Firmen konkurrieren in einem Duopol um die Nachfrager. Die lineare inverse Nachfragefunktion $p = a - bq_i - bq_j$ wird aber zusätzlich durch $0 \leq \theta \leq 1$ ergänzt. Die inverse Nachfrage von Unternehmen i und j dann:

$$p_i = a - bq_i - b\theta q_j \quad \text{und} \quad p_j = a - b\theta q_i - bq_j. \tag{3.46}$$

Die Unternehmen haben die gleiche Kostenstruktur $K(q_i) = cq_i + F$. Die Unternehmen sind weiterhin symmetrisch. Nur die Produkte werden von den Konsumenten nicht mehr als perfekte Substitute wahrgenommen. Je größer θ, desto homogener sind die Produkte. Ist $\theta = 1$, ergibt sich die Nachfragefunktion des Cournot-Duopols (siehe Abschn. 3.3.2), ist $\theta = 0$, sind die Produkte perfekt differenziert. Jedes Unternehmen hat dann ein Monopol über sein Produkt.

Unternehmen i maximiert seinen Gewinn $\pi_i = (p - c)q_i$ bzw. $\pi_i = (a - bq_i - b\theta q_j - c)q_i$ bezüglich seiner Menge q_i. Die Bedingung erster Ordnung lautet: $\frac{\partial \pi_i}{\partial q_i} = a - 2bq_i - b\theta q_j - c \stackrel{!}{=} 0$. Die Reaktionsfunktion von Unternehmen i und j sind somit:

$$q_i = \frac{a - c}{2b} - \frac{1}{2}\theta q_j \quad \text{und} \quad q_j = \frac{a - c}{2b} - \frac{1}{2}\theta q_i. \tag{3.47}$$

Die Unternehmen sind symmetrisch, nur die Produkte werden von den Konsumenten differenziert wahrgenommen. Die Stärke der Reaktion auf Mengenänderungen des Konkurrenten hängt nun zusätzlich vom Parameter θ ab. Ist $\theta = 0$, werden die Produkte vom Konsumenten als nicht austauschbar wahrgenommen. Die Mengenänderungen des Konkurrenzunternehmens hat dann keine Auswirkung auf die Mengenwahl eines Unternehmens. Ist $\theta = 1$ reagieren die Unternehmen wie im homogenen Cournot-Duopol. Für $0 \leq \theta \leq 1$ setzt jedes Unternehmen im Gleichgewicht die Menge:

$$q_i = q_j = \frac{a - c}{b(2 + \theta)}. \tag{3.48}$$

Zwischenschritt

Um auf die Mengenformel zu kommen, muss die dritte Binomische Formel $a^2 - b^2 = (a - b)(a + b)$ angewendet werden. Durch Einsetzen von q_j in q_i und anschließendem Ausklammern und umstellen erhält man:

$$4q_i - \theta^2 q_i = \frac{a - c}{b}(2 - \theta)$$

Auf der linken Seite kann jetzt zunächst q_i ausgeklammert werden: $q_i(4 - \theta^2)$. Anschließend kann die binomische Formel angewendet werden: $(4 - \theta^2) = (2 - \theta)(2 + \theta)$. Teilt man den ganzen Term anschließend durch $(2 - \theta)(2 + \theta)$, kürzt sich auf der rechten Seite $(2 - \theta)$ heraus und man erhält die oben berechnete Menge: $q_i = q_j = \frac{a-c}{b(2+\theta)}$.

Für Werte $0 < \theta < 1$ variiert die Menge mit der Stärke der Produktdifferenzierung. Je geringer die Produktdifferenzierung ($\theta \uparrow$), desto größer die ausgebrachte Menge ($\frac{\partial q_i}{\partial \theta} < 0$). Die Produkte werden homogener und die Gesamtmenge steigt.

Die Mengenentscheidung der Unternehmen bestimmt den Marktpreis. Setzt man die berechneten Mengen in die inverse Nachfragefunktion $p = a - bq_i - b\theta q_j$ ein, ergibt sich:

$$p = \frac{a + c(1 + \theta)}{2 + \theta} \quad \text{bzw.} \quad p = c + \frac{a - c}{2 + \theta}. \tag{3.49}$$

Der Gewinn des Unternehmens $\pi_i = (p - c)q_i - F$ ist ebenfalls von der Stärke der Produktdifferenzierung ab und beträgt:

$$\pi_i = \frac{(a - c)^2}{b(2 + \theta)^2} - F. \tag{3.50}$$

Merke
- Mengen $q_i = q_j = \frac{a-c}{b(2+\theta)}$
  - $\theta \uparrow$ Produkte werden sich ähnlicher, der Konkurrenzdruck steigt, die individuellen Mengen sinken.
  - $\theta = 1$ die Produkte sind perfekte Substitute – homogenes Cournot-Duopol.
  - $\theta = 0$ die Produkte sind nicht austauschbar. Jedes Unternehmen hat ein Monopol über sein Produkt.

- Preis $p = c + \frac{a-c}{2+\theta}$
  - Marktmacht gemessen am Preis–Kosten–Aufschlag $\frac{a-c}{2+\theta}$ hängt vom Grad der Produktdifferenzierung ab.
  - Je differenzierter die Produkte, desto größer die Marktmacht $\theta \downarrow \rightarrow \frac{a-c}{2+\theta} \uparrow$.
  - Für $\theta = 1$ ergibt sich der Duopolpreis.
  - Für $\theta = 0$ ergibt sich der Monopolpreis.
- Gewinn $\pi_i = \frac{(a-c)^2}{b(2+\theta)^2}$
  - Der Gewinn hängt ebenfalls vom Grad der Produktdifferenzierung ab.
  - Je differenzierter die Produkte desto größer der Gewinn.
  - Für $\theta = 1$ ergibt sich der Gewinn des Courot-Duopols.
  - Für $\theta = 0$ ergibt sich der Gewinn des Monopols.

3.5.2 Preiswettbewerb

Das Bertrand-Duopol zeigt, dass zwei Unternehmen, die im Preiswettbewerb stehen, sich solange gegenseitig unterbieten, bis Preis = Grenzkosten gilt. Beide Unternehmen realisieren dann eine Produzentenrente von null und können ihre Fixkosten nicht decken. Das Ergebnis gilt aber nur bei homogenen Produkten. In der Realität werden Produkte aber häufig nicht als perfekt austauschbar angesehen. Zwei Handys gleicher Leistung werden häufig nach der Marke beurteilt, zwei Paar Sneaker nach der Farbe, eine Jeans nach der Waschung oder Tankstellen nach ihrem Standort. Aus Sicht der Konsumenten sind zwei Tankstellen beispielsweise nicht perfekt austauschbar, wenn die eine Tankstelle auf dem Weg zur Arbeit liegt, für die andere aber ein Umweg von sieben Minuten in Kauf genommen werden muss. Die weiter entfernte Tankstelle müsste entsprechend günstiger sein, um den Zusatzaufwand auszugleichen. Das Handy mit der weniger bekannten Marke müsste deutlich billiger sein, um das Markenimage des anderen Herstellers auszugleichen.

Produktdifferenzierung bei Preiswettbewerb kann unter anderem anhand des Hotelling-Modells (Hotelling 1929) dargestellt werden. Die Grundidee des Modells ist: Zwei Unternehmen befinden sich auf einer Linie der Länge 1 und können ihren Standort zwischen den Punkten 0 und 1 frei wählen. Der Abstand der Unternehmen bildet dabei den Grad der Produktdifferenzierung ab. Je näher sich die Unternehmen kommen, desto ähnlicher sind sich ihre Produkte. Die Konsumenten sind ebenfalls auf dieser Linie verteilt. Im einfachen Fall sind sie gleichverteilt, d.h. an jedem Punkt auf der Linie befindet sich ein Konsument. Die Verteilung spiegelt die Präferenzen der Konsumenten wider. Jeder Konsument kauft ein Produkt und zwar das, welches bei gleichen Priesen am nächsten zu seinem Standort liegt.

Abbildung 3.7 verdeutlicht die Idee der Hotelling-Linie. Je weiter das Produkt von einem Konsumenten (x_i) entfernt ist, desto höher sind die Transportkosten, d.h. der Konsument muss Kosten aufbringen, um den Standort des Produzenten zu erreichen. Anders

Abb. 3.7 Hotelling-Linie

interpretiert entspricht das Produkt am Standort des Konsumenten genau seinen Vorstellungen. Siedelt sich das Unternehmen an einem anderen Punkt auf der Linie an, entspricht das Produkt nicht genau den Vorstellungen des Konsumenten. Je weiter der Standort des Unternehmens entfernt liegt, desto weniger entspricht das Produkt den Vorstellungen des Konsumenten. Unterscheidet sich der Standort des Konsumenten und des Unternehmens, entstehen dem Konsumenten Transportkosten. Er muss beispielsweise zur Tankstelle fahren und dafür Zeit und Benzin aufwenden. Im übertragenen Sinne kann der Abstand auch als Abweichung vom gewünschten Produkt gesehen werden. Je weiter das Produkt von den Vorstellungen des Konsumenten abweicht, desto weiter sind die Unternehmen und Konsument im Modell voneinander entfernt.

Sind die beiden Unternehmen z.B. an den Punkten 0 und 1 angesiedelt, entscheiden sich bei gleichem Preis die Hälfte der Konsumenten für Unternehmen i (Standort 0) und die anderen Hälfte für Unternehmen j (Standort 1). Doch nicht nur die Produkte sind unterschiedlich, auch die Konsumenten unterscheiden sich. Die Konsumenten unterscheiden sich in ihrer Präferenz für die Produkte der beiden Unternehmen. Der Standort x_i eines Konsumenten auf der Linie gibt seine Präferenz bezüglich der beiden Produkte wieder. Je näher x_i am Standort des Unternehmens liegt, desto mehr entspricht das Produkt den Präferenzen des Konsumenten. Die Masse der Konsumenten ist auf 1 normiert.

Unterscheidet sich der Standort des Unternehmens von dem des Konsumenten, entstehen Transportkosten in Höhe von t. Der Konsument muss also erst zur Tankstelle fahren, dadurch entstehen ihm Kosten (Zeit, Benzin, Abnutzung, etc.). Der Konsument hätte gerne eine rote Hose in der Standardwaschung, aber nur eine blaue oder eine grüne ist verfügbar, er wählt dann die Hose, die ihm den meisten Nutzen bringt. Keine bringt ihm aber den gleichen Nutzen wie eine rote Hose, dieser Nutzenverlust kann als Transportkosten interpretiert werden.

Der Nutzen des Konsumenten aus dem Produkt kann wie folgt dargestellt werden:

$$u_i = v - dt - p, \tag{3.51}$$

wobei u den Nutzen des Konsumenten abbildet und v den Grundnutzen, der aus dem Konsum des Gutes entsteht, wenn der Konsument die rote Hose zu einem Preis von null bekommen würde. Allerdings wird dieser Grundnutzen v durch die Transportkosten t multipliziert mit der Entfernung d gemindert. Je weiter das Produkt also von der Idealvorstellung des Konsumenten entfernt liegt, desto geringer sein Nutzen aus dem Konsum des Produkts.[6] Der Preis p reduziert zusätzlich den Nutzen aus dem Produkt. Ist $p > v$ würde

---

[6]d Steht für *distance* und t ist ein Maß für die Intensität der Transportkosten.

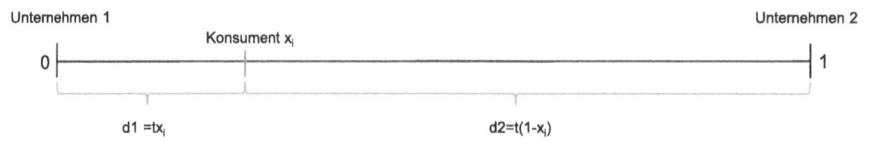

Abb. 3.8 Entscheidung des Konsumenten auf Hotelling-Linie

der Konsument nicht kaufen. Im Folgenden wird angenommen, dass v immer genügend groß ist, dass alle Konsumenten auf der Hotelling-Linie genau ein Produkt kaufen.

Die Unternehmen entscheiden simultan über den Preis. Der Konsument entscheidet sich dann für das Produkt, das ihm den größten Nutzen bringt. Der Konsument wägt also zwischen Preis und Präferenzen ab. Im weiteren Verlauf wird angenommen, dass die Unternehmen immer maximal differenziert sind, also ihren Standort auf 0 und 1 gelegt haben.[7]

Bevor die beiden Unternehmen ihren Preis festlegen können, müssen sie wissen, wie sich die Preissetzung auf die Nachfrage der Konsumenten auswirkt. Wie entscheiden sich also Konsumenten in Abhängigkeit der Preise p_1 und p_2? Um das Modell zu lösen, sind somit zwei Schritte notwendig:

1. Nachfrage bestimmen (Konsumentenentscheidung).
2. Unternehmen setzen Preise und maximieren ihre Gewinne.

1. Konsumentenentscheidung Konsumenten entscheiden sich für Unternehmen 1 bzw. 2 in Abhängigkeit der Preise p_1 und p_2, der Transportkosten t gewichtet mit der Entfernung zum jeweiligen Unternehmen. Die Entfernung ist abhängig vom Standort der Unternehmen und der Position des Konsumenten auf der Hotelling-Linie x_i (siehe Abb. 3.8). Die Nutzenfunktion eines Konsumenten beim Kauf von Unternehmen 1 oder 2 haben folgende Form:

$$u_i = \begin{cases} v - p_1 - tx_i & \text{bei Kauf von Unternehmen 1} \\ v - p_2 - t(1 - x_i) & \text{bei Kauf von Unternehmen 2} \end{cases} \tag{3.52}$$

Der *indifferente Konsument* $\overline{x}$ gibt an, welcher Konsument x_i genau den gleichen Nutzen aus dem Kauf bei Unternehmen 1 wie aus dem Kauf bei Unternehmen 2 zieht (siehe Abb. 3.9). Alle Konsumenten links davon werden bei Unternehmen 1 kaufen, alle Konsumenten rechts davon bei Unternehmen 2. Beim indifferenten Konsumenten, muss der Nutzen aus dem Kauf von Unternehmen 1 u_1 genauso groß sein, wie von Unternehmen 2, es muss gelten: $u_1 = u_2$ bzw. $v - p_1 - t\overline{x} = v - p_2 - t(1 - \overline{x})$. Aufgelöst nach $\overline{x}$ ergibt sich:

$$\overline{x} = \frac{1}{2} + \frac{p_2 - p_1}{2t}. \tag{3.53}$$

---

[7]Für eine Darstellung der allgemeinen Form des Hotelling-Modells z.B. Tirole (1999), Bester (2010) oder Belleflamme und Peitz (2010).

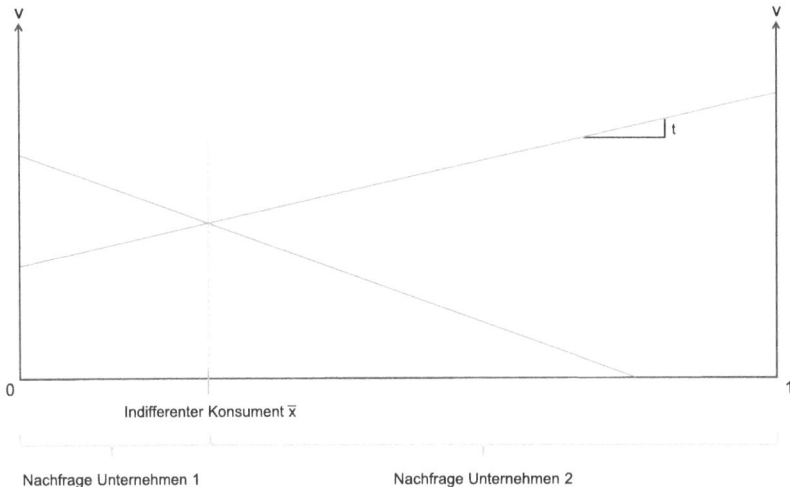

Abb. 3.9 Indifferenter Konsumenten und Nachfrage der Unternehmen

Die Nachfrage der Unternehmen 1 und 2 ist damit:

$$x_1 = \overline{x} = \frac{1}{2} + \frac{p_2 - p_1}{2t} \quad \text{und} \quad x_2 = 1 - \overline{x} = \frac{1}{2} - \frac{p_1 - p_2}{2t}. \tag{3.54}$$

Der Parameter t ist ein Maß für den Grad der Produktdifferenzierung. Ist t groß, ist die Produktdifferenzierung wichtig, bei kleinem t fällt sie bei der Entscheidung des Konsumenten nur wenig ins Gewicht. Die Entscheidung zwischen zwei Farben mag z.B. weniger wichtig sein (kleines t) als zwischen zwei Herstellern von Mobiltelefonen mit stark ausgeprägtem Markenimage (großes t).

2. Preissetzung der Unternehmen Das Ziel der Unternehmen ist es ihren Gewinn zu maximieren. Die strategische Variable ist der Preis. Der Gewinn des Unternehmen 1 ist: $\pi_1 = D_1(p_1 - c)$, wobei D_1 die Nachfrage von Unternehmen 1 und $(p_1 - c)$ die Gewinnspanne ist:

$$\pi_1 = \left(\frac{1}{2} + \frac{p_2 - p_1}{2t} \right)(p_1 - c). \tag{3.55}$$

Unternehmen 1 maximiert diesen Gewinn bezüglich p_1. Aus der Bedingung erster Ordnung $\frac{\partial \pi_1}{\partial p_1} = \frac{t + p_2 - 2p_1 + c}{2t} \stackrel{!}{=} 0$ ergibt sich der Preis p_1 in Abhängigkeit von p_2, also die Reaktionsfunktion von Unternehmen 1:

$$p_1 = \frac{1}{2}(t + c + p_2). \tag{3.56}$$

Abb. 3.10
Reaktionsfunktionen im
Hotelling-Modell

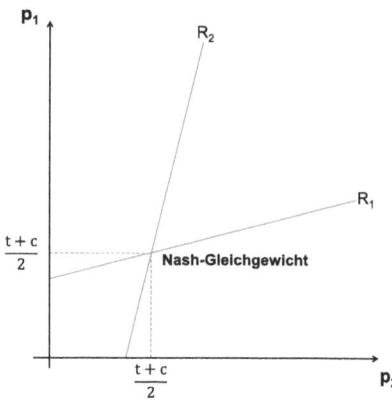

Die Reaktionsfunktion (siehe Abb. 3.10) von Unternehmen 2 ergibt sich analog dazu aus $\pi_2 = x_2(p_2 - c)$ und $\frac{\partial \pi_2}{\partial p_2} \overset{!}{=} 0$:

$$p_2 = \frac{1}{2}(t + c + p_1). \tag{3.57}$$

Das Nash-Gleichgewicht liegt dort, wo sich die beiden Reaktionsfunktionen schneiden. Nur dort hat kein Unternehmen einen Anreiz von seiner gewählten Strategie (dem gewählten Preis) abzuweichen, gegeben der Strategie (dem Preis) des anderen Unternehmens. Es muss also gelten $p_1 = p_2$ und damit

$$p_1^* = p_2^* = c + t. \tag{3.58}$$

Der Marktanteil $\overline{x}$ jedes Unternehmens beträgt somit $\overline{x} = \frac{1}{2}$.

Im Gleichgewicht gilt $p_1 = p_2 > c$. Die Unternehmen besitzen also Marktmacht und können Preise oberhalb der Grenzkosten setzen. Im Gegensatz im Bertrand-Duopol mit homogenen Produkten, können die Unternehmen die Unternehmen bei Preissetzung einen Gewinn erzielen. Ist $t = 0$ ergibt sich das gleiche Ergebnis wie im Bertrand-Duopol. Der Preis ist aber umso höher, je wichtiger die Produktdifferenzierung ist $\frac{\partial p_i}{\partial t} > 0$.

Der Gewinn des Unternehmens ist damit $\pi_1 = x_1(p_1 - c)$ oder:

$$\pi_1 = \pi_2 = \frac{1}{2}t. \tag{3.59}$$

Standortwahl

Das Hotelling-Modell kann auch die Standortwahl der Unternehmen modellieren. Unternehmen können ihren Standort dann frei wählen. Je näher die Unternehmen zusammenliegen, desto ähnlicher sind sich die Produkte. Die Unternehmen können also über den Grad der Produktdifferenzierung selbst entscheiden. Das bisherige Spiel (Preissetzung) wird um eine weitere Stufe erweitert.

1. Stufe: Standortwahl der Unternehmen
2. Stufe: Preiswettbewerb (wie bisher)

Verändern Unternehmen ihren Standort und rücken von den Endpunkten näher in die Mitte, können sie zunächst einen größeren Teil des Marktes bedienen. Sie können dadurch dem anderen Unternehmen Konsumenten abjagen. Allerdings werden sich die Produkte dadurch ähnlicher, das verstärkt den Preiswettbewerb. Unternehmen müssen bei der Standortwahl also zwei Effekte abwägen:

1. Nachfrageeffekte: Das Produkt des Unternehmens wird für mehr Konsumenten interessant.
2. Preiseffekt: Die Produkte werden ähnlicher und dadurch für den Konsumenten austauschbarer, dadurch nimmt der Preiswettbewerb zu.

Der Gesamteffekt hängt von der Stärke der beiden Effekte ab. Eine allgemeine Aussage ist nicht möglich. Mit Hotelling-Modellen können dadurch verschiedene Situationen und Marktgegebenheiten analysiert werden.

Merke
- Die beiden Unternehmen setzen den gleichen Preis und erwirtschaften trotzdem einen positiven Gewinn.
- Durch Produktdifferenzierung entsteht Marktmacht. Unternehmen können einen Preis oberhalb der Grenzkosten setzen.
- Je stärker diese Differenzierung durch den Konsumenten wahrgenommen wird ($t\uparrow$), desto größer die Marktmacht der Unternehmen.
- Können die Unternehmen auch ihren Standort frei wählen, müssen sie zwischen dem Preis- und Nachfrageeffekt abwägen. Je näher sie sich ihren Konkurrenten annähern, desto stärker sinkt der Preis und damit die Marktmacht.

3.6 Vertikale Beziehungen

Bisher haben wir Unternehmen betrachtet, die in einer horizontalen Beziehung zueinander stehen. Die Unternehmen konkurrieren dabei auf der gleichen Wertschöpfungsstufe um Konsumenten. Unternehmen stehen aber ebenso in vertikaler Beziehungen zu anderen Unternehmen, d.h. sie stehen mit Unternehmen einer vor- oder nachgelagerten Wertschöpfungskettenstufe in einer Austauschbeziehung. Dies können zum Beispiel Hersteller und Händler, Groß- und Einzelhändler oder Zulieferer von Vorprodukten und Produzenten sein. Auf beiden Stufen können grundsätzlich verschiedene Marktformen vorherrschen.

Abb. 3.11 Zwei vertikal
verbundene Monopole –
Doppelte Marginalisierung

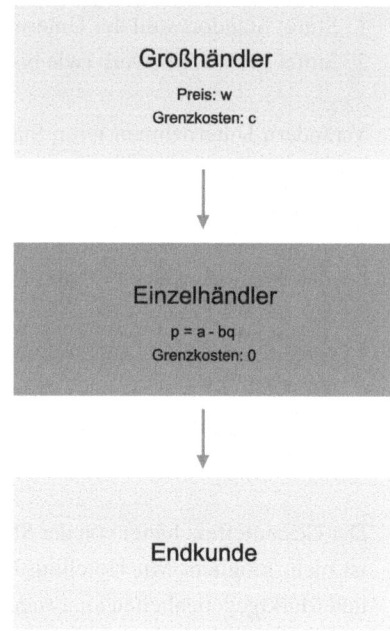

Abbildung 3.11 zeigt beispielhaft eine vertikale Struktur mit zwei miteinander in Beziehung stehenden Monopolen. Der Großhändler (Wholesaler) stellt ein Produkt zu Produktionskosten c her und verkauft dieses zum Preis w an den Einzelhändler (Retailer). Dieser verkauft das Produkt an Endkunden weiter. Wir gehen davon aus, dass dem Einzelhändler keine weiteren Kosten, außer dem Einkaufspreis w entstehen. Die Nachfrage nach Endprodukten ist durch die lineare inverse Nachfragefunktion $p = a - bq$ gegeben.

Zuerst wird dazu die Verkaufsmenge q_R des Einzelhändlers berechnet. Der Großhändler beobachtet die Absatzmenge des Einzelhändlers, was seiner Nachfrage entspricht und maximiert daraufhin seinen Gewinn bezüglich seines Preises w.

Der Einzelhändler maximiert seinen Gewinn als Monopolist bezüglich der Menge q_R:

$$\max_{q_R} \pi_R = pq_R - wq_R = (a - bq_R)q_R - wq_R. \tag{3.60}$$

Aus der Ableitung erster Ordnung ($\frac{\partial \pi_R}{\partial q_R} \overset{!}{=} 0$) ergibt sich die allgemeine Regel $w = a - 2bq_R$, also Grenzerlöse gleich Grenzkosten. Daraus ergibt sich gewinnoptimale Menge (es ist hier ebenso eine Optimierung über p möglich) als

$$q_R(w) = \frac{a - w}{2b}. \tag{3.61}$$

q_R entspricht somit der Monopolmenge im gewöhnlichen Monopolmodell, der Verkaufspreis des Großhändlers w stellt die Grenzkosten des Händlers dar.

Der Großhändler wählt seinen Verkaufspreis w und maximiert seinen Gewinn unter Berücksichtigung der Nachfrage des Einzelhändlers und seiner Grenzkosten c:

$$\pi_W = (w - c)q_r = (w - c)\frac{a - w}{2b}. \tag{3.62}$$

Durch Ableiten der Gewinnfunktion ($\frac{\partial \pi_W}{\partial w} \stackrel{!}{=} 0$) nach w ergibt sich der gewinnoptimale Preis des Großhändlers:

$$w = c + \frac{a - c}{2}. \tag{3.63}$$

Auch der Großhändler verhält sich natürlich gemäß seiner Marktstellung als Monopolist und setzt den Monopolpreis aus dem einfachen Monopolmodell ohne vertikale Verbindung. Setzt man nun w in $q_R(w)$ ein, erhält man:

$$q_R = \frac{a - c}{4b}. \tag{3.64}$$

Die Menge des Einzelhändlers entspricht damit genau der Hälfte der Monopolmengen im einfachen Modell ($q_R = \frac{1}{2}q_M$). Der Preis des Einzelhändlers ist damit:

$$p_R = c + \frac{3(a - c)}{4}. \tag{3.65}$$

Durch Einsetzen in die Gewinnfunktion des Einzelhändlers $\pi_R = (p - w)q_R$ ergibt sich der Gewinn

$$\pi_R = \frac{(a - c)^2}{16b}. \tag{3.66}$$

Der Großhändler realisiert somit einen Gewinn von

$$\pi_W = (w - c)q_R = \frac{(a - c)^2}{8b}. \tag{3.67}$$

Das Problem zweier verbundener Monopole ist also, dass sich beide Unternehmen wie Monopolisten verhalten, dadurch kommt es zu einer doppelten Marginalisierung, zu einem doppelten Monopolpreisaufschlag (engl. *double markup*). Auf beiden Stufen entsteht ein Nettowohlfahrtsverlust. Für Konsumenten sinkt die Menge noch weiter. Der Wohlfahrtsverlust ist demnach bei zwei aufeinanderfolgenden Monopolen noch größer als beim einfachen Monopol.

Das Problem der doppelten Marginalisierung ließe sich beispielsweise durch eine vertikale Integration lösen. Würden der Groß- und Einzelhändler fusionieren, würde sie sich wie ein Monopolist verhalten, der doppelte Preisaufschlag würde zu einem einfachen schrumpfen. Der Großhändler könnte den Einzelhändler aber auch einen festen Preis vorschreiben, auch dann würde die doppelte Marginalisierung entfallen. Ein solches Verhalten wird als Preisbindung zweiter Hand bezeichnet.

Vertikale Beziehungen zwischen Unternehmen sind notwendiger Bestandteil von Geschäftsbeziehungen innerhalb der Wertschöpfungskette. Vertikale Vereinbarungen sind deshalb nicht zwangsläufig wettbewerbsschädlich. Jedoch gibt es auch einige Absprachen, die neben Effizienzvorteilen auch negative Auswirkungen auf den Wettbewerb haben. Die Preisbindung zweiter Hand ist beispielsweise verboten. Allerdings gilt für Zeitungen und verlagstypische Produkte eine Ausnahmeregelung, welche die Preisbindung zweiter Hand für diese Erzeugnisse erlaubt (mehr zu vertikalen Strukturen im Abschn. 4.4.2).

3.7   Netzeffekte

In einem Markt mit Netzeffekten (auch Netzwerkeffekte) hängt der Nutzen eines Konsumenten nicht nur vom Preis des Unternehmens und seinen eigenen Präferenzen ab, sondern auch von der Entscheidung anderer Konsumenten. Der Nutzen eines Konsumenten kann in Abhängigkeit von der Entscheidung anderer Konsumenten entweder steigen (positive Netzeffekte) oder sinken (negative Netzeffekte). Außerdem kann man zwischen direkten und indirekten Netzeffekten unterscheiden.

Bei direkten Netzeffekten steigt (oder sinkt) der Nutzen jedes Konsumenten mit der Anzahl der Konsumenten, die das gleiche Produkt konsumieren. Je größer also das *Netzwerk*, desto größer ist der Nutzen eines Konsumenten. Bei indirekten Netzeffekten hängt der Nutzen eines Konsumenten dagegen nicht von der Größe des eigenen Netzwerkes ab, sondern von der Größe eines anderen also zweiten Netzwerkes. Indirekte Netzeffekte treten also zwischen (mindestens zwei) Kundengruppen auf. Es liegen dann zwei Märkte vor, man spricht deshalb von zweiseitigen Märkten. Eine Plattform verbindet die beiden Märkte und internalisiert die Netzeffekte.

Direkte sowie indirekte Netzeffekte treten im Medienbereich an verschiedenen Stellen. Bevor wir uns jedoch den indirekten Netzeffekte sehr ausführlich in Kapitel 6 genauer betrachten, sollen hier zunächst Modelle mit direkten Netzeffekten vorgestellt werden.

3.7.1   Das Shy-Modell

Direkte Netzeffekte können in vielen Medien- und Kommunikationsmärkten auftreten. Beispiele dafür sind die Festnetztelefonie, Fax-Dienste, der Mobilfunk, soziale Netzwerke, E-Mailing, einige Online-Spiele, Messenger-Dienste wie *Skype*, *WhatsApp*, *ICQ* und vieles mehr.

Es sind grundsätzlich sowohl positive als auch negative direkte Netzeffekte möglich. Bei positiven steigt der Nutzen eines Konsumenten mit der Anzahl der Konsumenten, die ebenfalls dieses Gut konsumieren ($u_i(n+1) > u_i(n)$). Bei negativen sinkt der Nutzen mit der Zahl der Nutzer ($u_i(n+1) < u_i(n)$). n ist dabei die Anzahl der Konsumenten und

u_i der Nutzen eines Konsumenten. Typischerweise liegen in Medienmärkten positive direkte Netzeffekte vor. Deshalb beziehen sich die folgenden Modelle auch auf entsprechend positive Effekte.

Je mehr Konsumenten sich zum Beispiel für einen Telefonanschluss entscheiden, desto nützlicher wird dieser für jeden einzelnen. Die Nutzenfunktion eines Konsumenten kann daher wie folgt dargestellt werden:[8]

$$u_i = \begin{cases} (1-x)\alpha q^e - p & \text{Anschluss} \\ 0 & \text{kein Anschluss.} \end{cases} \tag{3.68}$$

α misst die Stärke des Netzwerkeffekts, d.h. es misst, wie wertvoll ein zusätzlicher Nutzer ist. q^e ist die erwartete Anzahl an Konsumenten, d.h. jeder Konsument bildet sich Erwartungen über die erwartete Anzahl anderer Konsumenten, die sich ebenfalls für einen Anschluss entscheiden. p ist der Preis; x bildet die Präferenz des Konsumenten bezüglich des Anschlusses ab und kann zwischen 0 und 1 liegen ($x \in [0; 1]$).

Analog zum Hotelling-Modell, sind die Konsumenten entlang einer Linie der Länge eins positioniert. Je näher ein Konsument an der Null positioniert ist, desto höher ist sein Nutzen aus dem Anschluss. Je weiter der Konsument aber an der 1 positioniert ist, desto geringer ist sein Nutzen $(1-x)$. Ist ein Konsument z.B. an der Stelle $x_i = \frac{2}{3}$ positioniert, zieht er einen Nutzen (ohne Netzeffekte) von $u_i^{\frac{2}{3}} = 1 - \frac{2}{3} = \frac{1}{3}$ aus dem Anschluss. Der Nutzen eines Konsument an der Stelle $x_i = \frac{1}{10} = 0,1$ ist dagegen $u_i^{\frac{1}{10}} = 0,9$ (ohne Netzeffekte).

Es gibt einen *kritischen Konsumenten* $\overline{x}$, der indifferent zwischen Konsum (Anschluss) und keinem Konsum (kein Anschluss) ist. Alle Konsumenten links dieses kritischen Konsumenten $x_i < \overline{x}$ entscheiden sich für einen Anschluss; alle Konsumenten rechts des kritischen Konsumenten ($x_i > \overline{x}$) entscheiden sich gegen einen Anschluss.

Im ersten Schritt wird die Nachfrage nach Festnetztelefonie berechnet werden. Dazu wird der kritische (indifferente) Konsument berechnet. Also jener Konsument, der genau indifferent zwischen Anschluss und keinem Anschluss ist. Der kritische Konsument $\overline{x}$ gibt somit die Anzahl der Konsumenten an, die sich für einen Anschluss entscheiden (unter der Annahme, dass Konsumenten im Gleichgewicht korrekte Erwartungen haben). q^e kann somit durch $\overline{x}$ ersetzt werden. Der kritische Konsument ist genau indifferent zwischen Anschluss und keinem Anschluss, er zieht also genau einen Nutzen von Null aus dem Anschluss. Es muss also gelten $(1-\overline{x})\alpha q^e - p = 0$ bzw. $(1-\overline{x})\alpha\overline{x} - p = 0$. Der Preis ist dann:

$$p = (1-\overline{x})\alpha\overline{x}. \tag{3.69}$$

---

[8]Das Modell geht auf Shy (2001) zurück.

Abb. 3.12 Direkte
Netzeffekte: Multiple
Gleichgewichte

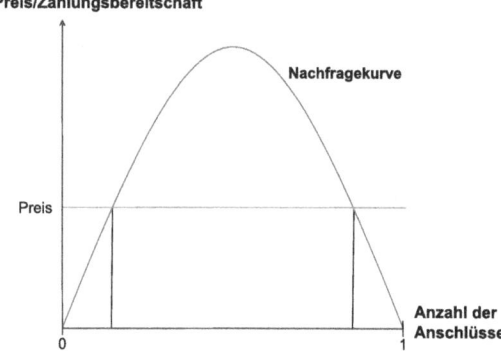

Die Nachfragefunktion $(1 - \overline{x})\alpha\overline{x}$ verläuft nicht linear (Abb. 3.12). Ein typisches Merkmal bei direkten Netzeffekten ist, dass es mehrere Gleichgewichte geben kann. Bei jedem Preis in Abb. 3.12 existieren zwei Gleichgewichte, eines mit niedriger, eines mit hoher Nachfrage. Welches dieser Gleichgewichte realisiert wird, hängt von den Erwartungen der Konsumenten ab: Erwarten alle Konsumenten eine hohe Nachfrage, wird auch eine hohe Nachfrage realisiert. Wird dagegen eine geringe Nachfrage erwartet, wird auch das niedrige Gleichgewicht realisiert.

Ein zweites Merkmal von Märkten mit direkten Netzeffekten ist, dass Konsumenten die Entscheidung der anderen Konsumenten kennen oder zumindest einschätzen müssen, um eine Entscheidung treffen zu können. Es gibt also ein Koordinationsproblem, Konsumenten können sich im Normalfall nicht auf das niedrige oder hohe Gleichgewicht *verabreden*.

Der Gewinn des Telekommunikationsunternehmens ergibt sich dann wieder aus *Preis · Menge*:

$$\pi = \big[(1 - \overline{x})\alpha\overline{x}\big]\overline{x}. \tag{3.70}$$

Aus der Bedingung erster Ordnung $\frac{\partial\pi}{\partial x} \stackrel{!}{=} 0$ ergibt sich, dass die beiden Gleichgewichte bei $x = 0$ und $x = \frac{2}{3}$ liegen. Entweder es entscheidet sich niemand für einen Anschluss oder aber zweidrittel der Konsumenten entscheiden sich dafür. Der Preis des Anschlusses ist entweder $p_1 = 0$, es wird also kein Anschluss angeboten oder $p_2 = \frac{2}{9}\alpha$. In diesem Fall macht der monopolistische Anbieter einen Gewinn von $\pi = \frac{4}{27}\alpha$. Es kann gezeigt werden, dass nur $x = \frac{2}{3}$ ein globales Maximum ist. Daraus folgt, dass der Preis so gesetzt wird, dass zwar mehr als die Hälfte des Marktes bedient werden, jedoch nicht der gesamte Markt (Shy 2001).

Daraus ergeben sich verschiedene Implikationen für Netzwerkunternehmen. Es muss zunächst eine *kritische Masse* erreicht werden. Es müssen genügend Konsumenten gewonnen werden, sonst setzt sich das Produkt nicht durch. Wird die kritische Masse erreicht, kommt es zu einem „lock-in". Konsumenten, die sich einmal für das Produkt entschieden haben können nicht einfach zu einer anderen Technologie wechseln. Die Investitionen für z.B. die Telefonanlage oder sonstige Geräte können nicht ohne Weiteres auch für das

Konkurrenzprodukt verwendet werden. Das Unternehmen muss Wege finden, um die kritische Masse zu erreichen. Benutzen erst wenige Konsumenten das Produkt, reichen die Netzeffekte nicht aus, um genügend weitere Konsumenten anzulocken. Anbieter von Netzwerkgütern können dann z.B. dynamische Preise setzen, notwendige Geräte subventionieren oder verschenken (Handy) oder kostenlose Zusatzleistungen anbieten, beispielsweise Geschenke beim Abschluss eines Zeitungs-Abonnements.

3.7.2 Alternative Darstellung

Einfacher als im Shy-Modell können direkte Netzeffekte im Cournot-Modell dargestellt werden. Die Zahlungsbereitschaft wächst mit der Anzahl der Konsumenten, die das Produkt ebenfalls konsumieren. Anders ausgedrückt erweitert sich der Markt, wenn mehr Leute das Produkt konsumieren. Ein bestimmter Teil der Nachfrage αq erhöht die Nachfrage nach dem Produkt, wobei gilt $0 \leq \alpha \leq 1$. Die inverse Nachfragefunktion lautet dann:

$$p = 1 - (1 - \alpha)q. \tag{3.71}$$

Die Gewinnfunktion des monopolistischen Netzwerkunternehmens ist dementsprechend $\pi = (1 - (1 - \alpha)q)q$. Die optimale Menge ergibt sich wieder aus der Ableitung des Gewinns bezüglich der Menge $\frac{\partial \pi}{\partial q} \overset{!}{=} 0$:

$$q = \frac{1}{2(1 - \alpha)}. \tag{3.72}$$

Die Menge steigt mit steigendem α: Je stärker der Netzwerkeffekt, desto größer ist die angebotene Menge. Der Preis bleibt allerdings, wie im einfachen Monopolbeispiel bei $p = \frac{1}{2}$. Da die verkaufte Menge positiv von sich selbst abhängt, lohnt es sich für den Monopolisten nicht, den Preis über den Monopolpreis ohne Netzeffekte zu heben. Der Gewinn des Monopolisten wächst durch die Mengenausweitung mit steigendem α:

$$\pi = \frac{1}{4(1 - \alpha)}. \tag{3.73}$$

Abbildung 3.13 zeigt, dass sich die Nachfragefunktion durch den Netzwerkeffekt um αq parallel nach außen verschiebt. Bei gleichem Preis steigt die Menge. Dies führt zu einer höheren Wohlfahrt im Vergleich zum Fall ohne Netzeffekte.

Merke
- Bei direkten Netzeffekten hängt der Nutzen eines Konsumenten von der Anzahl der Konsumenten ab, die ebenfalls das Gut konsumieren.
- Bei positiven direkten Netzeffekten steigt der Nutzen jedes Konsumenten mit der Anzahl an Konsumenten, die das gleiche Produkt konsumieren.

Abb. 3.13 Direkte
Netzeffekte: Markterweiterung

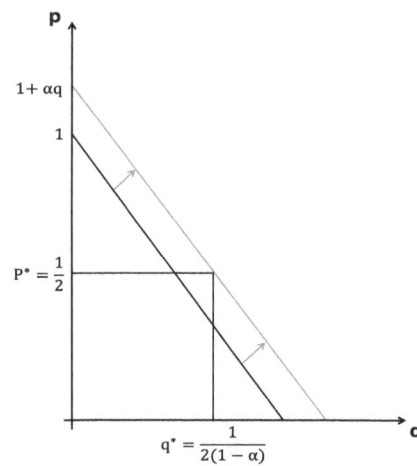

- Es gibt unter Umständen mehrere Gleichgewichte.
- Koordinationsproblem der Konsumenten, sie müssen sich Erwartungen über das Verhalten der Konsumenten bilden.

3.8 Werbung

Ein anschauliches Modell zum Verständnis der Wirkung von Werbung ist das sogenannte Dorfmann-Steiner-Modell (Dorfman und Steiner 1954). Es zeigt u.a., welches Werbebudget ein Monopolist wählt, der ein beliebiges Produkt anbietet und die Nachfrage nach diesem Produkt durch Werbung erhöhen kann. Die rein statische Betrachtung geht davon aus, dass durch Werbung mehr Kunden von dem Produkt erfahren, der Markt sich entsprechend vergrößert (*Market-Enlargement-Effekt*). Werbung verursacht zugleich aber auch Kosten. Das Budget hängt von der Preis- und Werbeelastizität der Nachfrage ab.

Das Optimierungskalkül des Monopolisten bezüglich der Werbung entspricht der allgemeinen Optimierungsregel: Der Monopolist erhöht solange seine Werbeausgaben, bis der Grenzerlös aus Werbung genau den Grenzkosten der Werbung entspricht. Erhöht der Monopolist die Werbung um eine Einheit und ist der zusätzliche Umsatz größer als die zusätzlichen Kosten, so weitet der Monopolist seine Werbemenge weiter aus. Das Optimum ist erst erreicht, wenn durch eine Erhöhung der Werbemenge kein zusätzlicher Gewinn (zusätzlicher Umsatz abzüglich zusätzlicher Kosten) mehr erzielt werden kann.

Das Modell geht von einer allgemeinen Nachfragefunktion $Q(p, A)$ des Monopolisten bezüglich des angebotenen Produkts aus. Die Nachfrage hängt vom Preis p des Produkts und von der Werbemenge A ab, wobei gilt: $\frac{\partial Q}{\partial p} < 0$ und $\frac{\partial Q}{\partial A} > 0$. Die Nachfrage reagiert negativ auf eine Preiserhöhung aber positiv auf die Erhöhung der Werbemenge. Der Preis für Werbung ist exogen und beträgt p^A und die Kostenfunktion lautet: $K(Q) = cQ + F$. Der Gewinn des Monopolisten ist dann:

$$\pi = (p - c)Q(p, A) - F - p^A A. \tag{3.74}$$

Der Monopolist optimiert seinen Gewinn, indem er den optimalen Preis p und die Werbemenge A wählt.

$$\frac{\partial \pi}{\partial p} = \frac{\partial Q}{\partial p}(p - c) + Q \overset{!}{=} 0 \quad \text{und} \quad \frac{\partial \pi}{\partial A} = \frac{\partial Q}{\partial A}(p - C) - p^A \overset{!}{=} 0. \tag{3.75}$$

Die erste Gleichung kann wie im allgemeinen Monopolfall (3.3) umgeformt werden zu:

$$\frac{p - c}{p} = \frac{1}{\epsilon_p}, \tag{3.76}$$

wobei ϵ_p wiederum die Elastizität der Nachfrage bezüglich des Preises ist. Da immer $0 \le \frac{p-c}{p} \le 1$ gelten muss, muss ε immer größer 1 sein. Der Monopolist setzt also den Preis weiterhin im elastischen Bereich.

Die Ableitung bezüglich der Werbemenge A kann folgendermaßen umgeformt[9] werden:

$$\frac{p^A A}{Qp} = \frac{p - c}{p}\varepsilon_A. \tag{3.77}$$

ε_A ist die Elastizität der Nachfrage bezüglich der Werbemenge ($\frac{\partial Q}{\partial A}\frac{A}{Q}$) und zeigt, wie stark die Nachfrage auf Veränderungen der Werbemenge reagiert.

Ersetzt man in (3.77) $\frac{p-c}{p}$ durch die rechte Seite aus Gl. (3.76) (3.76) in (3.77) einsetzen), erhält man:

$$\frac{p^A A}{Qp} = \frac{\varepsilon_A}{\varepsilon_p} \tag{3.78}$$

Der Anteil der Werbeausgaben ($p^A A$) am Umsatz (Qp) entspricht also dem Verhältnis der Werbeelastizität ε_A zur Preiselastizität der Nachfrage ε_P.

Der Preisaufschlag für den Verkauf des Produkts des Monopolisten wird nach wie vor durch die Inverse der Nachfrageelastizität bestimmt. Es werden somit höhere Preise gesetzt, wenn die Nachfrage weniger elastisch reagiert ($\frac{p-c}{p} = \frac{1}{\epsilon_p}$). Darüber hinaus entspricht der Anteil des Werbebudgets am Umsatz dem Produkt aus Preis–Kosten–Aufschlag und Werbeelastizität der Nachfrage ($\frac{p^A A}{Qp} = \frac{p-c}{p}\varepsilon_A$). Je größer also die Werbewirkung,

---

[9] Dazu wird zunächst p^A auf die rechte Seite gebracht, beide Seiten durch p geteilt und anschließend beide Seiten mit $\frac{A}{Q}$ multipliziert.

desto mehr Werbung wählt der Monopolist und die Werbung steigt ebenso mit der Marktmacht des Monopolisten. Der Anteil der Werbeausgaben am Umsatz entspricht dem Verhältnis der Elastizitäten. Je stärker die Nachfrage auf Werbung reagieren, relativ zur
Reaktion auf Preisänderungen, desto größer ist die Werbemenge bzw. das Werbebudget
($\frac{p^A A}{Qp} = \frac{\varepsilon_A}{\varepsilon_p}$).

3.9   Kompatibilität

Besitzer einer *Playstation* können Spiele der *Xbox* nicht benutzen. Viele Apps laufen auf
dem *iPhone* und auf *Android* Smartphones, einige dagegen nur auf einer der beiden Plattformen. Entscheidet man sich dagegen für das *OpenOffice*, kann man mehr oder weniger
problemlos mit *Microsoft-Office*-Benutzern zusammenarbeiten.

Gibt es zwei konkurrierende Systeme, müssen sich Kunden häufig zwischen den beiden
Optionen entscheiden. Auch Unternehmen können sich entscheiden, ob sie ihr Produkt zu
Konkurrenzprodukten kompatibel machen oder ein proprietäres System durchsetzen. Entscheiden sich die Unternehmen gegen Kompatibilität, kann das zu starkem Wettbewerb
zwischen den Systemen führen. Häufig setzt sich am Ende nur ein System durch. Beispiel
dafür sind die Videokassettensystem *VHS* und *BETA* sowie *HD–DVD* und *Blue-Ray*. In
beiden Fällen mussten sich Kunden für ein Abspielgerät entscheiden und konnten dann
nur die Produkte (Kassetten oder Discs) des jeweiligen Anbieters verwenden. Bei einem
Wechsel hätte das Abspielgerät und die passenden Trägermedien neu gekauft werden müssen.

Bei allen Beispielen liegen Netzeffekte vor. Konsumenten profitieren davon, wenn sich
mehr Leute für das gleiche Netzwerk entscheiden. Entweder, weil sie davon direkt einen
Nutzen haben (mehr Mitspieler, mehr Leute mit denen sie ihre Textverarbeitungspro-
gramme austauschen können). Oder indirekt, weil es für Inhalteproduzenten (Filmema-
cher, Programmierer) attraktiver wird, Produkte für das System zu produzieren (Apps oder
auch Programme für ein bestimmtes Betriebssystem).

Für Konsumenten spielen also nicht nur die Produkteigenschaft eine Rolle, sondern
auch, wie viel andere Konsumenten sich schon für das Produkt entschieden haben bzw.
noch entscheiden werden.

Kompatibilität kann für Konsumenten ein Vorteil sein, weil sie dann frei zwischen den
konkurrierenden Systemen wechseln können. Auf der anderen Seite stehen die Unternehmen dann weniger stark im Wettbewerb, was zu höheren Preisen führen kann. Für den Beurteilung des Wettbewerbs auf dem Markt ist deshalb nicht per se klar, ob Kompatibilität
gewünscht ist oder nicht. In einer Variation des Hotelling-Modells können die Auswirkung
von Kompatibilität auf Konsumenten und Produzenten analysiert werden.[10]

---

[10]Die ökonomische Literatur hat sich umfassend mit Kompatibilität und Netzwerkeffekten beschäftigt (siehe z.B. Katz und Shapiro 1985, 1994; Gandal 2002; Economides 1996; Farrell und Saloner
1986; Farrell und Klemperer 2007; Church und Gandal 1992; Chen, Doraszelski und Harrington

Abb. 3.14 Hotelling-Linie – Unternehmen an Standorten 0 und 1

Die beiden Unternehmen sind wie im Hotelling-Grundmodell an den Standorten 0 und 1 platziert (Abb. 3.14). Die Produkte der Unternehmen sind maximal differenziert. Die Unternehmen entscheiden über ihre Preise und können sich für oder gegen Kompatibilität mit dem Konkurrenzprodukt entscheiden.

Konsumenten sind auf der Hotelling-Linie gleichverteilt. Je weiter der Standort der Unternehmen von ihrem eigenen Standort entfernt ist, desto teurer wird es für sie das Produkt zu konsumieren. Den Konsumenten entstehen Transportkosten in Höhe von t multipliziert mit der Entfernung zum Unternehmen. Aus dem Konsum entsteht dem Konsumenten ein Grundnutzen von v, dieser ist für beide Unternehmen gleich, d.h. befänden sich die Unternehmen am gleichen Standort auf der Hotelling-Linie, wären Konsumenten indifferent zwischen den beiden Produkten. Der Preis des Unternehmens p_i reduziert den Grundnutzen, genauso wie die die Entfernung zum jeweiligen Unternehmen tx und $t(1-x)$, wobei x die Entfernung zwischen Konsumenten und dem Unternehmen ist.

$$u_i = \begin{cases} v - p_1 - tx_i + \alpha[Q_1 + q_1^e] & \text{bei Kauf von Firma 1} \\ v - p_2 - t(1-x_i) + \alpha[Q_2 + q_2^e] & \text{bei Kauf von Firma 2.} \end{cases} \qquad (3.79)$$

Der Nutzen des Konsumenten erhöht sich aber durch die Anzahl der Konsumenten, die sich bereits für das Produkt entschieden haben Q_i und durch die Anzahl der Konsumenten, die sich voraussichtlich für das Produkt entscheiden werden. q_i^e. α misst die Stärke des Netzwerkeffekts. Konsumenten wissen, wie viele andere Konsumenten sich bereits für das eine oder andere Produkt entschieden haben und bilden darüber hinaus Erwartungen, wie viele Konsumenten sich noch für das Produkt entscheiden werden.

Die Bestandteile der Nutzenfunktion eines Konsumenten u_i sind also:

- Nutzen aus dem Produkt selbst (Grundnutzen): $v > 0$
- Preis des Produkts: p_i
- Anzahl der Konsumenten, die das Produkt bereits nutzen: Q_i
- Anzahl der erwarteten zusätzlichen Konsumenten: q_i^e
- Netzwerkeffekt: $\alpha > 0$
- Transportkosten/Grad der Produktdifferenzierung: t
- Standort des Konsumenten: x

2009) und weitere. Auch in vielen industrieökonomischen Lehrbüchern finden sich Abhandlung über Kompatibilität und ähnliche Modelle wie das hier verwendete, (siehe z.B. Belleflamme und Peitz 2010; Knieps 2007; Shy 2001; Pfähler und Wiese 2008) und andere. Das hier verwendete Modelle ist eine starke Vereinfachung dieser Ausführungen.

3.9.1 Kompatibilität

Entscheiden sich die Unternehmen für Kompatibilität, profitieren Konsumenten nicht nur von der Kundenbasis eines Anbieters, sondern von der gesamten Anzahl an bisherigen Konsumenten $Q_1 + Q_2$. Ebenso sind nicht die Erwartungen relevant, wie viele Konsumenten sich für Unternehmen 1 oder 2 entscheiden, sondern die Erwartungen, wie viele zusätzliche Konsumenten sich insgesamt noch für Produkt 1 oder 2 entscheiden: $q_1^e + q_2^e$. Die Nutzenfunktion eines Konsumenten vor dem Kauf ist dann:

$$u_i = \begin{cases} v - p_1 - tx_i + \alpha[Q_1 + Q_2 + q_1^e + q_2^e] & \text{bei Kauf von Firma 1} \\ v - p_2 - t(1 - x_i) + \alpha[Q_1 + Q_2 + q_1^e + q_2^e] & \text{bei Kauf von Firma 2.} \end{cases} \tag{3.80}$$

In beiden Fällen wird der Netzwerkeffekt α voll ausgenutzt, da Konsumenten von der gesamten Nutzerbasis profitieren. Konsumenten vergleichen den Nutzen, den sie aus Produkt 1 bzw. 2 ziehen und entscheiden sich für das Produkt, welches ihnen den größten Nutzen stiftet. Der marginale Konsument $\overline{x}$ ist zwischen den beiden Produkten indifferent. Man erhält ihn, indem man den Nutzen aus Produkt 1 gleich den Nutzen aus Produkt 2 setzt und nach $\overline{x}$ auflöst:

$$v - p_1 - t\overline{x} + \alpha\left[Q_1 + Q_2 + q_1^e + q_2^e\right]$$
$$= v - p_2 - t(1 - \overline{x}) + \alpha\left[Q_1 + Q_2 + q_1^e + q_2^e\right], \tag{3.81}$$

$$\overline{x} = \frac{1}{2} + \frac{p_2 - p_1}{2t}. \tag{3.82}$$

Der Grundnutzen v, der Netzwerkeffekt α sowie die Nutzerbasis $[Q_1 + Q_2 + q_1^e + q_2^e]$ sind in beiden Fällen gleich und damit nicht relevant für die Entscheidung des Konsumenten. Setzen beide Firmen den gleichen Preis $p_1 = p_2$ liegt der marginale Konsument genau bei $\frac{1}{2}$. Setzt Unternehmen 1 einen niedrigeren Preis, kann es mehr als die Hälfte der Konsumenten auf sich ziehen. Wie stark sich die Preisunterschiede auswirken, hängt von der Höhe der Transportkosten ab. Steigt t, wirkt sich der Preisunterschied geringer aus. Anders ausgedrückt muss bei hohen Transportkosten, der Preisunterschied größer sein, um die gleiche Anzahl von Konsumenten zu gewinnen wie bei kleineren Transportkosten.

Das Ergebnis ist damit gleich zum Standard-Hotelling-Modell ohne Grenzkosten. Die Preise und Gewinne der Unternehmen sind daher:

$$p_1 = p_2 = t \quad \text{und} \quad \pi_1 = \pi_2 = \frac{1}{2}t. \tag{3.83}$$

Die Netzeffekte spielen für das Verhalten der Unternehmen bei Kompatibilität keine Rolle. Auch die Gewinne der Unternehmen sind gleich zum Fall ohne Netzeffekte (vgl. Abschn. 3.5.2) und ohne Grenzkosten. Konsumenten profitieren aber von der größeren Kundenbasis und den maximal ausgenutzten Netzeffekten.

3.9.2 Inkompatibilität

Entscheiden sich die Unternehmen ihre Produkte nicht kompatibel zu machen, profitieren Konsumenten nur von der Größe ihres eigenen Netzwerks. Die Konsumenten (aktuelle und erwartete), die sich für das andere Produkt entscheiden, erhöhen den Nutzen des Konsumenten nicht. Die Nutzenfunktion des Konsumenten ist somit:

$$u_i = \begin{cases} v - p_1 - tx_i + \alpha[Q_1 + q_1^e] & \text{bei Kauf von Firma 1} \\ v - p_2 - t(1 - x_i) + \alpha[Q_2 + q_2^e] & \text{bei Kauf von Firma 2.} \end{cases} \tag{3.84}$$

Der marginale Konsument $\overline{x}$ ergibt sich wiederum durch Gleichsetzen der beiden Nutzenfunktionen für Unternehmen 1 und Unternehmen 2:

$$v - p_1 - t\overline{x}_i + \alpha[Q_1 + q_1^e] = v - p_2 - t(1 - \overline{x}_i) + \alpha[Q_2 + q_2^e]. \tag{3.85}$$

Unter der Annahme, dass Konsumenten korrekte Erwartungen haben, ergibt sich der indifferente Konsument als:

$$\overline{x} = \frac{1}{2} + \frac{p_2 - p_1}{2(t - \alpha)} + \frac{\alpha(Q_1 - Q_2)}{2(t - \alpha)}. \tag{3.86}$$

Die Annahme der korrekten Erwartungen bedeutet, dass Konsumenten wissen, dass sich $\overline{x}$ Konsumenten für Unternehmen 1 und $1 - \overline{x}$ Konsumenten für Unternehmen 2 entscheiden. Es gilt also $q_1^e = \overline{x}$ und $q_2^e = 1 - \overline{x}$.

Setzen beide Unternehmen den gleichen Preis ($p_1 = p_2$) und sind die Netzeffekte gleich null ($\alpha = 0$), liegt der marginale Konsument genau bei $\frac{1}{2}$. Die Hälfte der Konsumenten entscheidet sich für Unternehmen 1 und die andere für Unternehmen 2. Wählt das Unternehmen einen geringeren Preis als sein Konkurrent, erhöht das die Nachfrage (zweiter Term in $\overline{x}$: $\frac{p_2-p_1}{2(t-\alpha)}$). Dieser Effekt wird durch die Transportkosten t abgeschwächt – der Preiswettbewerb wird durch starke Produktdifferenzierung eingeschränkt. Allerdings wirkt der Netzwerkparameter α diesem Effekt entgegen. α reduziert den Nenner und verstärkt damit den Preiswettbewerb. Der dritte Term in $\overline{x}$ zeigt den direkten Effekt der Netzeffekte. Die Firma mit der größeren Kundenbasis kann eine größere Nachfrage auf sich ziehen. Dieser Effekt wird (im Nenner) wieder durch die Transportkosten abgeschwächt und indirekt nochmals durch α verstärkt.

Durch den marginalen Konsumenten ergibt sich die Nachfrage der Unternehmen $D_1 = \overline{x}$ und $D_2 = (1 - \overline{x})$. Und damit können die Unternehmen ihre Gewinne $\pi_1 = \overline{x}p_1$ und $\pi_2 = (1 - \overline{x})p_2$ bezüglich der Preise p_1 und p_2 maximieren:

$$\frac{\partial \pi_1}{\partial p_1} = \frac{1}{2} + \frac{p_2 - 2p_1}{2(t - \alpha)} + \frac{\alpha(Q_1 - Q_2)}{2(t - \alpha)} \overset{!}{=} 0$$

und

$$\frac{\partial \pi_2}{\partial p_2} = \frac{1}{2} + \frac{p_1 - 2p_1}{2(t - \alpha)} + \frac{\alpha(Q_2 - Q_1)}{2(t - \alpha)} \overset{!}{=} 0.$$

Daraus ergeben sich die Reaktionsfunktionen der Unternehmen in Abhängigkeit des Preises des anderen Unternehmens als

$$p_1 = \frac{p_2}{2} + \frac{t-\alpha}{2} + \frac{\alpha}{2}(Q_1 - Q_2) \quad \text{und} \quad p_2 = \frac{p_1}{2} + \frac{t-\alpha}{2} + \frac{\alpha}{2}(Q_2 - Q_1). \quad (3.87)$$

Wieder steigt der Preis des Unternehmens mit dem Preis des Konkurrenten (erster Term). Höhere Transportkosten schwächen den Preiswettbewerb ab $t\uparrow \rightarrow p\uparrow$, dieser Effekt wird aber durch α abgeschwächt (zweiter Term). Eine höhere Nutzerbasis ($Q_i > Q_j$) erlaubt Unternehmen i schließlich den Preis höher zu setzen (dritter Term).

Setzt man die Reaktionsfunktionen ineinander ein (p_2 in p_1), ergeben sich die Preise im Gleichgewicht:

$$p_1^* = t - \alpha + \alpha\frac{Q_1 - Q_2}{3} \quad \text{und} \quad p_2^* = t - \alpha + \alpha\frac{Q_2 - Q_1}{3}. \quad (3.88)$$

Die Gleichgewichtspreise verdeutlichen die in den Ableitungen und Reaktionsfunktionen erkennbaren Effekte:

- Die Transportkosten t erhöhen die Preise, sie schwächen den Preiswettbewerb ab.
- Der Netzwerkparameter α wirkt sich negativ auf den Preis aus. Sind die Netzeffekte wichtig, muss das Unternehmen seinen Preis deutlich senken, umso mehr Konsumenten für sein Produkt gewinnen zu können. Der Effekt der Produktdifferenzierung (Abschwächen des Preiswettbewerbs) wird durch die Netzeffekte reduziert oder sogar aufgehoben.
- Eine relativ größere Kundenbasis ($Q_i > Q_j$) erhöht den Preis in Abhängigkeit der Stärke des Netzeffektes α.

Um die Ergebnisse anschaulich zu halten, wird angenommen, dass die beiden Unternehmen die gleiche Kundenbasis haben. Es gilt also $Q_1 = Q_2$. Dadurch vereinfacht sich der Preis zu $p_i = t - \alpha$. Der Netzwerkeffekt wirkt sich dann negativ auf die Preise aus. Die Anzahl der bisherigen Kunden spielt unter dieser Annahme keine Rolle bei der Preissetzung. Unternehmen sind gezwungen ihre Preise zu senken, umso mehr Kunden für ihr Netzwerk gewinnen zu können.

Mithilfe der Preise kann die Nachfrage der Unternehmen $D1$ und $D2$ berechnet werden. Anschließend können die Gewinne $\pi_1 = D_1 p_1$ und $\pi_2 = D_2 p_2$ im Gleichgewicht berechnet werden. Im symmetrischen Fall $Q_1 = Q_2$ gilt:

$$\pi_i^* = \frac{t-\alpha}{2}. \quad (3.89)$$

Die Unternehmen profitieren von den Transportkosten ($t\uparrow \rightarrow \pi_i\uparrow$), je stärker die wahrgenommene Produktdifferenzierung ist, desto höher die Gewinne. Ist der Netzwerkeffekt aber groß, sinken die Gewinne ($\alpha\uparrow \rightarrow \pi_i\downarrow$). Profitieren Konsumenten also sehr stark von

Tab. 3.2 Kompatibilität und Inkompatibilität 1

	Kompatibel	Inkompatibel
Preise	$p^* = t$	$p^* = t - \alpha$
Gewinne	$\pi^* = \frac{1}{2}t$	$\pi^* = \frac{1}{2}(t - \alpha)$
Kundenbasis	1	$\frac{1}{2}$

Tab. 3.3 Kompatibilität und Inkompatibilität 2

	Kompatibel	Inkompatibel
u_i^*	$v + \alpha - t - tx$	$v + \frac{3}{2}\alpha - t - tx$

anderen Konsumenten, die sich für das gleiche Produkt entscheiden, muss das Unternehmen die Preise senken. So wird es attraktiver für Konsumenten. Da beide Unternehmen aber so handeln, nimmt der Preiswettbewerb zu.

3.9.3 Vergleich zwischen Kompatibilität und Inkompatibilität

Sind die Produkte kompatibel, profitieren Konsumenten von dem größeren Netzwerk. Die Netzeffekte werden voll ausgenutzt. Der zusätzliche Nutzen, der aus dem Konsum des Produkts durch andere Konsumenten entsteht, ist dann maximal. Auch Unternehmen profitieren von kompatiblen Produkten, da sie ansonsten ihre Preise stärker absenken müssten.

Die Auswirkungen der Kompatibilität für Konsumenten können anhand des Gesamtnutzens beurteilt werden:

$$u_i = v + \alpha q^* - p^* - tx. \tag{3.90}$$

Für q^* kann die vorhandene Kundenbasis eingesetzt werden und für p^* der jeweilige Preis. Für Kompatibilität ergibt sich: $u_i^k = v + \alpha - t - tx$. Und für Inkompatibilität: $u_i^I = v + \alpha\frac{1}{2} - (t - \alpha) - tx$ (Tab. 3.2 und 3.3).

Der Nutzen für Konsumenten ist in diesem Fall bei Kompatibilität kleiner als bei Inkompatibilität. Konsumenten profitieren bei Inkompatibilität von den Netzeffekten zwar nur von der Hälfte des Marktes, ($\frac{1}{2}\alpha$), dafür senkt das Unternehmen aber seine Preise stärker ab. Der Konsument profitiert stärker von den günstigeren Preis als von dem größeren Netzwerk.

Für die beiden Unternehmen dagegen ist Kompatibilität im symmetrischen Fall besser. Sowohl Preise als auch Gewinne sind höher. Durch Kompatibilität wird der Preiswettbewerb abgeschwächt. Entscheiden sich die Unternehmen für Inkompatibilität, müssen die Preise gesenkt werden, umso mehr Konsumenten für sich gewinnen zu können.

Merke

- Bei Kompatibilität werden die Netzeffekte voll ausgenutzt. Alle Konsumenten profitieren vom gesamten Netzwerk.
- Der Preiswettbewerb ist bei Inkompatibilität intensiver. Unternehmen müssen die Preise stärker senken, um so Konsumenten für ihr Netzwerk gewinnen zu können.
- Kompatibilität ist nicht immer positiv. Konsumenten profitieren zwar vom gesamten Netzwerk, dafür sind die Preise aber höher als bei Inkompatibilität.

Grundzüge der Wettbewerbspolitik

4

4.1 Einführung

Da das vorliegende Buch die Medienökonomik aus einer wettbewerbspolitischen Perspektive betrachtet, sollen an dieser Stelle zumindest die Grundzüge der Wettbewerbspolitik dargestellt werden. In den industrieökonomischen Grundlagen wurden dazu bereits die modelltheoretischen Überlegungen dargelegt. In diesem Kapitel beschränken wir uns daher auf eine verbale Darstellung der relevanten Instrumente.[1]

4.1.1 Definition von Wettbewerbspolitik

Die Wettbewerbspolitik stellt die

> *„Gesamtheit der rechtlichen Regeln und staatlichen Maßnahmen* [dar], *die Wettbewerbsbeschränkungen verhindern sollen"* (vgl. Kerber 2012).

Ziel der Wettbewerbspolitik ist im Normalfall der Schutz des Wettbewerbs (jedoch nicht der Wettbewerber) und damit die Maximierung der Wohlfahrt. Motta (2004) definiert daher Wettbewerbspolitik als

> *„the set of policies and laws which ensure that competition in the market place is not restricted in such a way as to reduce economic welfare".*

Wohlfahrt ist dabei definiert als Summe aus Konsumenten- und Produzentenrente, unterscheidet a priori also nicht explizit zwischen den Renten der Konsumenten und Unternehmen. Eine Maximierung der Wohlfahrt kann demnach unabhängig davon erreicht

---

[1] Weiterführende und ergänzende Literatur zu diesem Kapitel finden sich z.B. bei Neumann (2000), Motta (2004), Schwalbe und Zimmer (2006), Schulz (2003), Schmidt und Haucap (2013) oder Kerber (2012).

© Springer Fachmedien Wiesbaden 2015
R. Dewenter, J. Rösch, *Einführung in die neue Ökonomie der Medienmärkte*,
DOI 10.1007/978-3-658-04736-8_4

werden, welche der beiden Parteien stärker profitiert. Die Wettbewerbspolitik kann aber durchaus auch einen besonderen Fokus auf die Konsumentenrente legen, wie dies von der Europäischen Union praktiziert wird. Dabei wird unterstellt, dass die meisten Handlungen der Unternehmen grundsätzlich zu einer Ausweitung der Produzentenrente führen, diese also nicht explizit berücksichtigt werden muss. Ebenso lässt sich sowohl eine kurzfristige als auch eine langfristige Dimension der Wohlfahrt definieren. Während die kurzfristige Dimension eine eher statische Betrachtung von *allokativer und produktiver Effizienz* vornimmt, zielt die *dynamische Effizienz* eher auf Produkt- und Prozessinnovationen ab. Insgesamt lässt sich in den letzten Jahren eine stärkere Ökonomisierung der Wettbewerbspolitik feststellen. Ausschlaggebend dafür ist der sog. „More economic approach", der eine deutlich stärkere Verwendung von quantitativen industrieökonomischen Konzepten beinhaltet. Dies gilt sowohl für die Einzelfallbetrachtung als auch für die Formulierung von bestimmten Instituten, wie etwa bei der Einführung des sog. SIEC-Tests in der deutschen Fusionskontrolle (zum more economic approach vgl. Christiansen 2006).

4.1.2 Institutionen und Organisationen

Wichtigste Institutionen der Wettbewerbspolitik sind auf nationaler Ebene das Gesetz gegen Wettbewerbsbeschränkungen (GWB) sowie das Gesetz gegen unlauteren Wettbewerb (UWG).[2] Wichtigste Organisationen, die Wettbewerbspolitik durchsetzen, sind das Bundeskartellamt, die Landeskartellbehörden, die Bundesnetzagentur für Elektrizität, Gas, Telekommunikation, Post und Eisenbahnen sowie die zuständigen Gerichte.

Auf EU-Ebene sind die Regeln durch den Vertrag über die Arbeitsweise der Europäischen Union (AEUV), die Kartellverordnung (VO) und die Fusionskontrollverordnung (FKVO) definiert. Wichtigste Organisationen sind die Europäische Kommission, genauer die Generaldirektion Wettbewerb, sowie das Europäische Gericht und der Europäische Gerichtshof.

4.1.3 Aufbau des deutschen und europäischen Kartellrechts

Sowohl das deutsche als auch das europäische Kartellrecht folgt einer Drei-Säulen-Logik: Die erste Säule bildet das Kartellverbot, die zweite Säule die Missbrauchsaufsicht und die dritte Säule die Fusionskontrolle. Die zugrunde liegende Systematik folgt drei Arten von Wettbewerbsbeschränkungen. So lassen sich neben den Verhandlungsstrategien auch Behinderungs- und Konzentrationsstrategien identifizieren.[3]

Verhandlungsstrategien können sowohl horizontaler als auch vertikaler Natur sein. Es können Verhandlungen zwischen Konkurrenten oder zwischen Unternehmen auf vor- und nachgelagerten Wirtschaftsstufen vorliegen. Behinderungsstrategien sollen Wettbewerber

---

[2]Wobei wir uns in den folgenden Ausführungen auf das GWB beschränken werden.

[3]Die Wettbewerbspolitik der EU beinhaltet darüber hinaus auch noch die Beihilfenkontrolle.

Tab. 4.1 Deutsches und europäisches Wettbewerbsrecht im Vergleich

	Deutsches Kartellrecht	Europäisches Kartellrecht
Kartellverbot	§1 GWB horizontale und vertikale Vereinbarungen	Art. 101 AEUV horizontale und vertikale Vereinbarungen
Missbrauchsaufsicht	§§19–21 GWB Missbrauch einer marktbeherrschenden Stellung	Art. 102 AEUV Missbrauch einer marktbeherrschenden Stellung
Fusionskontrolle	§§35–43 GWB	Fusionskontrollverordnung (FKVO)

Quelle: Selbsterstellt in Anlehnung an Kerber (2012)

Abb. 4.1 Aufbau der Wettbewerbspolitik

behindern oder einschränken, entweder durch rechtliche Beschränkungen (Verträge) oder aber durch einseitiges Verhalten.

Konzentrationsstrategien haben die Erhöhung der Marktkonzentration zum Ziel und lassen sich durch internes oder externes Wachstum erreichen. Internes Wachstum führt zu einer Erhöhung der Marktanteile, ohne dass es dabei zu einer Reduktion der Zahl der Anbieter kommt. Externes Unternehmenswachstum kommt durch Unternehmenszusammenschlüsse zustande, was wiederum die Zahl der selbstständigen Marktteilnehmer reduziert.

Die erste Säule der Wettbewerbspolitik ist das sogenannte Kartellverbot (siehe Tab. 4.1 und Abb. 4.1). Im deutschen Wettbewerbsrecht ist das Kartellverbot im §1 GWB (Gesetz gegen Wettbewerbsbeschränkungen) geregelt. Dieses untersagt alle Vereinbarungen zwischen Unternehmen, die den Wettbewerb verhindern, einschränken oder verfälschen. Das Verbot ist sehr allgemein gehalten und kann damit auf horizontale als auch auf vertikale Verträge angewandt werden. Im europäischen Wettbewerbsrecht regelt Art. 101 AEUV (Vertrag über die Arbeitsweise der Europäischen Union) das Kartellverbot. Der Wortlaut des Absatzes 1 ist sehr ähnlich – tatsächlich wurde das deutsche Recht dem europäischen im Laufe der Zeit angepasst – nennt aber einige Regeltatbestände, wie Preis-, Mengen oder Quotenkartelle. Beide Vorschriften untersagen ebenso aufeinander abgestimmte Verhaltensweisen.[4] Es ist also kein ausdrücklicher Kartellvertrag notwendig. Das deutsche und auch das europäische Wettbewerbsrecht kennen aber auch Ausnahmen vom Kartellverbot bzw. die Möglichkeit der Freistellung für den Fall, dass positive Wohlfahrtseffekte vorliegen.

Die Missbrauchsaufsicht wird im deutschen Kartellrecht in §§19–21 GWB und im europäischen im Art. 102 AEUV behandelt. Anders als beim Kartellverbot gibt es hier kein generelles Verbot bestimmter Verhaltensweisen. Die Missbrauchsaufsicht ist eher eine Verhaltenskontrolle marktbeherrschender Unternehmen. Verboten ist die missbräuchliche Ausnutzung einer marktbeherrschenden Stellung. Es werden also zum einen nur marktbeherrschende Unternehmen adressiert – wann eine Marktbeherrschung vorliegt, wird in §18 GWB definiert. Zum anderen muss auch ein missbräuchliches Verhalten identifizierbar sein. Alle anderen Verhaltensweisen sind dagegen vom Verbot ausgenommen. Der Missbrauch der Marktbeherrschung muss durch diese erst möglich und ohne Marktbeherrschung nicht durchsetzbar sein.

Die dritte Säule der Wettbewerbspolitik, die sogenannte Zusammenschluss- bzw. Fusionskontrolle (§§35–43 GWB und FKVO), wird dann angewandt, wenn Unternehmen durch Fusion oder andere Zusammenschlussformen zu einem neuen oder zumindest einem verflochtenen Unternehmen werden. Anders als bei Kartellen und dem Missbrauch von Marktmacht ändern sich also die Eigentumsverhältnisse der beteiligten Unternehmen. Die Fusionskontrolle soll aber ausschließlich die Zusammenschlüsse verhindern, die zu der Entstehung oder Verstärkung einer marktbeherrschenden Stellung führen. Ansonsten werden Zusammenschlüsse als unproblematisch angesehen.

4.2   Marktmacht

Generell wirkt sich eine zu große Marktmacht (definiert als die Fähigkeit, Preise oberhalb der Grenzkosten zu setzen) negativ auf die Wohlfahrt aus. Bezüglich der allokativen Effizienz ist dies klar zu erkennen, wie bereits in den industrieökonomischen Grundlagen gezeigt wurde. Je mehr Marktmacht ein Unternehmen besitzt, desto eher ist es in der Lage,

---

[4]Das europäische Recht beinhaltet darüber hinaus auch die Voraussetzung, dass der Handel zwischen den Mitgliedstaaten nicht beeinträchtigt wird. Ist diese Voraussetzung nicht gegeben, kommt es nicht zur Anwendung.

den Preis nahe des Monopolpreises zu setzen. Je höher aber der Preis oberhalb der Grenzkosten liegt, desto größer ist auch der allokative Wohlfahrtsverlust. Der „zu hohe" Preis führt dazu, dass Konsumenten mit einer Zahlungsbereitschaft unversorgt bleiben, obwohl deren Zahlungsbereitschaft größer als die Grenzkosten der Produktion ist.

Auch die produktive Effizienz, also die Realisierung geringst möglicher Kostenstrukturen, kann bei Marktmacht geringer sein als im Wettbewerb. Wird eine Technologie eingesetzt, die zum Beispiel zu einer Senkung der Grenzkosten führt, so kommt es zu einer Ausweitung der Menge bei geringeren Preisen. Sowohl die Produzentenrente als auch die Konsumentenrente würde dadurch ansteigen. Werden die entsprechenden Kostensenkungen – aus welchen Gründen auch immer – nicht durchgeführt, kommt es zu einem produktiven Wohlfahrtsverlust.

Warum sollte aber nun ein marktmächtiges Unternehmen einen geringeren Anreiz haben, die Kosten zu senken? Die Folge einer Kostensenkung wäre doch ein Anstieg der Produzentenrente und damit der Gewinne? Selbst ein Monopolist sollte also alle Kostensenkungspotenziale ausnutzen, um damit höhere Gewinne erzielen zu können. Ein Grund für produktive Ineffizienz kann in der Existenz von sogenannten X-Ineffizienzen (Leibenstein 1966) gesehen werden. Aufgrund des fehlenden Wettbewerbsdrucks oder der fehlenden Motivation von Mitarbeitern und Managern werden Kostensenkungspotenziale nicht oder nur stark verzögert ausgenutzt. So kann zum Beispiel das Management eines Unternehmens geringe Kostensenkungsanreize haben, wenn Manager z.B. nicht oder nur indirekt am Erfolg des Unternehmens beteiligt sind. Diese optimieren dann ihren eigenen Nutzen, nicht aber unbedingt den der Eigentümer. Unter stärkerem Wettbewerbsdruck ist es dagegen wahrscheinlicher, dass auch durch Manager geleitete Unternehmen ihre Kostensenkungspotenziale besser ausnutzen.

Bezüglich der dynamischen Effizienz ist die Bewertung weit weniger einfach als aus statischer Sicht. Auf der einen Seite führt ein gewisses Maß an Wettbewerbsdruck Unternehmen dazu, stärker zu innovieren, da sowohl eine Prozessinnovation als auch eine Produktinnovation höhere Gewinne versprechen und damit dem wettbewerblichen Unternehmen einen Vorsprung vor den Wettbewerbern ermöglichen. Das Unternehmen im Wettbewerb kann damit unter Umständen mehr gewinnen als ein monopolistisches Unternehmen bzw. eines mit starker Marktmacht. Auf der anderen Seite jedoch, erfordern Investitionen in Forschung und Entwicklung möglicherweise eine gewisse Finanzkraft und Größe eines Unternehmens (vgl. Schumpeter 1912). Diese Investitionen in Innovationen müssen zudem lohnend sein. Das innovierende Unternehmen muss in der Lage sein, die Investitionen zu erwirtschaften und darüber hinaus auch eine zumindest marktübliche Rendite zu erreichen. Der Patentschutz bietet daher die Möglichkeit, ein temporäres Monopol über ein Produkt oder Produktionsverfahren zu vergeben, um entsprechende Innovationsanreize zu setzen.

Eine eindeutige Beziehung zwischen dynamischer Effizienz und Marktstruktur bzw. Marktmacht lässt sich nicht ableiten. Dennoch ist weniger wahrscheinlich, dass bei sehr hoher Marktmacht eines Unternehmens die dynamische Effizienz besser erfüllt ist, als bei ausreichendem Wettbewerbsdruck. Insgesamt lässt sich also in der Tendenz ein negativer Einfluss zu großer Marktmacht auf die Wohlfahrt feststellen – vor allem in statischer, aber teilweise auch in dynamischer Hinsicht. Ziel der Wettbewerbspolitik ist es daher, den Wettbewerb zu schützen und eine zu große Marktmacht zu verhindern.

Die Messung von Marktmacht kann anhand verschiedener Größen vorgenommen werden. In der Wettbewerbspolitik werden häufig Marktanteile oder Konzentrationsmaße verwendet (z.B. der Herfindahl-Hirschman-Index). Diese haben den Vorteil, dass sie einfach zu berechnen sind und einen ersten Hinweis auf mögliche Marktmacht geben können. Auch können Preisaufschläge, also die Differenz zwischen Preisen und Grenzkosten, einen Hinweis auf Marktmacht geben. Relativierende Faktoren sind dagegen zum Beispiel geringe Marktzutrittsbarrieren, Nachfragemacht oder ein starker potenzieller Wettbewerb.

4.3 Marktabgrenzung

Zur Messung von Marktmacht, der Beurteilung von Unternehmenszusammenschlüssen oder des Missbrauchs einer marktbeherrschenden Stellung, muss zunächst der relevante Markt abgegrenzt werden. Es sollen alle Produkte bzw. Dienstleistungen erfasst werden, die in Konkurrenz zueinander stehen. Die Abgrenzung sollte dabei zeitlich, räumlich und sachlich erfolgen. Die räumliche Marktabgrenzung bezieht sich auf die geographische Ausdehnung des Marktgebiets eines Unternehmens, die sachliche auf das gehandelte Gut selbst. Die räumliche Dimension könnte sich beispielsweise auf den lokalen Zeitungsmarkt in der Region Wuppertal beziehen, die sachliche könnte durch den entsprechenden Markt für Regionalzeitungen und die jeweiligen infrage kommenden Substitute vorgenommen werden. Die zeitliche Marktabgrenzung spielt mittlerweile immer häufiger eine untergeordnete Rolle, da Güter und Dienstleistungen über Internetdienste fast ohne zeitliche Beschränkungen gehandelt werden können. Dennoch lassen sich zeitliche Schranken definieren, so zum Beispiel die Zeit, in der eine Messe, ein Musikfestival, oder ein Sportevent (wie die Olympiade oder die Fußball-WM) stattfindet oder beim Handel von saisonalen Gütern und Dienstleistungen. Aufgrund des Werbeverbots nach 20:00 Uhr stehen private Sender auch nur vor 20:00 Uhr mit öffentlich-rechtlichen Fernsehsender in Konkurrenz um Werbekunden. Nach 20:00 Uhr konkurrieren sie nur noch um Zuschauer, nicht mehr aber auf dem Werbemarkt.

Die Durchführung der Marktabgrenzung folgt in den meisten Fällen den sogenannten Substitutionskonzepten. Dabei wird untersucht, welche Produkte von Nachfragern als austauschbar oder zumindest teilweise austauschbar angesehen werden. Es wird somit auf Substitutionsbeziehungen zwischen den Gütern abgestellt. Alle Produkte, auf die die Nachfrager ausweichen würden, würde es das Produkt nicht mehr geben oder würde der Preis stark ansteigen, stehen in einer mehr oder weniger starken Wettbewerbsbeziehung. Der sachlich relevante Markt sollte genau diese Produkte umfassen, die von den Konsumenten als Substitute wahrgenommen werden. Geht man von der kleinsten möglichen Marktabgrenzung aus, sollte der Markt aber auch nicht mehr Produkte beinhalten. Sind also zum Beispiel bestimmte Produkte zwar aufgrund ihrer Eigenschaften geeignet, den selben Bedarf zu decken aber aus Konsumentensicht keine Substitute (etwa aufgrund der

Reputation der Anbieter oder anderer Faktoren), so sind sie auch nicht dem relevanten Markt zuzuordnen.

Zur Abgrenzung des sachlich relevanten Marktes wird in Deutschland das Bedarfsmarktkonzept angewandt. Zentraler Aspekt ist die funktionelle Austauschbarkeit von Produkten. Einem Markt werden alle Produkte zugeordnet, „die sich nach ihren Eigenschaften, ihrem Verwendungszweck und Preis so nahe stehen, dass sie aus Sicht einer verständigen Marktgegenseite als austauschbar angesehen werden können" (z.B. Schmidt und Haucap 2013). Wichtig ist die Sicht der Marktgegenseite, der Verbraucher bzw. allgemeiner ausgedrückt der Nachfrage.[5] Es stehen somit der Verwendungszweck sowie die Produkteigenschaften im Vordergrund und ebenso der Preis.

Die europäische Wettbewerbspolitik verwendet zur Abgrenzung des relevanten Marktes den sogenannten SSNIP-Test (Small but Significant Non-transotory Increase in Price). Dieser unterstellt einen hypothetischen Monopolisten, der eine Preiserhöhung vornimmt und untersucht, inwiefern diese nicht nur vorübergehend profitabel ist. Der SSNIP-Test hat sich international zu einem gewissen Standard durchgesetzt. Es wird dabei immer der Frage nachgegangen, ob ein Unternehmen den Preis um 5 % bis 10 % anheben könnte, ohne Verluste hinnehmen zu müssen. Kann es den Preis um einen signifikanten Wert anheben, existieren offensichtlich keine relevanten nahen Substitute. Der Markt wäre damit als Monopolmarkt abgegrenzt. Kann es den Preis nicht ohne Verluste anheben, ist das Unternehmen offensichtlich kein Monopolist und der Markt muss weiter gefasst werden. Es wird dann im nächsten Schritt das engste Substitut hinzugezogen und analysiert, ob die beteiligten Unternehmen zusammen (als hypothetischer Monopolist) in der Lage wären, den Preis profitabel zu erhöhen. Der Test wird solange um weitere Produkte ergänzt, bis eine gemeinsame Preiserhöhung lohnend ist.[6]

Zur tatsächlichen Marktabgrenzung werden qualitative oder quantitative Methoden verwendet. Die Abgrenzung kann allein anhand institutioneller Gegebenheiten oder anhand von Marktdaten durchgeführt werden. Beispiele für quantitative Methoden sind unter anderem die Verwendung von Preis- und Kreuzpreiselastizitäten, die *Critical Loss Analysis*, *Upward Price Pressure Indices*, die Preiskorrelationsanalyse oder auch die statistische Auswertung von Konsumentenbefragungen.

Das Problem quantitativer Methoden ist jedoch der zum Teil sehr hohe Datenbedarf. Es müssen – je nach Verfahren – Daten über das Verhalten von Konsumenten bei verschiedenen Preisen, Mengen oder auch Produkteigenschaften erhoben werden. Die Anwendung statistischer Methoden ist deshalb häufig durch die Datenverfügbarkeit eingeschränkt.

---

[5]Natürlich können auch Unternehmen als Nachfrager in Erscheinung treten. Eine solche vertikale Beziehung zwischen Unternehmen ist zwar unter Umständen anders zu bewerten als Beziehungen zu Endverbrauchern, jedoch spielt dies bei der Marktabgrenzung keine Rolle, da es auch hier auf die Substituierbarkeit ankommt.

[6]Neben den Substitutionsbeziehungen wird bei der Marktabgrenzung ebenso untersucht, welche weiten Substitute vorliegen und welche potenzielle Konkurrenz existiert. Dabei wird auch die Angebotsumstellungsflexibilität betrachtet, die feststellt, wie schnell andere Hersteller Substitute anbieten könnten. Diese Konzepte werden hier jedoch nicht weiter ausgeführt werden.

Durch Befragungen können zwar Anhaltspunkte gewonnen werden, eine belastbare Markt-abgrenzung ist aber nicht immer einwandfrei möglich. Optimalerweise verwendet man zur Marktabgrenzung nicht nur quantitative, sondern ebenso qualitative Konzepte und nimmt eine Gesamtbetrachtung der Ergebnisse vor.

4.4   Kartellverbot

4.4.1   Horizontale Vereinbarungen

Kartelle und aufeinander abgestimmte Verhaltensweisen im Sinne des Kartellverbots lie-gen dann vor, wenn sich Wettbewerber über den Einsatz eines oder mehrerer Aktionspa-rameter (z.B. Preise, Mengen, Qualitäten, Forschungsausgaben) koordinieren und nicht mehr über diese Parameter konkurrieren. Die Unternehmen bleiben dabei rechtlich unab-hängig und treffen diese Vereinbarungen entweder per Vertrag (dann liegt ein Kartell vor) oder anhand abgestimmter Verhaltensweisen. Bei einem Kartell wird der Parametereinsatz explizit abgesprochen (auch: explizite Kollusion); es liegt ein schriftlicher oder mündlicher Kartellvertrag vor. Bei aufeinander abgestimmten Verhaltensweisen (implizite Kollusion) gibt es eine stillschweigende Verhaltenskoordinierung zwischen den Konkurrenten. Beide Verhaltensweisen zielen darauf ab, den Wettbewerb auszuschalten und den gemeinsamen Gewinn zu maximieren.

Im Vergleich zu anderen Wettbewerbsbeschränkungen sind horizontale Beziehungen aus ökonomischer Sicht relativ einfach zu bewerten. Die Folgen bezüglich der Wohl-fahrt sind in den meisten Fällen negativ, unabhängig davon, ob explizite oder implizite Kollusion vorliegt. Beim Hardcore-Kartell, bei dem z.B. Preise oder Mengen abgespro-chen werden, folgt ein allokativer Wohlfahrtsverlust. Das Kartell setzt, wenn es die ge-meinsamen Gewinne maximiert, den Monopolpreis bzw. die -menge und es entsteht ein Nettowohlfahrtsverlust. In vielen Wettbewerbsrechten findet sich daher auch ein generelles Kartellverbot (wie in Deutschland und der EU), das jedoch unter bestimmten Umständen Ausnahmen zulässt, wenn Absprachen positive Wohlfahrtswirkungen entfalten.

Solche positiven Wohlfahrtswirkungen können entstehen, wenn Absprachen getroffen werden, die den wirtschaftlichen oder technischen Fortschritt erhöhen. Wird die Markt-transparenz gesteigert oder werden die Kosten durch die Absprachen gesenkt, sind Aus-nahmen möglich, wie bei Vereinbarungen über die Anwendung gemeinsamer Normen und Typen. Auch bei Absprachen über Kooperationen bei Forschung und Entwicklung kann dies der Fall sein. Ebenfalls können sogenannte Mittelstandskartelle sinnvoll sein, wenn kleinere Unternehmen auf diese Weise besser mit größeren marktmächtigen Unternehmen konkurrieren können.

Kartelle aufzudecken stellt eine besondere Herausforderung für die Kartellbehörden dar. Sind sich die Kartellmitglieder über die negative Wirkung einer Absprache bewusst, werden sie diese entsprechend geheim halten. Selbst wenn es Anzeichen für Absprachen gibt, z.B. aufgrund hoher Preise am Markt, ist es normalerweise nicht einfach, ein Kartell nachzuweisen. Sowohl im europäischen als auch im deutschen Kartellrecht existiert jedoch mittlerweile eine Kronzeugenregelung, die zur Destabilisierung von Kartellen führen soll, indem den Kartellmitgliedern Anreize geben werden, das Kartell den Kartellbehörden anzuzeigen.

Generell lassen sich einige Faktoren identifizieren, die eine Kartellbildung vereinfachen und die Stabilität erhöhen. So ist eine Absprache sowohl umso einfacher zu koordinieren als auch stabiler, je weniger Anbieter vorhanden sind. Ebenso ist es einfacher, ein Kartell zu bilden, je homogener die beteiligten Unternehmen sind. Andere Faktoren, die Kartellierung und Stabilität beeinflussen, sind der Zeithorizont der Wettbewerbsbeziehung, die vertikale und horizontale Markttransparenz, die Preiselastizität der Nachfrage und die individuellen Preisabsatzfunktionen, die Höhe der Marktzutrittsbarrieren, die Stabilität der Nachfrage oder auch die Möglichkeit der Unternehmen, in Kontakt zueinander zu treten (vgl. z.B. Motta 2004).

4.4.2 Vertikale Vereinbarungen

Deutlich komplexer als die Bewertung horizontaler Absprachen ist die Analyse von Vertikalvereinbarungen. Hierunter fallen prinzipiell alle Vereinbarungen zwischen Unternehmen auf vor- und nachgelagerten Wirtschaftsstufen. In aller Regel sind diese Absprachen jedoch nicht wettbewerbsbeschränkend, sondern – ganz im Gegenteil – notwendiger Bestandteil von Käufer–Verkäufer-Beziehungen. Um überhaupt Güter und Dienstleistungen auf vertikaler Ebene austauschen zu können, müssen sich die Unternehmen mehrfach miteinander koordinieren.

Neben der Vielzahl an unbedenklichen Vertikalvereinbarungen existieren aber ebenso Absprachen, die wettbewerbsbeschränkend sein können. Das Kartellverbot soll auch diese vertikalen Absprachen erfassen. Allerdings stehen den negativen Wirkungen oftmals auch positive Effekte in Form von Effizienzvorteilen gegenüber. Ob eine solche Vereinbarung untersagt werden sollte oder nicht, sollte auch immer auf einer Abwägung der Vor- und Nachteile basieren. Möglicherweise problematisch können u.a. die folgenden Vertikalvereinbarungen sein: Preisbindung der zweiten Hand, Alleinvertriebsvereinbarungen, Alleinbezugsvereinbarungen und selektive Vertriebssysteme.

Eine Ausprägung von Vertikalvereinbarungen ist die Möglichkeit, Ausschließlichkeitsbindungen wie Alleinbezugs- und Alleinvertriebsvereinbarungen zu verabreden. Eine wettbewerbsbeschränkende Wirkung könnte auch in einer Marktschließung bestehen. Vereinbaren Hersteller und Handel, dass keine Produkte eines Konkurrenten des Herstellers gehandelt werden sollen, kann der Marktzutritt für Wettbewerber erschwert oder verhindert werden. Ebenso sind aber auch Effizienzwirkungen von Ausschließlichkeitsbindungen möglich. So könnte diese z.B. ein Trittbrettfahrerproblem verhindern, beispielsweise dann, wenn Händler eine bestimmte Ausbildung oder Schulung vom Hersteller genießen. Könnte der Händler gleichzeitig auch technisch identische Konkurrenzprodukte verkaufen, könnte er die erlernten Fähigkeiten auch auf diese Produkte anwenden. Eine Alleinbezugsbindung würde hier also Sinn machen. Der Hersteller hätte dadurch einen Anreiz,

Verkäufer zu schulen, wodurch die Beratung der Konsumenten anstiege. Wäre der vertikale Vertrag untersagt, würde womöglich keine Schulung stattfinden und die Konsumenten wären schlechter informiert. Es bedarf also auch hier einer Abwägung der Effekte.

Eine weitere Möglichkeit vertikaler Vereinbarungen ist die Preisbindung zweiter Hand. Diese führt zunächst einmal dazu, dass der Wettbewerb auf der Einzelhandelsstufe und damit der Intra-Brand-Wettbewerb ausgeschaltet wird, dafür aber der Wettbewerb zwischen den Herstellern, also der Inter-Brand-Wettbewerb, intensiv geführt werden kann. Welche Art des Wettbewerbs zu einem effizienteren Ergebnis gelangt, hängt u.a. davon ab, auf welcher der vertikalen Stufen ein intensiverer Wettbewerb herrscht. Geht man davon aus, dass der Handel wettbewerblicher strukturiert ist, wäre ein Preisbindungsverbot damit möglicherweise begründbar. Marktmacht beim Hersteller führt womöglich zu einer negativen Wirkung der Preisbindung (vgl. z.B. Motta 2004; Jullien und Rey 2007; Rey und Vergé 2010; Schwalbe 2011).[7] Ein exakt gebundener Preis oder auch ein Mindestpreis kann ebenso als Kartellpreis dienen. Die Preisbindung ist dann ebenso Koordinierungsinstrument. Allerdings kann eine Preisbindung auch einen doppelten Preisaufschlag verhindern. Besteht sowohl im Handel als auch bei den Herstellern von Produkten Marktmacht, könnte die Preisbindung den Aufschlag beim Handel verhindern und damit wohlfahrtssteigernd wirken.

4.4.3 Medienspezifische Regelungen

Eine Ausnahme vom Kartellverbot in §1 GWB enthält das deutsche Wettbewerbsrecht in §30 GWB. So sind Zeitungen und Zeitschriften, bzw. verlagstypische Produkte, generell vom Verbot der vertikalen Preisbindung ausgenommen. Verlage können daher auswählen, ob sie die Preise für Zeitungen und Zeitschriften binden wollen oder nicht. Begründet wird diese Ausnahme mit der besonderen Struktur der Presse-Großhändler. Die sogenannten Grossisten genießen einen Gebietsschutz und stellen damit regionale Monopole dar. Diese verfügen daher über Nachfragemacht gegenüber den Verlagen. Durch diese vertikale Struktur, die Preisbindung und ein besonderes Rückgaberecht, wird der Wettbewerb im Handel komplett ausgeschaltet. Lediglich Verlage können noch in Wettbewerb zueinander treten. Begründet wird diese Regelung mit einer damit angeblich verbundenen Vielfaltssicherung (vgl. Wandtke und Castendyk 2011). Ein doppelter Preisaufschlag wird in den meisten Fällen wohl nicht verhindert, da der Handel von Verlagsprodukten oftmals kompetitiv strukturiert ist.

4.5 Missbrauchsaufsicht

Die Missbrauchsaufsicht kontrolliert das Verhalten von marktbeherrschenden Unternehmen. Marktbeherrschung bedeutet, dass Unternehmen keinem oder keinem wesentlichen Wettbewerbsdruck ausgesetzt sind und daher über einen entsprechend großen Verhaltens-

---

[7]Vgl. Haucap und Klein (2012) für wettbewerbspolitische Diskussion des Preisbindungsverbots.

spielraum verfügen. Zwar ist die Marktbeherrschung, wenn sie durch internes Unternehmenswachstum entstanden ist, selbst nicht untersagt. Jedoch sind marktbeherrschende Unternehmen einer besonderen Aufsicht unterworfen, die es ihnen untersagt, ihre Marktmacht dazu auszunutzen, Nachfrager auszubeuten (Ausbeutungsmissbrauch) oder Konkurrenten bzw. andere Unternehmen zu behindern (Behinderungsmissbrauch).

Ausbeutungsmissbrauch äußert sich beispielsweise in überhöhten Preisen. Marktmacht wird auch als die Fähigkeit interpretiert, die Preise über Grenzkosten zu setzen. Ein marktbeherrschendes Unternehmen ist in der Lage, hohe Preise zu verlangen. Dies führt wiederum zu einem Wohlfahrtsverlust. Eine andere Ausprägung von Ausbeutungsmissbrauch ist die Möglichkeit eines Unternehmens, Nachfrager zu diskriminieren bzw. generell Preise und andere Geschäftsbedingungen zu fordern, die es bei wirksamen Wettbewerb mit hoher Wahrscheinlichkeit nicht durchsetzen könnte.

Behinderungsmissbrauch äußert sich in der Behinderung und Einschränkung der wettbewerblichen Handlungsfreiheit anderer Unternehmen. Dazu können sowohl Ausschließlichkeitsbindungen gehören, die auch als Vertikalvereinbarung untersagt werden können, als auch die Lieferverweigerung, Kopplungsverträge, bestimmte Rabattsysteme und die sogenannte Kampfpreisunterbietung (auch Verkauf unter Einstandspreisen, Verdrängungspreise oder *Predatory Pricing*).

Ebenso untersagt ist die Weigerung, zu angemessenen Entgelten Zugang zu eigenen Netzen und Infrastruktureinrichtungen zu gewähren. Vorausgesetzt dieser Zugang ist notwendig, um auf anderen Märkten als Wettbewerber des Marktbeherrschers tätig zu werden. Ein Unternehmen darf also nicht den Zugang zu wesentlichen Einrichtungen beschränken. Beispiel für die Einrichtungen sind der Zugang zu bestimmten Telekommunikationseinrichtungen wie der sogenannten Letzten Meile (Teilnehmeranschlussleitung) oder der Zugang zu bestimmten Netzen im Energiesektor.

4.5.1 Verdrängungspreise

Einige der Maßnahmen, die grundsätzlich unter die Missbrauchsaufsicht fallen, wirken nicht immer wettbewerbsbeschränkend. Aus diesem Grund findet immer eine Prüfung statt, ob eine Marktbeherrschung vorliegt und ob diese missbräuchlich ausgenutzt wird. Vieldiskutierte Maßnahme sind z.B. Verdrängungspreisstrategien (*Predatory Pricing*). Diese liegen dann vor, wenn Unternehmen einen Preis so gering setzen, um Konkurrenten aus dem Markt zu drängen. Senkt ein finanzstarkes Unternehmen den Preis, zieht es mehr Nachfrage auf sich. Kleinere Unternehmen müssen dann ebenfalls die Preise senken, um ihre Produkte weiterhin absetzen zu können. Dies ist jedoch mit Verlusten verbunden. Zwar macht das marktmächtige Unternehmen zunächst ebenfalls Verluste mit dieser Strategie; kann der Marktbeherrscher die Verluste aber länger verkraften als der Konkurrent, wird letzterer vom Markt verdrängt. Anschließend kann das größere Unternehmen die Preise wieder anheben, bestenfalls auf den Monopolpreis.

Geringe Preise sind zwar zunächst positiv zu bewerten, da die Konsumentenrente steigt und damit auch die Gesamtwohlfahrt. Ist jedoch die Verdrängung erfolgreich, reduziert sich die Zahl der Anbieter, was wiederum die Marktmacht der im Markt verbleibenden Unternehmen erhöht. Ist diese ausreichend groß, kann es zu einem deutlichen Wohlfahrtsverlust durch höhere Preise nach der Verdrängung kommen. Insgesamt könnten also negative Effekte vorliegen, wenn die Wohlfahrtsverluste aus der Verdrängung größer sind als die Wohlfahrtsgewinne aus der Preissenkung.

Ein Unternehmen wird aber nur dann versuchen, Konkurrenten aus dem Markt zu drängen, wenn es seinerseits erwarten darf, dass die Gewinne die Verluste übersteigen. Dies ist nur dann möglich, wenn nach erfolgreicher Verdrängung nicht sofort wieder ein anderes Unternehmen in den Markt eintritt. Die Verdrängungsstrategie setzt voraus, dass ausreichend große Marktzutrittsbarrieren vorhanden sind, die es potenziellen Konkurrenten erschweren oder unmöglich machen, in den Markt einzutreten. Sind die Markteintrittsbarrieren aber hoch oder werden zumindest so von den Unternehmen wahrgenommen, ist eine Verdrängung denkbar. Welche Preise jedoch tatsächlich als Verdrängungspreise gelten können, ist stark umstritten. Die Kostenstruktur und die Anzahl der erworbenen Produkte spielt dabei z.B. eine wesentliche Rolle. Oftmals wird die Arreda-Turner-Regel (vgl. Areeda und Turner 1975) angewendet, nach der die Preise unterhalb der Grenzkosten liegen müssen. Oftmals ist jedoch nicht klar, wie hoch diese tatsächlich sind. Verdrängungspreisstrategien kommt eine besondere Bedeutung in zweiseitigen Medienmärkten zu, wie wir später noch zeigen werden.

4.5.2 Kopplungsbindungen

Kopplungsbindungen liegen dann vor, wenn Nachfrager dazu gezwungen werden, auch andere als die eigentlich gewünschten Waren abzunehmen: Es werden z.B. Laptop-Computer nur mit einem bestimmten Betriebssystem verkauft oder Abfüllmaschinen können nur zusammen mit dem Verpackungsmaterial, welches aber auch von anderen Anbietern verfügbar ist, gemietet werden (*TetraPak*). Kopplungsgeschäfte können dazu dienen, die Marktmacht von einem auf den anderen Markt zu übertragen. Im Fall der Abfüllmaschinen könnte zum Beispiel die Marktmacht, die am Markt für die Maschinen besteht, auf den Markt für Verpackungen übertragen werden. Ebenso könnten Kopplungsbindungen dazu genutzt werden, Preisdifferenzierung zu betreiben. Reicht die Zahlungsbereitschaft für eines der Produkte nicht aus, könnte die Zahlungsbereitschaft für die gekoppelten Waren groß genug sein, um das Bündel (engl. *Bundle*) zu erwerben.

Aber auch Kopplungsbindungen können Effizienzvorteile mit sich bringen. So können zum Beispiel Kostenvorteile durch den Absatz großer Mengen ausgenutzt werden, wenn durch das *Bundle* eine bestimmte Zahl an Verkäufen erreicht werden kann. Ebenso kann der Verkäufer besser über die Eigenschaften eines Gutes informiert sein und den Käufer somit zu einer höheren Qualität „zwingen".

4.6   Fusionskontrolle

Wie bei der Missbrauchsaufsicht unterliegen Unternehmenszusammenschlüsse nicht einem generellen Verbot, sondern der sogenannten Fusionskontrolle. Eine Fusion soll nur
dann untersagt werden, wenn nach dem sog. SIEC-Test (*Significant Impediment of Effek-
tive Competition*) wirksamer Wettbewerb erheblich behindert wird. Dies ist vor allem dann
der Fall, wenn durch eine Fusion eine marktbeherrschende Stellung entsteht oder verstärkt
wird.[8] Ansonsten werden Zusammenschlüsse nicht als problematisch angesehen. Im Gegenteil kann es durchaus sinnvoll sein, Fusionen zuzulassen, um Größenvorteile zu nutzen,
die Wettbewerbsintensität zu erhöhen oder um eine doppelte Marginalisierung zu verhindern. Grundsätzlich werden Zusammenschlüsse daher auch nur der Kontrolle unterzogen,
wenn die beteiligten Unternehmen eine bestimmte Größe übersteigen. Nur dann wird davon ausgegangen, dass ein solcher Zusammenschluss auch zu Marktmacht führen könnte
und die negativen Auswirkungen ein ausreichend großes Ausmaß annehmen könnten. Ist
dies der Fall, wird von den Wettbewerbsbehörden geprüft, ob wirksamer Wettbewerb erheblich durch den Zusammenschluss behindert würde, eben dann, wenn eine marktbeherrschende Stellung entstünde oder verstärkt würde.

4.6.1   Horizontale Zusammenschlüsse

Horizontale Zusammenschlüsse sind Zusammenschlüsse zwischen Unternehmen der gleichen Marktstufe – also zwischen Konkurrenten. Mit einem solchen Zusammenschluss
ist immer auch ein Anstieg der Marktkonzentration verbunden. Die Wettbewerbspolitik
muss daher abwägen, wann mit einem Anstieg der Konzentration auch die Marktmacht
von Unternehmen soweit zunimmt, dass dies als problematisch angesehen werden muss.
Um die zu erwartenden Auswirkungen eines Zusammenschlusses zu bestimmen, werden
zwei Arten von Effekten unterschieden: die koordinierten und nicht nicht-koordinierten
Effekte.

Die nicht-koordinierten Effekte (auch unilaterale Effekte genannt), gehen auf die zu-
nehmende Marktmacht bzw. Marktbeherrschung der fusionierenden Unternehmen zurück,
also auf die Frage, ob eine *Einzelmarktbeherrschung* des neu entstehenden Unternehmens entsteht. Als Maß für die Marktmacht und Marktbeherrschung dienen insbesondere
Marktanteile und Konzentrationsmaße. Darüber hinaus werden aber auch andere Kriterien wie die Wettbewerbsintensität, die Höhe der Marktzutrittsbarrieren, eine mögliche
Nachfragemacht etc. auf eine mögliche Einschränkung des wesentlichen Wettbewerbs untersucht.

Als Argument für eine Fusion können möglicherweise Effizienzvorteile angeführt werden. Liegen wesentliche Kostenvorteile vor und führt eine Fusion und die damit zusam-
menhängende Ausweitung der Menge zu einer deutlichen Kostensenkung, kann sich dies

---

[8]Zur Anwendung des SIEC-Tests vgl. Körber (2014a).

auf den Preis und damit auf die Wohlfahrt auswirken. Ein insgesamt positiver Wohlfahrtseffekt kann dann resultieren, wenn die Effizienzvorteile so stark sind, dass sie negative
Effekte durch höhere Marktmacht überkompensieren. Einige Wettbewerbspolitiken – wie
auch die europäische – bieten daher die Möglichkeit einer sogenannten *Effizienzeinrede*.
Unternehmen können diese Effizienzvorteile in einem Fusionsverfahren geltend machen.

Neben den nicht-koordinierten Effekten können ebenso koordinierte Effekte vorliegen.
Gemeint ist damit ein Entstehen oder auch Anstieg der kollektiven Marktbeherrschung.
Koordinierte Effekte bedeuten letztendlich einen Anstieg der Kollusionswahrscheinlich-
keit. Liegt nach der Fusion ein relativ enges Oligopol vor, so könnte dadurch eine Tendenz
zur Verhaltenskoordination gegeben sein. Es wird dann geprüft, ob auch eine solche Koor-
dination wahrscheinlicher wird oder zu erwarten ist. Zur Beurteilung dienen vor allem die
Kriterien, die bei der Kartellbildung und -stabilität eine Rolle spielen.

4.6.2 Vertikale Zusammenschlüsse

Vertikale Zusammenschlüsse bezeichnen Fusionen zwischen Unternehmen auf vor- und
nachgelagerten Wirtschaftsstufen. Es kommt zu einer vertikalen Integration: Ein Unternehmen fusioniert mit einem Zulieferer oder einen Abnehmer. Daraus folgt ein Anstieg
der vertikalen Konzentration. Mögliche negative Auswirkungen eines solchen Zusammenschlusses sind zum Beispiel die Marktabschottung (Foreclosure) oder die Markt-
machtsübertragung. Foreclosure liegt dann vor, wenn durch die vertikale Integration der
Zugang zu Absatz- oder Beschaffungsmärkten verschlossen werden kann. Erlangt ein Unternehmen durch die Fusion den monopolistischen Zugang zu wichtigen Ressourcen oder
Vorprodukten, kann es dies dazu nutzen, diese Produkte nicht mehr an Konkurrenten zu
veräußern oder zumindest einen überhöhten Preis zu verlangen. Ebenso kann die Marktmacht von einem Markt auf den anderen übertragen werden. Durch die vertikale Integration könnten z.B. entstehende Kostenvorteile ausgenutzt werden.

Ein wesentlicher Vorteil der vertikalen Integration liegt in der Abschaffung der sogenannten doppelten Marginalisierung (auch double mark-up). Verfügen zwei Unternehmen
aus aufeinanderfolgenden Wirtschaftsstufen über Marktmacht (zum Beispiel Hersteller
und Händler eines Produkts), steigen (über den Einkaufspreis) die Kosten des Händlers
mit der Marktmacht des Herstellers. Im Resultat steigt damit auch der Verkaufspreis des
Händlers. Sowohl auf der Hersteller- als auch auf der Handelsebene wächst jedoch auch
der Nettowohlfahrtsverlust mit dem Ausmaß der Marktmacht. Mit einer Fusion von Händler und Hersteller löst sich das Problem insofern, dass Marktmacht nur noch auf der Han-
delsstufe zum Tragen kommt, da die Herstellungskosten unternehmensintern verrechnet
werden. Das neue Unternehmen maximiert den Gewinn über beide vertikale Stufen. Hinzu
kommt, dass neben der Marginalisierung auf der Herstellerebene auch Transaktionskosten
wegfallen und damit weitere Kostensenkungen realisiert werden können.

Letztendlich muss auch im Fall der vertikalen Integration – wie bei fast allen möglichen
Wettbewerbsbeschränkungen – abgewogen werden, inwiefern die positiven oder negativen
Effekte überwiegen und es zu einer Reduktion der Wohlfahrt kommt oder nicht.

4.6.3   Medienspezifische Regelungen

Auch in der Fusionskontrolle gibt es eine Besonderheit bezüglich der Bewertung von Fusionen von Medienunternehmen (vgl. §38 GWB). So werden die Umsatzerlöse, die zur Feststellung der Anwendbarkeit der Fusionskontrolle herangezogen werden, mit dem Faktor acht multipliziert, wenn es sich bei den Unternehmen um Verlage handelt. Die Umsatzerlöse von Unternehmen, die Zeitungen und Zeitschriften herstellen oder vertreiben sowie von Unternehmen, die Rundfunkprogramme veranstalten oder Rundfunkwerbezeiten absetzen, werden mit dem Faktor zwanzig angesetzt. Auf diese Weise unterliegen die betroffenen Medienunternehmen deutlich eher der Zusammenschlusskontrolle als alle anderen Unternehmen.

Teil III
Theorie der Medienökonomik

5.1 Einführung

Einkaufszentren, Strombörsen, Immobilienmakler, Partnervermittler, Reisevermittler, viele Internetplattformen, Zeitungen und auch TV-Sender haben eine wesentliche Gemeinsamkeit: Sie alle sind sogenannte zwei- oder mehrseitige Plattformen, die mindestens zwei unterschiedliche, aber über Netzeffekte miteinander verbundene Märkte bedienen. Die Märkte, in denen sie tätig sind, werden dementsprechend als zweiseitige oder auch mehrseitige Märkte (engl. two-sided) bezeichnet.[1] Zeitungsmärkte etwa, mit der Interdependenz zwischen Leser- und Anzeigenmarkt, sind ebenso wie Rundfunk- oder Internetmärkte typische Anwendungsbereiche (vgl. Tab. 5.1).[2] Ihren Ursprung hat die modelltheoretische Literatur zu zweiseitigen Märkten aber in der Analyse von Kreditkartenmärkten (vgl. Rochet und Tirole 2003a). Erst später wurde das Konzept auf andere Märkte und Industrien übertragen.

Die Grundkonzept der *zweiseitigen Märkte* (im Folgenden auch 2SM) ist schon seit vielen Jahrzehnten bekannt und wurde ebenso in einigen ökonomischen Arbeiten, insbesondere zu Medienmärkten, thematisiert (vgl. z.B. Corden 1952; Gustafsson 1978; Blair

---

[1]Verallgemeinert spricht man von *multi-sided markets*. Es müssen mindestens zwei Märkte oder Marktseiten vorhanden sein, damit ein zweiseitiger Markt existiert; die Theorie ist aber ebenso auf drei oder mehr beteiligte Märkte anwendbar. Zum Verständnis und zur Analyse ist es allerdings ausreichend zwei Märkte zu betrachten.

[2]Der Begriff „zweiseitige Märkte" ist jedoch leider etwas unglücklich gewählt, da irreführend. Wörtlich genommen könnte jeder Markt als zweiseitig bezeichnet werden, da in jedem Fall zwei Seiten existieren müssen, damit überhaupt ein Markt existiert: die Nachfrage- und die Angebotsseite. „Zweiseitige Märkte" lassen sich aber vor allem durch „indirekte Netzwerkeffekte" (bzw. Netzwerkexternalitäten) beschreiben. Diese sind letztendlich grundlegend für die Existenz dieser Märkte. Wir werden im Folgenden jedoch die Begriffe zweiseitige Märkte als auch zweiseitige Plattformen benutzen.

© Springer Fachmedien Wiesbaden 2015
R. Dewenter, J. Rösch, *Einführung in die neue Ökonomie der Medienmärkte*,
DOI 10.1007/978-3-658-04736-8_5

Tab. 5.1 Beispiele für zweiseitige Märkte

Plattform	Markt I	Markt II	Beispiele
Börsen			
Wertpapierbörse	Käufer	Verkäufer	Euronext, NYSE, London Stock Exchange
Rohstoffbörsen	Käufer	Verkäufer	NYMEX, CBOT, LME
Strombörse	Käufer	Verkäufer	Amsterdam Power Exchange, EPEX, IPEX
Computer Software/Hardware			
Videospiele	Konsumenten	Software-Entwickler	Playstation, Xbox, Wii
Textverarbeitung	Leser	Verfasser	Word, WordPerfect, LaTeX
Betriebssysteme	Nutzer	Anwendungs-Entwickler	DOS, Windows, MacOS, Linux, iOS, Android
Medien			
Printmedien	Leser	Anzeigenkunden	Zeitung, Zeitschrift, Anzeigenblatt
Rundfunk	Rezipienten	Werbekunden	Fernsehen, Radio
Internetportale	Nutzer	Werbekunden	FAZ.NET, Spiegel-Online, SZ-Online
Zahlungssysteme			
Kartenzahlungssysteme	Kartenhalter	Einzelhandel	Kredit-, Debit-, Bonuskarten
Online-Zahlungssysteme	Nutzer	Internetportale	Amazon Payments, Paypal
Makler			
Kaufimmobilien	Käufer	Verkäufer	Häuser, Wohnungen, Gewerbeimmobilien
Mietimmobilien	Mieter	Vermieter	Häuser, Wohnungen, Gewerbeimmobilien
Versicherungsmakler	Versicherungsnehmer	Versicherungsgeber	AON, Funk

Tab. 5.1 (*Fortsetzung*)

Plattform	Markt I	Markt II	Beispiele
Vermittler			
Partnervermittler	Männer	Frauen	Parship, ElitePartner, be2
Reisevermittler	Reisende	Fluglinien, Hotels, Veranstalter	Expedia, Opodo, HRS
Sonstige			
Einkaufszentren	Kunden	Pächter der Ladengeschäfte	Malls, Bahnhöfe
Mobile Marketing	Mobilfunkkunden	Werbekunden	Mobilfunkbetreiber
(Online) Auktionshäuser	Käufer	Verkäufer	Ebay, Hood, auvito
Sportvereine	Zuschauer	Werbekunden	FC Schalke 04, FC Bayern München
Nachtclubs	Männer	Frauen	div. lokale Einrichtungen
Flughäfen (I)	Fluggäste	Fluglinien	FFM
Flughäfen (II)	Fluggäste	Pächter der Ladengeschäfte	
Cloud Computing	Nachfrager von Rechenkapazität	Anbieter von Rechenkapazität	Amazon, Apple, Intel

und Romano 1993). Umfassende und allgemeingültige Analysen sind aber überraschenderweise erst in den letzten etwa zehn Jahren entstanden, beginnend mit den Arbeiten von Rochet und Tirole (2003a) oder Armstrong (2006).[3] Ökonomen beschäftigen sich demnach schon lange mit diesem Phänomen, ohne es jedoch systematisch umrissen zu haben. Unternehmen wie Zeitungs- oder Zeitschriftenverlage wissen ebenfalls schon lange um die relevanten Faktoren und handeln entsprechend, konnten dabei jedoch lange Zeit nicht auf entsprechende umfassende Theorien zurückgreifen. Die Theorie der zweiseitigen Märkte bietet nun ein Gerüst zur Analyse von Märkten mit indirekten Netzeffekten und damit eine Möglichkeit, bekannte Ideen und Konzepte theoretisch zu fundieren und auszubauen. Bedingt durch die Digitalisierung und die Konvergenz der Medien sowie der damit verbundenen Notwendigkeit der Neustrukturierung der Geschäftsmodelle rückt auch die Zweiseitigkeit der Plattformen verstärkt in den Vordergrund. Medienunternehmen sind heute umso mehr auf die Finanzierung durch Werbung oder andere Finanzierungsformen angewiesen. Mehr denn je stehen damit die Verbindung zwischen Rezipienten und Werbekunden bzw. die Bildung von Netzwerken im Mittelpunkt der unternehmerischen Tätigkeit.

5.2   Indirekte Netzeffekte als wesentliche Determinanten

Die herausragende Besonderheit zweiseitiger Märkte ist die Existenz von *indirekten Netzeffekten*. Bei indirekten Netzeffekten profitieren die Teilnehmer eines Netzwerkes nur indirekt von der Größe ihres eigenen Netzwerks. Sie profitieren in erster Linie von der Größe eines zweiten, verbundenen Netzwerks. Steigt die Anzahl der Teilnehmer des verbundenen Netzwerks, steigt auch der Nutzen der Teilnehmer des ersten Netzwerks.[4] Profitiert das zweite Netzwerk ebenfalls von der Größe des ersten, liegen zweiseitige indirekte Netzeffekte vor. Die Teilnehmer des ersten Netzwerks profitieren dabei indirekt von der Größe ihres eigenen Netzwerks, da sich dadurch das zweite vergrößert, was wiederum in einem höheren Nutzen für die Teilnehmer des ersten Netzwerks resultiert.[5]

Abbildung 5.1 zeigt, dass Markt 1 und Markt 2 eines zweiseitigen Marktes über indirekte Netzeffekte miteinander verbunden sind. Der Nutzen der Teilnehmer von Markt 1 hängt von der Größe des Marktes 2 ab. Je mehr Teilnehmer sich für Markt 2 entscheiden, desto größer ist der Nutzen der Teilnehmer des ersten Marktes. Umgekehrt gilt das Gleiche: Die Teilnehmer von Markt 2 profitieren von einer größeren Anzahl an Teilnehmern auf Markt 1. Der zweiseitige Markt entsteht durch die Verbindung der beiden Märkte (bzw. Kundengruppen) durch die zweiseitige Plattform.

---

[3]Frühe Arbeiten, die das Thema allgemein oder anhand von bestimmten Märkten adressieren, finden sich u.a. auch bei Rochet und Tirole (2002), Caillaud und Jullien (2003), Evans (2003) oder Wright (2003).

[4]Die Verwendung des Begriffs Netzwerk bezieht sich hierbei nicht darauf, dass tatsächlich ein solches vorhanden ist. Vielmehr ist der Begriff durch die Existenz der indirekten Netzeffekte begründet. Es besteht eher ein virtuelles Netzwerk von Nutzern eines Dienstes oder Käufern eines Produkts.

[5]Zu (indirekten) Netzeffekten vgl. z.B. Katz und Shapiro (1994).

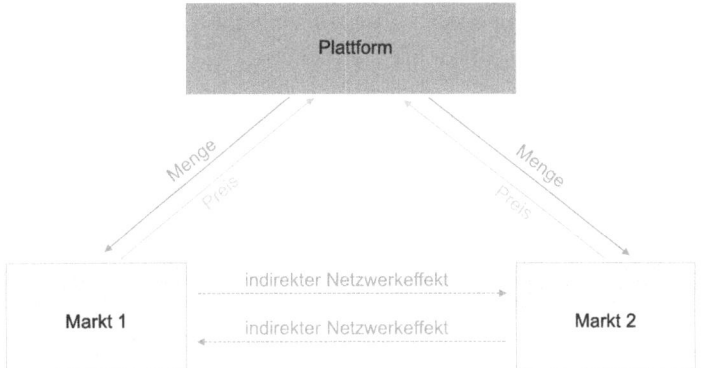

Abb. 5.1 Beispiel einer zweiseitigen Plattform

Besucht ein männlicher Single zum Beispiel eine Single-Bar, hängt sein Nutzen nicht nur von der Bar, dem Eintrittspreis und den angebotenen Getränken ab, sondern auch davon, wie viele (Single-)Frauen in die Bar kommen. Je mehr Frauen die Bar besuchen, desto interessanter wird die Bar für Männer und umso mehr Männer besuchen diese. Umgekehrt steigt dadurch auch der Nutzen der weiblichen Singles, die an Männern interessiert sind. Die Bar bedient also zwei verschiedene Kundengruppen: Männer und Frauen. Frauen profitieren von einer höheren Anzahl an Männern und damit nur indirekt von der Anzahl der Frauen – da mit einer steigenden Zahl an Single-Frauen auch mehr Single-Männer die Bar aufsuchen. Es liegen demnach zweiseitige positive Netzeffekte vor. Die Bar internalisiert als zweiseitige Plattform diese Netzeffekte und bringt die beiden Kundengruppen zusammen.

Die Kundengruppen können sich aber ebenso negativ beeinflussen. Ein Fernsehsender bietet seine Inhalte Zuschauern an und verkauft gleichzeitig Werbefläche an Unternehmen. Werbetreibende sind daran interessiert, möglichst viele Zuschauer zu erreichen; Fernsehzuschauer sind dagegen wenig an der Unterbrechung des Programms interessiert. In diesem Fall liegt nur ein einseitig positiver indirekter Netzeffekt (vom Fernsehzuschauer zu den Werbetreibenden) vor. Die Werbetreibenden üben aber einen negativen indirekten Netzwerkeffekt auf die Zuschauer aus. Dennoch sind die beiden Kundengruppen (Zuschauer und Werbetreibende) über indirekte Netzeffekte miteinander verbunden. Zwischen den Gruppen liegen (positive und negative) Externalitäten vor, die vom Fernsehsender berücksichtigt (internalisiert) werden.

▶ Indirekte Netzeffekte sind die wesentlichen Determinanten zweiseitiger Plattformen.

Die beiden „Marktseiten" in zweiseitigen Märkten entsprechen also nicht der Angebots- und Nachfrageseite eines Marktes, sondern sind zwei unterschiedliche Gruppen von Nachfragern bzw. Anbietern, die eigenständige, aber interdependente Märkte begründen. Aus diesem Grund wird im Folgenden in der Regel auch von Märkten oder Netzwerken gesprochen. Teilweise werden wir aber auch den Begriff der Marktseiten verwenden. Ebenso wird der Begriff der Plattformen („2SP", „two-sided platform") eingeführt und stellvertretend für Unternehmen in zweiseitigen Märkten benutzt. Das entsprechende *Angebot* bzw. die *Nachfrage* eines Marktes wird typischerweise durch das *Angebot* oder die *Nachfrage* des jeweils anderen Marktes determiniert.

Kreditkartenmärkte sind ebenfalls typische zweiseitige Märkte. Einer der beiden Märkte umfasst alle Kreditkarteninhaber, der andere Markt alle Geschäfte, die diese Kreditkarte akzeptieren. Die Plattform, die die beiden Kundengruppen verbindet ist das Kreditkartenunternehmen. Je mehr Geschäfte eine bestimmte Kreditkarte akzeptieren (z.B. *MasterCard*), desto wertvoller ist es für einen Konsumenten, eine solche zu besitzen. Es gibt also ein Netzwerk der Kreditkartennutzer und eines der Geschäfte, welche die Kreditkarten akzeptiert. Je größer die Nachfrage nach Kreditkarten ist, desto größer ist auch die Nachfrage nach der Dienstleistung „Zahlung per Kreditkarte". Die Nachfrage nach Kreditkarten wird zum Teil durch die Anzahl der Geschäfte begründet, welche die Kreditkarte im täglichen Zahlungsverkehr akzeptieren. Händler fragen den Service des Kreditkartenunternehmens nur dann nach, wenn auch genügend Kunden daran interessiert sind, mit dieser Kreditkarte zu zahlen. Die Nachfrage des Kreditkartenmarktes wird also durch das Angebot an Geschäften, die diese Kreditkarte anbieten, bestimmt. Die Nachfrage nach der Nutzung des Bezahlsystems Kreditkarte, wird jedoch durch die Nachfrage nach der Kreditkarte selbst.

Auch auf anderen Märkten tauchen indirekte Netzeffekte in dieser Weise auf: Immobilienmakler sind dann erfolgreich und erfreuen sich einer hohen Nachfrage an Käufern und Mietern, wenn sie über ein großes Angebot verfügen. Dieses Angebot können sie aber nur dann aufbauen, wenn sich auch viele Käufer bzw. Mieter an sie wenden. Auch wissenschaftliche Zeitschriften sind ein Beispiel für zweiseitige Märkte (vgl. Haucap, Hartwich und Uhde 2005). Je größer der Anteil interessanter Artikel ist, desto mehr Leser werden sich einer Zeitschrift widmen. Die Autoren sind aber vor allem daran interessiert, dass die Zeitschrift ein hohes Renommee hat und eine große Leserschaft aufweisen kann. Die Unternehmen, die zwischen den Märkten bzw. Netzwerken oder Gruppen vermitteln, wie der Immobilienmarker, die wissenschaftliche Zeitschrift oder Zeitung und Kreditkartenunternehmen, agieren als zweiseitige Plattformen als Intermediär zwischen den Gruppen.

Es ist jedoch nicht notwendig, dass es sich bei den Netzwerken um zwei *Nachfrage*gruppen handelt. Eine Seite des Marktes kann auch durch eine Gruppe von Anbietern gebildet werden. So bieten etwa die Entwickler von Software ihre Produkte dem Intermediär (z.B. dem Hersteller einer Videospielkonsole) oder direkt den Nachfragern (den Konsumenten) an. Der Software-Entwickler könnte auch die notwendige Lizenz oder Know-how nachfragen, dann würde auch er – allerdings in anderer Form – als Nachfrager auftreten.

Für die Existenz zweiseitiger Märkte ist es wesentlich, dass es sich bei den Gruppen tatsächlich um unterschiedliche Netzwerke handelt. Würde es sich jeweils um die gleiche Nachfragergruppe handeln, würden zwar Komplementarität, jedoch keine zweiseitigen Märkte vorliegen. So gilt das Beispiel der Single-Bars als zweiseitige Märkte nur für heterosexuelle Single-Bars. Richtet sich das Angebot beispielsweise nur an Männer wächst der

Nutzen der Männer, mit der Anzahl der Männer, die die Bar besuchen. Es liegen also *direkte* Netzeffekte vor. Die Besucher sind alle Teilnehmer der gleichen Kundengruppe und verfolgen die gleiche Absicht. Anders ist es bei der heterosexuellen Single-Bar, hier bestehen zwei unterschiedliche Gruppen. Dabei kann es zwischen den Gruppen durchaus auch zu Überschneidungen kommen. *eBay*-Verkäufer zum Beispiel können gleichzeitig auch als Käufer auftreten, können also Teil beider Netzwerke sein – allerdings dann jeweils mit unterschiedlicher Absicht bzw. auf eine andere Transaktion bezogen. Entscheidend ist also die Absicht bzw. die Funktion der Teilnehmer der Netzwerke bei einer bestimmten Transaktion. Sie können sich entweder grundsätzlich unterscheiden, so wie im Beispiel der Single-Bars oder nur für auf die jeweilige Transaktion gelten, wie im *eBay*-Fall (vgl. auch Evans und Schmalensee 2007).

Eine maßgebliche Eigenschaft der genannten zweiseitigen Plattformen ist die Tatsache, dass diese zwischen verschiedenen Netzwerken vermittelt. Den Netzwerken wird eine Plattform zur Verfügung gestellt, die sie in irgendeiner Form nutzen, um damit einfacher und effizienter in Kontakt zu kommen und zu interagieren. Die Transaktionskosten, die beide Gruppen dabei aufbringen müssen, werden durch die Plattformen also erheblich reduziert. Es lassen sich damit vor allem und in erster Linie Transaktionskostenersparnisse durch die Nutzung zweiseitiger Plattformen realisieren. Die Plattform internalisiert die Verbindung zwischen den beiden Gruppen. Sie verbindet die Gruppen durch ihre Preissetzung und ermöglicht so, die Transaktion günstiger oder überhaupt durchzuführen.

▶ Zweiseitige Plattformen haben vor allem eine Reduktion von Transaktionskosten zur Folge.

Eine Folge von zweiseitigen Märkten ist die Tatsache, dass das sogenannte Coase-Theorem (Coase 1960) keine Anwendung findet (vgl. z.B. Evans und Schmalensee 2013). Die Externalitäten zwischen den beiden Kundengruppen können nicht ohne Weiteres durch Verhandlung internalisiert werden. Das Coase-Theorem setzt voraus, dass keine oder nur sehr geringe Transaktionskosten vorliegen. Partnerschaften entstehen natürlich nicht ausschließlich über Partnerbörsen oder in Single-Bars. Partner können sich auch ganz ohne das Zutun einer zweiseitigen Plattform finden. Ist jemand aber aktiv auf der Suche nach einem Partner, kann eine zweiseitige Plattform die Transaktionskosten deutlich senken. Es werden gezielt interessierte Frauen und Männer zusammengeführt. Transaktionskosten in Form von Suchkosten sinken damit unter Umständen massiv. Ebenso finden Geschäfte auch ohne Werbeanzeigen Kunden oder können Werbung anhand von Wurfsendungen oder Handzetteln betreiben. Wenn Unternehmen aber ihre Kundenbasis ausweiten wollen, sind Werbeanzeigen in Zeitungen oder im Fernsehen besser geeignet als die persönliche Ansprache potenzieller Käufer. *eBay* bietet Verkäufern ebenfalls den Zugang zu einer größeren Masse an Käufern, die Suche nach einem Käufer ohne eine solche Plattform wäre deutlich aufwendiger.

Abbildung 5.2 fasst die notwendigen Bedingungen für das Vorliegen eines zweiseitigen Marktes zusammen.

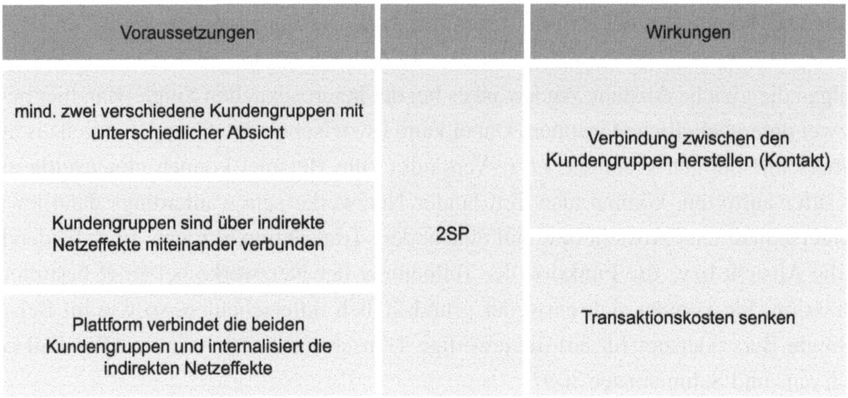

Voraussetzungen		Wirkungen
mind. zwei verschiedene Kundengruppen mit unterschiedlicher Absicht		Verbindung zwischen den Kundengruppen herstellen (Kontakt)
Kundengruppen sind über indirekte Netzeffekte miteinander verbunden	2SP	
Plattform verbindet die beiden Kundengruppen und internalisiert die indirekten Netzeffekte		Transaktionskosten senken

Abb. 5.2 Voraussetzungen und Wirkungen zweiseitiger Plattformen

Abgrenzung von zweiseitigen Plattformen Die Effekte zwischen den Netzwerken eines zweiseitigen Marktes können ebenso als Komplementaritäten bezeichnet werden. Der Markt der Kreditkartennutzer ist komplementär zu dem der Händler, welche die Kreditkarten akzeptieren. Dennoch handelt es sich beim Kreditkartenunternehmen nicht um ein gewöhnliches Mehrproduktunternehmen, welches komplementäre (oder substitutionale) Produkte anbietet. Zwar wählt der Mehrproduktmonopolist seine Preise bzw. Mengen auch unter Berücksichtigung der Beziehungen der Produkte zueinander. Im Fokus steht dabei aber der Preis der verbundenen Produkte und nicht die Netzwerkgröße. Ebenso ist die Gruppe der Käufer von Substituten und Komplementen tatsächlich oder zumindest potenziell identisch. In zweiseitigen Märkten handelt es sich jedoch um *unterschiedliche* Gruppen von Anbietern oder Nachfragern.

Bei komplementären Produkten ist die Nachfrage nach dem einen Produkt positiv mit dem Preis des anderen Produkts korreliert. Sinkt der Preis für Rasierklingen, hat das einen positiven Einfluss auf die Nachfrage nach Rasierern. Vor allem wird das Produkt aber in allen Fällen immer an dieselbe Gruppe von Nutzern verkauft: Sowohl die Klingen als auch der Rasierer selbst werden von derselben Gruppe nachgefragt, da anders das Produkt nicht nutzbar ist. Ähnliches gilt für Drucker und Druckertoner, *Blu-Ray*-Player und *Blu-Ray-Disks*, Autos und Treibstoffe oder auch Computer-Hardware und -Software. Bei Substituten dagegen hängt die Nachfrage des einen Produkts negativ von dem Preis des anderen Produkts ab. Steigt der Preis von *Coca Cola*, würden einige Konsumenten zu *Pepsi Cola* wechseln. Werden die Smartphones von *Apple* teurer wechseln einige Nutzer zu den Produkten von *Samsung*, *HTC* oder anderen Herstellern.

Mehrproduktmonopolisten stellen aber nicht notwendigerweise eine zweiseitige Plattform dar. Sie berücksichtigen zwar die Beziehung zwischen den Produkten, diese beruht aber auf einer Abhängigkeit der Nachfrage des einen Produkts, von dem Preis des jeweils anderen Produkts. Netzeffekte liegen in dem Fall nicht vor. Reine Mehrproduktmonopolisten, die ausschließlich Substitute, Komplemente oder unabhängige Produkte anbieten, sind dann auch keine zweiseitigen Plattformen.

5.3 Besonderheiten zweiseitiger Märkte und Plattformen

5.3.1 Chicken–Egg-Problem und Preisstruktur

In der Anfangsphase ist es für eine zweiseitige Plattform wichtig, beide Netzwerke „an Bord" zu bekommen. Sie muss die Gunst des ersten Marktes gewinnen, um für den zweiten Markt interessant zu sein, kann auf dem ersten Markt aber nur dann erfolgreich sein, wenn sie auch auf dem zweiten Markt erfolgreich ist. Zweiseitige Plattformen stehen vor einem Henne–Ei Problem (zum Chicken–Egg Problem vgl. Caillaud und Jullien 2003; Jullien 2011). Dieses kann gelöst werden, indem einer der beiden Märkte „subventioniert" wird. Auf diesem Markt werden z.B. durch ein besonders günstiges Angebot Konsumenten gewonnen, die wiederum Konsumenten auf dem jeweils anderen Markt anlocken. In der Realität lässt sich deshalb häufig beobachten, dass ein Markt einen sehr geringen Preis oder ein Preis von null bezahlt, während der andere Preis relativ hoch erscheint. Für die zweiseitige Plattform kann es sogar gewinnoptimal sein, auf einem der beiden Märkte Verluste hinzunehmen, dafür aber auf dem anderen Markt einen umso größeren Gewinn zu realisieren.

Zeitungen und Nachrichtenmagazine bieten ihr Produkt Lesern häufig zum Grenzkostenpreis oder auch darunter an (Kaiser und Wright 2006). Dadurch kaufen und lesen mehr Konsumenten die Zeitung und diese wird damit attraktiver für Werbekunden. Die Zeitung nimmt also Verluste auf dem Lesermarkt in Kauf, wird aber dadurch interessanter für den Werbemarkt und kann so einen höheren Werbepreis durchsetzen. Der Verlust oder Gewinnrückgang auf dem ersten Markt wird so durch die höheren Gewinne auf dem zweiten Markt überkompensiert. Durch die Preissetzung kann die Plattform die Netzeffekte internalisieren. Die Plattform subventioniert den Markt, von dem die größeren indirekten Netzeffekte ausgehen und erhöht dafür den Preis auf dem Markt, von dem die geringeren Netzeffekte ausgehen.

Die Gewinne auf den beiden Märkten können daher nicht unabhängig voneinander betrachtet werden. Der höhere Gewinn auf dem nicht subventionierten Markt kann nur durch eine Subventionierung des anderen Marktes realisiert werden. Dieser höhere Gewinn kann dagegen nur durch die Preissetzung auf dem ersten Markt zustande kommen. Der Gesamtgewinn ist damit das Ergebnis des abgestimmten Verhaltens der Plattform auf beiden Märkten: durch die asymmetrische Preissetzung werden die indirekten Netzeffekte internalisiert.

In Medienmärkten profitieren häufig Werbetreibende stärker von Nutzern (den Lesern oder Zuschauer) der Plattform als umgekehrt. Aus diesem Grund lassen sich oft günstige oder sogar kostenlose Angebote für Rezipienten beobachten. Konsumenten von Fernseh- oder Radioprogrammen entrichten oftmals keinen monetären Preis für die Inhalte. Allerdings zahlen sie mit ihrer Aufmerksamkeit für die an die Inhalte gekoppelte Werbung.[6] Die

---

[6]Dies hat natürlich oftmals auch regulatorische Gründe, ändert aber nichts an der Tatsache, dass häufig kein Anreiz bestehen würde, einen positiven Preis zu verlangen.

Plattform erwirbt die Aufmerksamkeit der Konsumenten und verkauft diese an Werbekunden weiter. Das Chicken–Egg-Problem löst die Plattform dadurch, dass sie Rezipienten mit günstigen Preisen anlockt und dafür höhere Werbepreise verlangt. Wichtig dabei ist, von welchem Markt die größeren relativen Netzeffekte ausgehen: Dieser Markt wird typischerweise subventioniert. Der andere Markt, der stärker von der Verbindung profitiert, muss einen höheren Preis zahlen.[7]

▶ Preise in zweiseitigen Märkten werden durch die Stärke und Verhältnis der Netzeffekte bestimmt.

5.3.2 Preisarten

Zweiseitige Plattformen können entweder eine *membership fee* oder eine *usage fee* berechnen oder auch beide Formen gleichzeitig verwenden. Zahlt der Konsument einen membership fee, muss er eine Art Aufnahme- oder Teilnahmegebühr bezahlen und kann dann die Plattform uneingeschränkt nutzen sowie mit dem anderen Netzwerk interagieren. Bei einer *usage fee* dagegen wird jede Transaktion mit dem anderen Netzwerk einzeln bepreist, dafür ist die Nutzung ohne Transaktion kostenlos. Auf *eBay* können Käufer und Verkäufer z.B. teilweise kostenlos miteinander agieren. Erst, wenn das Geschäft zustande kommt, muss eine Gebühr bezahlt werden – es handelt sich also um eine nutzungsabhängige Gebühr, eine *usage fee*. Auch bei Immobilienmaklern muss erst dann ein Preis entrichtet werden, wenn tatsächlich eine Transaktion zwischen den beiden Netzwerken (Vermieter und Mieter) zustande kommt. In Single-Bars und Dating-Plattformen ist es dagegen nur schwer möglich, das „erfolgreiche Geschäft" zu bepreisen. Hier müssen Konsumenten typischerweise Eintritt oder eine fixe Gebühr entrichten und können dann mit dem anderen Netzwerk interagieren. Auf dem Werbemarkt kann man beides beobachten: Bei Printmedien zahlen Werbekunden einen festen Betrag in Abhängigkeit der Reichweite und des Zielpublikums, unabhängig davon, ob die Konsumenten die Werbung tatsächlich wahrnehmen oder das Produkt kaufen.[8] Internet-Plattformen wenden dagegen oftmals andere Formen der Bepreisung an. Es ist hierbei durchaus üblich, dass nur dann ein Preis für die geschaltete Werbung gezahlt werden muss, wenn ein Nutzer auf den Werbebanner klickt – also dann, wenn ein Nutzer, auf die Seite des Werbekunden weitergeleitet wird oder auch erst dann, wenn tatsächlich ein Kauf zustande kommt. Die Wahl zwischen *membership* bzw. *usage fee* oder einer Kombination aus beiden, hängt somit davon ab, ob die Transaktion zwischen den Marktseiten beobachtet werden kann.

---

[7]Tatsächlich ist das Verhältnis der Netzeffekte ausschlaggebend. Allerdings spielen auch andere Faktoren wie die Marktgröße und die Preiselastizität der Nachfrage eine Rolle bei der Entscheidung, ob und wie stark eine Seite subventioniert werden soll.

[8]Unabhängig bedeutet in diesem Fall, dass es nicht nachvollziehbar ist, welcher Konsument tatsächlich die Werbung konsumiert hat und daraufhin das Produkt gekauft hat oder darauf aufmerksam wurde.

Bei indirekten Netzeffekten kann man ebenso zwischen *membership* und *usage* externalities unterscheiden. Entsteht der Nutzen alleine daraus, dass die andere Kundengruppe ebenfalls die gleiche Plattform nutzt, spricht man von einer Teilnehmerexternalität oder *membership externality*. Entsteht der Nutzen der Teilnehmer aber erst durch die tatsächliche Transaktion, handelt es sich um eine *usage externality* (vgl. Evans und Schmalensee 2013). Wieder ist die Trennung der beiden Externalitäten nicht in jedem Fall eindeutig möglich. Die Bepreisung kann dieser Einteilung der Effekte folgen, wenn zum Beispiel Transaktionen beobachtbar sind.

5.3.3 Multihoming

Insbesondere Werbe- und einige Rezipientenmärkte sind durch Multihoming gekennzeichnet (vgl. Armstrong 2006; Rosen 2007; Roson 2005; Reisinger, Ressner und Schmidtke 2009). Multihoming liegt dann vor, wenn die Teilnehmer zumindest eines Marktes nicht nur auf einer, sondern auf mehreren konkurrierenden Plattformen agieren. Unternehmen werben häufig nicht nur in einer Zeitung, sondern fragen Anzeigeflächen in mehreren (Print-)Medien nach. Vor allem in sog. Mehr-Zeitungskreisen und bei überregionalen Tageszeitungen sowie bei Zeitschriften ist dies der oftmals Fall. Aber auch Werbekunden von Fernseh- und Rundfunkanstalten fragen Werbeplätze bei verschiedenen Sendern und Medien nach. Auf diese Weise kann die Reichweite der Werbung erhöht werden, wenn es kaum eine Überschneidung der Leserschaft bzw. des Publikums konkurrierender Werbeplattformen gibt. Dies setzt voraus, dass das Publikum seinerseits nur sehr begrenzt oder gar kein Multihoming betreibt.[9] Bei regionalen und überregionalen Tageszeitungen dürfte dies für einen Großteil der Leserschaft der Fall sein, ebenso in vielen Magazinmärkten (wie z.B. bei TV-Programmzeitschriften oder Nachrichtenmagazinen).

Auf Rezipientenmärkten ist Multihoming ebenfalls anzutreffen. Beispiele dafür sind etwa der Konsum von konkurrierenden Publikumszeitschriften oder Fernsehprogrammen bei verschiedenen Sendern. Bei Fernsehsendern allerdings ist Multihoming im engeren Sinne nicht möglich, da jeder Zuschauer zu einem Zeitpunkt nur eine Sendung konsumieren kann. Allerdings können z.B. zeitversetzt verschiedene Sendungen (z.B. Nachrichten) auf verschiedenen Sendern angesehen werden bzw. durch Zapping nahezu zeitgleich. Ebenso findet Multihoming typischerweise auf Rezipientenmärkten von Content-Providern statt. Leser nutzen nicht nur eine Informationsquelle im Netz, sondern verschiedene mehr oder weniger parallel. Andere Medien wiederum werden von Konsumenten selten bis gar nicht zum Multihoming genutzt. So ist Multihoming bei Lesern von regionalen Tageszeitungen und bei den Nutzern von Betriebssystemen, Internetzugängen oder Telefonnetzen eher selten anzutreffen. Werden Inhalte umsonst über das Internet angeboten, kommt es hingegen leichter zu Multihoming.

---

[9] Aber auch wenn Überschneidungen existieren, ist oftmals ein Mehrfachkontakt mit den Rezipienten durchaus erwünscht. In dem Fall wäre es also aus Sicht der Werbekunden begrüßenswert, wenn auch die Rezipienten Multihoming betreiben würden.

Die Tatsache, ob Multihoming vorliegt, ist oftmals relevant zur Beurteilung der wettbewerblichen Situation. Es stellt eine Möglichkeit für die Nutzer dar, auf andere Plattformen und Produkte auszuweichen: Die Nachfrage wird dadurch elastischer. Durch Multihoming erhöht sich die Anzahl der vorhandenen Alternativen und der (Preis-)Wettbewerb zwischen den Plattformen wird intensiviert (Evans 2003). Auch können Plattformen die Möglichkeit dazu bewusst beeinflussen: Je höher der Preis ist, den die Nutzer einer Plattform zahlen, desto geringer ist die Wahrscheinlichkeit für Multihoming. Multihoming kann aber ebenso durch Ausschließlichkeitsbindungen verhindert werden. Ein Hersteller von Spielkonsolen könnte Spieleprogrammierer verpflichten, das Spiel nur für eine Plattform zu programmieren. Hersteller von Smartphones könnten Programmierer von Applikationen dazu verpflichten, ihre Produkte nur für ein bestimmtes Betriebssystem anzubieten.

▶ Multihoming führt zu einer Intensivierung des Wettbewerbs zwischen den Plattformen.

Darüber hinaus ist entscheidend, auf welchem Markt Multihoming betrieben wird. Preise werden tendenziell steigen, wenn ein Markt nicht in der Lage ist, Multihoming zu betreiben (Rochet und Tirole 2006). Betreibt nur einer der beiden Märkte Multihoming, der andere aber nicht, kann letzterer einen *competitive bottleneck* darstellen (Armstrong 2006). Die Plattformen konkurrieren dann unter Umständen sehr stark darum, diesen Markt für sich zu gewinnen, wodurch der Preis für die Konsumenten dann auch sinkt. Für die Plattform ist es also wichtig auf dem Markt ohne Multihoming eine starke Stellung zu erreichen. So kann der Gewinn insgesamt gesteigert werden.

5.3.4 Asymmetrische Marktstrukturen

Die Marktstruktur auf den beiden Märkten kann sich unterscheiden. Es ist denkbar, dass eine Plattform auf einem Markt ein Monopol innehat, auf dem anderen Markt aber im Wettbewerb steht. Eine monopolistische Lokalzeitung besitzt – definitionsgemäß – ein Monopol über ihre Leserschaft. Werbekunden können die Leser aber unter Umständen auch über Werbung in einem lokalen Fernseh- oder Radiosender oder über ein Anzeigenblatt erreichen. Genauso konkurrieren Inhalteanbieter im Internet nicht direkt auf dem Nutzermarkt (z.B. eine Suchmaschine und ein soziales Netzwerk), können jedoch durchaus auf dem Werbemarkt zueinander in Konkurrenz stehen. Diese asymmetrische Marktstruktur hat Auswirkungen auf das Verhalten der Plattform und damit auf die Mengen und Preise auf den betreffenden Märkten. Vor allem für die Marktabgrenzung ist es aber entscheidend, die asymmetrischen Wettbewerbsbeziehungen zu kennen und zu analysieren. Dabei darf wiederum nicht das Verhalten oder das Ergebnis auf einem Markt unabhängig von der Gegebenheit auf dem zweiten verbundenen Markt gesehen werden (siehe z.B. auch Filistrucchi, Geradin, Van Damme und Affeldt 2014; Ambrus und Argenziano 2009).

5.3.5 Marktgrößen- und Sortierungsexternalitäten

Für Marktteilnehmer ist nicht unbedingt nur die Größe des anderen Marktes entscheidend, auch die Zusammensetzung kann relevant sein. Man unterscheidet zwischen *Marktgrößenexternalitäten* und *Sortierungsexternalitäten*. Bei Marktgrößenexternalitäten wirkt sich allein die *Größe* des einen Marktes auf den Nutzen der Marktteilnehmer des anderen Marktes aus. Je größer das Netzwerk z.B. in Markt 1, desto größer ist der Nutzen der Teilnehmer in Markt 2 und umgekehrt. Die Externalitäten entstehen also rein aus der Anzahl der Teilnehmer. Liegen dagegen Sortierungsexternalitäten vor, ist für die Teilnehmer des einen Marktes auch die *Zusammensetzung* der Teilnehmer des anderen Marktes von Bedeutung. Weniger die Quantität als die Qualität oder die Zielgruppe des anderen Marktes sind dann entscheidend.

Zwischen den beiden Externalitäten kann es Überschneidungen geben: Werbekunden sind zunächst an einer möglichst großen Anzahl an Lesern interessiert. Allerdings muss die Leserschaft einer Zeitung auch mit der Zielgruppe des beworbenen Produkts übereinstimmen. Auch für Partnerbörsen ist häufig nicht nur die reine Menge an Singles relevant, sondern auch die Zusammensetzung. Für Geschäfte in Einkaufszentren zählt zwar generell die Zahl der Besucher, je nach Art des Geschäfts sollen aber vor allem auch bestimmte Kunden, also eine bestimmte Zielgruppe, erreicht werden.

In der Regel kontrollieren zweiseitige Plattformen das Zielpublikum durch Produktdifferenzierung. Partnerbörsen im Internet sind auf bestimmte Zielgruppen ausgerichtet („Singles mit Niveau", Partnersuche für Akademiker etc.). Gleiches gilt für soziale Netzwerke im Internet oder Job-Börsen. Auch Zeitungen grenzen sich durch die inhaltliche Ausrichtung von Wettbewerbern ab. Gegeben der Zielgruppe sind die Teilnehmer des einen Marktes dann wieder an einer möglichst hohen Teilnehmerzahl des anderen Marktes interessiert. Marktgrößen- und Sortierungsexternalität sind in diesem Fall eng miteinander verbunden.

Sortierungsexternalitäten wirken sich auf die Stärke des indirekten Netzeffektes aus. Erreicht eine Zeitung mit ihren Inhalten nur einen Teil der gewünschten Zielgruppe eines Werbepartners, reduziert sich die Werbewirkung teilweise. Es kommt zu einem großen Streuverlust. Der Nutzen aus einer Ausweitung der Leserschaft ist daher gering für den Werbepartner – wenn auch nicht gleich null. Trifft die Zeitung dagegen genau die gewünschte Zielgruppe, ist der Nutzen aus einer größeren Leserschaft sehr hoch für den Werbekunden. Genauso verhält es sich Partnervermittlung: Je genauer die Partnerbörse die Wünsche des einen Netzwerks trifft, desto größer ist der Nutzen aus einer Vergrößerung des anderen Netzwerks. Je größer also die Übereinstimmung, desto stärker ist der indirekte Netzwerkeffekt.

▶ Je größer der Anteil der Marktgrößenexternalitäten, desto größer der Markterweiterungseffekt.

Um den Eintritt der „falschen" Teilnehmer zu, verhindern haben zweiseitige Plattformen häufig Regeln, die den Beitritt einschränken bzw. regulieren. Türsteher wählen gezielt Frauen oder Männer aus, die dem Zielpublikum entsprechen. Suchmaschinen verfolgen das Ziel, dem Sucher das bestmögliche Suchergebnis zu präsentieren. Deshalb werden die besten Platzierungen von bezahlten Suchergebnissen nicht unbedingt an den Höchstbietenden vergeben; auch die Relevanz für die jeweilige Suchanfrage wird berücksichtigt. So soll verhindert werden, dass Suchanfragen Ergebnisse liefern, die mit dem Suchbegriff nichts zu tun haben.

5.3.6 Negative Netzeffekte

Zweiseitige Plattformen setzen Regeln nicht nur aufgrund von Sortierungsexternalitäten ein. Viele zweiseitige Plattformen stellen Regeln auf, die die Teilnahme oder das Verhalten beeinflussen und einschränken. Ein bekanntes Beispiel findet sich an fast allen Börsen: Bekommt ein Börsenmakler den Auftrag, ein großes Aktienpaket zu kaufen, was zu einem Preisanstieg der Aktie führen würde, könnte er, bevor er den Auftrag ausführt, selbst Aktien kaufen, dann den Auftrag ausführen und anschließend seine Aktien wieder zum höheren Preis verkaufen. Ein solches als „Front Running" bezeichnetes Geschäft ist an Börsen verboten (vgl. Evans und Schmalensee 2007).

Zeitungen und Fernsehsender können Werbeanzeigen verhindern, die den Konsumenten einen Disnutzen zufügen (z.B. sexuell anstößige, politisch inkorrekte oder gewaltverherrlichende Werbungen). *eBay* reduziert durch ein Verkäuferbewertungssystem die Wahrscheinlichkeit, dass Verkäufer mit betrügerischen Absichten Käufern Schaden zufügen. Auch soziale Netzwerke können Benutzer ausschließen, die sich nicht an die Regeln des Netzwerks halten, z.B. durch das Posten anstößige Bilder oder falsche Angaben bezüglich des Namens oder anderer Eigenschaften (Evans 2012). Evans (2012) zeigt, dass soziale Netzwerke dadurch negative Effekte, die vom Verhalten einzelner Teilnehmer auf andere ausgehen, verhindern und auch verhindern müssen. Neben der Internalisierung der positiven Netzeffekte muss eine zweiseitige Plattform also auch negative Effekte beachten (Evans 2012).

Auf der anderen Seite treffen zweiseitige Plattformen auch bewusst (Design-)Entscheidungen, die sich negativ auf den Nutzen einiger Teilnehmer auswirken. Fernsehsender unterbrechen ihr Programm für Werbung, Zeitungen füllen die Seiten neben Inhalten auch mit Anzeigen, Internet-Seiten nutzen Bannerwerbung, aber auch Pop-Ups, die den Nutzer im Lesefluss unterbrechen, auch Musik- oder Videostreams können meist erst nach einer Werbung konsumiert werden. Ein weiteres interessantes Beispiel nennen Evans und Schmalensee (2013). In einem Einkaufszentrum werden beliebte Geschäfte oftmals so platziert, dass Kunden erst viele andere Geschäfte passieren müssen, bevor sie das gewünschte Ladenlokal erreichen. Dadurch entsteht der einen Kundengruppe (den Käufern) zwar ein Disnutzen, den Teilnehmern der anderen Kundengruppe aber ein großer zusätzlicher Nutzen.

Der *Schaden* für die Käufer muss wieder im Zweiseitigen-Markt-Kontext gesehen werden. Geschäfte wollen Laufkundschaft erreichen und Unternehmen Kunden über Werbung. Nur durch diese Strategie können die Netzeffekte zwischen den Kundengruppen ausgenutzt werden. Es handelt sich also um eine nicht-preisliche Komponente der Internalisierung der indirekten Netzeffekte. Fernsehzuschauer bekommen das Programm kostenlos, genauso Nutzer im Internet. Dafür zahlen sie mit ihrer Aufmerksamkeit, die an Werbekunden weiterverkauft wird. Besucher eines Einkaufszentrums müssen keinen Eintritt bezahlen und bekommen häufig noch kostenlose Parkplätze zur Verfügung gestellt, müssen dafür aber den Umweg an anderen Geschäften in Kauf nehmen. Anders ausgedrückt: Die zweiseitige Plattform *subventioniert* den einen Markt und *beutet* den anderen Markt preislich aus. Dafür muss der subventionierte Markt in bestimmten Fällen einen Disnutzen zugunsten des ausgebeuteten Marktes hinnehmen. Die zweiseitige Plattform wählt also nicht nur eine Preisstruktur, die das Verhältnis, die Richtung und die Stärke der indirekten Netzeffekte widerspiegelt, sondern auch den Aufbau, das Design oder die Zusammensetzung ihres Angebots. Teilnehmer einer Plattform werden oft nicht monetär bepreist, sondern in Form von sogenannten hedonischen Preisen.

5.3.7 Tipping

Zweiseitige Märkte können, bei sehr starken Netzeffekten auch in die eine oder andere Richtung *kippen* (engl. *tipping*). Gibt es kein Multihoming oder ist dieses nur schwach ausgeprägt, können Netzeffekte dazu führen, dass sich nur eine Plattform durchsetzt, da sie ein großes Netzwerk für sich gewinnen kann. Man spricht hier von nachfrageseitigen Economies of Scale (Evans und Schmalensee 2013), also von Größenvorteile aufgrund der höheren Nachfrage. Allerdings stehen bei einer starken Marktkonzentration, neben der Möglichkeit des Multihomings auch noch Produktdifferenzierung und asymmetrische Marktstrukturen gegen ein Tipping des Marktes. Eine genaue Analyse der Konzentrationstendenzen in Medienmärkten findet sich später im Kapitel 8 Implikationen.

Eine Übersicht und Erklärung wichtiger Begriffe rund um zweiseitige Märkte findet sich in Tab. 5.3.

5.3.7.1 Klassifizierung zweiseitiger Märkte

Wie Tab. 5.2 zeigt, lassen sich unterschiedliche Formen zweiseitiger Märkte und Plattformen definieren. Zum einen kann zwischen *Transaktions-* und *Nicht-Transaktionsmärkten* (vgl. Affeldt, Filistrucchi und Klein 2013). Zum andern lassen sich Börsen, werbefinanzierte Medien, Transaktionssysteme und Software-Plattformen (Evans 2003) unterscheiden, wobei sich diese Einteilungen teilweise überschneiden.

Die erste Unterscheidung besteht darin, ob die beiden Marktseiten Transaktionen über die Plattform vornehmen und ob solche Transaktionen von der Plattform beobachtet werden können (vgl. Affeldt et al. 2013). Immobilienmakler z.B. vermitteln zwischen Käufern und Verkäufern sowie zwischen Mietern und Vermietern. Der Abschluss eines Vertrages wird direkt über die Plattform (den Makler) abgewickelt, der diese Transaktion direkt

Tab. 5.2 Klassifikation	Evans (2011)	Filistrucchi (2013)
zweiseitiger Märkte	1. Börsen	1. Transaktionsmärkte
	2. Werbefinanzierte Medien	2. Nicht-Transaktionsmärkte
	3. Transaktionssysteme	
	4. Software-Plattformen	

über die Courtage bepreist. Bei werbefinanzierten Massenmedien findet oftmals auch eine Transaktion zwischen dem Werber und Rezipienten statt, indem der Kauf der beworbenen Ware durchgeführt wird. Diese wird aber meist nicht über die Plattform abgewickelt und kann von der Plattform in der Regel nicht beobachtet werden. In Transaktionsmärkten bepreist die Plattform die Transaktion, jedoch nicht die Teilnahme an der Plattform; in Nicht-Transaktionsmärkten wird die Teilnahme, nicht aber die tatsächliche Transaktion zwischen den Gruppen bepreist.

Die Einteilung in Transaktions- und Nicht-Transaktionsmärkte erlaubt es weitere Aussagen über die beteiligten Märkte zu treffen. In Transaktionsmärkten werden beide Märkte gleichermaßen von der Plattform bedient. Ein Immobilienmakler muss Käufer und Verkäufer gleichermaßen kontaktieren – er muss beide Märkte gleichermaßen bedienen. In Nicht-Transaktionsmärkten ist dies anders. Leser von lokalen Tageszeitungen sind vor allem an lokalen Informationen interessiert, Werbekunden dagegen nur an den Lesern, nicht aber an den lokalen Inhalten. Das Interesse der Werbetreibenden liegt einzig in der Zielgruppe, die die Zeitung anlockt. Diese kann möglicherweise sowohl über lokale als auch durch überregionale Medien erreicht werden. Für Werbekunden kommen demnach auch unterschiedliche Plattformen als Substitut in Betracht, z.B. könnten potentielle Kunden auch über lokale Radio- oder Fernsehsender erreicht werden. In der Folge muss dann aber auch eine asymmetrische Marktabgrenzung vorgenommen werden. Die Plattform ist dann nicht unbedingt darauf angewiesen, beide Märkte gleichermaßen zu erreichen. Rezipienten haben oft gar kein Interesse an Werbung und Werbekunden. Sie zahlen nicht für eine Transaktion, sondern für die Aufmerksamkeit der Rezipienten. Es kommt nicht zu einem direkten Austausch, asymmetrische Strukturen können das Ergebnis sein.

Evans und Schmalensee (2013) unterscheidet zweiseitige Märkte nach anderen Kriterien: Neben 1. Börsen, 2. werbefinanzierten Medien und 3. Transaktionssystemen, identifiziert er 4. Software-Plattformen. Bei Börsen handelt es sich generell um Matching-Märkte: Es wird in irgendeiner Form zwischen Nachfrage und Angebot vermittelt. Dies kann in Form einer klassischen Börse oder aber auch durch Makler oder andere Vermittler geschehen. Oftmals sind diese Märkte Transaktionsmärkte wie etwa bei Immobilienmaklern oder Transaktionen an einer Börse. In anderen Fällen werden nur teilweise Transaktionen vorgenommen oder können nicht direkt beobachtet werden, wie zum Beispiel bei Online-Partnervermittlern (Partner-Börsen) oder bei Einkaufszentren.

Tab. 5.3 Erläuterung wichtiger Begriffe

Direkte Netzeffekte	Der Nutzen der Konsumenten hängt direkt von der Anzahl der Konsumenten ab, die das Produkt konsumieren. Der Nutzen ist also abhängig von der Netzwerkgröße.
Indirekte Netzeffekte	Der Nutzen der Konsumenten hängt indirekt von Anzahl der Konsumenten ab, die sich für das gleiche Produkt entscheiden. Anders ausgedrückt: Der Nutzen einer Kundengruppe hängt von der Nachfrage einer anderen Kundengruppe ab.
Kundengruppe	Es gibt zwei oder mehr verschiedene Kundengruppen, die sich in ihrer Absicht/ihrem Ziel unterscheiden und über indirekte Netzeffekte miteinander verbunden sind. Jede Kundengruppe wird als ein Markt betrachtet.
Plattform (2SP)	Ein Unternehmen verbindet die beiden Kundengruppen, die über indirekte Netzeffekte miteinander verbunden sind, internalisiert die Netzeffekte (durch Preis- und Mengenwahl) und senkt dadurch die Transaktionskosten. Das Unternehmen wird neben Plattform auch Intermediär oder zweiseitige Plattform genannt.
Multihoming	Gibt es mehrere Plattformen, nutzen Mitglieder einer Kundengruppe unter Umständen mehrere Plattformen gleichzeitig. Die andere Kundengruppe profitiert auf jeder Plattform von diesen Nutzern.
Competitive Bottleneck	Können nur die Teilnehmer eines Marktes multihomen, also mehrere Plattformen gleichzeitig nutzen, der andere Markt jedoch nicht, wird der Markt, der sich nur für eine Plattform entscheidet oder entscheiden muss als *competitive bottleneck* bezeichnet. Der Wettbewerb zwischen den Plattformen findet größtenteils um diesen Markt statt.
Ein Markt wird *subventioniert*	Die Kundengruppe, von der die stärkeren indirekten Netzeffekte ausgehen, muss einen (zu) geringen Preis bezahlen. Die indirekten Netzeffekte senken den Preis auf diesem Markt.
Ein Markt wird *ausgebeutet*	Die Kundengruppe, von der die schwächeren indirekten Netzeffekte ausgehen, muss einen (zu) hohen Preis bezahlen. Die indirekten Netzeffekte erhöhen den Preis auf diesem Markt.
Chicken–Egg Problem	Die Plattform muss beide Kundengruppen an Bord bekommen, dazu „subventioniert" sie einen Markt und „beutet" den anderen Markt aus.
asymmetrische Märkte	Plattformen können nur auf einem Markt im Wettbewerb stehen, im anderen Markt aber nicht.
Membership Fee	Gebühr oder Preis zur Teilnahme an einem zweiseitigen Markt. Die tatsächliche Transaktion wird nicht bepreist.
Usage Fee	Nur die tatsächliche Transaktion zwischen den Kundengruppen wird bepreist.

Tab. 5.3 (*Fortsetzung*)

Marktgrößenexternalität	Der Nutzen des einen Netzwerks steigt mit der Größe des anderen Netzwerks.
Sortierungsexternalität	Der Nutzen des einen Netzwerks hängt nicht nur von der Größe, sondern auch von der Zusammensetzung des anderen Netzwerks ab.
Tipping	Liegen sehr starke Netzeffekte und weitere Bedingungen vor, kann ein Markt zugunsten einer Plattform kippen, d.h. eine Plattform setzt sich im Wettbewerb durch.
Transaktionsmärkte	Diese liegen dann vor, wenn Transaktionen über die Plattform abgewickelt und auch von ihr beobachtet werden können. Diese Transaktionen können dann direkt bepreist werden.
Nicht-Transaktionsmärkte	Transaktionen finden entweder nicht über die Plattform statt oder können zumindest nicht beobachtet werden.

Medienplattformen (2.) sind meist Nicht-Transaktionsmärkte. Die Zweiseitigkeit wird durch die komplette oder teilweise Finanzierung durch Werbung begründet. Zwar finden auch Transaktionen zwischen Werber und Rezipient statt (der Kauf des beworbenen Produkts), diese Transaktion kann jedoch meist nicht von der Plattform beobachtet werden.[10]

Transaktionssysteme (3.) beziehen sich (anders als Transaktionsmärkte) auf Systeme, die zu Transaktionen genutzt werden, wie etwa Kredit- oder Debitkartensysteme. Die Karten dienen als Zahlungssystem und erleichtern die bargeldlosen Transaktionen zwischen Kartennutzern und den die Karten akzeptierenden Geschäften. Auch hier können die einzelnen Transaktionen beobachtet und grundsätzlich bepreist werden. Häufig findet eine solche Bepreisung auch auf Seiten der Geschäfte statt. Die Kartennutzer zahlen teilweise aber auch eine monatliche oder jährliche Gebühr für die Nutzung der Karten.

Als letzte Kategorie werden die Software-Plattformen (4.) angeführt. In dieser Kategorie werden eine Reihe von Software-Hardware-Kombinationen abgedeckt, wie etwa Betriebssysteme für Personal-Computer, Mobiltelefone und Tablet-PCs oder auch Videospiele für unterschiedliche Spielkonsolen. Vermittelt wird zwischen den Nutzern der Hard- und Software auf der einen und den Entwicklern der Software auf der anderen Seite. Grundsätzlich handelt es sich hierbei nicht um Transaktionsmärkte, da nicht beobachtet werden kann, welcher Nutzer in welchem Maße Software für eine bestimmte Plattform nutzt. Daher findet eine direkte Bepreisung der Nutzer und/oder der Softwareentwickler statt.

---

[10]Eine Ausnahme bildet hierbei das online genutzte Pay-per-Transaction-System, bei dem Werbekunden nur dann für eine Werbefläche zahlen, wenn es auch tatsächlich zu einer Transaktion kommt.

5.4   Definitionen zweiseitiger Märkte

Die ökonomische Literatur beschäftigt sich erst seit etwa 10 Jahren intensiv und konzeptionell mit zweiseitigen Märkten. Eine einheitliche und allumfassende Definition hat sich dabei noch nicht durchgesetzt. Dennoch werden häufig einige Definitionen verwendet, die sich in den bisherigen Ausführungen widerspiegeln. Der Vollständigkeit halber sollen die vorhandenen Definitionen an dieser Stelle wiedergegeben werden.

Rochet und Tirole (2006) definieren zweiseitige Märkte über die Preisstruktur:

> „A market is two-sided if the platform can affect the volume of transactions by charging more to one side of the market and reducing the price paid by the other side by an equal amount; in other words, the price structure matters, and platforms must design it so as to bring both sides on board. The market is one-sided if the end-users negotiate away the actual allocation of the burden (i.e., the Coase theorem applies); it is also one-sided in the presence of asymmetric information between buyer and seller, if the transaction between buyer and seller involves a price determined through bargaining or monopoly price-setting, provided that there are no membership externalities.“

Nach dieser Definition ist die Preisstruktur also entscheidend für die Existenz zweiseitiger Märkte. Nicht die Summe der Preise, die der Kundengruppe 1 und der Kundengruppe 2 berechnet werden, ist relevant ($p = p^1 + p^2$), sondern auch die einzelne Preishöhe. Die insgesamt verkauft Menge hängt von der Bepreisung der jeweiligen Kundengruppe ab. Kann eine Plattform die insgesamt verkaufte Menge dadurch beeinflussen, dass sie den Preis für eine Kundengruppe erhöht und für die andere senkt, spricht man von einem zweiseitigen Markt.

Evans (2003) Nach dieser Definition müssen drei notwendige Bedingungen erfüllt sein, um von einer zweiseitigen Plattform zu sprechen:

1. Es müssen mindestens zwei unterschiedliche Kundengruppen vorliegen.
2. Es müssen indirekte Netzeffekte zwischen den verschiedenen Kundengruppen vorliegen.
3. Ein Intermediär ist notwendig, um die Externalitäten (also Netzeffekte) zwischen den Kunden zu internalisieren.

Die Kundengruppen können entweder eindeutig unterscheidbar sein (Männer und Frauen) oder sich nur für den Zweck der Transaktion oder der Vermittlung unterscheiden. Nutzer von *eBay* können sowohl als Verkäufer als auch als Käufer auftreten, Anzeigenkunden können als Leser auftreten. Allerdings ist es wichtig, dass die beiden Kundengruppen jeweils eine unterschiedliche Absicht verfolgen. Ein Zeitungsleser ist an den Inhalten der Zeitung interessiert, der Anzeigenkunde dagegen daran, die Leser zu erreichen. Der Verkäufer auf *eBay* möchte sein Produkt verkaufen, der Käufer ein solches kaufen.

Werbekunden profitieren von einer größeren Anzahl an Lesern, Einzelhändler in einem Einkaufszentrum von mehr Besuchern, Besucher eines Einkaufszentrums von mehr Geschäften, Kreditkartenbesitzer von Geschäften, die die Kreditkarte akzeptieren etc. Der Nutzen der beiden Kundengruppen mit unterschiedlicher Absicht muss von der jeweils anderen Kundengruppe abhängen. Es müssen also indirekte Netzeffekte zwischen den beiden Gruppen vorliegen.

Könnten die Mitglieder der beiden Gruppen in bilaterale Verhandlungen treten und so die Externalitäten internalisieren, wäre keine Plattform nötig. Häufig ist dies aber nicht oder nur zu höheren Kosten möglich. Werber brauchen Werbemedien, Konsumenten haben häufig keine Nachfrage nach Werbung. Deshalb braucht die Werbeindustrie ein Vehikel, um die Werbung zu den potentiellen Kunden zu transportieren.

Rysman (2009) definiert zweiseitige Märkte ähnlich. Nach seiner Definition kann ein zweiseitiger Markt anhand folgender zwei Kriterien erkannt werden:

1. Zwei Gruppen von Akteuren interagieren mithilfe eines Intermediär oder einer Plattform.
2. Die Entscheidungen der Teilnehmer der einen Gruppe beeinflussen den Nutzen der Teilnehmer der anderen Gruppe; dies geschieht typischerweise durch Externalitäten.

Für unsere weiteren Ausführungen ist die Definition von Evans (2003) unserer Meinung nach am besten geeignet. Für das Vorliegen eines zweiseitigen Marktes sind vor allem indirekte Netzeffekte entscheidend. Eine Plattform bietet zwei (oder mehr) Produkte an, die Nachfrage nach dem einen Produkt hängt aber von der Größe des Netzwerks des anderen Marktes ab. Die Nachfrage hängt also von den Mengen, nicht jedoch vom Preis am anderen Markt ab. Weiterhin gilt, dass es sich um zwei verschiedene Netzwerke (bzw. Nutzergruppen) mit unterschiedlichen Zielen handelt. Die Plattform berücksichtigt nicht nur die Verbindung der beiden Produkte, sondern schafft durch das Angebot der Produkte die Möglichkeit zur Interaktion zwischen den beiden Kundengruppen. Durch die Interaktion werden Netzeffekte internalisiert und Transaktionskosten gesenkt.

5.5   Medienmärkte als zweiseitige Märkte

Medienmärkte sind, wie bereits mehrfach dargelegt, typische Beispiele für zweiseitige Märkte (vgl. Abb. 5.3). Der vermittelnde Intermediär bzw. die Plattform ist das Medium selbst, also die Zeitung oder die Zeitschrift, der Fernseh- oder Radiosender[11] oder auch die Internetplattformen wie z.B. eine News-Seite oder eine werbefinanzierte Suchmaschine. Der erste Markt ist oftmals der Rezipientenmarkt, der zweite Markt häufig der Werbemarkt. Die Aufmerksamkeit der Rezipienten kann aber auch auf andere Weise dem zweiten Markt zugänglich gemacht werden. Einige Internet-Service-Provider finanzieren sich

---

[11]Zur Rolle des Medienunternehmens als Intermediär vgl. z.B. Hess und von Walter (2006).

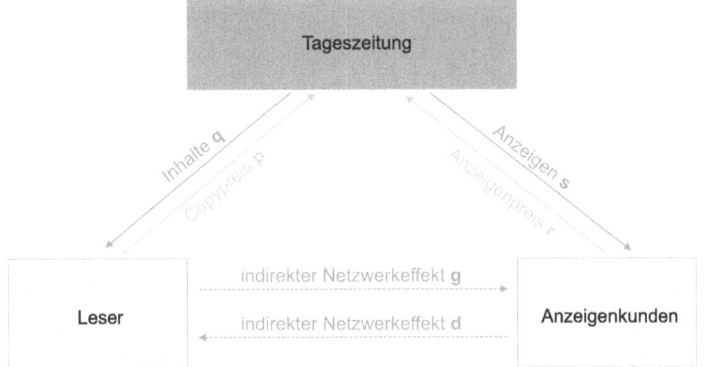

Abb. 5.3 Zeitungsmärkte als zweiseitige Märkte

nicht durch Werbung, sondern durch das Sammeln und Auswerten oder auch Weiterverkaufen von Nutzerdaten. Sie können zum Beispiel Informationen über das Konsumverhalten der Nutzer generieren und diese dann selbst (für Werbezwecke) nutzen oder an andere Unternehmen veräußern.

Im Gegensatz zu vielen anderen zweiseitigen Märkten können in Medienmärkten aber auch negative indirekte Netzeffekte auftreten, insbesondere wenn Werbemärkte beteiligt sind. Für die Art der Netzeffekte ist dann entscheidend, wie die Rezipienten die Werbung wahrnehmen. Wird Werbung als ein „Gut" angesehen, liegen positive indirekte Netzeffekte vor – Leser erfahren einen Nutzen aus der Werbung. Dies ist beispielsweise der Fall, wenn Werbung informativ ist bzw. als informativ eingeschätzt wird. Gleiches gilt, wenn Werbung aus Rezipientensicht unterhaltsam ist, grundsätzlich also dann, wenn Werbung irgendeine Art von Nutzen stiftet. Wird Werbung als störend wahrgenommen, liegt ein negativer indirekter Netzwerkeffekt vor. Werbung führt dann zu einer Nutzeneinbuße, also einem Disnutzen, bei Rezipienten. Wenn die Rezipienten der Werbung indifferent gegenüberstehen, Werbung also weder einen Nutzen noch einen Disnutzen stiftet, liegen einseitige indirekte Netzeffekte vor. Wie wir später noch zeigen werden, liegt jedoch auch dann ein zweiseitiger Markt vor, wenn nur ein indirekter Netzeffekt zwischen den Märkten existiert.

Der entgegengesetzte Netzeffekt, der von den Rezipientenmarkt auf die Werbekunden wirkt ist dagegen eindeutig: Werbe- bzw. Anzeigenkunden sind an einer hohen Nachfrage nach Inhalten interessiert. Genau genommen sind sie an einer hohen Reichweite entsprechend ihrer Zielgruppe interessiert. Je näher sich die Zielgruppe der Werbenden, gemessen etwa an den soziodemographischen Eigenschaften der Leser, an der Leserschaft befindet, desto größer ist der Nutzen der Werbekunden und desto stärker der Netzeffekt. Eine einfache Erhöhung der Reichweite reicht daher nicht aus, wenn die Zielgruppe sehr spezifisch ist. Je spezifischer die Zielgruppe ist, desto höher auch der Grad an Sortierungsexternalitäten.

Abbildung 5.3 zeigt den grundsätzlichen Aufbau eines zweiseitigen Marktes am Beispiel einer Tageszeitung. Die Tageszeitung bedient zwei verschiedene Kundengruppen: Die Leser und die Anzeigenkunden. Die Anzeigenkunden profitieren von einer möglichst großen Leserschaft in Höhe von g. Die Zeitungsleser können dagegen in Höhe von d positiv oder negativ durch das Anzeigenvolumen beeinflusst werden. Ist d dagegen null, hat Werbung keinen Einfluss auf den Nutzen der Zeitungsleser. Die Mengen auf beiden Märkten werden im Folgenden mit q und s bezeichnet, die Preise mit p und r.

Liegen zweiseitige positive Netzeffekte vor, führt dies prinzipiell zu dem in der Medienökonomik vieldiskutierten Phänomen der Anzeigen-Auflagen-Spirale (Gustafsson 1978). Anders als in der traditionellen Darstellung dieser Spirale muss jedoch nicht der Umweg über die Qualität der Zeitung bzw. des Mediums genommen werden.[12] Dieser Effekt ist ohnehin fraglich und empirisch nicht bestätigt. In der Theorie der zweiseitigen Märkte kommt die Spirale allein aufgrund der Existenz der Netzeffekte zustande. Ein Anstieg der Nachfrage nach Zeitungen führt (ceteris paribus) zu einem Absinken des Kontaktpreises für Anzeigen und somit zu einer Erhöhung der Nachfrage nach Werbefläche. Das größere Anzeigenvolumen erhöht (im Falle positiver Netzeffekte) wiederum die Nachfrage nach Zeitungen am Lesermarkt, wodurch wieder die Nachfrage nach Werbefläche steigt, was sich wieder positiv auf die Leser auswirkt usw. Je nachdem, wie stark die indirekten Netzeffekte sind, lässt sich ein mehr oder weniger starker Anstieg der Mengen an beiden Märkten (Werbevolumen und Auflage) beobachten. Wirkt Werbung negativ auf die Nachfrage nach Zeitungen, dämpft die erhöhte Werbemenge zwar den positiven Effekt am Rezipientenmarkt, es kommt aber dennoch zu einem Rückkopplungseffekt, denn beide Märkte sind interdependent.

Liegen negative Netzeffekte auf dem Lesermarkt vor, besteht zwar nach wie vor ein zweiseitiger Markt. Eine Anzeigen-Auflagen-Spirale mit einem positiven Gesamteffekt ist jedoch nur dann zu beobachten, wenn auch die Summe der Netzeffekte positiv ist. Welche Wirkungen von den jeweiligen Mengen ausgehen, ist davon abhängig, welcher der beiden Netzeffekte überwiegt und wie stark die Leser und Anzeigenkunden auf Preisänderungen reagieren. Eine Realisierung der Netzeffekte ist also nur dann sinnvoll, wenn in der Summe positive Netzeffekte existieren oder aber wenn einer der Märkte sich nur dann realisieren lässt, wenn eine Kopplung der Produkte vorgenommen wird und damit ein höherer Gewinn erzielt werden kann, als nur auf einem der beiden Märkten.

Auch für die Preissetzung der zweiseitigen Plattform sind die indirekten Netzeffekte ausschlaggebend. Anders als in einseitigen Märkten sind nicht mehr nur die Preiselastizität der Nachfrage, die Kosten und die Marktstruktur entscheidend, sondern ebenso die Stärke der Netzeffekte. Eine Preiserhöhung etwa am Lesermarkt einer Zeitung führt direkt

---

[12]Der ursprüngliche Ansatz geht davon aus, dass eine Erhöhung der Auflage einer Zeitung zu einer Steigerung der Zahlungsbereitschaft der Anzeigenkunden pro Anzeige führt. Dies führt zu einer Steigerung der Werbeeinnahmen, was die Zeitung veranlasst, die Qualität des redaktionellen Teils zu erhöhen. Die Qualitätssteigerung schlägt sich dann wieder in einer erhöhten Auflage nieder (vgl. Hass 2007).

zu einer Reduktion der Auflage, indirekt aber ebenso zu einem Rückgang der Nachfrage am Anzeigenmarkt. Dies hat wiederum einen Rückkopplungseffekt auf den Lesermarkt zur Folge (vgl. Dewenter und Kaiser 2006). Die Preise werden deshalb auf dem Markt relativ gering sein, auf dem sie einen insgesamt starken Einfluss auf beide Märkte nehmen. Anders ausgedrückt: Der Anreiz zu Preiserhöhungen ist nur dann gegeben, wenn damit ein „geringer Schaden" auf beiden Märkten angerichtet wird und der dadurch entstehende Nutzen diesen Schaden überkompensiert. Sind die Netzeffekte besonders stark ausgeprägt, kann dies soweit führen, dass selbst marktmächtige Medienunternehmen oder Monopolisten Preise setzen, die unterhalb der Grenzkosten liegen. Dies ist ein Phänomen, das sich insbesondere in Medienmärkten beobachten lässt, etwa bei der Verteilung von Gratiszeitungen (zur Preissetzung insbesondere von Zeitungen vgl. z.B. Corden 1952; Bucklin, Caves und Andrew 1989; Blair und Romano 1993; Chaudhri 1998; Dewenter 2004).

Gleichzeitig werden Preise aber auch mit steigenden Netzeffekten deutlich höher gesetzt als in einseitigen Märkten. Der Anstieg der Nachfrage aufgrund indirekter Netzeffekte führt ceteris paribus auch zu höheren Preisen. Ist der indirekte Netzeffekt der Leser auf den Werbemarkt aber größer als der umgekehrte Effekt (Werbekunden profitieren mehr von Lesern als Leser von Werbung), setzt die zweiseitige Plattform den Preis für Leser relativ gering, verlangt aber dafür einen relativ hohen Preis für Anzeigenkunden. Der Effekt wird verstärkt, wenn der indirekte Netzwerkeffekt von Anzeigenkunden auf Leser negativ ist. Dann kann es leicht passieren, dass der Preis auf dem Lesermarkt unterhalb der Grenzkosten liegt, gleich null ist oder auch negativ wird. Der Werbepreis steigt dann dementsprechend an.

Die Plattform setzt also (im Vergleich zu einseitigen Märkten) bei unterschiedlich starken Netzeffekten immer einen Preis relativ gering und den anderen relativ hoch an. Generell wird ein Markt „ausgebeutet", von dem die schwächeren relativen positiven oder gar negativen Netzeffekte ausgehen. Ein Markt wird „subventioniert", von dem die stärkeren (positiven) Netzeffekte ausgehen. Auf diese Weise können auch im Wettbewerb Preise resultieren, die höher als übliche Monopolpreise, oder niedriger als die Grenzkosten sind.

Preise, die von Medienplattformen gesetzt werden, unterscheiden sich demnach, wie in zweiseitigen Märkten üblich, deutlich von denen, die in einseitigen Märkten resultieren (vgl. auch Peitz (2006), für eine ansprechende Darstellung). Nicht nur die Summe der Preise (z.B. Anzeigen- und Copy-Preis) ist ausschlaggebend für die gesamte Wohlfahrt, sondern ebenso deren Zusammensetzung bzw. Struktur. Preisänderungen wirken über diese Netzeffekte und über entsprechende Rückkopplungseffekte nicht nur auf einem Markt, sondern auch auf Produzenten- und Konsumentenrente beider Märkte. Insgesamt führen die sich gegenseitig beeinflussenden Netzwerke zu anderen Mengen, Preisen und Gewinnen als in gewöhnlichen (also einseitigen) Märkten. Dies hat weitreichende Implikationen für das strategische Verhalten der Plattformen und für wettbewerbspolitische Betrachtungen (vgl. Dewenter und Haucap 2009).

Die bisher diskutierten Effekte werden in den folgenden Kapiteln ausführlich anhand von Modellen dargestellt. Hierbei werden verschiedene Arten von Medienmärkten betrachtet. Dazu gehören traditionelle Medien wie Zeitungs- und Zeitschriftenmärkte auf der einen, aber auch neue Medien wie Internetplattformen auf der anderen Seite. Eine Unterscheidung beider Gruppen von Märkten ist sinnvoll, weil unterschiedliche Wachstumsraten in den einzelnen Märkten zu erwarten sind. Dies ist in Verbindung mit Netzeffekten eine relevante Eigenschaft der Märkte.

Theorie zweiseitiger Medienmärkte

6.1 Einführung

Indirekte Netzeffekte und die Theorie der zweiseitigen Märkte sind der wesentliche Bestandteil der modernen Medienökonomik. Viele der Effekte, die in Print- und Rundfunk und vor allem in Internetmärkten zu beobachten sind, können darauf zurückgeführt werden. Im folgenden Kapitel wird die Theorie ausführlich anhand mathematischer Modelle dargelegt. Dabei werden verschiedene Arten von Medienmärkten betrachtet: Traditionelle Medien wie Zeitungs- und Zeitschriftenmärkte und neue Medien wie Internetplattformen. Eine Unterscheidung beider Gruppen von Märkten ist aufgrund der unterschiedlichen Marktentwicklung sinnvoll. Traditionelle Märkte sind in der Regel gesättigt oder rückläufig, neue Märkten dagegen meist sehr innovativ und dynamisch. Diese Dynamik bilden wir im Folgenden durch starke Netzeffekte ab, die mit einer entsprechenden Markterweiterung einhergehen. Für traditionelle gesättigte Märkte gehen wir dagegen von geringen bis moderaten Netzeffekten ohne wesentliche Markterweiterung aus. Dynamische Märkte beschreiben wir als Regelfall; traditionelle Märkte werden als solche gekennzeichnet.

Wir verwenden einen anschaulichen und intuitiven Modellrahmen, der einzig auf die Identifikation der Auswirkungen der indirekten Netzeffekte abzielt. Die Analysen zeigen, inwiefern sich die Modelle von einseitigen Märkten unterscheiden und welche Implikationen sich dadurch für Unternehmen, Politik und die Wettbewerbsbehörden ergeben. In diesem Kapitel werden dazu die die Grundlagen der Theorie zweiseitigen Märkte erarbeitet, deren Relevanz für die Medienökonomik diskutiert und anhand verschiedener Beispiele erläutert. Durch die fokussierte Modellierung können wir die Wirkungsweise und die Besonderheiten zweiseitiger Märkte herausarbeiten. Überschneidungen mit anderen Effekten (ausgehend von Marktgröße, Preiselastizität, Kostenstruktur etc.) werden nur punktuell betrachtet. Die Darstellungsweise ist dadurch zwar formal, aufgrund der Einfachheit der Modelle aber anschaulich und nachvollziehbar.

© Springer Fachmedien Wiesbaden 2015   139
R. Dewenter, J. Rösch, *Einführung in die neue Ökonomie der Medienmärkte*,
DOI 10.1007/978-3-658-04736-8_6

Wir beginnen mit monopolistischen Medienmärkten und betrachten danach Wettbewerbseffekte. Anschließend untersuchen wir spezielle Marktformen und widmen uns besonderen Wettbewerbsproblemen in zweiseitigen Märkten.

6.2 Monopole

Das hier verwendete grundlegende Modell bildet vor allem neue Medien und neue Medienmärkte ab. Wir lassen dabei relativ starke indirekte Netzeffekte zu, die zu einem hohen Wachstum führen können. Dies kann meist in jungen Märkten beobachtet werden;
Internetmärkte bzw. Internetplattformen sind typische Beispiele dafür. Werden die Netzeffekte optimal internalisiert, kann dies zu einem deutlich größeren Marktvolumen führen.
Den steigenden Mengen liegt vor allem ein Markterweiterungseffekt zugrunde, der durch
indirekte (und möglicherweise auch direkte) Netzeffekte begründet ist.

Wir beginnen mit der Darstellung einer einfachen monopolistischen Plattform. Die
Marktform des Monopols ist die einfachste Form eines zweiseitigen Marktes; andere Ein-
flüsse wie Marktzutritt, Konkurrenz oder Produktdifferenzierung werden zunächst ausgeblendet. Der Fokus liegt vollständig auf den Auswirkungen indirekter Netzeffekte. Dadurch werden einerseits die grundlegenden Funktionsweisen zweiseitiger Märkte verdeutlicht. Andererseits dient das Monopol-Modell als Referenzfall für die unterschiedlichen
Marktstrukturen, die wir anschließend analysieren.

6.2.1 Monopolistische Plattform

Das Verständnis dieses grundlegenden Modells ist essentiell für die folgenden Analysen
zwei- und mehrseitiger Märkte. Daher wird auf die Darstellung der ökonomischen Intuition des Modells besonderen Wert gelegt. Monopolistische oder quasi-monopolistische
Plattformen mit indirekten Netzeffekten sind in der Realität tatsächlich relativ häufig anzutreffen. Im traditionellen Mediensektor sind Regionalzeitungen häufig Monopolisten in ihrem Verbreitungsgebiet. Es gibt aber auch einige stark spezialisierte Zeitschriften, die eine
Quasi-Monopolstellung in ihrer Nische innehaben. Einige neue Internetplattformen sind
häufig – zumindest zeitweise – keiner oder fast keiner direkten Konkurrenz ausgesetzt.

Annahmen 2SM-Monopol
- monopolistische Plattform
- statische Betrachtung
- lineare Nachfragefunktionen auf beiden Märkten
- gleiche Grenzkosten $c_1 = c_2 = c$

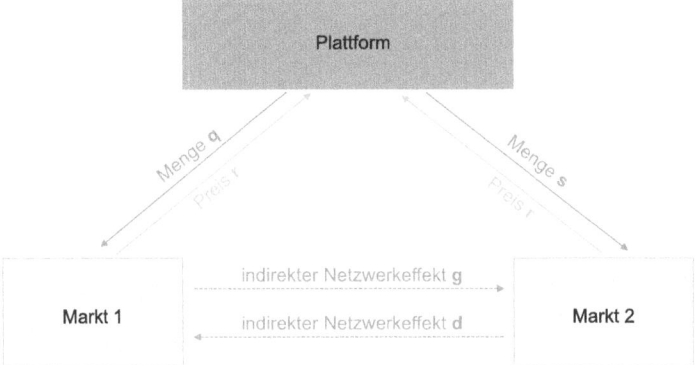

Abb. 6.1 Monopolistische zweiseitige Plattform

- Keine Fixkosten F
- strategische Variablen sind die Mengen q und s
- indirekte Netzeffekte in Höhe von d und g
- Marktgröße und Steigung der Nachfragefunktion auf 1 normiert
- d und g können positive und negative Werte annehmen

Analog zum Monopolisten in einseitigen Märkten (vgl. Kapitel 3), treffen wir auch hier einige vereinfachende Annahmen (siehe Box). Dadurch sind Aussagen über die Wirkungsweise zweiseitiger Märkte möglich. Im Gegensatz zum normalen einseitigen Markt, ist der Monopolist nun auf zwei Märkten gleichzeitig tätig. Anders jedoch als beim Mehrproduktmonopolisten, sind die betroffenen Märkte über indirekte Netzwerkeffekte miteinander verbunden. Der Unterschied zum Mehrproduktmonopolisten ist jedoch, dass eine zweiseitige Plattform zwei unterschiedliche Netzwerke bzw. Gruppen von Nachfragern oder Anbietern bedient. Die Nachfrager der beiden Produkte sind *nicht* identisch. Für den Nutzen der ersten Gruppe ist nicht der Preis, sondern die realisierte Nachfrage auf dem zweiten Markt relevant. Beide Gruppen (bzw. Netzwerke) sind über indirekte Netzeffekte miteinander verbunden. Vereinfachend werden die beiden Märkte *Markt 1* und *Markt 2* genannt (siehe Abb. 6.1). Es kann sich dabei beispielsweise um den Rezipienten- und den Werbemarkt einer Zeitung handeln, also etwa um Leser und Werbekunden.[1]

---

[1] Hierbei wird auch klar, dass die beiden Gruppen unterschiedliche Mitglieder haben. Natürlich kann auch ein Werbekunde Leser eines Mediums sein. Dann agiert er jedoch als Leser und nicht als Werbekunde. Kauft er Werbeflächen ein, agiert er als Werbekunde und nicht in seiner Eigenschaft als Leser.

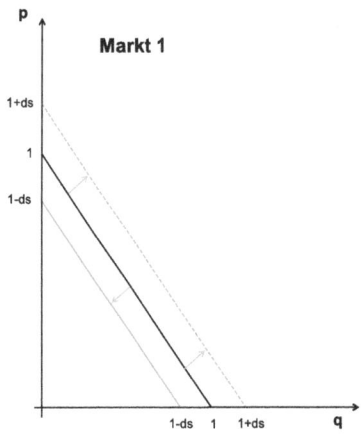 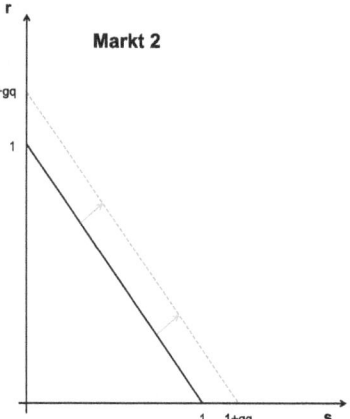

Abb. 6.2 Inverse Nachfragefunktionen

Beginnend mit den Nachfragen beider Märkte, lässt sich die Nachfragefunktionen für Markt 1 darstellen als

$$q = 1 - p + ds \tag{6.1}$$

und die für Markt 2 als

$$s = 1 - r + gq, \tag{6.2}$$

wobei p und r die beiden Preise sowie q und s die Mengen auf Markt 1 und 2 sind. Die Marktgröße und die Steigung der Nachfragefunktionen sind auf 1 normiert. Die Parameter d und g messen die Stärke der indirekten Netzwerkeffekte. Je größer die Menge (bzw. das Netzwerk) des einen Marktes, desto größer ist auch die Nachfrage des jeweils anderen Marktes. Dies gilt aber nur, solange positive Werte für die Parameter d und g unterstellt werden. Ist einer der beiden Parameter negativ, dann sinkt die Größe des einen Marktes mit der Größe des anderen Marktes (resp. Netzwerks).

Werbekunden profitieren typischerweise von einer größeren verkauften Menge auf dem Lesermarkt; der Parameter g ist im diesen Fall positiv. Leser dagegen können Werbung sowohl als positiv empfinden $d > 0$, ihr neutral gegenüber stehen $d = 0$ oder Werbung als störend empfinden $d < 0$. Wie wir zeigen werden, liegt in jedem Fall ein zweiseitiger Markt vor – auch dann, wenn nur ein indirekter Netzeffekt vorhanden ist ($d = 0$).

Stellt man die Nachfragefunktionen nach den Preisen um, ergeben sich die beiden inversen Nachfragefunktionen von Markt 1 und Markt 2 als

$$p = 1 - q + ds \quad \text{und} \quad r = 1 - s + gq. \tag{6.3}$$

Sowohl die Stärke als auch Richtung der Verbundenheit beider Märkte werden durch die Parameter d und g bestimmt. Grafisch wirkt sich diese Interdependenz durch eine Verschiebung der inversen Nachfragefunktionen aus. Die Funktionen werden parallel nach außen verschoben, solange d bzw. g positiv sind (vgl. Abb. 6.2). Wird einer der Parameter negativ, verschiebt sich die Nachfragefunktion, die von diesem Parameter betroffen ist, parallel nach innen. Die graue Linie auf der linken Seite der Abb. 6.2 verdeutlicht dies.

Der Gewinn der monopolistischen zweiseitigen Plattform ergibt sich aus der Summe der Gewinne auf beiden Märkten als $\pi = (p - c_1)q + (r - c_2)s - F$. Die Kostenfunktion der Plattform ist durch variable Kosten für die Herstellung der Produkte beider Märkte c_1 und c_2 und durch fixe Kosten in Höhe von F gegeben: $K(q, s) = c_1 q + c_2 s + F$. Wir nehmen vereinfachend an, dass die Grenzkosten auf beiden Märkten identisch sind $c_1 = c_2 = c$. Dadurch wird der Fokus auf die Verbundenheit der Märkte und nicht auf Unterschiede zwischen den Märkten gelegt. Die über die Mengen zu maximierende Gewinnfunktion $\pi = (p - c)q + (r - c)s - F$ lautet nach Einsetzen der inversen Nachfragefunktionen demnach:

$$\max_{q,s} \pi = (1 - q + ds - c)q + (1 - s + gq - c)s - F \tag{6.4}$$

Die Maximierung der Gewinnfunktion der Plattform zeigt, wie der Monopolist die indirekten Netzwerkeffekte zwischen den beiden Kundengruppen internalisiert. Dabei muss die monopolistische Plattform beachten, dass die gewählte Menge auf Markt 1 auch die Nachfrage an Markt 2 beeinflusst und umgekehrt. Wählt der Monopolist eine zu kleine Menge und damit einen zu hohen Preis auf dem einen Markt, werden die Netzeffekt unteroptimal ausgenutzt. Dies hätte Auswirkungen auf beide Märkte, was insgesamt zu einem geringeren Gewinn führen würde.

Maximiert die Plattform die Gewinnfunktion bezüglich der beiden Mengen q und s, lauten die Optimalitätsbedingungen erster Ordnung:

$$\frac{\partial \pi}{\partial q} = 1 - 2q + ds + gs - c \overset{!}{=} 0$$

und

$$\frac{\partial \pi}{\partial s} = dq + 1 - 2s + gq - c \overset{!}{=} 0.$$

Die Gleichungen zeigen, wie sich der Gewinn verändert, wenn entweder q oder s um eine Einheit variiert wird. Auch hier gilt wieder die allgemeine Optimierungsregel „Grenzerlöse gleich Grenzkosten". Dies lässt sich erkennen, wenn die Ableitungen umgestellt werden zu

$$1 - 2q + (d + g)s = c \quad \text{und} \quad 1 - 2s + (d + g)q = c,$$

wobei die jeweilige linke Seite der beiden Gleichungen die Grenzerlöse und die rechten Seiten die Grenzkosten bezeichnen.

Abbildung 6.3 zeigt die inversen Nachfrage- sowie die Grenzkosten- und Grenzerlösfunktionen beider Märkte. Der Reservationspreis der *inversen Nachfragefunktionen* entspricht $1 + ds$ bzw. $1 + gq$. Der Ordinatenabschnitt der *Grenzerlösfunktionen* wird aufgrund der Verbundenheit der Märkte durch beide Parameter $(d + g)$ bestimmt und lautet

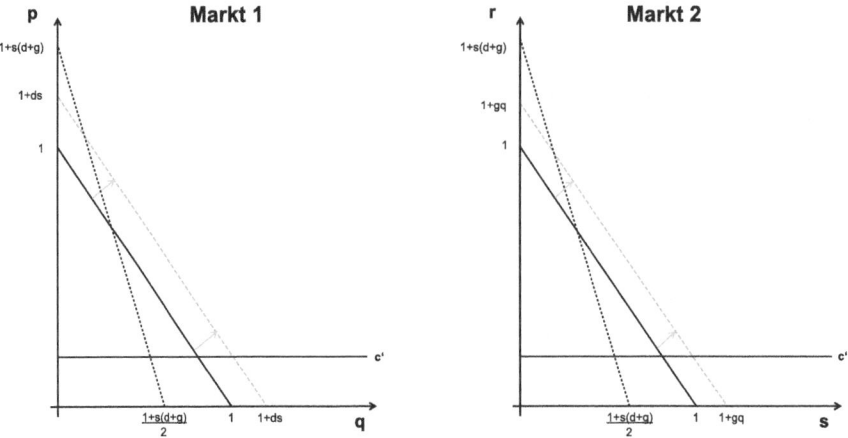

Abb. 6.3 Grenzerlöse und Grenzkosten 1

$1 + (d + g)s$ bzw. $1 + (d + g)q$. Der Ordinatenabschnitt der Grenzerlösfunktionen liegt somit immer oberhalb des Ordinatenabschnitts der inversen Nachfragefunktionen, solange beide Netzeffekte positiv sind. Ist einer der beiden Netzeffekte negativ, liegt der Ordinatenabschnitt der einen inversen Nachfragefunktion oberhalb des Ordinatenabschnitts der entsprechenden Grenzerlösfunktion sowie der Ordinatenabschnitt der anderen inversen Nachfragefunktion unterhalb der korrespondierenden Grenzerlösfunktion (vgl. Abb. 6.4). Dies ist dadurch begründet, dass die Grenzerlöse bei identischen Mengen ($q = s$) jeweils gleiche Ordinatenabschnitte aufweisen ($1 + q(d + g)$ und $1 + s(d + g)$), die Ordinatenabschnitte der inversen Nachfragefunktionen jedoch auch bei gleichen Mengen unterschiedlich sein können ($1 + dq$ und $1 + gs$).

Der Verlauf der Grenzerlösfunktion in zweiseitigen Märkten unterscheidet sich vom Verlauf der Grenzerlöse einseitiger Märkte. Dieser Unterschied ist allein auf die Existenz indirekter Netzeffekte zurückzuführen. Das Verständnis dieses Verlaufs ist wichtig für das Verständnis der Theorie der zweiseitigen Märkte. Eine Mengenveränderung hat Auswirkungen auf beide Märkte, die Grenzerlösfunktion berücksichtigt die Auswirkungen der Änderung auf beiden Märkten.

6.2.1.1 Optimale Mengen

Löst man die Ableitungen ($\frac{\partial \pi}{\partial q} \overset{!}{=} 0$ und $\frac{\partial \pi}{\partial s} \overset{!}{=} 0$) nach q bzw. s auf, ergeben sich die Mengen in Abhängigkeit der Menge des anderen Marktes. Diese Funktionen können als Quasi-Reaktionsfunktionen der Märkte bezeichnet werden. Sie zeigen, wie sich im Optimum die Menge des einen Marktes verändern muss, wenn sich die Menge des jeweils anderen Marktes verändert. Anders ausgedrückt zeigen die Funktionen, wie sich die Entscheidungen des Monopolisten in einem Markt auf den anderen Markt auswirken:

$$q = \frac{1-c}{2} + \frac{d+g}{2}s \quad \text{und} \quad s = \frac{1-c}{2} + \frac{d+g}{2}q. \tag{6.5}$$

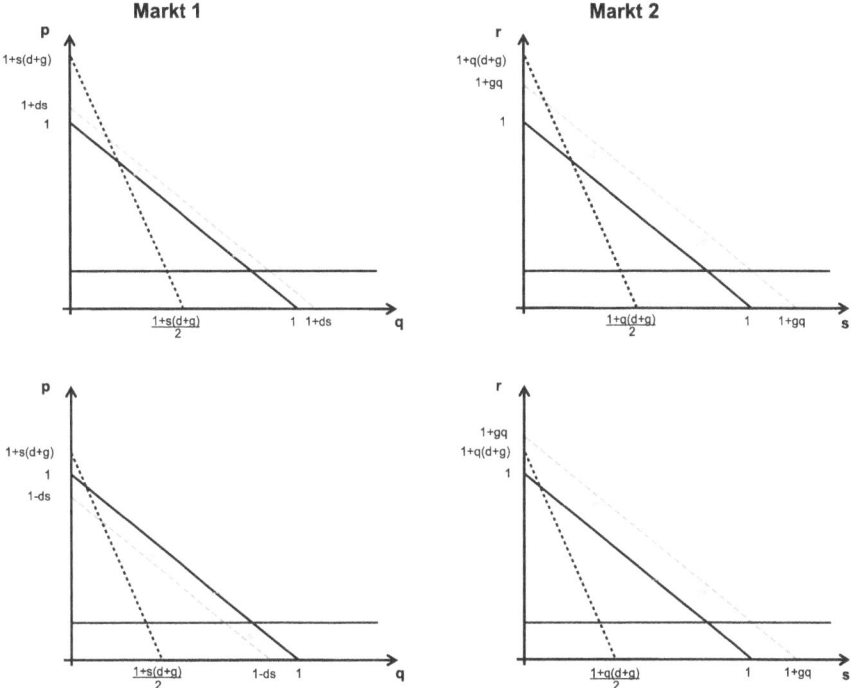

Abb. 6.4 Grenzerlöse und Grenzkosten 2

Die Mengen s und q beeinflussen sich immer positiv, solange die Summe der Netzeffekte größer als null ist. Nur eine negative Summe $d + g$ würde zu einer Reduktion beider Mengen führen. Ist die Summe der Netzeffekte gleich null $d + g = 0$, ergibt sich die Mengen im einfachen Monopolfall ohne Netzeffekte $q = s = \frac{1-c}{2}$. Die beiden Mengen entsprechen der einfachen Monopolmenge, erweitert um die $(d + g)/2$-te Menge des anderen Marktes. Erhöht der Monopolist die Menge auf einem Markt, hat er einen Anreiz, das gleiche auch auf dem zweiten Markt zu tun. Die Mengenänderung des anderen Markts geht, gewichtet mit der Hälfte der Summe der Netzeffekte in das Optimierungskalkül des Monopolisten ein.

Die Reaktionsfunktionen zeigen, wie der Monopolist zwischen den beiden Märkten abwägt. Durch die Interdependenz der Märkte hängen auch seine Entscheidungen auf den beiden Märkten direkt voneinander ab. Setzt man im nächsten Schritt s in q und q in s ein, erhält man die gewinnmaximalen Mengen:

$$q^* = s^* = \frac{1 - c}{2 - (d + g)}. \tag{6.6}$$

Aufgrund der Symmetrie der Märkte sind auch q^* und s^* identisch. Beide Mengen hängen positiv von der Summe der indirekten Netzwerkeffekte $(d + g)$ ab. Liegen keine Netzwerkeffekte vor oder ist die Summe der Netzeffekte gleich null $d + g = 0$, wird auf beiden

Märkten die übliche Monopolmenge in einseitigen Märkten $\frac{1-c}{2}$ realisiert. Mit jedem positiven Wert $d + g > 0$ werden jedoch Mengen angeboten, die oberhalb der Mengen von einseitigen monopolistischen Plattformen liegen. Solange die Summe der Netzeffekte positiv ist, erhöht sich also die Menge im Vergleich zum Monopolfall ohne indirekte Netzeffekte ($q_M = \frac{1-c}{2}$). Bedingt durch die indirekten Netzeffekte kommt es also zur Markterweiterung.

Die Summe $(d + g)$ darf jedoch den Wert 2 nicht erreichen, nur so können endliche positive Mengen und damit eine ökonomisch sinnvolle Interpretation garantiert werden. Für den weiteren Verlauf gehen wir daher davon aus, dass die Parameterbeschränkung $0 < d + g < 2$ gilt.[2] Wäre die Summe der Netzeffekte kleiner als 0, würden die Mengen unter $\frac{1-c}{2}$ sinken. Die Verbindung der Märkte würde sich dann negativ auf q und s auswirken.

Es würden auch dann höhere Mengen als in einseitigen Märkten realisiert, wenn einer der Parameter d oder g gleich null wäre. Dann würde zwar nur ein einseitig indirekter Netzeffekt vorliegen, da dieser aber von einem Markt auf den anderen wirkt und damit beide Märkte betrifft, werden auch beide Mengen durch den Effekt in gleicher Weise beeinflusst. Es handelt sich auch dann um einen zweiseitigen Markt.

Die Grenzkosten c wirken wie üblich negativ auf die Mengen q und s – je höher die Kosten, desto geringer sind also auch die Mengen.

Negative Summe der Netzeffekte

Ist die Summe der Netzeffekte negativ, reduzieren sich beide Mengen durch den Netzeffekt. Ob eine gemeinsame Produktion/das gemeinsame Angebot solcher Güter sinnvoll ist, hängt davon ab, ob sich beide Produkte auch einzeln verkaufen lassen.

Bei einer werbefinanzierten Tageszeitung ist es vorstellbar, dass Werbeflächen auch in Form eines Anzeigenblattes ohne redaktionelle Inhalte angeboten werden können. Fernseh- oder auch Internetwerbung benötigen dagegen Inhalte, mit denen sie verbunden werden können. Der zweite Markt wird erst durch die Verbindung beider Märkte geschaffen. Jeder Gewinn oberhalb des einfachen Monopolgewinns von $\pi^M = \frac{1}{4}$ ist somit ein sinnvolles Geschäftsmodell.

6.2.1.2 Optimale Preise

Die gewinnmaximalen Preise p^* und r^* werden durch Einsetzen der Mengen in die inversen Nachfragefunktionen berechnet als

$$p^* = c + \frac{(1-c)(1-g)}{2-(d+g)} \quad \text{und} \quad r^* = c + \frac{(1-c)(1-d)}{2-(d+g)}. \tag{6.7}$$

Die Preise sind als Preis–Kosten–Aufschlag dargestellt. Dieser zeigt das Verhältnis der Preise zu den Grenzkosten. Der Aufschlag auf die Grenzkosten (c) hängt von den indirekten Netzwerkeffekte und Kosten ab. Die Nenner der beiden Preis–Kosten–Aufschläge

---

[2]Auch ein in der Summe negativer Effekt kann eine realistische Situation abbilden. Wir blenden diesem Fall jedoch zunächst aus und gehen davon aus, dass $d + g$ immer positiv sein muss.

sind identisch zu denen der optimalen Mengen q^* und s^*. Je größer die indirekten Netz-werkeffekte, desto kleiner wird der Nenner. Hält man den Zähler konstant, wird der Term mit steigender Summe der indirekten Netzwerkeffekte größer. Dieser Effekt ist auf die Markterweiterung zurückführen, also auf die Verschiebung der Nachfragefunk-tionen nach außen. Ein größerer Markt führt ceteris paribus auch zu höheren Preisen $((d + g){\uparrow} \rightarrow (2 - (d + g)){\downarrow} \rightarrow p{\uparrow})$.

Zieht man auch den Nenner des Preis–Kosten–Aufschlags mit in Betracht, ändert sich das Bild: Neben der Marktgröße und den Grenzkosten $(1 - c)$, hängt der Aufschlag im Zähler direkt von den indirekten Netzwerkparametern g bzw. d ab. Der Preis p auf Markt 1 wird von g bestimmt, also davon, wie stark der Einfluss von Markt 1 auf Markt 2 ist. Je größer die Wirkung der Netzwerkgröße von Markt 1 auf den Markt 2, desto geringer ist auch der Preis $(g{\uparrow} \rightarrow p{\downarrow})$. Umgekehrt wird der Preis–Kosten–Aufschlag des Marktes 2 von der Stärke des Einflusses des Netzwerks des Marktes 2 auf Markt 1, also d, bestimmt.

Dieses Ergebnis ist intuitiv und entspricht den anfänglichen Überlegungen zu zweiseiti-gen Märkten: Profitieren die Konsumenten des einen Marktes sehr stark von der Größe des anderen Marktes, kann dieser Effekt durch einen geringen Preis auf dem Markt ausgenutzt werden, von dem dieser Effekt ausgeht. Profitieren Werbekunden also stark von Zeitungs-lesern, wird der Copy-Preis am Lesermarkt niedrig gesetzt. Dadurch werden mehr Leser gewonnen und die Anzeige wird wertvoller für Werbekunden. Die Preissenkung auf dem Lesermarkt führt zu höheren Einnahmen auf dem Werbemarkt.

Auch Preise unterhalb der Grenzkosten können die Folge eines sehr starken Netzef-fektes sein. Im Modell ist das der Fall, sobald einer der Netzwerkeffekte größer als eins ist. Der Preis–Kosten–Aufschlag wird negativ. Einer der Preise liegt dann unterhalb der Grenzkosten. Sind die Grenzkosten klein oder gar vernachlässigbar (also $c = 0$), wird ein Preis von Null erreicht, wenn $g = 1$ oder $d = 1$. Ist einer der Netzwerkparameter größer als eins, wird der entsprechende Preise sogar negativ. Allerdings können im Modell nicht beide Netzwerkparameter größer oder gleich eins sein, da die Summe $d + g$ immer kleiner zwei sein muss. Sind die Märkte schwächer miteinander verbunden, liegt nur ein geringer Netzeffekt vor und der Preis wird nur wenig durch diesen reduziert.

In Medienmärkten profitiert häufig die Werbung sehr stark von Lesern bzw. Nutzern – also Rezipienten. Der Parameter g wäre in diesem Fall sehr groß. Ist er 1 oder größer, würden die Leser einen Preis kleiner der Grenzkosten oder einen Preis von null bezahlen. Empirische Studien deuten darauf hin, dass Zeitungen und Zeitschriften häufig auf dem Lesermarkt genau ihre Grenzkosten decken, teilweise aber auch unterhalb der Grenzkosten liegen (Kaiser und Wright 2006). Eine generelle Aussage lässt sich allerdings nicht treffen. Andere hochpreisige Zeitschriften jedoch, liegen wohl eher oberhalb der Grenzkosten. Auch die Werbewirkung jeder Mediengattung und jedes Produkts ist unterschiedlich.

Der Markt, von dem ein relativ geringer Netzeffekt ausgeht, bezahlt dagegen durch einen relativ hohen Preis. Insgesamt gilt, dass das Netzwerk, das die höheren Netzeffekte generiert, von dem Netzwerk mit den geringeren Netzeffekten „subventioniert" wird. Das Netzwerk, von dem die geringeren Effekte ausgehen, „wird dagegen ausgebeutet". Ge-nauer gesagt gilt: Ist $d \neq g$, dann unterscheiden sich die Preise auf den beiden Märkten.

Der Preis auf dem Markt, der die stärkere Externalität ausübt, zahlt einen geringeren Preis. Der Markt, der stärker von einer größeren Anzahl an Konsumenten auf dem anderen Markt profitiert, muss einen höheren Preis zahlen. Ist z.B. $g > d$, dann wird Markt 1 auf Kosten des Marktes 2 subventioniert.[3]

Fallbeispiel: Internetplattformen

Bei einer Internetplattformen (z.B. Blog) profitieren Anzeigenkunden stärker von einer steigenden Anzahl an Lesern, als die Leser vom Umfang der Werbung profitieren. Das Verhältnis der Netzwerkparameter ist also $d > g$. Gilt dies, setzt die monopolistische Plattform auf dem Lesermarkt einen geringeren Preis, umso mehr Leser zu gewinnen. Die Steigerung der Seitenaufrufe hat einen positiven Effekt auf den Werbemarkt. Die Plattform wird attraktiver für Werbekunden, da mit einer Anzeige eine höhere Reichweite der Werbung erzielt werden kann. In der Folge wird der Werbepreis steigen. Der User zahlt dann möglicherweise einen Preis unterhalb der Grenzkosten, was im Falle z.B. eines Blogs einen Nullpreis bedeuten würde, da die Kosten eines weiteren Users null sein dürften ($c = 0$).

Die meisten Blogs bieten ihre Inhalte kostenlose an. Der User zahlt aber lediglich keinen monetären Preis. Er zahlt sehr wohl mit seiner Aufmerksamkeit, die dann vom Blog an Werbekunden weiterverkauft wird. Der Leser des Blogs ist eigentlich nur an den Inhalten interessiert und gibt dafür seine Aufmerksamkeit. Die Werbekunden sind dagegen gar nicht oder nur im Grenzfall an den Inhalten des Blogs interessiert. Sie wollen lediglich die Leser erreichen. Die Aufmerksamkeit der Leser wird damit zur Währung werbefinanzierter Inhalte. Sie kann damit als hedonischer Preis interpretiert werden.

Das Beispiel spiegelt auch die Definition zweiseitiger Märkte wider: Der Blog bedient zwei Kundengruppen, die voneinander abhängen, aber unterschiedliche Absichten haben. Die Leser wollen sich informieren; die Werbekunden wollen die Leser erreichen. Der Blog als zweiseitige Plattform bringt die beiden Gruppen zusammen und setzt die Preise so, dass die Netzeffekte optimal ausgenutzt werden.

6.2.1.3 Gewinn

Der Gewinn der monopolistischen Plattform ergibt sich aus Preis abzüglich Grenzkosten von Markt 1 multipliziert mit der Menge auf Markt 1 plus Preis abzüglich der Grenzkosten von Markt 2 multipliziert mit der Menge auf Markt 2 abzüglich möglicher Fixkosten ($\pi = (p - c)q + (r - c)s - F$) und beträgt daher

$$\pi = \frac{(1 - c)^2}{2 - (d + g)} - F. \tag{6.8}$$

---

[3]Natürlich spielen auch die Marktgröße und die Preiselastizität der Nachfrage eine große Rolle. Auf deren Modellierung haben wir hier jedoch bewusst verzichtet. Die hier dargestellte Logik der Mengen und Preise in zweiseitigen Märkten gilt auch dann, ist durch den Einfluss der anderen Faktoren nur nicht mehr so deutlich erkennbar.

Der Gewinn steigt ebenfalls mit der Summe der indirekten Netzeffekte. Die Markterweiterung führt letztendlich dazu, dass die Summe der Gewinne beider Märkte steigt. Bei $d + g = 0$ ist der Gewinn gleich dem aus zwei getrennten Märkten ohne indirekte Netzwerkeffekte. Ist $d + g < 0$, was einen starken negativen Netzeffekt voraussetzt, führt die Zusammenlegung beider Märkte zu einem geringeren Gewinn als bei zwei unabhängigen Monopolen. Ein gemeinsames Angebot beider Produkte (z.B. Werbung und Inhalt) wäre dennoch sinnvoll, wenn einer der beiden Märkte ansonsten nicht existieren würde. Dies wäre bei neuen Märkten wie bei Inhalteanbietern im Internet sehr wahrscheinlich. Ein Werbemarkt allein ist wohl kaum zu vermarkten, besonders wenn er einen negativen Nutzen erzeugt, aber keine entsprechenden Inhalte liefert. Erst durch die Koppelung an die Inhalte entsteht ein erfolgreiches Geschäftsmodell. In diesem Fall würde eine monopolistische Plattform solange anbieten, bis der Gewinn aus dem zweiseitigen Markt größer ist als auf einem Monopolmarkt, also solange

$$\frac{1 - c}{2 - (d + g)} > \frac{1 - c}{4}.$$

Eine Zusammenlegung der beiden Märkte würde erfolgen, solange $d + g > -2$. Dies gilt jedoch nur, solange keine wesentlichen Fixkosten am Werbemarkt anfallen, die erwirtschaftet werden müssen. Der zulässige Wertebereich für $d + g$ lässt sich nach unseren bisherigen Analysen damit auf das Intervall $-2 < d + g < 2$ festlegen.

Die Deckungsbeiträge in den beiden Märkten (DB_1 und DB_2) müssen aber nicht größer sein als in gewöhnlichen Monopolmärkten:

$$DB_1 = (p - c)q = \frac{(1 - c)^2(1 - g)}{(2 - (d + g))^2} \quad \text{und} \quad DB_2 = (r - c)s = \frac{(1 - c)^2(1 - d)}{(2 - (d + g))^2}. \quad (6.9)$$

Bei stark unterschiedlichen Netzeffekten sind auch stark unterschiedliche Deckungsbeiträge auf den Märkten zu erwarten. Ist ein Preis gleich null oder negativ, ergibt sich auf diesem Markt ein negativer Deckungsbeitrag. Profitiert Markt 2 besonders stark von Markt 1, würde der Monopolist einen Verlust auf Markt 1 hinnehmen und dafür einen höheren Gewinn auf Markt 2 machen. Dieses Verhalten ist für den Monopolisten gewinnoptimal (für ein anschauliches Zahlenbeispiel eines solchen Falls siehe Abschn. 6.2.1.6 bzw. Tab. 6.1). Sein Gewinn wird also dadurch maximiert, dass er auf einem Markt einen Verlust realisiert, welcher aber durch den höheren Gewinn auf dem anderen Markt überkompensiert.

Preise unterhalb der Grenzkosten, ein Preis von null oder gar ein negativer Preis können Ausdruck eines einfachen gewinnmaximierenden Verhaltens des Monopolisten sein und sind nicht unbedingt auf ein strategisches Verhalten (z.B. Verdrängungsabsicht) zurückzuführen. Dieses wichtige Ergebnis ist vor allem relevant, um potentiell wettbewerbsschädliches Verhalten auf zweiseitigen Märkten einzuordnen und zu beurteilen.

Sowohl Gewinn als auch Mengen auf beiden Märkten steigen mit den indirekten Netzeffekten. Je stärker die beiden Märkte miteinander verbunden sind, desto höher sind die Gewinne und auch die Mengen. Die Plattform ist in der Lage, die indirekten Netzeffekte – die Externalitäten zwischen den Märkten – zumindest teilweise zu internalisieren. Die

Preise sind auf einem Markt niedriger, auf dem anderen höher als in gewöhnlichen Monopolen. Einer genauen Bewertung der Ergebnisse sind jedoch nur mithilfe einer Wohlfahrtsanalyse möglich.

6.2.1.4 Wohlfahrtsanalyse

Eine vollständige Analyse des zweiseitigen Markt-Modells erfordert die Betrachtung der ökonomischen Renten. Die Produzentenrente entspricht dem Gewinn der Plattform ohne Abzug der Fixkosten. Die Konsumentenrente lässt sich grundsätzlich mit dem Integral über die Nachfragefunktionen im relevanten Bereich bestimmen (der Bereich unterhalb der Nachfragekurve und oberhalb des Preises). Eine weitere Möglichkeit besteht – aufgrund der hier verwendeten linearen Nachfragefunktionen – darin, die Konsumentenrente mithilfe der Dreiecksformel direkt zu bestimmen (vgl. Abschn. 3.2.2). Im Gegensatz zum einfachen Monopolfall muss hier die Verschiebung der Nachfrage berücksichtigt werden. Die Formel zur Berechnung ergibt sich als Strecke zwischen Reservationspreis $1 + ds$ abzüglich des Preises (p), multipliziert mit der Menge[4]

$$KR_1 = \frac{1}{2}\left(1 + ds^* - p^*\right)q^* \quad \text{und} \quad KR_2 = \frac{1}{2}\left(1 + gq^* - r^*\right)s^*. \tag{6.10}$$

Daraus ergibt sich eine Gesamtkonsumentenrente von:

$$KR = \frac{(1-c)^2}{(2-(d+g))^2}. \tag{6.11}$$

Die Konsumentenrente steigt, genauso wie die Menge, mit der Summe der indirekten Netzwerkeffekte. Je stärker die beiden Märkte verbunden sind, desto weiter verschieben sich die inversen Nachfragefunktionen nach außen, desto mehr profitieren die Konsumenten in beiden Märkten. Ein größerer Markt führt ceteris paribus grundsätzlich immer auch zu einer größeren Konsumentenrente. Über die Preise werden Konsumenten auf dem Markt gewonnen, von dem die stärkeren Netzwerkeffekte ausgehen. Dadurch wird der andere Markt attraktiver für mehr Konsumenten, was wiederum über günstigere Preise zu einer Rückkopplung auf den ursprünglichen Markt führt. Höhere Grenzkosten haben steigende Preise zur Folge und reduzieren damit die Konsumentenrente.

Die Gesamtwohlfahrt ergibt sich aus der Summe von Konsumentenrente und Produzentenrente als

$$W = KR + PR = \frac{(1-c)^2(3-(d+g))}{(2-(d+g))^2}. \tag{6.12}$$

Netzeffekte wirken positiv auf die Gesamtwohlfahrt, die Grenzkosten dagegen negativ. Für sich genommen enthält diese Formel nur Informationen über den betrachten Markt. Die so berechnete Wohlfahrt stellt aber in jedem Fall einen Benchmark für weitere Marktformen dar.

---

[4]Zusätzlich muss die Formel noch mal $\frac{1}{2}$ genommen werden. Das Dreieck ist also die Hälfte von Höhe $1 + ds - p$ multipliziert mit der Breite (Menge).

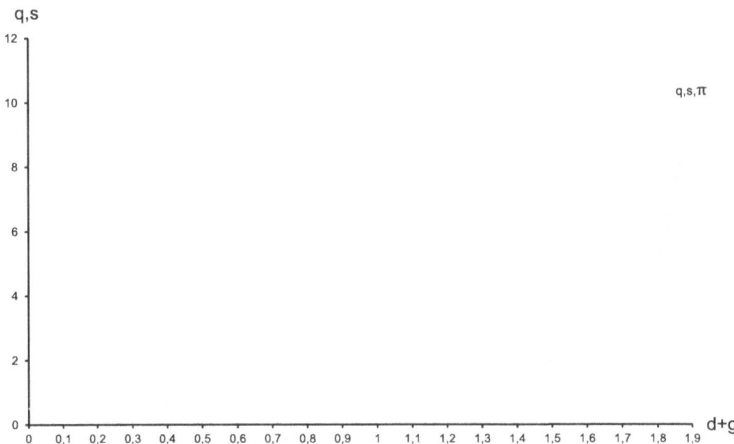

Abb. 6.5 Mengen und Gewinn

6.2.1.5 Vereinfachte Darstellung: Keine Kosten

Eine sinnvolle Vereinfachung des Modells monopolistischer Plattformen ist der Verzicht auf die Darstellung von fixen und variablen (bzw. Grenz-) Kosten ($F = 0$ und $c = 0$). Dadurch lassen sich zum einen die wesentlichen Effekte grafisch und intuitiv besser erfassen, zum anderen ist ein Vergleich mit anderen Modellen später einfacher.

Die Annahme ist auch nicht ganz unrealistisch: Zwar fallen bei allen Unternehmen mehr oder weniger hohe Fixkosten an, diese wirken sich aber nicht auf die Mengen- und Preisentscheidung aus. Auch die Annahme von Grenzkosten gleich null ist in vielen Medienmärkten realistisch. Für Medienunternehmen sind vor allem die „First-Copy-Costs" relevant. Ist das Produkt aber einmal erstellt, kann es zu sehr geringen Grenzkosten weiterverbreitet werden. Ist der Inhalt nicht an ein Trägermedium (Zeitung, CD etc.) gebunden, sondern wird er über das Internet verbreitet, dürften die Grenzkosten auch in der Realität gleich null oder zumindest nahe null sein. Ein einmal geschriebener Zeitungsartikel kann über die Website einer Zeitung veröffentlicht werden, ein zusätzlicher Leser verursacht dann keine zusätzlichen Kosten.

Unter der Annahme $c = 0$ lassen sich die Mengen beider Märkte sowie der Gewinn reduzieren zu

$$q = s = \pi = \frac{1}{2 - (d + g)}. \tag{6.13}$$

Die Mengen sind größer als bei Existenz positiver Grenzkosten, der negativ wirkende Faktor c entfällt. Der Abbildung 6.5 zeigt den Verlauf der Mengen, wenn die Summe der Netzeffekte (NE) gegen 2 tendiert. Es kommt zu einem starken Anstieg der Mengen und des Gewinns, je näher NE gegen zwei konvergiert.

Die Preise vereinfachen sich ohne Grenzkosten zu

$$p = \frac{1 - g}{2 - (d + g)} \quad \text{und} \quad r = \frac{1 - d}{2 - (d + g)}. \tag{6.14}$$

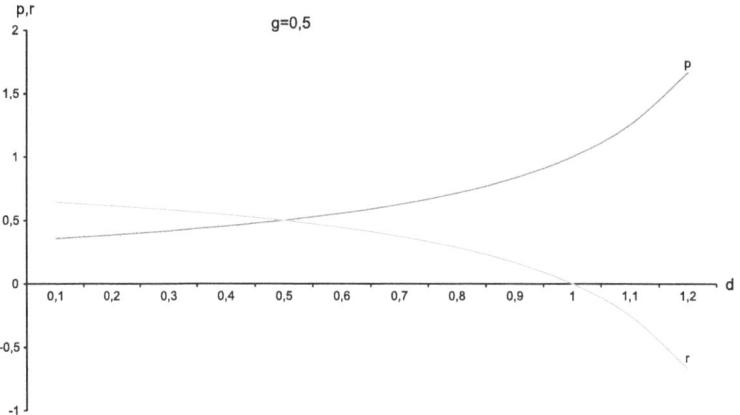

Abb. 6.6 Preise

Aufgrund des Wegfalls der Grenzkosten ($c = 0$) lassen sich die Preise direkt als Preis–Kosten–Aufschlag interpretieren. Immer noch zeigt die Darstellung, um wie viel der Monopolist seinen Preis oberhalb der Grenzkosten – hier von null – ansetzt. Es gilt weiterhin: Ein starker Netzeffekt, der von einem Markt auf den anderen wirkt, senkt den Preis des Netzeffekt initiierenden Marktes.

Abbildung 6.6 zeigt den Verlauf der Preise unter der Annahme $c = 0$ und $g = 0,5$. Die Preise p und r verlaufen genau entgegengesetzt, wenn das Verhältnis aus d/g variiert. Ein relativ geringer Netzeffekt $\frac{d}{g}$ resultiert in einem geringen Preis p und einem hohen Preis r. Ist das Verhältnis $\frac{d}{g} = 1$, sind beide Preise identisch und entsprechen $1/2$ – dem gewöhnlichen Monopolpreis. Ansonsten liegt immer ein Preis oberhalb und der andere Preis unterhalb des Monopolpreises einseitiger Märkte. Mit steigendem Preisverhältnis steigt p und sinkt r. Ist $d > 1$, so wird in diesem Fall r negativ.

Einen interessanten Einblick in die Funktionsweise zweiseitiger Märkte gibt auch das Preisverhältnis zwischen p und r:

$$\frac{p}{r} = \frac{1 - g}{1 - d}. \tag{6.15}$$

Die Nenner kürzen sich heraus und das Verhältnis ist nur noch abhängig von d und g. Für $g > d$ gilt $\frac{p}{r} < 1$. Die Kundengruppe des Marktes 1 übt einen stärkeren Einfluss auf die des Marktes 2 aus als umgekehrt und muss deshalb einen geringeren Preis zahlen. Für ein umgekehrtes Verhältnis der Netzeffekte ($g < d$) gilt das Gegenteil ($\frac{p}{r} > 1$). Der Markt, der die relativ größeren Netzeffekte ausübt, zahlt den geringeren Preis. Dieser Markt wird wiederum „subventioniert", während der andere „ausgebeutet" wird.

Konsumentenrente und Gesamtwohlfahrt lassen sich in diesem vereinfachten Modell berechnen als

$$KR = \frac{1}{(2 - (d + g))^2} \quad \text{und} \quad W_M = \frac{3 - (d + g)}{(2 - (d + g))^2}. \tag{6.16}$$

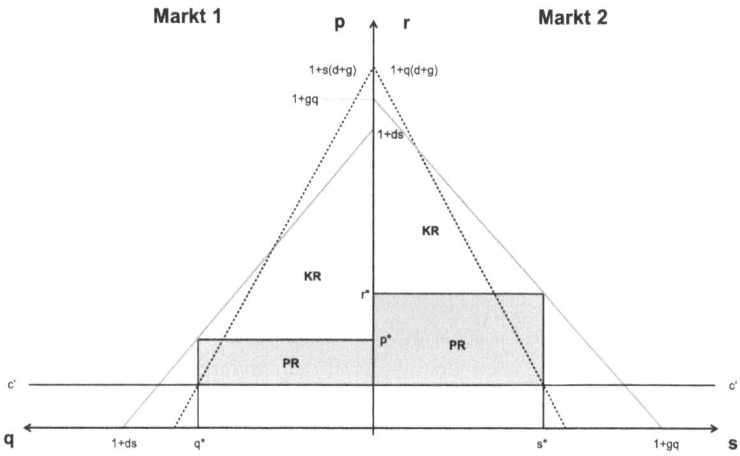

Abb. 6.7 Gleichgewicht 1

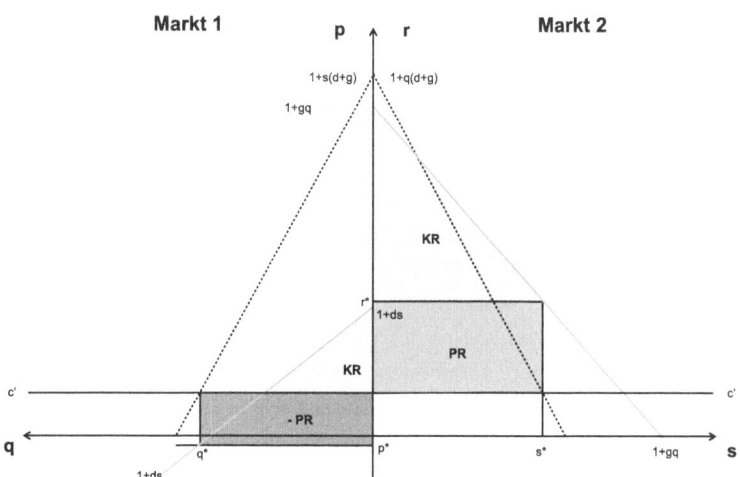

Abb. 6.8 Gleichgewicht 2

Beide weisen einen ähnlichen Verlauf wie die Mengen bzw. Gewinne auf und steigen exponentiell, wenn $NE \to 2$. Der Markterweiterungseffekt führt zu einem extremen Anstieg der Konsumenten- und Produzentenrente.

Abbildungen 6.7 und 6.8 zeigt die grafische Lösung des Monopolmodells. Die inversen Nachfragefunktionen haben einen unterschiedlichen Ordinatenabschnitt ($1 + dq$ und $1 + gs$), solange d und g unterschiedlich groß sind. Die Grenzerlösfunktionen haben dagegen sowohl den gleichen Achsenabschnitt ($1 + (d + g))s$ bzw. $(1 + (d + g))q$ als auch definitionsgemäß die gleiche Steigung. Der Schnittpunkt von Grenzerlösen und Grenzkosten bestimmt die optimalen und identischen Mengen. Spiegelt man die Mengen an der Nachfragefunktion, ergeben sich die optimalen Preise (p und r). Diese sind unterschiedlich hoch, wenn die Netzeffekte unterschiedlich stark sind. Die Flächen unterhalb der inversen Nachfragen und oberhalb der Preise sind die Konsumentenrenten. Die Flächen zwischen optimalen Mengen und Ordinate auf der einen und zwischen Preis und Grenzkosten auf der anderen Seite bestimmen die Produzentenrenten auf beiden Märkten. Die Summe der Konsumenten- und Produzentenrenten entspricht der Gesamtwohlfahrt.

Fallbeispiel: Relative Preise bei werbefinanzierten Medien

Besonders bei werbefinanzierten Plattformen sind neben den absoluten Preisen auch die relativen Preise bedeutsam. Preise werden in Relation zu den Mengen gesetzt, um eine Aussage über den Preis pro Mengeneinheit auf dem anderen Markt treffen zu können. Der Tausender-Kontaktpreis bezeichnet den Preis, den Werbetreibende für 1000 Werbekontakte bezahlen müssen. Ein Anzeigenpreis von 200 Euro pro *Pop-Up* etwa hat demnach bei 1000 *Unique Usern* einen Tausender-Kontaktpreis von 200 Euro/Tsd. Leser. Im Modell ergibt sich für den Kontaktpreis (Preis pro Kontakt):

$$\frac{r}{q} = \frac{\frac{(1-d)}{2-(d+g)}}{\frac{1}{2-(d+g)}} = 1 - d.$$

Analog ergibt sich für das relative Preis-Mengen-Gefüge des anderen Marktes:

$$\frac{p}{s} = 1 - g.$$

$\frac{p}{s}$ ist der Preis, den Leser pro Anzeige zahlen müssen. Beide relativen Preise hängen davon ab, wie stark die Netzwerkeffekte auf den jeweils anderen Markt wirken.

Am Beispiel der Regionalzeitung ist der Werbepreis pro Leser $\frac{r}{q}$ davon abhängig, wie Leser Werbung wahrnehmen. Empfinden Leser Werbung als störend, ist $d < 0$, dann liegt der Kontaktpreis über 1. Die Zeitung schlägt den *Schaden*, den Werbekunden den Lesern zufügen, auf den Preis auf ($d < 0$ kann als Disnutzen oder als Schaden im ökonomischen Sinne verstanden werden).

Bei $g \geq 1$ ist der Preis, den Konsumenten pro Anzeigen bezahlen $\frac{p}{s}$ gleich oder kleiner null. Je stärker die Anzeigenkunden profitieren, desto weniger zahlen Konsumenten pro Anzeige bzw. desto mehr erhalten sie pro Anzeige. Interessanterweise hängt der Preis pro Anzeige für den Leser aber nicht davon ab, ob Werbung als störend oder nutzenstiftend wahrgenommen wird. Entscheidend ist also nicht, wie die andere Kundengruppe wahrgenommen wird, sondern wie stark Werbekunden von Lesern profitieren.

Fallbeispiel: Internetmärkte mit vernachlässigbaren Grenzkosten

Das vereinfachte Modell kann auf verschiedenste Märkte angewendet werden. Insbesondere in Internetmärkten sind Grenzkosten häufig vernachlässigbar. Die Kosten für Inhalte, aber auch für Werbung variieren kaum (bzw. gar nicht) mit der Nutzerzahl oder der Zahl an Werbebannern. Erst wenn es zu einer Überlastung der Server kommt oder

Tab. 6.1 Zahlenbeispiele

	Beispiel I	Beispiel II	Beispiel III
d	−0,2	0,2	0,1
g	1,2	1,2	0,2
$d + g$	1	1,4	0,3
q	1	1,67	0,59
s	1	1,67	0,59
p	−0,2	−0,33	0,47
r	1,2	1,33	0,53
π_1	−0,2	−0,56	0,28
π_2	1,2	2,22	0,31
π	1	1,67	0,59

aber ein neues Inkrement an Nutzern oder Werbekunden hinzukommt, verursachen zusätzliche User und Werbekunden Kosten. Bis zu diesem Punkt jedoch ist es durchaus sinnvoll davon auszugehen, dass $c = 0$.

Im Fall von $c = 0$ würde ein Preis von null auf einem der beiden Märkte entstehen, sobald $d = 1$ oder $g = 1$ gilt. Für den Monopolisten ist es dann gewinnmaximierend sein Produkt zu „verschenken". Die Konsumenten eines Marktes zahlen dann keinen monetären Preis, bezahlen jedoch nach wie vor mit dem hedonischen Preis – ihrer Aufmerksamkeit für Werbung. Sollte einer Netzeffekte stärker als eins sein, würde der entsprechende Preis negativ. Dies ist dann möglich, wenn es z.B. bei der Anmeldung zu Plattformen „Give-aways" gibt, wie etwa freie Speicherkapazität, eine freie E-Mail-Adresse oder andere materielle oder nicht-materielle Güter.

6.2.1.6 Zahlenbeispiel

Mathematische Modelle haben den Vorteil, dass sie – unter den getroffenen Annahmen – allgemein gültig sind. Allerdings können sie dadurch auch abstrakt wirken. Die Größe der Netzeffekte d und g ist zwar eine empirische Frage, dennoch können verschiedene Zahlenbeispiele die Wirkungsweise zweiseitiger Märkte veranschaulichen. Im Folgenden diskutieren wir daher einige Parameterkonstellationen.

Wie die Tab. 6.1 zeigt, betrachten wir drei verschiedene Zahlenbeispiele. Im Beispiel I liegt ein negativer Netzeffekt $d = −0,2$ vor, der andere Netzeffekt beträgt $g = 1,2$. In der Summe liegen die Netzeffekte also genau bei $d + g = 1$. Aus der Formel für die Mengen $q = s = \frac{1}{2-(d+g)}$ ergibt sich, dass die Mengen $q = s = 1$ sind. Der Preis auf Markt 1 ist $p = −0,2$ und der Preis auf Markt 2 lautet $r = 1,2$. Der Monopolist nimmt also auf Markt 1 einen Verlust von $\pi_1 = p \cdot q = −0,2 \cdot 1 = −0,2$ in Kauf. Dafür erwirtschaftet er einen Gewinn von $\pi_2 = r \cdot s = 1,2 \cdot 1 = 1,2$ auf Markt 2. Insgesamt beträgt sein Gewinn $\pi = 1$. und ist damit doppelt so hoch, wie der Gesamtgewinn, wenn er zwei getrennte Monopole auf jeden Markt hätte (siehe Abb. 6.9).

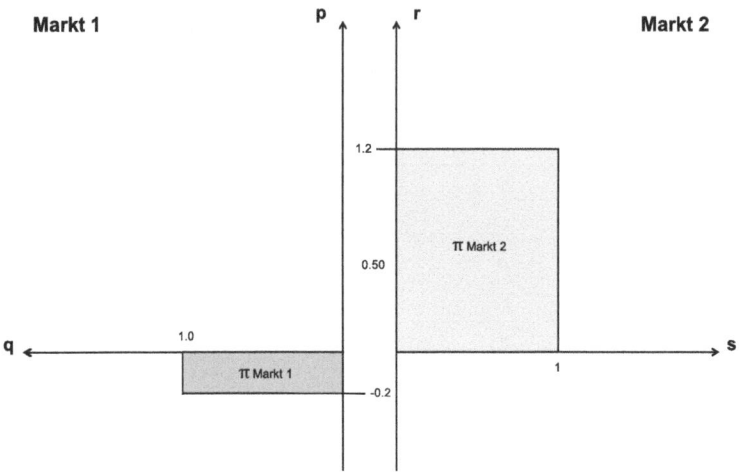

Abb. 6.9 Zahlenbeispiel 1

Nimmt man an, dass Markt 1 der Rezipientenmarkt ist, würde Werbung (Markt 2) einen Disnutzen bei den Lesern verursachen. Dafür müssen diese aber keinen monetären Preis zahlen, sondern ihr Konsum wird subventioniert $p = -0,2$. Da wir Grenzkosten von null annehmen, ist es sinnvoll diesen Preis als Preis unterhalb der Grenzkosten zu interpretieren. Preise unterhalb der Grenzkosten sind tatsächlich keine Seltenheit bei Printmedien (Kaiser und Wright 2006). Der Zeitungsmonopolist würde also die Leser für den Disnutzen, der durch Werbung entsteht, kompensieren und dafür einen höheren Werbepreis verlangen.

Abbildung 6.9 zeigt, dass auf Markt 1 ein Verlust entsteht, auf Markt 2 aber ein Gewinn, der höher ist als der Verlust. Die Mengen, Preise und Gewinne auf den beiden Märkten entstehen nur durch das Zusammenspiel und die Internalisierung der Netzeffekte zwischen den beiden Märkten. Die Ergebnisse eines Marktes dürfen also nicht getrennt von denen des anderen Marktes betrachtet werden. Gleiches gilt für das Verhalten der Plattform.

Beispiel II unterscheidet sich nur im Parameter d. Leser nehmen Werbung jetzt nicht mehr als störend wahr, sondern ziehen sogar einen Nutzen daraus. Die Werbung informiert sie über Produkte, die sie sowieso benötigen oder sie finden in Kleinanzeigen passende Angebote. Die Werte für diesen Fall lassen sind in Spalte II aufgeführt. In Summe steigen die Netzeffekte im Vergleich zu Beispiel I. Wiederum führt die Mengen- und Preiswahl zu einem Verlust auf Markt 1 $\pi_1 = p \cdot q = -0,33 \cdot 1,67 = -0,56$, dafür aber zu einem Gewinn auf Markt 2 von $\pi_2 = r \cdot s = 1,33 \cdot 1,67 = 2,22$ und damit insgesamt zu $\pi = 1,67$.

Die Leser in Beispiel I zahlt jedoch nicht deshalb einen negativen Preis, weil Werbung ihnen einen Disnutzen stiftet; sie zahlen ihn deshalb, weil Werbekunden (relativ gesehen) sehr stark von ihnen profitieren $g = 1,2$. Leser profitieren also indirekt von mehr Lesern, weil die Zeitung dadurch wertvoller für Werbekunden wird und die Zeitung Mengen oder Preise so wählt, dass möglichst viele Leser angelockt werden.

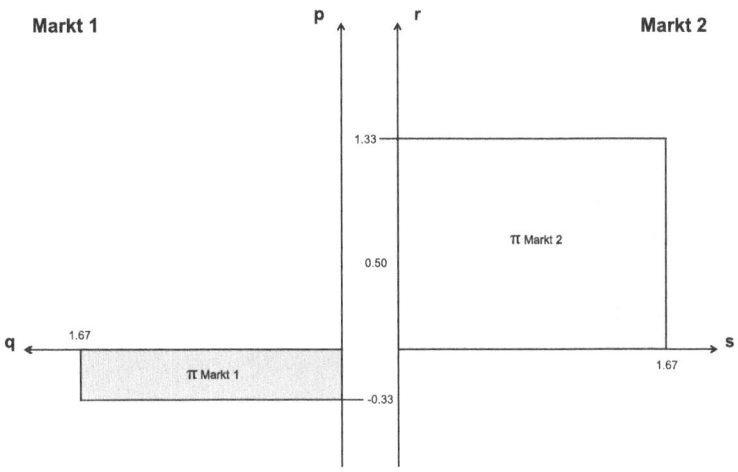

Abb. 6.10 Zahlenbeispiel 2

Leser profitieren im Fall II von Werbung $d = 0,2$, dennoch sinkt der Preis auf dem Lesermarkt sogar noch. Das liegt daran, dass die Netzeffekte in Summe steigen (Beispiel I: $d + g = 1$, Beispiel II: $d + g = 1,2$). Die stärkere Verbundenheit der Märkte führt dazu, dass die *Subvention* an Markt 1 steigt (Preis fällt), ebenso wie die *Ausbeutung* von Markt 2. Der negative Preis oder Preis kleiner gleich den Grenzkosten wird nicht durch die Wahrnehmung der Werbung durch die Leser verursacht, sondern von der Wertschätzung der Werbekunden für mehr Leser (siehe Abb. 6.10).

In Beispiel III ist die Summe der Netzeffekte deutlich kleiner; die Märkte sind weniger stark verbunden. Die Mengen sind entsprechend geringer. Ebenso liegen die Preise nicht weit auseinander, da die Netzeffekte ähnlich groß sind. In diesem Beispiel steigen die Mengen nur geringfügig im Vergleich zum einseitigen Monopolisten $q = 0,5$. Dennoch kommt es zur Markterweiterung. Auch die Preise zeigen das bereits besprochene Muster: Der Markt, von dem die stärkeren indirekten Netzeffekte ausgehen, wird subventioniert und zahlt einen Preis, der unterhalb des Monopolpreises in einseitigen Märkten liegt ($p = 0,5$). Entscheidend dabei ist nicht, wie die eine Gruppe die andere empfindet (Markt 1 wird von Markt 2 über d beeinflusst), sondern wie die andere Gruppe erstere empfindet (Einfluss von Markt 1 auf Markt 2 wird durch g gemessen). Da Markt 2 mehr von Markt 1 profitiert als umgekehrt, muss Markt 2 mehr bezahlen als Markt 1. Der Preis auf Markt 2 liegt oberhalb des Monopolpreises in einseitigen Märkten (vgl. Abb. 6.11).

Merke

Für das Verhalten der Plattform sind somit folgende Punkte relevant:

- Richtung der Netzeffekte

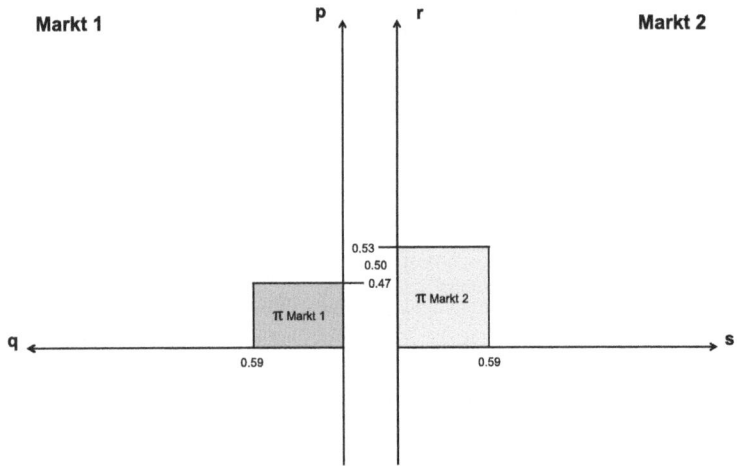

Abb. 6.11 Zahlenbeispiel 3

- Stärke der Netzeffekte (gesamt und einzeln)
- Verhältnis der Netzeffekte (relative Größe der Netzeffekte)

Anders ausgedrückt muss die Plattform wissen, wie stark die beiden Märkte voneinander profitieren.

6.2.1.7 Zusammenfassung

Das einfache zweiseitige Marktmodell unterscheidet sich vom klassischen Monopol-Modell in einseitigen Märkten durch die indirekten Netzeffekte, also durch die Verbindung zweier Märkte. Die monopolistische Plattform internalisiert diese Effekte und setzt Mengen und Preise so, dass der Markt, von dem die stärkeren Effekte ausgehen „subventioniert" und der jeweils andere Markt „ausgebeutet" wird. Die Summe der beiden Netzwerkeffekte, das Ausmaß der Verbindung der beiden Märkte, ist dabei entscheidend für die Stärke des Effektes.

Mengen und Gewinne sind immer höher als in einseitigen Märkten, solange die Summe der Netzeffekte größer als null ist. Die Preise liegen dabei in der Regel auf einem Markt unterhalb und auf dem anderen Markt oberhalb des gewöhnlichen Monopolpreises. Auch sind Preise unterhalb der Grenzkosten, ein Preis von null oder sogar ein negativer Preis (je nach Stärke und Verhältnis der Netzeffekte) möglich. Diese sind dann allein das Ergebnis des gewinnmaximierenden Verhaltens der Plattform und nicht notwendigerweise wettbewerbs- bzw. wohlfahrtsschädlich. Es wird bereits jetzt klar, dass eine einfache Übertragung von wettbewerblichen Grundsätzen aus einseitigen Märkten zu Fehleinschätzungen führen kann, wenn die Besonderheiten zweiseitiger Märkte missachtet werden.

6.2.2 Sozialer Planer

In zweiseitigen Märkten führt die Stärke der Netzeffekte dazu, dass größere Mengen als in einseitigen Märkten realisiert werden. Eine monopolistische Plattform internalisiert diese Effekte teilweise und maximiert damit den Gewinn. Fraglich ist allerdings, in welchem Ausmaß ein Monopol die externen Effekte ausnutzt und wie ein sozialer Planer, der die Gesamtwohlfahrt und nicht nur die Produzentenrente maximiert, handeln würde.

Um dieser Frage nachzugehen, maximieren wir im Folgenden die Gesamtwohlfahrt, also die Summe aus Konsumentenrente und Produzentenrente. Das wäre dann der Fall, wenn entweder ein reguliertes Monopol vorliegt oder aber ein Staatsunternehmen die wohlfahrtsoptimalen Mengen oder Preise setzt. Wir beginnen mit einer einfachen Wohlfahrtsmaximierung, bei der es keine Restriktionen über die Renten gibt und berechnen anschließend die maximale Wohlfahrt für den Fall, dass die Plattform keine Verluste machen darf.

6.2.2.1 Einfache Wohlfahrtsmaximierung
Die Gesamtwohlfahrt wird maximiert anhand der Summe aus Konsumenten- und Produzentenrente ($W = KR + PR$) über q und s bei $c = 0$

$$\max_{q,s} W = \frac{1}{2}\big((1+ds) - (1-q+ds)\big)q + \frac{1}{2}\big((1+gq) - (1-s+gq)\big)s$$
$$+ (1-q+ds)q + (1-s+gq)s$$
$$= \frac{q^2}{2} + \frac{s^2}{2} + (1-q+ds)q + (1-s+gq)s. \tag{6.17}$$

Mithilfe der Bedingungen erster Ordnung lassen sich die optimalen Mengen ableiten als

$$q = s = \frac{1}{1-(d+g)}. \tag{6.18}$$

Die Mengen sind aufgrund des kleineren Nenners größer als im Monopolfall. Die optimalen Preise lauten

$$p = -\frac{g}{1-(d+g)} < 0 \quad \text{und} \quad r = -\frac{d}{1-(d+g)} < 0 \tag{6.19}$$

und folgen dem gleichen Muster wie im Monopolmodell. Allerdings sind die Preise hier grundsätzlich negativ, solange positive Netzeffekte vorliegen (vgl. auch Economides und Tåg 2012).

Das muss natürlich zu negativen Gewinnen führen. Je stärker der Einfluss der Netzeffekte, die von einem Markt ausgehen, desto geringer ist der entsprechende Preis. Auf diese Weise werden die Netzeffekte optimal ausgenutzt. Der Gewinn bzw. die Produzentenrente der Plattform beträgt dann

$$\pi = -\frac{d+g}{(1-(d+g))^2}. \tag{6.20}$$

Die Netzeffekte werden so stark ausgenutzt, dass ein entsprechendes Absenken der Preise zu Verlusten bei der Plattform führt. Diese Verluste werden aber durch die maximalen Konsumentenrenten überkompensiert:

$$KR = \frac{1}{(1 - (d + g))^2} \qquad (6.21)$$

sodass die Gesamtwohlfahrt

$$W_1 = \frac{1}{1 - (d + g)} \qquad (6.22)$$

beträgt und den maximalen Wert annimmt. Wie auch hier zu erkennen ist, ist die Wohlfahrt höher als im Monopolmodell

$$W_1 = \frac{1}{1 - (d + g)} > \frac{3 - (d + g)}{(2 - (d + g))^2} = W_M.$$

Allerdings ist die maximale Wohlfahrt nur für Werte $d + g \leq 1$ definiert. Ein Vergleich der Modelle ist also nur in diesem Parameterbereich möglich.

6.2.2.2 Wohlfahrtsmaximierung bei Nullgewinnbedingung

Das so berechnete Wohlfahrtsmaximum hat den Nachteil, dass die Gewinne der Plattform immer negativ sind, wenn die Summe der Netzeffekte positiv ist. Dies wäre aber mit der Existenz eines regulierten Monopols nicht vereinbar. Der Regulierer müsste der Plattform zumindest Nullgewinne zugestehen. Um das zu erreichen, kann eine Maximierung der Konsumentenrente vorgenommen werden, bei gleichzeitiger Restriktion über eine positive Produzentenrente $\pi = PR = 0$. Dies kann mithilfe des Lagrange-Ansatzes berechnet werden.

Die Zielfunktion lautet dann:

$$\max_{q,s,\lambda} W = \frac{q^2}{2} + \frac{s^2}{2} + \lambda\big((1 - q + ds)q + (1 - s + gq)s\big). \qquad (6.23)$$

Mithilfe der Bedingungen erster Ordnung lassen sich die Mengen sowie der Schattenpreis λ berechnen als

$$q = s = \lambda = \frac{2}{2 - (d + g)}. \qquad (6.24)$$

Die Mengen sind damit doppelt so groß wie im Monopolmodell, aber bei $d + g > 0$ immer kleiner als im Modell ohne Restriktion über die Produzentenrente. Die optimalen Preise lauten

$$p = \frac{d - g}{2 - (d + g)} \quad \text{und} \quad r = \frac{g - d}{2 - (d + g)} \qquad (6.25)$$

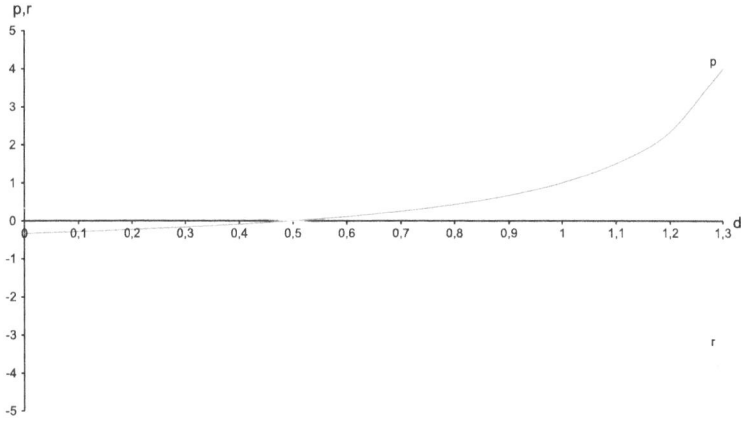

Abb. 6.12 Preise des Sozialen Planers bei Nullgewinnbedingung

und folgen wiederum der gleichen Logik wie in den bisherigen Modellen.[5] Der Markt, von
dem die relativ höheren Netzeffekte ausgehen, wird „subventioniert", der andere Markt
muss einen höheren Preis bezahlen. Allerdings ist nun die Differenz der Netzeffekte ausschlaggebend. Ein negativer Preis wird nur dann erreicht, wenn der entsprechende Netzeffekt größer ist als der jeweils andere. Die Differenz bzw. das Verhältnis der Netzeffekte
wird damit noch wichtiger als im einfachen Monopolfall (vgl. Abb. 6.12).

Die Gewinne der Plattform lauten ohne Fixkosten

$$\pi = PR = 0. \tag{6.26}$$

Jeder Gewinn über Null würde zu einer geringeren Gesamtwohlfahrt führen, da die Netzeffekte nicht optimal ausgenutzt werden könnten.

Die Konsumentenrente beträgt demnach

$$KR = \frac{4}{(2 - (d + g))^2} \tag{6.27}$$

und die Gesamtwohlfahrt entsprechend

$$W_2 = \frac{4}{(2 - (d + g))^2}. \tag{6.28}$$

Ein Vergleich mit der obigen Gesamtwohlfahrt ist wiederum nur für den Parameterbereich
$d + g < 1$ möglich. Die hier berechnete Wohlfahrt ist dann aber immer geringer als im
Fall ohne Nullgewinnbedingung. Die beiden Wert sind gleich, wenn keine Netzeffekte
vorliegen ($d + g = 0$). Je größer aber die Summe der Netzeffekte ist, je wichtiger die

---

[5]Das gleiche Ergebnis lässt sich ebenso herleiten, wenn die Gesamtwohlfahrt $W = KR + PR$ unter
der Eigenwirtschaftlichkeitsbedingung $PR \geq 0$ abgeleitet wird.

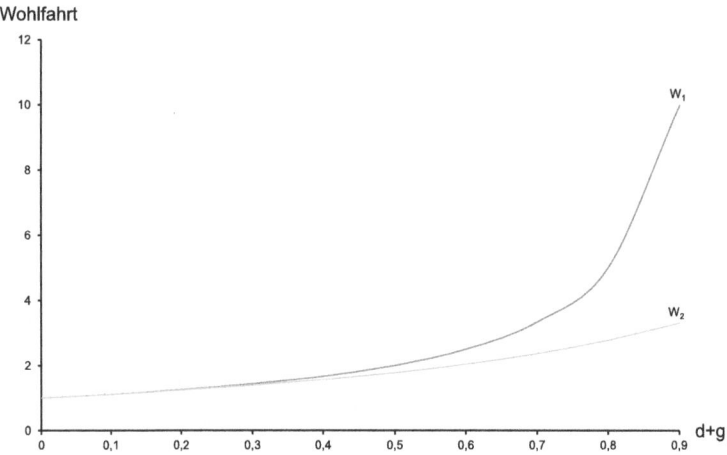

Abb. 6.13 Wohlfahrtsvergleich Sozialer Planer

Verbundenheit der Märkte, desto größer ist der Unterschied zwischen W_1 und W_2. Erst, wenn die Summe der Netzwerkeffekte ansteigt, nimmt der Unterschied deutlich zu (vgl. Abb. 6.13).

6.2.3 Traditionelle Medienmärkte

Bisher führen die Netzeffekte zu einem Markterweiterungseffekt, der mit der Stärke der indirekten Netzeffekte zunimmt. Gleichzeitig haben wir beide Netzeffekte als variabel angenommen. Diese Annahme ist insbesondere dann sinnvoll, wenn neue Märkte analysiert werden – beispielsweise Internetmärkte wie Suchmaschinen oder soziale Netzwerke mit noch großem Wachstumspotenzial. Gesättigte Märkte dagegen lassen keinen deutlichen Zuwachs mehr erwarten und weisen somit keine Markterweiterungseffekte mehr auf. Diese Effekte sind in diesen Märkten bereits vollzogen. Es wird zwar immer noch ein größerer Markt bedient als in einer Situation ohne Netzeffekte; da die Erweiterung aber bereits abgeschlossen ist, beeinflussen die Netzeffekte nicht mehr die Mengen.

Die meisten traditionellen Medienmärkte sind solche gesättigten Märkte. In diesen Märkten ist meist nicht mehr mit wesentlichem Wachstum zu rechnen. Typische Beispiele sind Zeitungsmärkte. Die Zeitungskrise hat seit einiger Zeit zu einer zunehmenden Konzentration und Marktaustritten geführt. Generell entsteht durch das Aufkommen von neuen Medien eine starke Konkurrenz für Verlage aber auch für Radio- und Fernsehsender. Markterweiterungen wie in den vorangegangen Modellen sind so nicht mehr realistisch.

Das Modell kann eine solche begrenzte Markterweiterung abbilden, wenn die Summe der Netzeffekte begrenzt wird. Dies führt zu teilweise anderen Ergebnissen, da für die wesentlichen Implikationen bisher die Stärke und das Verhältnis der Netzeffekte ausschlaggebend waren. Ist die Stärke beschränkt, ist vor allem das Verhältnis der Netzeffekte relevant.

Bisher waren die Effekte der Verbundenheit der Märkte auf die Parameter d und g zurückzuführen. Daraus folgt, dass beide Parameter in Summe beschränkt sein müssen, möchte man den Markterweiterungseffekt begrenzen. Im vorliegenden Fall nehmen wir an, dass diese Summe nicht größer als eins sein darf. $d + g = 1$ ist in den bisherigen Analysen oftmals eine kritische Grenze, ab der andere Auswirkungen zu erwarten sind, als bei geringeren Netzeffekten.

Die Restriktion lässt sich in einfacher Form durch die Gleichung $d + g = 1$ ausdrücken, was wiederum dazu führt, dass sich der Parameter g komplett durch $g = 1 - d$ ersetzen lässt. Setzt man diese Gleichung in die Gewinnfunktion (6.4) der monopolistischen Plattform ein, so ergibt sich

$$\max_{q,s} \pi = (1 - q + ds - c)q + \big(1 - s + (1 - d)q - c\big)s. \tag{6.29}$$

Mithilfe der Bedingungen erster Ordnung $\frac{\partial \pi}{\partial q} \overset{!}{=} 0$ und $\frac{\partial \pi}{\partial s} \overset{!}{=} 0$ lassen sich dann die optimalen Mengen berechnen als:

$$q = s = 1 - c. \tag{6.30}$$

Diese sind unabhängig von den Netzeffekten und variieren lediglich in der Höhe der Grenzkosten. Aufgrund der Symmetrie der beiden Märkte sind auch die optimalen Mengen identisch. Die Stärke der Netzeffekte hat keinen Einfluss auf die Größe der beiden Märkte, sie finden genau genommen keine Berücksichtigung bei der Mengenwahl des Monopolisten. Anders verhält es sich bei den Preisen:

$$p = c + d(1 - c) \quad \text{und} \quad r = c + (1 - d)(1 - c), \tag{6.31}$$

diese werden vom Netzeffekt d beeinflusst. Analog zum Ursprungsmodell mit variablen Markterweiterungseffekten erhöht der Netzeffekt, der vom jeweils anderen Markt wirkt, den Preis am betrachteten Markt. Der Preis p auf Markt 1 wächst mit steigendem d. Im gleichen Umfang wie p zunimmt, nimmt aber r ab. Die Preise sind wieder gegenläufig. Während die Mengen gleich und unabhängig von den Netzeffekten sind, erfolgt die Anpassung an die Zweiseitigkeit des Marktes bzw. die Internalisierung der Netzeffekte über die Preise. Der Markt, von dem der stärkere Netzeffekt ausgeht, wird weiterhin subventioniert.

Nimmt man wieder an, dass Markt 1 der Leser- und Markt 2 der Werbemarkt ist, dann profitieren Leser nur wenig oder gar nicht von Werbung. d ist relativ klein, null oder auch negativ. Der Preis p auf Markt 1 liegt dementsprechend nahe bei den Grenzkosten. Der Preis r ist in diesem Beispiel dagegen deutlich größer, da $(1 - d) > d$. Die monopolistische Plattform behandelt die Märkte also nur bezüglich der Preise unterschiedlich, die Mengen bleiben gleich.

Da die Mengen auf $1 - c$ fixiert und die Preise genau gegenläufig sind, wird auch der Gewinn nicht mehr von den Netzeffekten beeinflusst:

$$\pi = (1 - c)^2. \tag{6.32}$$

Der erzielte Gewinn ist höher als der eines einseitigen Monopols. Die Netzeffekte führen zwar nicht zur Markterweiterung, sind aber dennoch vorhanden. Eine Veränderung der Netzeffekte führt nicht zu einer Veränderung des Gewinns wie im vorangegangenen Modell, sie führt lediglich zu einer Verschiebung der Preise zwischen den beiden Märkten.[6] Wie auch in neuen Märkten liegt zwar ein Markterweiterungseffekt vor, dieser ist jedoch fix und wird im Gleichgewicht nicht mehr durch die (Verteilung der) einzelnen Netzeffekte (d und $1 - d$) beeinflusst.

Stellt man die Preise wieder als Aufschläge auf die Grenzkosten dar, wird die Wirkung der Netzeffekte deutlich. Ist der Netzeffekt $d = 0$, bedeutet dies gleichzeitig einen maximalen Effekt $1 - d = 1$. Die daraus resultierenden Preise sind analog zum Modell neuer Märkte zu interpretieren: Während der Grenzkostenaufschlag im ersten Markt damit null wird und sich ein Preis auf Grenzkostenniveau ergibt $p = c$, wird der Aufschlag im zweiten Markt maximiert: $r = c + (1 - c) = 1$. Die gesamten Deckungsbeiträge (bzw. Gewinne bei Abwesenheit von Fixkosten) entstehen dann am zweiten Markt. Der erste Markt wird aber benötigt, um maximale Gewinne am zweiten Markt erzielen zu können. Beide Märkte sind essentiell für das Marktergebnis. Entscheidend dafür ist letztendlich nur das Verhältnis der Netzeffekte und damit das Verhältnis der Preise. Dieses einfache Beispiel zeigt, dass die Betrachtung der Mengen und Preise nur eines Marktes nicht möglich ist und zu falschen Schlüssen führt.

Fallbeispiel: Regionalzeitungen

Regionalzeitungen sind ein typisches Beispiel für eine monopolistische Marktstruktur bei gesättigten Märkten. Markt 1 ist der Leser- einer regionalen Tageszeitung und Markt 2 der Anzeigenmarkt. Je mehr Leser q gewonnen werden, desto höher ist die Nachfrage nach Anzeigen s. Dies schlägt sich in einer erhöhten Zahlungsbereitschaft nieder. Pro Werbeanzeige werden mehr Leser und damit potenzielle Kunden erreicht.

Die relative Stärke der Netzeffekte bestimmt letztendlich das Verhältnis von Anzeigen- und Copypreis. Wie auch im Modell ist hier mit keiner Markterweiterung zu rechnen. Auflage und Werbevolumen sind unabhängig von den Netzeffekten, da gesättigte Märkte vorliegen. Es ist viel eher damit zu rechnen, dass es zu einem weiteren Rückgang der Auflage vieler Zeitungen kommen wird, da einige Funktionen von Zeitungen bereits durch Internetplattformen abgedeckt werden. Kaum eine strategische Maßnahme, die lediglich auf die Zeitung alleine abzielt, kann geeignet sein, das Problem zu lösen. Aus strategischen Gesichtspunkten ist es daher für regionale Tageszeitungen nahe liegend, ebenfalls eine Internetplattform zu erstellen und Möglichkeiten zu finden, Inhalte auch im Internet zu verkaufen bzw. anzubieten.

---

[6]Einseitige Monopole, die die entsprechenden Nachfrage- und Kostenfunktionen aufweisen, würden in zwei unabhängigen Märkten den Gewinn $2 \cdot \pi_M = (1 - c)^2/2$ realisieren.

6.2.3.1 Vereinfachte Darstellung: Keine Kosten

Sind die Grenzkosten vernachlässigbar $c = 0$, reduziert sich das Modell weiter. Lediglich die Preise sind dann noch variabel und allein von d abhängig. Dieser Ansatz ist daher besonders für die Analyse weiterer Einflussgrößen (direkte Netzeffekte, Innovationswirkungen, Qualitätswettbewerb, etc.) geeignet, da diese Effekte damit einfacher isoliert werden können.

Ohne die Existenz wesentlicher Grenzkosten werden entsprechend die Mengen

$$q = s = 1 \tag{6.33}$$

realisiert. Da die maximale Marktgröße bereits erreicht ist, haben auch hier die Netzeffekte keinen Einfluss auf die Mengen. Strategische Maßnahmen, die die Netzeffekte oder die Verbundenheit der Märkte betreffen, können diese auch nicht erweitern. Die Märkte sind gesättigt, mehr als mit Wachstum ist eher mit einem Rückgang der Nachfrage zu rechnen. Lediglich die Preisstruktur

$$p = d \quad \text{und} \quad r = 1 - d \tag{6.34}$$

ist nach wie vor noch von der Relation der Netzeffekte betroffen. Die Preise verlaufen wie üblich entgegengesetzt (in diesem Fall linear) bei Variation der Netzeffekte. Der Gewinn der monopolistischen Plattform ist somit fix mit

$$\pi = 1. \tag{6.35}$$

Entsprechend der Berechnung von Konsumentenrente und Gesamtwohlfahrt in neuen Märkten, kann auch hier eine Wohlfahrtsanalyse durchgeführt werden. Die Berechnung wird dann analog vorgenommen als:

$$KR_1 = \frac{1}{2}(1 + ds - p)q = \frac{1}{2} \tag{6.36}$$

und

$$KR_2 = \frac{1}{2}\big(1 + (1 - d)q - r\big)s = \frac{1}{2}. \tag{6.37}$$

Es ergibt sich daraus eine Gesamtwohlfahrt in Höhe von:

$$W = KR_1 + KR_2 + PR = 2. \tag{6.38}$$

Durch die Beschränkung der Netzeffekte sind auch die Renten eindeutig bestimmt. Die Markterweiterung ist wiederum durch die Summe der Netzeffekte festgelegt. Auch die Gesamtwohlfahrt wird nicht mehr durch die Netzeffekte beeinflusst. Ein Vergleich zu anderen Marktformen wird dadurch einfacher. Allerdings wurde die Beschränkung der Netzeffekte relativ willkürlich auf eins vorgenommen. Ergebnisse, die allein auf diese Beschränkung zurückzuführen sind, dürfen daher nur sehr vorsichtig interpretiert werden, um wirtschaftspolitische Empfehlungen abzugeben.

Dennoch ist die Darstellung sehr hilfreich und gibt Einblicke in die Funktionsweise zweiseitiger Märkte. Ein wesentlicher Bestandteil ist gerade, dass die beiden Märkte abhängig vom Verhältnis der Netzeffekte unterschiedlich behandelt werden müssen. Betrachtet man nur einen der beiden Märkte, erscheint der Preis unter Umständen „zu hoch" oder „zu niedrig". Selbst ein Preis von null kann aber durchaus eine gewinnoptimale Strategie der Plattform sein. Das Modell abstrahiert dabei auch von Effekten, die zu starken Markterweiterungen führen können und beschränkt sich lediglich auf die relative Verbindung der beiden Märkte.

6.2.4 Ein essenzieller Markt

6.2.4.1 Dynamische Märkte

Bisher haben wir symmetrische Märkte und Marktbeziehungen angenommen. Daneben sind aber ebenso asymmetrische zweiseitige Beziehungen zwischen den Märkten möglich. Eine solche Situation liegt dann vor, wenn einer der beiden Teilmärkte essenziell für die Existenz des anderen Marktes ist, der eine Markt also ohne den anderen nicht bestehen kann. Bei vielen werbefinanzierten Medien kann dies eine sinnvolle Annahmen sein. Zeitungen, Zeitschriften oder auch Internet-Plattformen könnten ihre Inhalte zwar ohne Werbung anbieten; es wäre jedoch sehr schwer, Werbung zu verkaufen ohne Rezipienten mit Inhalten zu gewinnen. Einen Werbemarkt zu erstellen, ohne gleichzeitig auch Inhalte anzubieten, ist daher in vielen Fällen nicht möglich.

Im Modell lässt sich dies wie folgt berücksichtigen: Die Marktgröße von Markt 2 wird so modifiziert, dass sie abhängig vom ersten Markt ist. Bisher haben wir angenommen, dass die Marktgröße auf 1 normiert ist, jetzt wird die Größe des Marktes 2 durch die Nachfrage auf Markt 1 (also q), gewichtet mit dem indirekten Netzwerkparameter g, bestimmt. Gibt es keine Nachfrage auf Markt 1 $q = 0$ oder sind die Märkte nicht verbunden $g = 0$, dann existiert auch Markt 2 nicht. Markt 1 dagegen profitiert wie in den vorangegangen Modellen über ds von Markt 2. Die inversen Nachfragefunktionen der beiden Märkte lauten dann

$$p = 1 - q + ds \quad \text{und} \quad r = gq - s. \tag{6.39}$$

Der Monopolist begründet durch seine Entscheidung auf Markt 1 erst die Existenz des Marktes 2 – und dessen Größe. Gibt es keinen Markt 1, ist die Marktgröße des zweiten Marktes null. Je größer aber die Nachfrage und die verkaufte Menge auf Markt 1, desto größer ist auch Markt 2. Wie bisher maximiert der Monopolist seinen Gewinn über beide Märkte bezüglich der Menge q auf Markt 1 und der Menge s auf Markt 2:

$$\pi = (1 - q + ds)q + (gq - s)s. \tag{6.40}$$

Die Quasi-Reaktionsfunktionen, die aus den Bedingungen erster Ordnung abgeleitet werden, zeigen das Optimierungskalkül des Monopolisten

$$\frac{\partial \pi}{\partial q} = 1 - 2q + ds + gs \overset{!}{=} 0$$

und

$$\frac{\partial \pi}{\partial s} = dq + gq - 2s \overset{!}{=} 0.$$

Aus diesen Funktionen lassen sich die optimalen Mengen ableiten als

$$q = \frac{1}{2} + \frac{1}{2}s(d+g) \quad \text{und} \quad s = \frac{1}{2}q(d+g). \tag{6.41}$$

Die Menge s auf Markt 2 beeinflusst die Menge q auf Markt 1 in Höhe von $\frac{1}{2}(d+g)$. Wieder ist die Summe der beiden Netzeffekte relevant. Es kommt wieder zu einem Rückkopplungseffekt auf beiden Märkten, obwohl Markt 1 für Markt 2 essentiell ist. Allerdings würde Markt 1 auch als normaler einseitiger Monopolmarkt existieren, wäre $s = 0$ oder gäbe es keine Netzeffekte zwischen den Märkten $d + g = 0$. Die Menge s auf Markt 2 dagegen hängt nur von der Menge auf Markt 1 q ab, gewichtet wiederum mit der Summe der indirekten Netzeffekte.

Im Gleichgewicht folgen aus dem Optimierungskalkül des Monopolisten folgende Mengen:

$$q = \frac{2}{4 - (d+g)^2} \quad \text{und} \quad s = \frac{d+g}{4 - (d+g)^2}. \tag{6.42}$$

Die Menge ist auf beiden Märkten kleiner als im gewöhnlichen Monopolmodell zweiseitiger Märkte. In den bisherigen Modellen war die Marktgröße auf 1 normiert und wurde zusätzlich durch den Netzeffekt erweitert. Hier bestimmt sich die Größe des zweiten Marktes allerdings aus dem Produkt der Mengen auf Markt 1 und dem indirekten Netzwerkparameter – also um die Erweiterung im einfachen Modell. Da beide Netzeffekte auf beiden Märkten wirken, sind auch beide Mengen davon betroffen.[7]

Anders ausgedrückt fällt auf Markt 2 die von den Netzeffekten unabhängige Nachfrage weg. Markt 2 trägt dadurch weniger zu den Netzeffekten bei. Bisher hätte der Monopolist in Abwesenheit der Netzeffekte immer noch eine positive Menge auf Markt 2 gesetzt. Markt 2 existiert jetzt aber nur über die Netzeffekte.

Die gewinnmaximalen Preise (siehe Abb. 6.14) ergeben sich wie bisher und betragen:

$$p = \frac{2 - g(d+g)}{4 - (d+g)^2} \quad \text{und} \quad r = \frac{g-d}{4 - (d+g)^2}. \tag{6.43}$$

---

[7]Tatsächlich summieren sich die beiden Mengen q und s gerade zu einer der Mengen des Ursprungsmodells: $\frac{2}{4-(d+g)^2} + \frac{d+g}{4-(d+g)^2} = \frac{1}{2-(d+g)}$.

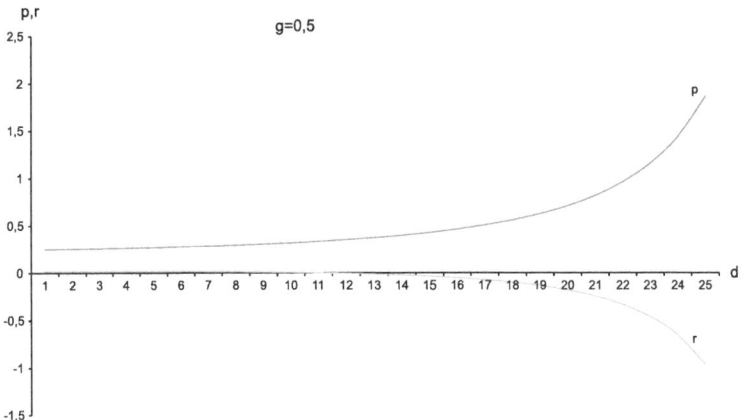

Abb. 6.14 Preise, ein essenzieller Markt

Auch in diesem Fall sind die Preise gegenläufig. Ein hoher Preis am Rezipientenmarkt im-
pliziert einen geringen Preis am Werbemarkt. Beide Preise werden wie üblich durch das
Verhältnis der Netzeffekte bestimmt. Der Preis p kann in diesem Fall jedoch nicht negativ
werden. Dies ist zunächst kontraintuitiv, da man erwarten würde, dass die Plattform den
Preis sehr gering setzt, um den zweiten Markt zu vergrößern. Dieses Ergebnis lässt sich
jedoch dadurch begründen, dass q die Marktgröße des zweiten Marktes über den Effekt g
bestimmt und die Menge am zweiten Markt damit immer geringer ist als die in Markt 1
(da $d + g < 2$). Der Netzeffekt g kann keine stärkere Wirkung entfalten als der Netzeffekt d, was dazu führt, dass negative Preise im ersten Markt nie einen maximalen Gewinn
zur Folge haben können. Umgekehrt ist r bereits negativ, sobald $d > g$. Anders als im
Ursprungsmodell wird ein negativer Preis am zweiten Markt schon dann erreicht, wenn
der entsprechende Netzeffekt größer als der andere ist. Ein Wert größer als eins ist nicht
notwendig, da die Marktgröße allein durch gq bestimmt wird.

Der Gewinn ergibt sich aus $\pi = p \cdot q + r \cdot s$ und beträgt:

$$\pi = \frac{1}{4 - (d + g)^2}. \tag{6.44}$$

Im Gegensatz zum Ursprungsmodell reduziert sich der Gewinn bei Abwesenheit von Netzeffekten nicht auf $\pi = \frac{1}{2}$, was dem doppelten Monopolgewinn entsprechen würde, sondern
auf $\pi = \frac{1}{4}$. Der Gewinn entspricht damit bei variierenden Netzeffekten jeweils der Hälfte
des Gewinns unseres ursprünglichen Monopolmodells. Dieses Ergebnis wird durch die
Modellierung des Rezipientenmarktes als notwendige Voraussetzung des Werbemarktes
begründet. Bestehen keine Netzeffekte, kann auch kein Gewinn am zweiten Markt entstehen. Da der zweite Markt aber immer kleiner ist als der erste (und auch kleiner als im
Ursprungsmodell), muss auch der Gewinn entsprechend geringer ausfallen.

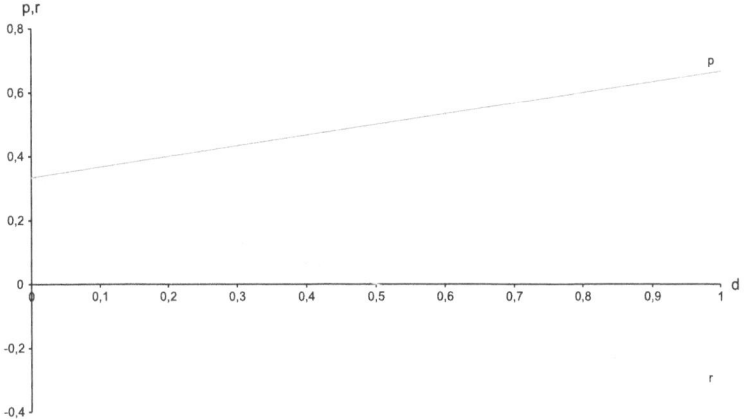

Abb. 6.15 Preise, ein essenzieller Markt

6.2.4.2 Traditionelle Märkte

Auch traditionelle Märkte werden in aller Regel durch Werbung (teil-)finanziert. Die Abhängigkeit des Werbemarktes vom Lesermarkt kann daher auch auf das Modell mit fixen Markterweiterungseffekten angewandt werden. Dazu setzt man $g = 1 - d$ und erhält, durch die Bedingungen erster Ordnung, Auflösen und Einsetzen die Mengen

$$q = \frac{2}{3} \quad \text{und} \quad s = \frac{1}{3}. \tag{6.45}$$

Markt 1 ist essenziell für Markt 2, Markt 2 wird sozusagen erst durch die Existenz von Markt 1 geboren, deshalb ist auch die Menge auf Markt 1 größer als auf Markt 2. Das Modell nimmt an, dass die Marktgröße von Markt 2 durch die Nachfrage von Markt 1, gewichtet mit den Netzeffekten, bestimmt wird. Bei $d = 0$ entspricht die Nachfrage auf Markt 1 q der Marktgröße auf Markt 2.

Die optimalen Preise sind:

$$p = \frac{1}{3}d + \frac{1}{3} \quad \text{und} \quad r = \frac{1}{3} - \frac{2}{3}d. \tag{6.46}$$

Die Preise verlaufen wie üblich entgegengesetzt (siehe Abb. 6.15). Für $d > -1$ kann jedoch lediglich einer der Preise (r) negative Werte annehmen.

Der maximale Gewinn lautet:

$$\pi = \frac{1}{3} \tag{6.47}$$

und ist unabhängig von d.

Abb. 6.16 Zweiseitiges
Duopol

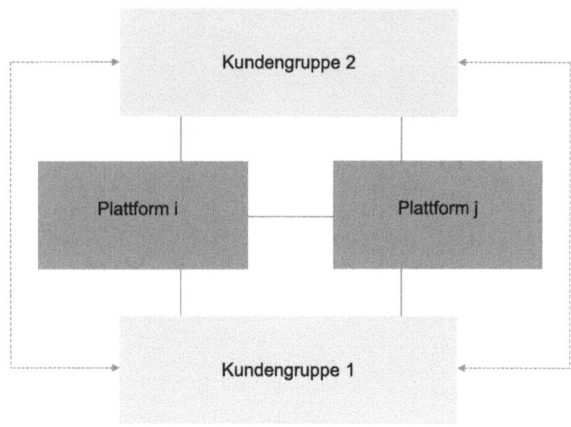

6.3   Wettbewerb in zweiseitigen Medienmärkten

6.3.1   Duopolistische Plattformen

Wir wenden uns nun zweiseitigen Märkten mit mehr als einer Plattform zu. Die einfachste Form des Wettbewerbs auf zweiseitigen Märkten ist das Duopol. Wir gehen daher zunächst davon aus, dass zwei Medienplattformen (i, j) existieren, die auf beiden Märkten miteinander konkurrieren. Auch hier sind asymmetrische Beziehungen denkbar; diese aber werden vorerst nicht betrachtet.[8] Grundlage des Wettbewerbs auf zweiseitigen Märkten ist das einfache symmetrische Duopolmodell. Die Symmetrie bezieht sich dabei sowohl auf die Märkte als auch auf die Plattformen (siehe Abb. 6.16).

Zur Vereinfachung nehmen wir wieder an, dass keinerlei Kosten bei der Produktion der Güter/Dienstleitungen beider Märkte entstehen. Fix- und Grenzkosten betragen gleich null $F = 0$ und $c = 0$. Die Analyse verliert dadurch nicht an Allgemeingültigkeit, da Fixkosten im Optimierungskalkül keine Rolle spielen und der Optimalpunkt „Grenzerlöse gleich Grenzkosten" auch bei Grenzkosten von Null realisiert werden kann.

Annahmen Duopolfall

- zwei Plattformen konkurrieren auf beiden Märkten
- symmetrische Plattformen
- symmetrische Märkte (Marktstruktur)
- statische Betrachtung
- lineare Nachfragefunktionen auf beiden Märkten

---

[8]Beispielsweise könnten die Plattformen nur auf einem Markt in Konkurrenz stehen, auf dem anderen Markt aber ein Monopol besitzen. Solche und weitere Marktstrukturen werden später diskutiert.

- gleiche Grenzkosten $c_1 = c_2 = c = 0$
- strategische Variablen sind die Mengen q_i, q_j und s_i, s_j
- indirekte Netzeffekte in Höhe von d und g
- Marktgröße und Steigung der Nachfragefunktion auf 1 normiert
- d und g können positive und negative Werte annehmen

Die inversen Nachfragefunktionen der jeweiligen Plattform lauten:

$$p_i = 1 - q_i - q_j + ds_i \quad \text{und} \quad s_i = 1 - s_i - s_j + gq_i. \tag{6.48}$$

q_i und q_j bzw. s_i und s_j sind die Mengen der beiden Plattformen auf den beiden Märkten. d und g bezeichnen wieder die Netzeffekte. Wir gehen davon aus, dass diese für beide Plattformen identisch sind $d_i = d_j = d$ und $g_i = g_j = g$. Die Nachfrage des einen Marktes erhöht sich wiederum durch die Nachfrage des anderen Marktes (s_i bzw. q_i), reduziert sich aber durch das Angebot der anderen Plattform (q_j bzw. s_j). Die Gewinnfunktion der i-ten Plattform lautet demnach:

$$\pi_i = (1 - q_i - q_j + ds_i)q_i + (1 - s_i - s_j + gq_i)s_i. \tag{6.49}$$

Jede Plattform optimiert ihren Gewinn bezüglich der Mengen q_i, q_j und s_i, s_j: $\frac{\partial \pi_i}{\partial q_i} \overset{!}{=} 0$, $\frac{\partial \pi_i}{\partial s_i} \overset{!}{=} 0$ und $\frac{\partial \pi_j}{\partial q_j} \overset{!}{=} 0$, $\frac{\partial \pi_j}{\partial s_j} \overset{!}{=} 0$. Da sowohl die Unternehmen, als auch die Märkte symmetrisch sind und im Gleichgewicht daher identische Mengen realisiert werden, genügt es, das i-te Unternehmen zu betrachten und nach q_i bzw. s_i abzuleiten, um danach die Mengen an den jeweiligen Märkten gleichzusetzen.

Das Ableiten und Auflösen nach q_i und s_i führt zu den Reaktionsfunktionen in Abhängigkeit der Mengen der jeweils anderen Märkte und Plattformen. Die Reaktionsfunktionen zeigen, wie die Plattform optimal auf die Menge des Konkurrenten im gleichen Markt reagiert und wie sich die eigene Mengensetzung im anderen Markt auf die Mengen im betrachteten Markt auswirkt.

$$q_i(s_i, q_j) = \frac{1}{2} - \frac{1}{2}q_j + \frac{1}{2}s_i(d + g)$$

und

$$s_i(q_i, s_j) = \frac{1}{2} - \frac{1}{2}s_j + \frac{1}{2}q_i(d + g). \tag{6.50}$$

Erhöht das Unternehmen die Mengen auf dem verbundenen Markt, erhöht sich auch die Menge auf dem betrachteten Markt.[9] Die Menge des Konkurrenten am selben Markt reduziert gemäß der Cournot-Logik die optimale Menge der Plattform. Beide Mengen wirken

---

[9]Gegeben die Summe der Netzeffekte ist positiv.

zwar mit einem Gewicht von $1/2$, jedoch hängt der Einfluss der Menge des jeweils anderen Marktes davon ab, wie stark die Netzeffekte sind. Ist $(d + g) > 1$, wirken sich die Netzeffekte zwischen den Märkten stärker aus als der Wettbewerbseffekt am selben Markt. Die Konkurrenz auf dem Markt wirkt sich negativ auf die Mengen aus, die Verbundenheit der Märkte aber weiterhin positiv. Die Reaktionsfunktionen zeigen sowohl die optimale Reaktion auf das strategische Verhalten des Konkurrenten, als auch die Auswirkungen des eigenen Verhaltens als Reaktion auf Veränderungen am jeweils anderen Markt.

Mengen Da die Plattformen symmetrisch sind, also keine Unterschiede bezüglich der Nachfrage oder Kostenstruktur existieren, müssen auch die Mengen der beiden Plattformen im Gleichgewicht identisch sein. Es gilt also $s = s_i = s_j$ und $q = q_i = q_j$. Daraus lassen sich durch Einsetzen (s_i und q_j in q_i) von s in q (oder umgekehrt) die gewinnmaximalen Mengen ableiten als:

$$q_i = s_i = \frac{1}{3 - (d + g)}. \tag{6.51}$$

Jede der beiden Plattformen bietet (bei identischen Netzeffekten der Plattformen) eine Menge an, die geringer ist als die einer monopolistischen Plattform

$$\frac{1}{3 - (d + g)} < \frac{1}{2 - (d + g)}.$$

Abbildung 6.17 zeigt den Vergleich der Menge eines Duopolisten zur Menge eines Monopolisten. Wettbewerb führt zu einer Reduktion der firmenspezifischen Mengen. Auch steigen die Mengen nicht mehr so stark mit den Netzeffekten. Der Grund dafür liegt in der Wettbewerbsbeziehung zwischen den Plattformen. Der Monopolist kann die Netzeffekte besser internalisieren. Die Wettbewerber haben dagegen aufgrund der geringen firmenspezifischen Menge nicht mehr die Möglichkeit, die Netzeffekte stärker auszunutzen. Das wirkt sich auf die Gesamtmengen Q und S aus.

Die Gesamtmengen auf beiden Märkten sind jeweils die Summen der Einzelmengen der beiden Unternehmen $S = s_i + s_j$ und $Q = q_i + q_j$:

$$Q = \frac{2}{3 - (d + g)} \quad \text{und} \quad S = \frac{2}{3 - (d + g)}. \tag{6.52}$$

Die Gesamtmenge auf beiden Märkten ist größer als die Monopolmenge, solange die Summe der Netzeffekte kleiner als eins ist (vgl. Abb. 6.17). In diesen Fällen bietet das Duopol gemeinsam größere Mengen an. Liegen aber besonders starke Netzeffekte vor $(d + g > 1)$, ändert sich das Bild. Ein Monopolist nutzt die Netzeffekte aufgrund seiner höheren Menge (im Vergleich zu den firmenspezifischen Mengen der Duopolisten) besser aus. Der Effekt dieser Internalisierung übersteigt den Wettbewerbseffekt. Besonders starke Netzeffekte in Wachstumsmärkten führen also im Monopol zu höheren Mengen als im Duopol.

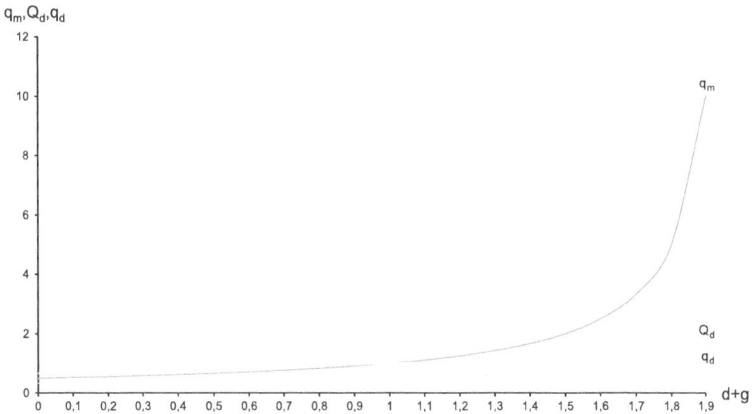

Abb. 6.17 Mengenvergleich zwischen Monopol und Duopol

Preise Die optimalen Preise lassen sich über die inversen Nachfragefunktionen berechnen als

$$p = \frac{1-g}{3-(d+g)} \quad \text{und} \quad s = \frac{1-d}{3-(d+g)}. \tag{6.53}$$

Wie im Monopolfall senkt der Netzeffekt, der vom betrachteten Markt ausgeht, auch den entsprechenden Preis. Gleichzeitig reduziert auch die Summe der beiden Netzeffekte den Nenner und steigert über den Markterweiterungseffekt die Preise. Beide Preise im Cournot-Duopol liegen, solange sie positiv sind, immer unterhalb der Preise im 2SM-Monopol. Resultieren aufgrund der Netzeffekte negative Preise, ist der Monopolpreis geringer als der Wettbewerbspreis

$$\frac{1-g}{3-(d+g)} < \frac{1-g}{2-(d+g)} \quad \text{und} \quad \frac{1-d}{3-(d+g)} < \frac{1-d}{2-(d+g)}$$

für $d, g < 1$ und

$$\frac{1-g}{3-(d+g)} > \frac{1-g}{2-(d+g)}$$

und

$$\frac{1-d}{3-(d+g)} > \frac{1-d}{2-(d+g)} \quad \text{für } d, g > 1.$$

Diese Relation gilt jedoch nicht für die relativen Preise $p_i/s_i = 1 - g$ und $r_i/q_i = 1 - d$. Diese sind genauso hoch wie im Monopol; gemessen am Preis pro Kontakt oder Inhalt müssen die gleichen relativen Preise im Duopol wie im Monopol gezahlt werden. Für einen Werbekunden ist es im Duopol daher genauso teuer, einen Leser zu erreichen, wie im Monopol. Zwar werden insgesamt mehr Leser versorgt (die Gesamtmenge steigt, solange $d + g < 1$), jedes Netzwerk versorgt jedoch eine kleinere Menge an Lesern. Für den

Werbekunden ist es deshalb preislich nicht relevant, ob er die Leserschaft über eine monopolistische Plattform erreicht oder über zwei Plattformen, die zueinander im Wettbewerb
stehen. Unabhängig davon, ob der Werbekunde einer oder zwei Plattformen beitritt, ist der
Preis pro Leser zwar identisch, die Transaktionskosten sind jedoch geringer, wenn er einer
großen beitreten (Monopol) kann und damit mehr Leser erreicht.

Gewinn und Produzentenrente   Die Produzentenrente bzw. der Gewinn der jeweiligen
Plattform ergibt sich aus

$$\pi_i = q_i \cdot p + s_i \cdot r$$

bzw.

$$\pi = \frac{2 - (d + g)}{(3 - (d + g))^2}. \tag{6.54}$$

Der Gewinn im Monopol ist immer größer als die gesamte Produzentenrente im Duopol

$$\frac{1}{2 - (d + g)} > \frac{2 - (d + g)}{(3 - (d + g))^2}.$$

Grundsätzlich ergibt sich ein ähnliches Ergebnis wie das des gewöhnlichen Cournot-
Wettbewerbs. Die Mengen jeder Firma sinken im Wettbewerb im Vergleich zur Monopolmenge, insgesamt wird aber eine größere Menge ausgebracht. Dadurch ergibt sich ein
geringerer Marktpreis und auch die Gewinne der Unternehmen sinken. Für Unternehmen
wäre ein Monopol besser, Konsumenten profitieren dagegen von der größeren Menge und
dementsprechend niedrigeren Preisen.

Allerdings ist der Effekt hier nicht so eindeutig wie im einfachen Cournot-Duopol.
Dem klassischen Wettbewerbseffekt steht der Netzeffekt entgegen. Jede Plattform bedient
eine kleinere Menge; dadurch wird der Netzeffekt nicht mehr optimal ausgenutzt. Bei
Markteintritt (wie wir später rechnerisch zeigen) steht dem für die Konsumenten immer
positive Wettbewerbseffekt, der immer negative Netzeffekt entgegen. Die einfache Logik
– mehr Wettbewerb, mehr Wohlfahrt – ist somit nicht einfach auf zweiseitige Märkte über-
tragbar. Vielmehr muss auch noch zusätzlich der Netzeffekt betrachtet werden. Sind die
Netzeffekte besonders stark, sind die beiden Märkte also sehr eng miteinander verbunden,
kann der Netz- den Wettbewerbseffekte dominieren: Jedes Unternehmen setzt dann eine
kleinere Menge und bedient dadurch die Netzeffekte nicht optimal.

Gesamtwohlfahrt   Um die Gesamtwohlfahrt im Duopol abzubilden, muss neben der
Produzentenrente auch die Konsumentenrente berechnet werden. Dies ist im Duopol etwas
komplizierter als im Monopol, da hier die Renten über beide Märkte *beider* Plattformen
und die entsprechenden Markterweiterungen einbezogen werden müssen. Die Symmetrie
der Märkte und der Plattformen erleichtert die Berechnung der Gesamtwohlfahrt aber wiederum.

Die gesamte Konsumentenrente setzt sich zusammen aus der Konsumentenrente auf
Markt 1 und Markt 2. In einem einseitigen Duopol-Modell würde man entsprechend die
Gesamtmenge und den Preis in die Marktnachfrage einsetzen und die Konsumentenrente

berechnen. Hier muss aber zunächst die Lage der individuellen Nachfragefunktionen der Plattformen durch die individuellen Netzeffekte bestimmt werden. Es muss daher die Konsumentenrente pro Plattform und Markt berechnet und dann aggregiert werden.

Analog zum Monopolmodell sind die Konsumentenrenten einer Plattform auf den beiden Märkten:

$$KR_1 = \frac{1}{2}(1 + ds_i - p)q_i \quad \text{und} \quad KR_2 = \frac{1}{2}(1 + gq_i - r)s_i, \quad (6.55)$$

die Gesamtwohlfahrt ist $W = 2(KR_1 + KR_2 + \pi)$, bzw.

$$W_D = \frac{2(4 - (d + g))}{(3 - (d + g))^2}. \quad (6.56)$$

Die Netzeffekte haben einen positiven Einfluss auf die Gesamtwohlfahrt, es gilt

$$\frac{\partial W_D}{\partial(d + g)} = \frac{2(5 - (d + g))}{(3 - (d + g))^3} > 0 \quad \text{für } (d + g) < 2,$$

obwohl der Markterweiterungseffekt hier nicht so stark ausgenutzt werden kann wie im Monopol.

Die Preise duopolistischer Plattformen liegen immer unterhalb der Preise einer monopolistischen Plattform. Die Beziehungen der Mengen ist jedoch weniger eindeutig: Liegen genügend starke Netzeffekte vor, so kann der Monopolist diese Netzeffekte besser internalisieren. Das führt dazu, dass er größere Mengen als das 2SM-Cournot-Duopol anbietet. Gibt es beispielsweise mehrere Einkaufszentren in einer Stadt, sinken dort zwar die Mietpreise für Geschäfte und Besucher werden noch stärker umworben (zum Beispiel durch das Angebot kostenloser Parkplätze, durch das Ambiente, durch kostenlose Darbietungen gealterter Stars, etc.), in jedem einzelnen Einkaufszentrum können die Geschäfte aber weniger Konsumenten erreichen als in einem monopolistischen. Ähnliches gilt für die Besucher: Diese müssen sich für das eine oder andere Einkaufszentrum entscheiden. Die Konsumenten beider Märkte (Geschäftsleute und Konsumenten) profitieren zwar von niedrigeren Preisen und zusätzlichen Vergünstigungen, allerdings werden dadurch die durch die Zweiseitigkeit ausgelösten Vorteile (Zusammentreffen mit der anderen Kundengruppe) geschmälert.[10]

Wann ist also ein Duopol und wann ein Monopol gesellschaftlich vorteilhaft? Die Gesamtwohlfahrt im Monopol kann durchaus größer sein als die in duopolistischen zweiseitigen Märkten, in denen Mengenwettbewerb vorherrscht. Die ist dann der Fall, wenn die Summe der Netzeffekte groß genug ist. Der Monopolist ist dann in der Lage, diese Effekte so auszunutzen, dass sie den Wettbewerbseffekt übersteigen. Das folgende Kapitel analysiert diese Aussage im Detail.

---

[10]Wir gehen bei unseren Ausführungen zunächst von homogenen Produkten aus und lassen ebenso kein Multihoming zu.

Wohlfahrtsvergleich zwischen Monopol und Duopol   Eine Wohlfahrtsbetrachtung ist
vor allem dann interessant, wenn Aussagen über die Renten verschiedener Marktformen
getroffen werden können. Wettbewerb führt in den meisten Fällen zu einer Ausweitung der
Gesamtwohlfahrt, typischerweise durch eine Erhöhung der Konsumentenrente. Dies ist im
Fall zweiseitiger Märkte anders: Durch den Markterweiterungseffekt und die Möglichkeit,
die Netzeffekte zu internalisieren, kann eine Monopolsituation zu bevorzugen sein.

Der Vergleich der Gesamtwohlfahrt monopolistischer mit der duopolistischer Plattformen ($W_M \lessgtr W_D$) lautet

$$\frac{3 - NE}{(2 - NE)^2} \lessgtr \frac{2(4 - NE)}{(3 - NE)^2}, \quad \text{mit } NE = d + g.$$

Umformen dieser Gleichung führt zu

$$\frac{5 - 13NE + 7NE^2 - NE^3}{(3 - NE)^2(2 - NE)^2} \lessgtr 0.$$

Da der Nenner immer größer als null ist, ist nur der Zähler für das Vorzeichen entscheidend. Bestimmt man die Nullstellen von $5 - 13NE + 7NE^2 - NE^3$, ergeben sich drei Werte,
von denen lediglich einer, nämlich $NE = 0,5118$, im Definitionsbereich von $0 > NE < 2$
liegt. Es gilt:

$$W_M \lessgtr W_D, \quad \text{wenn } NE \lessgtr 0,5118.$$

Das Monopol führt zu einer größeren Gesamtwohlfahrt, wenn die Netzeffekte ausreichend
groß sind. Das Monopol kann die Netzeffekte in dem Fall besser internalisieren als die
beiden Duopolisten dies können. Dieser Effekt ist bei großen Netzeffekten stärker als der
Wettbewerbseffekt, der im Duopol vorliegt. Zwar steigt die Menge in beiden Märkten, jedoch kann die einzelne Plattform diese Mengensteigerung nur zum Teil ausnutzen. Die
Netzeffekte können sich daher nicht so stark entfalten wie im Monopol. Sind die Netzeffekte jedoch relativ gering, überwiegt der Wettbewerbseffekt. In diesem Fall überwiegt
die Mengenausweitung durch Wettbewerb. Ein Duopol wäre dann aus Wohlfahrtssicht zu
bevorzugen. In Abb. 6.18 wird die Wohlfahrt im Monopol mit der Wohlfahrt im Duopol
verglichen.

Fallbeispiel: Dating-Clubs

Der Trade-off zwischen Monopol- und Wettbewerbssituation, zeigt sich anschaulich
anhand von Dating-Clubs. Dating-Clubs müssen eine möglichst hohe und ausgewogene
Anzahl an Frauen und Männern als Kunden anlocken. Ein ungünstiges Verhältnis, mit
entweder zu vielen Männer oder zu vielen Frauen, führt zu geringen Einnahmen. Es
kann dann jeweils nur ein Markt zum Teil bedient werden. Ökonomisch gesprochen
kommt damit ein generell geringes Matching zustande. Für die Singles beutet das: Es ist
für sie unwahrscheinlicher einen Partner in dem Dating-Club zu finden. Die Netzeffekte
zwischen Single-Frauen und Single-Männern sind relativ groß.

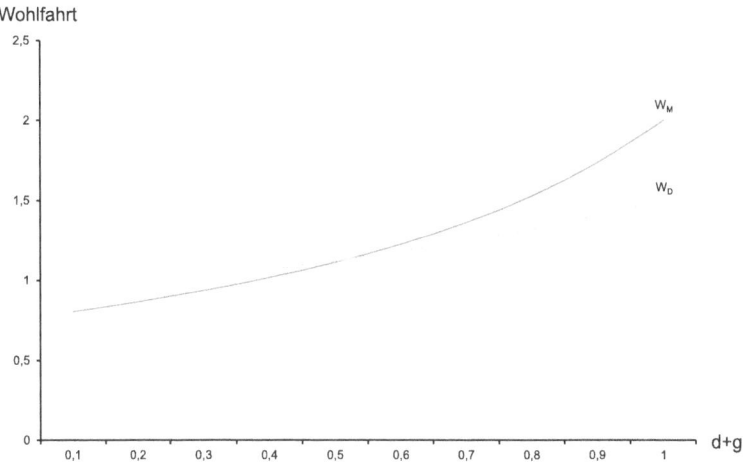

Abb. 6.18 Wohlfahrtsvergleich zwischen Monopol und Duopol

Existiert lediglich ein Dating-Club in einer bestimmten Stadt, müssen alle interessierten Frauen und Männer diesen Club nutzen, vorausgesetzt sie sind bereit, den monopolistischen Eintrittspreis sowie die Getränkepreise zu zahlen. Die Wahrscheinlichkeit ein passendes Matching zu finden ist relativ groß. Anders ausgedrückt: Es ist wahrscheinlicher einen Partner zu finden und sich zu verlieben. Der monopolistische Dating-Club kann also die Netzeffekte optimal internalisieren. Der Nutzen für die Singles in der Stadt ist am größten.

Existieren zwei vollkommen homogene Clubs, teilen sich die interessierten Singles auf die beiden Clubs auf – im einfachsten Fall, wie im Cournot-Duopol, zu gleichen Teilen. Der Wettbewerb führt nun dazu, dass die Preise für den Eintritt und die Getränke sinken und damit möglicherweise in Summe mehr Singles die Clubs nutzen. Gleichzeitig verringert sich aber die mögliche Anzahl an Matches in jedem der beiden Clubs, da jeder eine geringere Besucherzahl hat als der monopolistische Dating-Club. Die Singles müssen sich für einen der Clubs entscheiden, jeder einzelne ist aber weniger interessant als das Monopol. Die größte Gruppe an interessierten Singles der Gegenseite würde in einem monopolistischen Club gefunden werden. Liegen sehr starke Netzeffekte vor, ist der Rückgang aus dem ungenutzten Netzeffekt so stark, dass der Nutzen der Besucher sinkt. Relativ viele Besucher bleiben trotz der günstigeren Preise aus. Auch der Gewinn der Clubs sinkt.

Für die Singles der Stadt kann es besser sein, höhere Preise zu bezahlen, aber dafür alle Singles des anderen Geschlechts am gleichen Ort vorzufinden. Voraussetzung dafür sind aber auch die Annahmen des Modells: Wir gehen davon aus, dass es keine Kapazitätsbeschränkungen gibt. Die Clubs haben also immer ausreichend Kapazität, um die Nachfrage zu bedienen. Der Nutzen eines Besuchers wird auch nicht negativ von mehr Besuchern des gleichen Netzwerks geschmälert. Auch werden nur homogene Produkte (Bars) betrachtet. Bei Produktdifferenzierung kommt zusätzlich zum

Wettbewerbs- und Netzeffekte noch die Anpassung an die Präferenzen der Konsumenten hinzu. Die Betrachtung bezieht sich also rein auf die Zweiseitigkeit des Marktes. Andere Effekte werden ausgeblendet. Entspricht die Marktgegenseite aber nicht den Vorstellungen (Zielgruppe), würde sich dies in geringeren Netzeffekten widerspiegeln.

Traditionelle duopolistische Märkte   Analog zu den duopolistischen neuen Märkten lassen sich ebenso duopolistische traditionelle Medienmärkte analysieren. Auch hier bietet sich das Beispiel der regionalen Tageszeitungen an, da die meisten dieser Märkte tatsächlich monopolistisch oder aber duopolistisch strukturiert sind. Wir gehen wiederum davon aus, dass auf beiden Märkten Mengenwettbewerb, also imperfekter Wettbewerb, herrscht.

Unter der Annahme, dass weder marginale noch fixe Kosten existieren, können die aus der Analyse neuer Märkte verwendeten inversen Nachfragefunktionen angepasst werden. Die Funktionen müssen lediglich so modifiziert werden, dass gilt $g = 1 - d$. Der Ausgangspunkt sind dann die Gewinnfunktionen der beiden duopolistischen Plattformen und damit:

$$\pi_i = (1 - q_i - q_j + ds_i)q_i + \big(1 - s_i - s_j + (1 - d)q_i\big)s_i. \tag{6.57}$$

Wiederum setzt sich der Gewinn als $\pi = p \cdot q + r \cdot s$ zusammen. Dieser Gewinn wird dann bezüglich der Mengen q und s maximiert ($\frac{\partial \pi_i}{\partial q_i} \overset{!}{=} 0$ und $\frac{\partial \pi_i}{\partial s_i} \overset{!}{=} 0$). Stellt man die Bedingungen erster Ordnung um, ergeben sich die optimalen Mengen

$$q_1 = q_2 = s_1 = s_2 = \frac{1}{2}. \tag{6.58}$$

Auch die Mengen im Duopol sind somit nicht mehr abhängig von den Netzeffekten d und $(1 - d)$. Sie entsprechen den Mengen im gewöhnlichen, also einseitigen Monopol. Aufgrund des durch $g = 1 - d$ beschränkten Markterweiterungseffekts sind die Mengen damit größer als im Cournot-Duopol, werden aber nicht mehr durch eine mögliche Erhöhung der Netzeffekte beeinflusst. Durch Einsetzen dieser Mengen in die inversen Nachfragefunktionen erhält man die gleichgewichtigen Preise.

$$p = \frac{1}{2}d \quad \text{und} \quad r = \frac{1}{2}(1 - d). \tag{6.59}$$

Wie auch schon im monopolistischen Markt sind die Preise lediglich von den Netzeffekten abhängig. Da die Markterweiterung bereits vorab durch die in der Summe fixierten Netzeffekte determiniert ist, bleibt lediglich die Frage, welcher der beiden Netzeffekte der relativ stärkere ist und welcher der beiden Märkte damit „subventioniert" bzw. „ausgebeutet" wird. Die Internalisierung der Netzeffekte erfolgt wiederum über die Preise. Der Markt, der stärker von der Zweiseitigkeit profitiert, muss dafür auch höhere Preise zahlen; der andere Markt profitiert von geringeren Preisen.

Der Gewinn der beiden Plattformen berechnet sich als

$$\pi_i = p \cdot q_i + r \cdot s_i = \frac{1}{4} \tag{6.60}$$

und ist damit größer als die Summe der Gewinne zweier unabhängiger duopolistischer Märkte im Mengenwettbewerb ($=\frac{2}{9}$). Der Gewinn ist ebenfalls unabhängig von den Netzeffekten. Die Beantwortung der Frage, auf welchem der beiden Märkte die größeren Deckungsbeiträge bzw. Gewinne realisiert werden können, hängt (aufgrund konstanter Mengen) allein davon ab, wie die Netzeffekte verteilt sind und damit welche Preise in den einzelnen Märkten realisiert werden können.

Die Gewinne in den beiden Duopol-Modellen sind logischerweise deckungsgleich, wenn sich die Netzeffekte auf eins summieren. Steigt die Summe $d + g$ jedoch über eins, so werden deutlich höhere Gewinne in neuen Märkten realisiert.

Wohlfahrtsanalyse Analog zu den bisherigen Betrachtung der Renten, kann auch hier eine Wohlfahrtsanalyse durchgeführt werden. Konsumentenrenten und Gesamtwohlfahrt lauten dann:

$$KR_1 = \frac{1}{2}(1 + ds_i - p)q_i = \frac{1}{4}, \tag{6.61}$$

$$KR_2 = \frac{1}{2}\big(1 + (1 - d)q_i - r\big)s_i = \frac{1}{4}. \tag{6.62}$$

Die Gesamtwohlfahrt lautet $W = 2(KR_1 + KR_2 + \pi)$ bzw.:

$$W_D = \frac{3}{2}. \tag{6.63}$$

Aufgrund der einfachen Renten, die nicht mehr von den Netzeffekten abhängig sind, ist der Vergleich zwischen Monopol und Duopol trivial. Die Gesamtwohlfahrt im Monopol ($W_M = 2$) ist immer größer als die Wohlfahrt im Duopol ($W_D = \frac{3}{2}$). Wie bereits im Monopolfall angedeutet, hängt dieses Ergebnis jedoch an der Annahme $g = 1 - d$ und darf daher nicht überbewertet werden. Die Fixierung der Netzeffekte provoziert also diesen eindeutigen Effekt.

6.3.2 Differenzierte Plattformen

Bisher sind wir von homogenen Produkten der beiden Plattformen auf beiden Märkten ausgegangen. Dies ist aber nur selten der Fall, zumindest wenn Inhaltemärkte betroffen sind. Die meisten Dienste und Produkte sind zu einem bestimmt Grad differenziert. Sie sind aus Sicht der Konsumenten nicht vollständig austauschbar. Zeitungen oder Online-Nachrichtenseiten sind typische Beispiele, aber auch Suchmaschinen oder Auktionsplattformen. Die meisten Zeitungen unterscheiden sich durch politische Ausrichtung, Schreibstil und Themenwahl. Viele Nachrichtenseiten im Internet berichten zwar besonders über aktuelle Themen sehr ähnlich, auch und vor allem dann, wenn die gleichen Meldungen der Presseagenturen zugrunde liegen. Hintergrund-Reportagen oder die generelle Ausrichtung bei nicht tagesaktuellen Nachrichten unterscheiden sich allerdings häufig sehr deutlich. Der Grad der wahrgenommen Produktdifferenzierung kann also variieren. Wie im Fall einseitiger Märkte kann Produktdifferenzierung durch den zusätzlichen Parameter θ im Modell berücksichtigt werden.

Die inversen Nachfragefunktionen der beiden Unternehmen i und j unter Berücksichtigung der Produktdifferenzierung lauten dann

$$p_i = 1 - q_i - \theta q_j + dq_i \quad \text{und} \quad s_i = 1 - s_i - \theta s_j + gs_i, \tag{6.64}$$

wobei wieder gilt, dass $0 \leq \theta \leq 1$. θ misst die Stärke der wahrgenommenen Produktdifferenzierung. Ist $\theta = 1$, liegt wiederum ein Duopol-Markt vor, ist dagegen $\theta = 0$, stehen die Unternehmen nicht zueinander in Konkurrenz; jedes Unternehmen hat ein Monopol über sein Produkt.[11]

Aus den Bedingungen erster Ordnung

$$\frac{\partial \pi_i}{\partial q_i} = 1 - 2q_i - \theta q_j + ds_i \overset{!}{=} 0 \quad \text{und} \quad \frac{\partial \pi_i}{\partial s_i} = dq_i + 1 - 2s_i - \theta s_j + gq_i \overset{!}{=} 0$$

können wieder die Mengen der beiden Unternehmen abgeleitet werden als

$$q_i = s_i = \frac{1}{(2 + \theta) - (d + g)}. \tag{6.65}$$

Die Mengen sind symmetrisch und hängen negativ von θ ab. Je größer θ, desto geringer sind die Mengen des Unternehmens i. Für $\theta = 1$ entsprechen die Mengen denen im Cournot-Duopol. Je ähnlicher sich die Medienprodukte sind, desto schärfer ist der Wettbewerb zwischen den Plattformen und desto geringer ist die Anzahl an Teilnehmern pro Plattform – zum Beispiel an Rezipienten. Auch für das andere Netzwerk – etwa den Werbekunden – wird die Plattform dadurch weniger interessant.

Die Gleichgewichtspreise lauten

$$p = \frac{1 - g}{(2 + \theta) - (d + g)} \quad \text{und} \quad r = \frac{1 - d}{(2 + \theta) - (d + g)}. \tag{6.66}$$

Wiederum sinkt der Preis mit steigendem θ. Allerdings hängt der Preis auf dem jeweiligen Markt wieder von der Stärke des Netzeffektes ab, den dieser Markt auf den anderen ausübt. Die Mechanik der zweiseitigen Märkte bleibt somit von der Produktdifferenzierung unberührt. Es ändern sich durch die Variation der Stärke des Wettbewerbs die Höhe der Mengen und Preise.

Der Gewinn der Plattform i ist

$$\pi_i = \frac{2 - (d + g)}{((2 + \theta) - (d + g))^2}. \tag{6.67}$$

---

[11] Der Einfachheit halber gehen wir hier davon aus, dass der Grad der Produktdifferenzierung gleich ist auf beiden Märkten. Dies ist natürlich keine notwendige Eigenschaft von Medienmärkten. Vielmehr würde man von unterschiedlich stark differenzierten Produkten ausgehen.

Je stärker die Plattformen differenziert sind, desto höher der Gewinn der Plattform. Je geringer der Wettbewerb zwischen den Unternehmen, desto größer sind die Mengen der Plattformen auf den jeweiligen Märkten und desto geringer ist der Preisdruck – beides wirkt sich positiv auf den Gewinn aus.

Plattformen sind, wie auch in einseitigen Märkten, an einer möglichst starken Produktdifferenzierung interessiert. Im Optimalfall hat die Plattform ein Monopol über die Produkte auf beiden verbundenen Märkten. Ein strategisches Verhalten der Plattformen kann also darin bestehen, die Produktdifferenzierung auszuweiten bzw. überhaupt Heterogenität zwischen den Angeboten zu schaffen.

6.3.2.1 Differenzierte Produkte in traditionellen zweiseitigen Märkten

Wie auch in den Modellen zuvor kann der Markterweiterungseffekt beschränkt und damit eine Analyse gesättigter Märkte vorgenommen werden. Durch die Begrenzung der Summe der Netzeffekte $g = (1 - d)$ ist nun wiederum lediglich die relative Stärke der Netzeffekte ausschlaggebend.

Die inversen Nachfragefunktionen der beiden Unternehmen i und j unter Berücksichtigung der Produktdifferenzierung lauten analog zu dem vorangegangen Fall

$$p_i = 1 - q_i - \theta q_j + d q_i \quad \text{und} \quad s_i = 1 - s_i - \theta s_j + (1 - d) s_i. \tag{6.68}$$

Es gilt auch hier $0 \leq \theta \leq 1$. Aus den Bedingungen erster Ordnung ergeben sich die Gleichgewichtsmengen

$$q_i = s_i = \frac{1}{1 + \theta}. \tag{6.69}$$

Wie im Fall zuvor sinken die Mengen mit zunehmenden Wettbewerb $\theta\uparrow$. Allerdings haben die Netzeffekte keinen Einfluss auf die Mengen.

Die Preise p und r auf den beiden Märkten sind:

$$p = \frac{d}{1 + \theta} \quad \text{und} \quad r = \frac{1 - d}{1 + \theta}. \tag{6.70}$$

Die Anpassung an die Zweiseitigkeit der Märkte erfolgt wieder über die Preise. Die Plattformen subventionieren den Markt, von dem die stärkeren Netzeffekte ausgehen.

Der Gewinn des Unternehmens i lautet:

$$\pi_i = \frac{1}{(1 + \theta)^2}. \tag{6.71}$$

Die Netzeffekte haben erwartungsgemäß keinen Einfluss auf den Gewinn. Dieser ist lediglich noch positiv vom Grad der Produktdifferenzierung abhängig.

6.3.3 Oligopolistische Plattformen

Anstelle zweier Plattformen, sind nun n Plattformen am Markt tätig; es handelt sich also um einen Oligopol-Markt mit n identischen Unternehmen auf beiden Märkten. Auf diese Weise kann der Effekte von Marktzutritt bzw. -austritt auf die relevanten Größen analysiert werden. Weiterhin stehen die Plattformen auf beiden Märkten miteinander in Konkurrenz und weiterhin konkurrieren die Plattformen auch in den Mengen. Wie zuvor, wird auch hier von Kosten abstrahiert und es werden dieselben linearen Nachfragefunktionen unterstellt. Es sind also nach wie vor sowohl die Firmen als auch die Märkte symmetrisch.

Die Nachfragestruktur lässt sich dann im Oligopol-Fall darstellen als:

$$p_i = 1 - q_i - \sum_{j \neq i}^{n} q_j + d s_i \quad \text{und} \quad r_i = 1 - s_i - \sum_{j \neq i}^{n} s_i + g q_i. \tag{6.72}$$

Jede Plattform maximiert wieder ihren Gewinn bezüglich der Mengen auf beiden Märkten unter Berücksichtigung der Mengenentscheidung der anderen Unternehmen und der Netzeffekte. Die Zielfunktion der einzelnen i Plattformen lautet:

$$\max_{q_i, s_i} \pi_i = \left(1 - q_i - \sum_{j \neq i}^{n} q_j + d s_i \right) q_i + \left(1 - s_i - \sum_{j \neq i}^{n} s_j + g q_i \right) s_i. \tag{6.73}$$

Da alle Firmen symmetrisch sind (und daher $\sum_i q_i = nq$ und $\sum_i s_i = ns$), ergeben sich durch Ableiten der Gewinnfunktion nach q_i und s_i die Reaktionsfunktionen für den jeweiligen Markt. Diese sind positiv abhängig von der eigenen Menge auf dem anderen Markt und negativ von der Menge aller anderen Unternehmen am gleichen Markt:

$$q_i = \frac{1}{n+1} + \frac{d+g}{n+1} s_i \quad \text{und} \quad s_i = \frac{1}{n+1} + \frac{d+g}{n+1} q_i. \tag{6.74}$$

In Analogie zum Duopol-Modell entsprechen die Reaktionsfunktionen denen eines gewöhnlichen Oligopols bei Abwesenheit von Netzeffekten ($d + g = 0$). Ist nur eine Plattform am Markt ($n = 1$), so wird die Monopolmenge inklusive der entsprechenden Markterweiterung angeboten, wenn $d + g \neq 0$. Auch hier zeigen die Reaktionsfunktionen die optimale Reaktion auf das strategische Verhalten des Konkurrenten und auf die eigene Mengensetzung am anderen Markt.

Mengen Die Mengen der n Plattformen lassen sich wiederum durch gegenseitiges Einsetzen der Reaktionsfunktionen berechnen und lauten:

$$q_i = \frac{1}{(n+1) - (d+g)} \quad \text{und} \quad s_i = \frac{1}{(n+1) - (d+g)}. \tag{6.75}$$

Die Mengen sind symmetrisch und steigen in $d + g$. Die Menge (und auch der Marktanteil) pro Plattform wird allerdings immer kleiner, je mehr Firmen in den Markt eintreten. Für $n = 1$ ergibt sich die Monopolmenge, für $n = 2$ die des Duopols.

Wie zuvor wirkt Wettbewerb negativ auf die Mengen jeder einzelnen Plattform. Kommt es zu Markteintritt, muss jede Plattform am Markt ihre Mengen senken. Hinzu kommen aber auch wiederum die Netzeffekte, da jede Plattform nun eine kleinere Menge bedient, können diese nicht mehr optimal ausgenutzt werden.

Die Gesamtmengen aller Plattformen, also die Gesamtmengen, die auf den beiden Märkten angeboten werden lauten

$$Q = \frac{n}{(n+1)-(d+g)} \quad \text{und} \quad S = \frac{n}{(n+1)-(d+g)}. \tag{6.76}$$

Sie entsprechen $Q = nq$ bzw. $S = ns$. Der Gesamteffekt von Marktzutritt auf die Mengen ist jedoch nicht eindeutig. Einerseits erhöht sich die insgesamt ausgebrachte Menge, je mehr Plattform in den Markt eintreten. Dieser Wettbewerbseffekt lässt sich bestimmen durch

$$\Delta Q_c = \frac{1}{(n+2)(n+1)}. \tag{6.77}$$

Der marginale Effekt einer zusätzlichen Plattform, die in den Markt eintritt, wird immer geringer und nähert sich Null. Insgesamt steigt die ausgebrachte Menge aber durch diesen Effekt. Die Gesamtmenge nähert sich im Fall ohne Netzeffekte, also im einseitigen Markt, eins an. Der Effekt einer zusätzlichen Plattform nimmt somit in n ab, ist aber immer positiv.

Andererseits wirkt noch ein Netzwerkeffekt. Dieser ergibt sich, wenn der Effekt einer weiteren Plattform, die in den Markt eintritt, abzüglich des Wettbewerbseffektes betrachtet wird. Der Effekt einer zusätzlichen Plattform ist damit

$$\Delta Q = \frac{1-(d+g)}{((n+2)-(d+g))((n+1)-(d+g))}. \tag{6.78}$$

Auch dieser Effekt wird mit steigendem n kleiner. Allerdings kann er ebenso negativ werden, wenn $d+g > 1$. Liegen also sehr starke Netzeffekte vor, wirkt sich – wie auch im Duopol-Modell – stärkerer Wettbewerb negativ auf die Gesamtmenge aus. Eine oder wenige Plattformen können die Netzeffekte also besser internalisieren als viele. Um diesen Effekt genauer zu beleuchten, kann man den Wettbewerbseffekt und den Netzeffekt trennen, indem man die Differenz $\Delta Q - \Delta Q_c$ betrachtet:

$$\Delta NWE = \frac{(d+g)(1-n^2-n+(d+g))}{((n+2)-(d+g))((n+1)-(d+g))(n+2)(n+1)}. \tag{6.79}$$

Im Gegensatz zum Wettbewerbseffekt ist dieser Effekt immer negativ. Selbst wenn die Netzeffekte in Summe kleiner als 1 sind, wirkt sich diese Komponente negativ auf die Mengen aus. Steigt die Summe aus $d+g$ über 1, dominiert dieser Effekt, die Gesamtmenge sinkt. Nimmt man die Gesamtmenge als Indikator für die Wohlfahrt deuten die Ergebnisse darauf hin, dass bei sehr starken Netzeffekten ein Monopol aus Wohlfahrtssicht besser zu bewerten ist, als die Wettbewerbssituation. Um diese Vermutung zu überprüfen, müssen allerdings auch die Preise und die Gesamtwohlfahrt betrachtet werden.

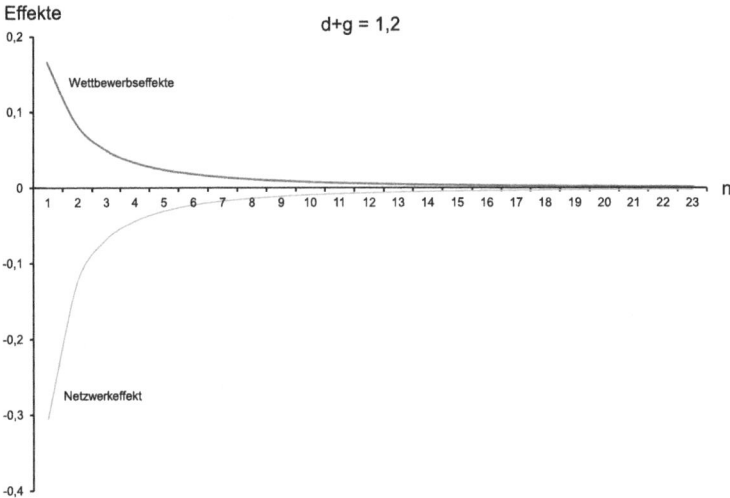

Abb. 6.19 Wettbewerbs- und Netzeffekt für $d + g = 1,2$

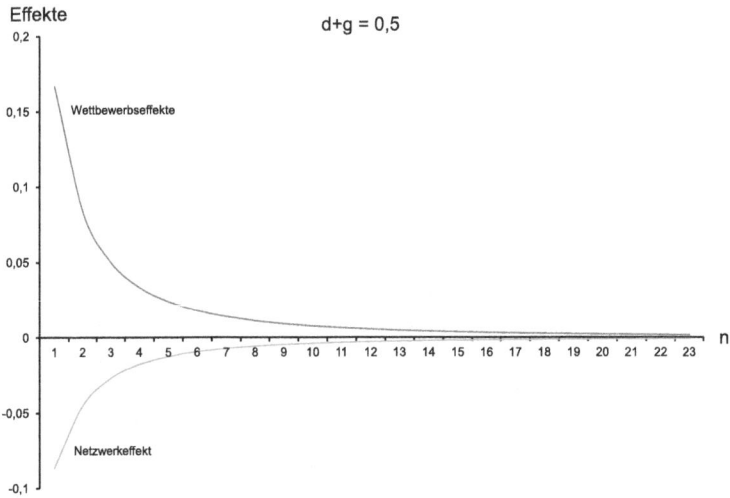

Abb. 6.20 Wettbewerbs- und Netzeffekt für $d + g = 0,5$

Abbildungen 6.19 und 6.20 zeigen den Wettbewerbs- und Netzeffekt, den eine Firma auslöst, die zusätzlich in den Markt eintritt. Für große Netzeffekte (Abb. 6.19) überwiegt der negative Netzeffekt. Für kleinere Netzeffekte (Abb. 6.20) erhöht der Eintritt einer weiteren Firma die Gesamtmenge. Allerdings wird dieser positive Effekt durch Markteintritt, also den Wettbewerbseffekt, und durch die schlechtere Ausnutzung der Netzeffekte gemindert.

Tab. 6.2 Wirkung der Netzeffekte auf die Gewinne

n	$\partial \pi_i / \partial (d+g)$	$\partial \pi_i / \partial (d+g) \gtreqless 0$
1	$\frac{2-(d+g)}{(2-(d+g))^3}$	>0, für $(d+g) < 2$
2	$\frac{1-(d+g)}{(3-(d+g))^3}$	>0, für $(d+g) < 1$
3	$\frac{-(d+g)}{(4-(d+g))^3}$	<0
4	$\frac{-1-(d+g)}{(5-(d+g))^3}$	<0

Preise   Die Preise im Oligopol lauten

$$p = \frac{1-g}{(n+1)-(d+g)} \quad \text{und} \quad r = \frac{1-d}{(n+1)-(d+g)}. \tag{6.80}$$

Für die Preise gilt wieder, dass sie null oder auch negativ werden können, wenn die entsprechenden einzelnen Netzeffekte groß genug sind. Die Summe der Netzeffekte $d+g$ erhöht dagegen im Nenner den Preis, was auch hier auf die Markterweiterung zurückzuführen ist. Es wirken wieder zwei Effekte: Erstens führt die Markterweiterung zu einem größeren Markt und damit zu steigenden Preisen. Zweitens verringert sich der Preis durch den Netzeffekt, den der betrachtete Markt auf den anderen Markt ausübt.

Gewinne und Produzentenrente   Unter der Annahme, dass keine fixen und variablen Kosten existieren, sind Gewinne und Produzentenrente jeder Plattform gleich. Die firmenspezifischen Gewinne bzw. Produzentenrenten lauten

$$\pi_i = \frac{2-(d+g)}{((n+1)-(d+g))^2}. \tag{6.81}$$

Der Gewinn sinkt bei Marktzutritt ($\frac{\partial \pi_i}{\partial n} < 0$). Die Summe der Netzeffekte $(d+g)$ kann jedoch sowohl einen positiven als auch einen negativen Einfluss auf den Gewinn nehmen. Im Monopol ist die Ableitung

$$\frac{\partial \pi_i}{\partial (d+g)} = \frac{3-(d+g)-n}{(n+1-(d+g))^3}$$

immer positiv. Im Duopol kann sie, abhängig von der Stärke der Netzeffekte, positiv oder negativ sein. Ab einer Marktstruktur mit drei Teilnehmern (Triopol) ist sie immer negativ (vgl. Tab. 6.2).

Wie kommt dieses Ergebnis zustande? Da die Mengen immer mit den Netzeffekten steigen, liegt es an den fallenden Preisen. Je stärker der Wettbewerb, je größer also n, desto geringer die Preise. Zwar führen die Netzeffekte zu insgesamt höheren Preisen, jedoch ist der Effekt des Marktzutritts auf die Preise irgendwann größer als der der Summe der Netzeffekte. So kann ein Monopolist die Netzeffekte vollständig internalisieren; im Wettbewerb ist dies jedoch nicht möglich. Da mit zunehmenden Marktzutritt die firmenspezifischen Mengen immer geringer werden, wirken die Netzeffekte immer geringer und der Preisanstieg aufgrund von Netzeffekten nimmt ab. Die Gesamtmenge aber steigt weiter und führt zu geringeren Preisen.

Marktzutritt   Gerade neue Medien sind oft durch verstärkten Marktzutritt neuer Anbieter gekennzeichnet. Im Internet lassen sich fast tagtäglich neue Service- und Inhalteanbieter beobachten. Daher ist es sinnvoll, die Auswirkungen der Netzeffekte auf den Marktzutritt in neuen Märkten zu analysieren. Zu diesem Zweck unterstellen wir die Existenz von Fixkosten in Höhe von F.[12] Marktzutritt wird solange stattfinden, solange die Produzentenrente gerade noch die Fixkosten decken kann, also solange $\pi_i \geq F$. Die maximale Anzahl an Plattformen, die in den Markt eintritt, erhält man durch Umstellen nach n als

$$n_{max} < \sqrt{\frac{2 - (d+g)}{F}} + (d+g) - 1. \qquad (6.82)$$

Wie in einseitigen Märkten führt ein Anstieg der Fixkosten zu einem Rückgang der maximalen Anzahl der Plattformen im Markt. Die Wirkung der Netzeffekte auf den Marktzutritt ist dagegen ambivalent. Die Ableitung

$$\frac{\partial n_{max}}{\partial (d+g)} = -\frac{1}{2}\sqrt{\frac{2 - (d+g)}{F}} F + 1$$

kann sowohl kleiner als auch größer null sein. Den kritischen Wert für $(d+g)$ erhält man, indem man die Ableitung nach $(d+g)$ auflöst als

$$(d+g) = \frac{8F - 1}{4F}.$$

Ist $(d+g)$ kleiner als dieser kritische Wert, ist die Wirkung der Netzeffekte auf den Marktzutritt positiv. Ist die Summe der Netzeffekte größer als der kritische Wert, sinkt die maximale Anzahl der Plattformen mit stärkeren Netzeffekten. Für $d+g \to 2$ beträgt der Grenzwert von $n_{max} = 1$. Je näher die Netzeffekte an ihr Maximum kommen, desto eher tendiert die maximale Anzahl an Plattformen gegen eins. Mit starken Netzeffekten liegt eine Tendenz zum Monopol vor.

Sind die Netzeffekte stark genug, tendieren neue und wachsende Märkte zu einem quasi-natürlichen Monopol oder zumindest zu einem quasi-natürlichen Oligopol. In der Realität lässt sich dies bei einigen Plattformen beobachten, wie z.B. Auktionsplattformen oder sozialen Netzwerken. Allerdings sind viele andere Internetmärkte nicht sehr stark konzentriert. Eine genaue Diskussion der Konzentrationstendenzen in Medienmärkten finden sich im Kapitel 8.

---

[12]Die Fixkosten können auch als Markteintrittskosten interpretiert werden.

Fallbeispiel: Dating-Clubs

Dating-Clubs zeichnen sich durch starke Netzeffekte zwischen den einzelnen Gruppen, also Männern und Frauen aus. Die Gesamtwohlfahrt ist mutmaßlich dann am größten, wenn es relativ wenig homogene Dating-Clubs in einer bestimmten Region gibt. Gleichzeitig sorgen starke Netzeffekte jedoch auch zu einer Beschränkung des Marktzutritts. Sind genügend starke Netzeffekte vorhanden, wird tendenziell auch hier ein natürliches Oligopol oder sogar Monopol entstehen.

Tatsächlich lassen sich in der Realität deutlich weniger Dating-Clubs beobachten als andere, gewöhnliche Clubs und Bars, die keine zweiseitigen indirekten Netzeffekte aufweisen. Im Gegensatz zu Dating-Clubs ist also hier nicht von einer besonders hohen Marktkonzentration auszugehen, jedenfalls nicht bedingt durch die Netzeffekte. Lediglich die aufzubringenden Fixkosten können den Marktzutritt beschränken. Da aber der irreversible Teil dieser Fixkosten relativ gering ist, lässt dies normalerweise nicht besonders stark konzentrierte Märkte erwarten. Allerdings betreffen Dating-Clubs nur bestimmte Zielgruppe, die Marktgröße ist somit auch geringer. Neben Netzeffekten können noch andere Effekte wirken, die hier aber nicht im Detail betrachtet werden sollen.

Wohlfahrtsoptimale Marktstruktur Neben der aus dem Mengenwettbewerb resultierenden Marktstruktur ist vor allem eine Analyse der wohlfahrtsoptimalen Marktstruktur interessant. Um die Berechnung überschaubar zu halten, verzichten wir auf die Einbeziehung von Fixkosten. Der soziale Planer, der eine Maximierung der Gesamtwohlfahrt zum Ziel hat würde dann die Summe aus Konsumenten- und Produzentenrente ($W = n(PR + KR)$) maximieren, mit

$$KR_1 = \left(1 + ds - (1 - nq + ds)\right)q = \frac{1}{2}nq^2, \tag{6.83}$$

$$KR_2 = \left(1 + gq - (1 - ns + gq)\right)s = \frac{1}{2}ns^2 \tag{6.84}$$

und

$$PR = (1 - nq + ds)q + (1 - ns + gq)s. \tag{6.85}$$

Es ergibt sich somit die über n zu maximierende Wohlfahrtsfunktion:

$$\max_n W(q, s, n) = n\left((1 - nq + ds)q + (1 - ns + gq)s + \frac{1}{2}nq^2 + \frac{1}{2}ns^2\right). \tag{6.86}$$

Der soziale Planer kann die optimale Marktstruktur, jedoch nicht das Verhalten der Plattformen bestimmen. Daher lassen sich die optimalen Mengen $q = s = \frac{1}{n+1-d-g}$ aus dem Cournot-Oligopol in W einsetzen. Nach Ableiten der Wohlfahrtsfunktion nach n und Auf-

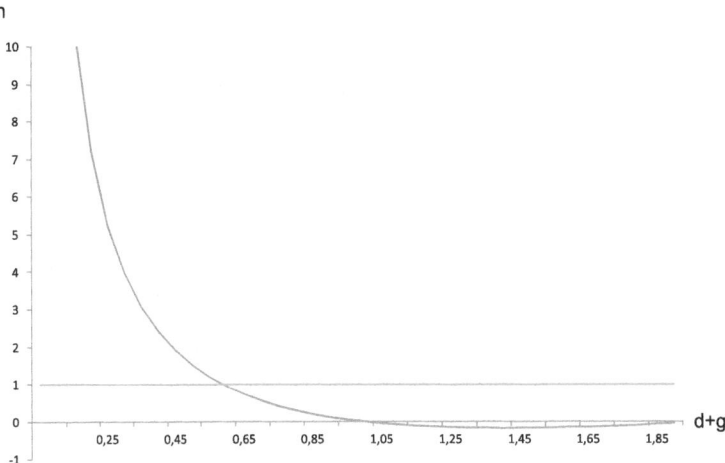

Abb. 6.21 Wohlfahrtsoptimale Marktstruktur

lösen nach der Anzahl der Firmen ergibt sich die wohlfahrtsoptimale Struktur von:

$$n = \frac{(1-(d+g))(2-(d+g))}{d+g}. \tag{6.87}$$

Setzt man $n = 1$, so ergibt sich ein wohlfahrtsoptimales Monopol schon ab einer Summe der Netzeffekte von $d + g \approx 0{,}5858$. Bei Betrachtung von Fixkosten wäre ein solches wohlfahrtsoptimales Monopol schon vorher erreicht, da zum einen die Fixkosten gedeckt werden müssten und zum anderen eine Duplizierung von Fixkosten hier entfällt. Analog zu den bisherigen Ergebnissen zeigt sich, dass in dynamischen Märkten mit relativ starken Netzeffekten Monopole in der Lage sind, die Netzeffekte besser zu internalisieren als im Wettbewerb zueinander stehende Plattformen. Auch der soziale Planer würde also, könnte er die Marktform, aber nicht das Verhalten der Plattformen bestimmen, schon bei moderaten Netzeffekten eine enge oder sehr enge Marktstruktur wählen. So würde ein Monopol bei etwa $d + g \approx 0{,}5858$, ein Duopol bei $d + g \approx 0{,}4384$ und ein Triopol bei $d + g \approx 0{,}3542$ entstehen.[13] Wie der Abb. 6.21 zu entnehmen ist, sinkt die wohlfahrtsoptimale Marktstruktur mit der Höhe der Summe der Netzeffekte; selbst bei geringen Netzeffekten liegt bereits ein quasi-natürliches Oligopol, bei moderaten Effekten, ein quasi-natürliches Monopol vor.

---

[13]Die Differenz zu dem in Abschn. 6.3.1 durchgeführten Vergleich zwischen der Wohlfahrt im Monopol und im Duopol (dort ist $d + g = 0{,}5118$), resultiert aus der hier gebildeten Ableitung nach n. Da n jedoch eigentlich nur ganzzahlige Werte annehmen kann und die Ableitung marginale Veränderungen misst, fallen beide Werte auseinander. Der hier berechnete Wert für das Monopol als optimale Marktform stellt also nur eine Approximation dar.

Traditionelle oligopolistische Märkte Wie schon beim Duopol lässt sich auch das Cournot-Oligopol auf traditionelle Medienmärkte übertragen. Die Zielfunktion der Plattformen lautet dann:

$$\max_{q_i, s_i} \pi_i = \left(1 - q_i - \sum_{j \neq i}^{n} q_j + d s_i \right) q_i + \left(1 - s_i - \sum_{j \neq i}^{n} s_j + (1 - d) q_i \right) s_i. \qquad (6.88)$$

Wie in den bisherigen Modellen lassen sich anhand der Bedingungen erster Ordnung die optimalen Mengen ableiten als

$$q_i = s_i = \frac{1}{n} \quad \text{und} \quad Q = S = 1. \qquad (6.89)$$

Die firmenspezifischen Mengen sinken bei Marktzutritt, sind aber unabhängig von den Netzeffekten. Die Gesamtmenge an beiden Märkten beträgt jeweils 1. Die optimalen Preise lauten

$$p = \frac{d}{n} \quad \text{und} \quad r = \frac{1 - d}{n}. \qquad (6.90)$$

Wie in allen bisherigen Fällen sind die Netzeffekte entscheidend für die Preishöhe und das -verhältnis. Marktzutritt führt zu mehr Wettbewerb und sinkenden Preisen. Da keine zusätzliche Markterweiterung durch variierende Netzeffekte erzeugt werden kann, haben die Netzeffekte keinen positiven Einfluss auf das Preisniveau, wie noch im Modell der neuen Märkte.

Die Gewinne lauten:

$$\pi_i = \frac{1}{n^2}. \qquad (6.91)$$

Sie sind wieder unabhängig von den Netzeffekten. Marktzutritt erfolgt, solange die Fixkosten (Markteintrittskosten) gedeckt werden können. Die maximale Anzahl an Plattformen in traditionellen Medienmärkten lautet daher:

$$n_{max} < \frac{1}{\sqrt{F}}. \qquad (6.92)$$

Im Vergleich zu einem einseitigen Mehrproduktmonopolisten (vgl. Abschn. 3.2.3), der zwei Produkte anbietet, ergibt sich eine maximale Anzahl an Plattformen, die immer kleiner ist

$$n_{max}^{MP} < \frac{1}{2} \frac{2\sqrt{2}\sqrt{F} - 2F}{F} > \frac{1}{\sqrt{F}} > n_{max}$$

Zudem sind traditionelle Medienmärkte typischerweise von hohen Fixkostenblöcken gekennzeichnet. Zeitungsverlage etwa betreiben oftmals eigene Druckereien, Redaktionen, ein Vertriebsnetz und andere fixkostentreibende Einrichtungen. Je größer aber F, desto geringer ist zudem die gleichgewichtige Anzahl an Plattformen im Markt.

Abb. 6.22
Monopol–Duopol-Fall

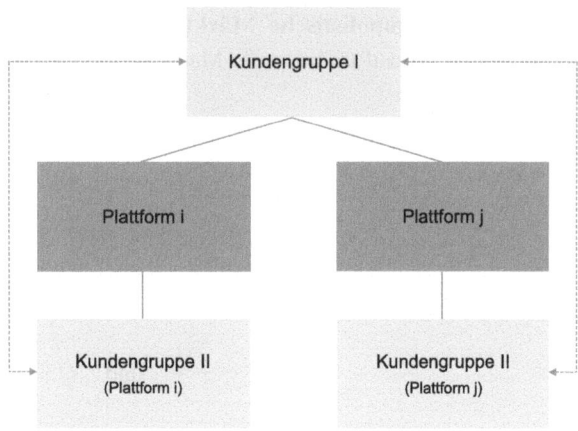

6.3.4   Asymmetrische Marktstrukturen

Bisher sind wir von einer symmetrischen Wettbewerbsstruktur der beiden Märkte ausgegangen. Die beiden Plattformen konkurrieren auf jedem Markt um die gleiche Kon-
sumentengruppe. Dies ist aber nicht immer eine realistische Annahme. Es gibt sowohl
einige traditionelle als auch neue Medienmärkte, die insbesondere am Werbemarkt mit
mehr Plattformen konkurrieren als am Rezipientenmarkt (Dewenter 2004). Lokalzeitungen stehen etwa am Lesermarkt oft nur mit wenigen anderen Zeitungen in Konkurrenz,
während am Werbemarkt auch andere Medien wie Lokalsender oder Anzeigenblätter als
Substitut infrage kommen. Ähnliche Strukturen lassen sich auch für Internetmärkte finden.
    Im Folgenden werden deshalb Märkte analysiert, die asymmetrische Wettbewerbsstruk-
turen aufweisen, bei denen also Rezipienten- und Werbemarkt eine unterschiedliche Anzahl an Marktteilnehmern aufweisen.

6.3.4.1 Monopol–Duopol-Fall: Neue Medienmärkte
Im ersten Fall stehen zwei Plattformen nur auf dem Werbemarkt im Mengenwettbewerb zueinander – sie konkurrieren um Werbekunden. Auf dem Rezipientenmarkt haben die beiden Plattformen dagegen jeweils ein Monopol inne. Die beiden Marktseiten
sind darüber hinaus über indirekte Netzeffekte miteinander verbunden (Abb. 6.22 zeigt
diesen Zusammenhang grafisch). Die beiden Plattformen bieten Inhalte an, die aus Sicht
der Konsumenten nicht austauschbar sind. Jede Plattform besitzt somit ein Monopol am
Rezipienten- bzw. Inhaltemarkt. Aus Sicht der Werbekunden sind die beiden Rezipienten-
gruppen jedoch sehr wohl austauschbar. Bei Zeitungen könnte das z.B. der Fall sein, wenn
sich die Leser und damit der Inhalt der Zeitungen politisch sehr stark unterscheiden, Werbekunden aber an den Lesern beider politischer Lager interessiert sind. Im Internet könnte
eine derartige Marktstruktur z.B. bei einer Suchmaschine und einem sozialen Netzwerk

anzutreffen sein:[14] Jede Plattform hat ihre eigene Nutzergruppe und konkurriert nicht oder nur wenig um die Nutzer. Werbekunden versuchen dagegen über beide Plattformen die Benutzer zu erreichen.

Zur Berechnung der Mengen und Preise wird vereinfachend angenommen, dass die zweiten Kundengruppen identisch sind. Der Monopolmarkt wird also jeweils auf die gleiche Weise modelliert. Beide Plattformen konkurrieren um Werbekunden; sie bedienen aber auf diesem Markt beide die gleiche Kundengruppe, nämlich die Werbekunden. Von den Rezipienten werden die Plattformen aber nicht als Substitute betrachtet. Dadurch tritt genau der beschriebene Fall ein. Die inversen Nachfragefunktionen auf den beiden Marktseiten lauten dann

$$p = 1 - q_i + ds_i \quad \text{und} \quad r_i = 1 - s_i - s_j + gq_i. \tag{6.93}$$

Die Gewinnfunktion der i-ten Plattform lautet

$$\max_{q_i, s_i} \pi_i = (1 - q_i + ds_i)q_i + (1 - s_i - s_j + gq_i)s_i. \tag{6.94}$$

Durch Ableiten nach q_i und s_i erhält man die für $q(s_i)$ und $s_i(q_i)$:

$$q_i(s_i) = \frac{1}{2} + \frac{1}{2}s_i(d + g) \quad \text{und} \quad s_i(q_i) = \frac{1}{2} - \frac{1}{2}s_j + \frac{1}{2}q(d + g). \tag{6.95}$$

Nimmt man an, dass die Plattformen symmetrisch sind, also dass $q_i = q_j$ und $s_i = s_j$ ist, folgt:

$$q_i = \frac{3 + (d + g)}{6 - (d + g)^2} \quad \text{und} \quad s_i = \frac{2 + (d + g)}{6 - (d + g)^2}. \tag{6.96}$$

Insgesamt wird eine Werbefläche von $S = s_i + s_j$ angeboten:

$$S = \frac{4 + 2(d + g)}{6 - (d + g)^2}. \tag{6.97}$$

Wie zuvor erhöht die Summe der Netzeffekte $d + g$ die Mengen auf beiden Märkten. Dennoch unterscheiden sich die Mengen in der Höhe vom Monopol- bzw. Duopol-Fall (vgl. Abb. 6.23). Die Mengen sind identisch, wenn keine Netzeffekte vorliegen. Diese fallen aber umso weiter auseinander, je stärker die Externalitäten ausgeprägt sind. Die Menge am monopolistischen Rezipientenmarkt ist geringer als im symmetrischen Monopolfall. Die Menge am Werbemarkt liegt dagegen im asymmetrischen Fall oberhalb der Menge des symmetrischen Duopols.

---

[14]In beiden Fällen liegen in der Realität auch direkte Netzwerkeffekte auf der Nutzerseite vor, diese werden aber in diesem Beispiel nicht betrachtet.

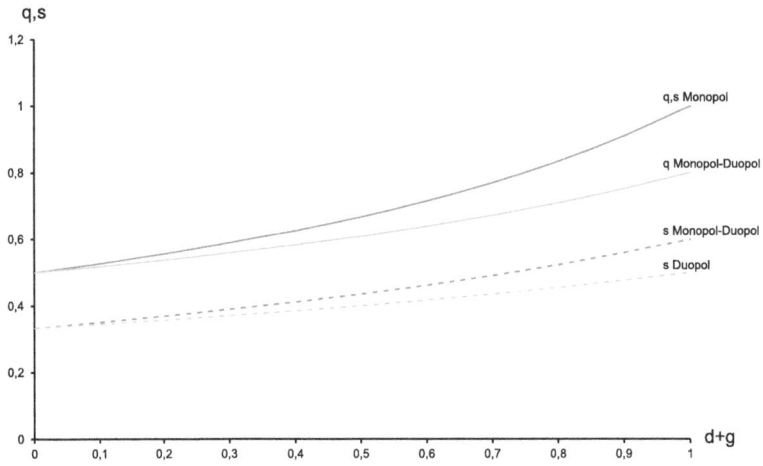

Abb. 6.23 Mengen im Duopol–Monopol-Fall

Die Logik dahinter zeigt, wie stark sich das Ausnutzen der Netzeffekte auf die Mengen der Plattformen auswirkt. Im Vergleich zum Monopol–Monopol-Fall ist die Menge auf dem Werbemarkt hier geringer

$$s_i^M = \frac{1}{2 - (d + g)} > s_i^{DM} = \frac{2 + (d + g)}{6 - (d + g)^2}.$$

Da wir von positiven indirekten Netzeffekten ausgehen ($d > 0$), profitieren Rezipienten nun weniger von der Verbindung mit dem Werbemarkt – sie haben im Vergleich zum Monopolfall nur zu einem kleineren Netzwerk auf dem anderen Markt Zugang. Der Netzwerkeffekt kann somit weniger stark ausgenutzt werden.

Umgekehrt ist die Menge auf dem monopolistischen Markt hier größer, als wenn die Plattformen auch auf diesem Markt in Konkurrenz zueinander stehen (Duopol–Duopol-Fall). Der Werbemarkt profitiert also von einem größeren Netzwerk auf dem Rezipientenmarkt als im Wettbewerbsfall

$$q_i^{DM} = \frac{3 + (d + g)}{6 - (d + g)^2} > q_i^D = \frac{1}{3 - (d + g)}.$$

Der Monopolmarkt kann in diesem Fall also nur auf ein kleineres Netzwerk zugreifen als im Monopol–Monopol-Fall, der duopolistische Markt dagegen auf ein größeres als im Duopol–Duopol-Fall.

Die Preise ergeben sich durch Einsetzen der Mengen in die inversen Nachfragefunktionen und lauten:

$$p = \frac{3 - dg - g^2 + d - g}{6 - (d - g)^2} \quad \text{und} \quad r = \frac{2 - d^2 - dg - 2d + g}{6 - (d + g)^2}. \tag{6.98}$$

Tab. 6.3 Preise und Mengen bei unterschiedlichen Strukturen

			Monopol–Monopol		Monopol–Duopol		Duopol–Duopol
Beispiel I	$d = -0{,}2$	q_i	1,00	>	0,80	>	0,50
	$g = 1{,}2$	s_i	1,00	>	0,60	>	0,50
	$d + g = 1$	p	−0,20	<	0,08	>	−0,10
		r	1,20	>	0,76	>	0,60
Beispiel II	$d = 0{,}2$	q_i	0,59	>	0,56	>	0,37
	$g = 0{,}1$	s_i	0,59	>	0,39	>	0,37
	$d + g = 0{,}3$	p	0,47	<	0,48	>	0,30
		r	0,53	>	0,33	=	0,33

Der Preis am Rezipientenmarkt kann im Monopol–Duopol-Modell größer oder auch kleiner sein als der Preis im Monopolmodell. Ist der Werbemarkt duopolistisch organisiert, so ist die zu erreichende Menge dort durch Preissenkungen am Rezipientenmarkt geringer. Gleich sind die (Rezipienten-)Preise in beiden Modellen, wenn die Netzeffekte jeweils gleich groß sind. Der Rezipientenpreis im Monopol-Modell p_M liegt oberhalb des Preises im Monopol–Duopol-Modell p_{MD}, wenn $g < d$. Wenn also der Netzeffekt vom Rezipienten- zum Werbemarkt geringer ist als der Effekt vom Werbe- zum Rezipientenmarkt, ist der Preis im Monopolmodell höher. Die monopolistische zweiseitige Plattform kann die Netzeffekte besser internalisieren und setzt dann einen höheren Rezipientenpreis. Ist $g > d$, senkt die monopolistische Plattform den Rezipientenpreis stärker als die Plattform im Monopol–Duopol-Modell.

Im Gegensatz zum Rezipientenpreis ist der Werbepreis im Monopol–Monopol-Modell immer größer als im Monopol–Duopol-Modell ($r_M > r_{MD}$). Dieses Ergebnis ist auf den höheren Wettbewerbsdruck im duopolistischen Werbemarkt zurückzuführen. Ebenso ist ein Ausnutzen des Netzeffekts im Vergleich zum Monopol nur dann möglich, wenn der Werbepreis entsprechend geringer gesetzt wird.

Die Gewinne können durch Einsetzen der optimalen Mengen und Preise in die Gewinnfunktion berechnet werden als

$$\pi_i = \frac{4d + 13 - 3d^2 g - 6dg - 3dg^2 - 3g^2 - g^3 - 3d^2 + 4g - d^3}{(6 - (d+g)^2)^2}. \tag{6.99}$$

Tabelle 6.3 zeigt wie sich die Mengen und Preise im Vergleich zum symmetrischen Monopol und Duopol verhalten.

6.3.4.2 Monopol–Duopol-Fall: Traditionelle Medienmärkte

Auch in traditionellen Medienmärkten kann es zu asymmetrischen Marktbeziehungen kommen. In der Realität könnte ein solcher Fall z.B. bei einer Lokalzeitung und einem Anzeigenblatt auftreten. Zwar besteht keine Substitutionsbeziehung an den Rezipientenmärkten, weshalb eine enge Abgrenzung vonnöten ist – die Leser sehen den Konsum von

Anzeigenblättern nicht als austauschbar zum Lesen der Zeitung an. Am Werbemarkt bestehen jedoch durchaus Konkurrenzbeziehungen, da aus Sicht der Werbekunden eine bestimmte Zielgruppe erreicht werden soll. Dies ist davon unabhängig, welches Medium
diese Zielgruppe konsumiert.

Wir stellen wiederum die Gewinnfunktionen der beiden Anbieter auf, um die optimalen
Mengen, Preise und Gewinne herzuleiten. Wie wir bereits aus den bisherigen Modellen
gelernt haben, ist es ebenso möglich, den Netzeffekt g mit $(1 - d)$ gleichzusetzen, um
dasselbe Ergebnis zu erzielen. Da auch hier keine weitere Markterweiterung eintreten kann
als die schon im Gleichgewicht vollzogene, vereinfacht sich das Modell stark, so dass sich
die optimalen Mengen wie folgt darstellen lassen:

$$q_i = \frac{4}{5} \quad \text{und} \quad s_i = \frac{3}{5}. \tag{6.100}$$

Die Mengen liegen zwischen denen, die sich im Monopol $q = s = 1$ bzw. im Duopol
$q = s = \frac{1}{3}$ in traditionellen Märkten ergeben. Auf dem einen Markt herrscht Wettbewerb;
der andere ist immer noch monopolistisch organisiert. Die Gesamtmenge auf Markt 2 ist
$S = s_i + s_j = \frac{6}{5}$. Die optimalen Preise lauten:

$$p = \frac{1}{5} + \frac{3}{5}d \quad \text{und} \quad r = \frac{3}{5} - \frac{4}{5}d. \tag{6.101}$$

Während der Preis am monopolistisch Rezipientenmarkt immer positiv ist, solange auch
$d > 0$, kann r negative Werte annehmen, sobald $d > \frac{3}{4}$.

Der Gewinn der Plattformen beläuft sich auf $\pi_i = \frac{13}{25}$ ohne Fixkosten. Die gesamte
Produzentenrente beträgt $PR = \frac{26}{25}$.

6.3.4.3 Monopol–Duopol-Fall: Produktdifferenzierung

Die Einführung von Produktdifferenzierung auf dem Werbemarkt lockert die Annahme,
dass die Produkte auf Markt 2 vollkommene Substitute darstellen. Der Parameter θ mit
$0 \leq \theta \leq 1$ misst den Grad der Produktdifferenzierung. Steigt θ, steigt auch der Wettbewerbsdruck auf dem Werbemarkt. Je stärker die Produktdifferenzierung $(\theta \downarrow)$, desto näher
sollte das Modell an den Monopolfall kommen.

Die inversen Nachfragefunktionen für die beiden Märkte lauten jetzt:

$$p = 1 - q_i + ds_i \quad \text{und} \quad r_i = 1 - s_i - \theta s_j + (1 - d)q_i. \tag{6.102}$$

$\theta = 1$ entspricht dem vorangegangen Fall mit homogenen Gütern. $\theta = 0$ entspricht dem
Fall zwei völlig unabhängiger zweiseitiger Plattformen. Jede Plattform hat dann sowohl
auf Markt 1 als auch auf Markt 2 ein Monopol.

Nehmen wir an, es handelt sich um den Fall eines lokalen Radiosenders und eines
lokalen Fernsehsenders. Nehmen wir weiterhin an, dass der Radiosender über ein Monopol
über seine Hörer verfügt und der Fernsehsender über seine Zuschauer. Fraglich ist nun, wie
Werbekunden (Markt 2) die beiden Kanäle (Radio vs. Fernsehen) bewerten. Ist Fernseh-
und Radiowerbung austauschbar? Oder stellen sie nur zum Teil Substitute dar? Es wäre

sogar denkbar, dass die beiden Werbekanäle als komplementär betrachtet werden. Dieses Modell analysiert, wie sich unterschiedliche Wettbewerbsintensität zwischen den beiden Kanälen auf das Verhalten der Plattformen auswirkt.

Die Gewinnfunktion für Plattform i lautet

$$\pi_i = (1 - q_i + ds_i)q_i + (q - s_i - \theta s_j + (1 - d)q_i. \tag{6.103}$$

Durch das Ableiten der Funktion nach q_i und s_i erhält man wiederum die Mengen:

$$q_i = \frac{3 + \theta}{3 + 2\theta} \quad \text{und} \quad s_i = \frac{3}{3 + 2\theta}. \tag{6.104}$$

Die Mengen auf den beiden Märkten sind gleich, wenn $\theta = 0$. Je stärker die beiden Plattformen aber auf Markt 2 in Konkurrenz zueinander stehen, desto geringer sind die Mengen der Plattformen. Die Menge auf Markt 2 fällt dabei schneller als auf Markt 1. Die individuelle Mengen auf Markt 1 ist immer größer als auf Markt 2 für $0 < \theta \le 1$:

$$p = \frac{3d + \theta}{3 + 2\theta} \quad \text{und} \quad r = \frac{3 - d(\theta + 3)}{3 + 2\theta}. \tag{6.105}$$

Die Preise auf den beiden Märkten unterscheiden sich wiederum und sind sowohl von der relativen Stärke der Netzeffekte d abhängig als auch vom Grad der Produktdifferenzierung θ. Die Preise p und r verlaufen wiederum gegensätzlich in Bezug auf d. p steigt in d ($\frac{\partial p}{\partial d} > 0$), d.h. je stärker Markt 1 von Markt 2 profitiert, desto höher ist der Preis auf Markt 1. Umgekehrt fällt r in d ($\frac{\partial r}{\partial d} < 0$).

Der Gewinn der beiden Plattformen hängt vom Grad der Produktdifferenzierung θ ab und ist unabhängig von den Netzeffekten. Die Netzeffekte werden über die Preise internalisiert, wo bei der Markt den höheren Preis zu tragen hat, der stärker vom anderen Markt profitiert.

$$\pi_i = \frac{\theta^2 + 3\theta + 9}{(3 + 2\theta)^2}. \tag{6.106}$$

Je nach Stärke von θ handelt es sich entweder um zwei Plattformen, die jeweils ein Monopol auf beiden Märkten haben ($\theta = 0$) oder um den Duopol–Monopol-Fall ($\theta = 1$).

Das Modell veranschaulicht das Problem der Marktabgrenzung. Zwei Plattformen können in einem wettbewerblichen Verhältnis stehen, obwohl sie jeweils ein Monopol auf dem Endkundenmarkt haben. Angenommen *Facebook* hat ein Monopol auf dem sozialen Netzwerk-Markt und *Google* auf dem Suchmarkt.[15] Die beiden Internetunternehmen konkurrieren dann zwar nicht um Endkunden, sehr wohl aber auf dem Werbemarkt. Die Konkurrenzbeziehung, bzw. der Grad der Austauschbarkeit der beiden Plattformen für Werbekunden kann dabei – je nach Plattform – variieren.

---

[15] Wir gehen hier von einem hypothetischen Fall aus. Allein die Aussage „sozialer Netzwerk-Markt" oder „Suchmarkt" kann problematisch sein (siehe Kapitel 8).

7.1 Geschäftsmodelle zweiseitiger Medienmärkte

7.1.1 Soziale Netzwerke: Direkte und indirekte Netzeffekte

Im nun folgenden Modell werden direkte und indirekte Netzeffekte miteinander kombiniert. Dadurch können die Besonderheiten von sozialen Netzwerken oder Spielkonsolen berücksichtigt werden. In diesen Märkten treten neben indirekten Netzwerkeffekten zwischen (zumeist) Werbekunden und Rezipienten auch direkte Netzeffekte zwischen den Rezipienten auf. Die Teilnahme an einem sozialen Netzwerk ist im Normalfall kostenlos; das Netzwerk finanziert sich meist ausschließlich durch Werbung. Werbekunden profitieren von einer möglichst großen Anzahl an Teilnehmern. Darüber hinaus hängt der Nutzen eines jeden Teilnehmers aber auch von der Anzahl der Teilnehmer insgesamt ab. Nur, wenn Teilnehmer Freunde, Bekannte oder Kollegen über das soziale Netzwerk finden und mit ihnen in Verbindung treten können, stiftet das soziale Netzwerk einen Nutzen. Für die Konsumenten steht vor allem der direkte Netzeffekt im Vordergrund. Werbung kann sich positiv oder negativ auf ihren Nutzen auswirken. Nutzer können der Werbung auch neutral gegenüberstehen. Ähnlich verhält es sich bei Spielkonsolen. Je mehr Nutzer sich für eine *Playstation* entscheiden, desto attraktiver wird es für Programmierer Spiele für die *Playstation* zu erstellen. Je mehr Spiele es gibt, desto attraktiver wird der Kauf der Spielekonsole. Allerdings können Benutzer der gleichen Konsole auch Spiele austauschen oder miteinander spielen (online). Es liegen also sowohl indirekte als auch direkte Netzeffekte vor.

Um das Modell überschaubar zu halten, nehmen wir an, dass der Markt gesättigt ist. Der Parameter g wird wiederum durch $g = 1 - d$ ersetzt. Wir verzichten außerdem auf die Modellierung von Kosten und nehmen an, dass α (mit $0 \le \alpha \le 1$) den direkten Netzeffekt beschreibt, mit dem der Nutzen der Teilnehmer eines sozialen Netzwerks mit der Anzahl der Nutzer steigt. Die inversen Nachfragefunktionen sind dann:

$$p = 1 - (1-\alpha)q + ds \quad \text{und} \quad r = 1 - s + (1-d)q. \tag{7.1}$$

© Springer Fachmedien Wiesbaden 2015

R. Dewenter, J. Rösch, *Einführung in die neue Ökonomie der Medienmärkte*,
DOI 10.1007/978-3-658-04736-8_7

Die Gewinnfunktion lautet:

$$\pi = \big(1 - (1 - \alpha)q + ds\big)q + \big(1 - s + (1 - d)q\big)s. \tag{7.2}$$

Wie gewohnt lassen sich die gewinnmaximalen Mengen mithilfe der Bedingungen erster Ordnung berechnen als

$$q = \frac{3}{3 - 4\alpha} \quad \text{und} \quad s = \frac{3 - 2\alpha}{3 - 4\alpha}. \tag{7.3}$$

Aufgrund der Parameterrestriktion über d und g sind die Mengen unabhängig von den indirekten Netzeffekten, jedoch abhängig vom direkten Netzeffekt. Beide Mengen steigen erwartungsgemäß mit dem direkten Netzeffekt, wobei α einen stärkeren Einfluss auf q als auf s nimmt. Außerdem muss $\alpha < \frac{3}{4}$ sein, da sonst negative Mengen möglich wären.

Die optimalen Preise lassen sich wiederum durch Einsetzen in die indirekten Nachfragefunktionen herleiten als:

$$p = \frac{3d - \alpha(2d + 1)}{3 - 4\alpha} \quad \text{und} \quad r = \frac{3 - 2\alpha - 2d}{3 - 4\alpha}. \tag{7.4}$$

Beide Preise verlaufen erwartungsgemäß entgegengesetzt bezüglich der indirekten Netzeffekte. Während p in d steigt, sinkt r mit dem indirekten Netzeffekt. Der Einfluss des direkten Netzeffektes auf die Preise ist jedoch abhängig von d. Für $d > \frac{1}{2}$ sind die Ableitungen

$$\frac{\partial p}{\partial \alpha} = \frac{3(1 - 2d)}{(3 - 4\alpha)^2} \quad \text{und} \quad \frac{\partial r}{\partial \alpha} = \frac{6(1 - 2d)}{(3 - 4\alpha)^2}$$

kleiner als null. Ist $d < 0{,}5$ gilt entsprechend das Gegenteil.

Der Gewinn

$$\pi = \frac{3 - \alpha}{3 - 4\alpha}, \tag{7.5}$$

ist wiederum unabhängig von den indirekten Netzeffekten und steigt mit dem direkten Netzeffekt. Dies ist nicht überraschend, da der Markterweiterungseffekt durch die indirekten Netzeffekte fixiert ist, α jedoch die negative Steigung der inversen Nachfragefunktion verringert und damit die Nachfrage unelastischer macht.

Insgesamt wirkt also der direkte Netzeffekt positiv auf die Gewinne der Plattform. Neben einem möglichen Ausnutzen von indirekten Netzeffekten hat die Plattform also noch einen weiteren Anreiz, die Netzwerkgröße am Rezipienten- bzw. Nutzermarkt zu erhöhen, um dadurch noch weitere Gewinnsteigerungen zu erreichen.

Das Ergebnis zeigt, dass soziale Netzwerke zum einen besonders darauf bedacht seien sollten Vorteile gegenüber Konkurrenten zu erlangen, um damit das Netzwerk möglichst groß werden zu lassen. Zum anderen ist zu erwarten, dass es auch hier eine Tendenz zum natürlichen Monopol gibt. Zwar sind die Wechselkosten gering und damit Multihoming jederzeit möglich, allerdings macht es aus Nutzersicht keinen Sinn, verschiedenen homogene soziale Netzwerke zu nutzen, wenn doch die meisten (oder alle) sozialen Kontakte einem bestimmten Netzwerk angehören.

Der Hang zur Monopolisierung zeigt sich auch in der Realität. Zwar existiert eine Reihe von sozialen Netzwerken, jedoch ist in letzter Zeit eine deutliche Konzentration zu beobachten. So dominiert *Facebook* in vielen Ländern bei den privaten sozialen Netzwerken. Bei den professionellen Netzwerken sind zumindest in Deutschland noch *Xing* und *LinkedIn* zu nennen. Fraglich ist, ob es hier Unterschiede in der Nutzerstruktur gibt, ob z.B. Selbstständige eher eines der beiden Netzwerke bevorzugen.

7.1.2   Gewöhnungseffekte in zweiseitigen Medienmärkten

Neben der Kombination von direkten und indirekten Netzeffekten spielen auch Gewöhnungseffekte eine Rolle in Medienmärkten. Gewöhnungseffekte (engl. *habit effects*) sind tatsächlich ein weit verbreitetes Phänomen. Bekanntestes Beispiel ist der sogenannte „Newspaper Habit". Konsumenten von Tageszeitungen gewöhnen sich an das Format, die Aufmachung oder an bestimmte Rubriken eines Printmediums. Mit dem Konsum wird auch der zukünftige Wiederkauf des Produkts wahrscheinlicher (dies gilt z.T. auch für Zeitschriften). Dies gilt auch dann, wenn die Zeitung im Laufe der Zeit an Qualität verlieren oder teurer werden würde. Konsumenten gewöhnen sich an ein Medium und sind daher weniger bereit, zu einem Konkurrenzprodukt zu wechseln oder ganz auf den Konsum zu verzichten.

Habit effects können aber auch drastischere Formen haben, die eher einem Sucht- als einem Gewöhnungsverhalten ähneln. Beispiele hierfür finden sich etwa bei der Internetsucht oder dem suchtähnlichen Verhalten beim Konsum von Computerspielen, Online-Spielen oder anderen Online-Inhalten. Es wird darüber hinaus auch immer wieder diskutiert, inwiefern der Konsum sozialer Netzwerke wie z.B. *Facebook* oder *Twitter* suchtähnliches Verhalten fördern. Gerade in Bezug auf neue Medien lässt sich Sucht- oder Gewöhnungsverhalten feststellen. Die Grenzen zwischen Gewöhnungs- und Suchtverhalten jedoch fließend.

Im Folgenden wird ein einfaches Modell zur Analyse der Auswirkungen von Gewöhnungsverhalten vorgestellt.[1] Es wird unterstellt, dass es sich z.B. um den Konsum von Tageszeitungen handelt. Eine monopolistische Plattform bietet sowohl Inhalte am Rezipienten-, als auch Werbefläche am Werbemarkt an. Weiter wird angenommen, dass es sich um einen zweiseitigen Markt gemäß des monopolistischen Ursprungsmodells handelt und sowohl ein indirekter Netzwerkeffekt von Rezipienten- zum Werbemarkt (g) als auch umgekehrt vom Werbe- zum Rezipientenmarkt (d) existiert. Im Gegensatz zu den

---

[1]Eine frühere Version dieses Abschnitts ist unter dem Titel „Newspaper Habit" erschienen (vgl. Dewenter und Rösch 2011).

bisherigen Analysen wird mit der Zeit (t) eine weitere Dimension eingeführt. Die monopolistische Plattform optimiert also nicht nur einmalig ihre Gewinne, sondern ebenso über die gesamte Lebenszeit des Unternehmens. Aus dem bisherigen statischen wird somit ein dynamisches Optimierungsproblem.

Die inverse intertemporale Nachfragefunktion ist als

$$r_t = 1 - s_t + g q_t, \tag{7.6}$$

wobei r_t der Werbepreis in t, s_t das Werbevolumen in t und q_t die Menge am Rezipientenmarkt zum Zeitpunkt t ist. Die Parameter $g \geq 0$ und $d \gtrless 0$ stellen die Netzeffekte dar.

Auf die gleiche Weise, aber erweitert um die Gewöhnungseffekte, lässt sich die inverse Nachfragefunktion am Rezipientenmarkt darstellen als

$$p_t = 1 - q_t + \eta q_{t-1} + d s_t, \tag{7.7}$$

wobei p_t der Rezipientenpreis in t ist. Da q_{t-1} die Auflage in $t-1$ ist, hängt die aktuelle Menge (bzw. Nachfrage nach Inhalten) positiv von der vergangenen Menge ab. Eine hohe Menge in der Vergangenheit beeinflusst zu einem gewissen Maße auch den aktuellen Konsum. Der Parameter η bestimmt die Stärke des Gewöhnungseffekts. Ohne weitere Annahmen über das Verhalten der Konsumenten unterstellt diese Modellierung, dass die Nachfrager myopisch, also kurzsichtig, handeln. Sie handeln also nicht rational, indem sie auch den zukünftigen Konsum in ihr Kalkül aufnehmen, sondern orientieren sich lediglich an ihrem kurzfristig vergangenen Konsum.[2]

Kombiniert man die inversen Nachfragefunktionen und unterstellt zudem eine unendliche Lebensdauer des Unternehmens sowie ein gewinnmaximales Verhalten, bei dem der Unternehmer alle aktuellen und zukünftigen Gewinne maximiert (das Unternehmen agiert also sehr wohl intertemporal), so erhält man folgende Gewinnfunktion

$$\max_{q_t, s_t} \pi_t = \sum_{t=1}^{\infty} \beta^{t-1} \big[(1 - q_t + \eta q_{t-1} + d s_t) q_t + (1 - s_t + g q_t) s_t \big], \tag{7.8}$$

wobei $\beta \in [0, 1]$ einen konstanten Diskontfaktor darstellt. Um das Maximierungsproblem zu lösen, muss die Gewinngleichung nach allen zeitlichen Realisationen der Entscheidungsvariablen (q_t, q_{t-1} und s_t) abgeleitet werden. Die entsprechenden Ableitungen werden durch die sog. Euler-Gleichungen abgebildet, sie lauten

$$\beta^t \eta q_{t+1} + \beta^{t-1} \big(1 - 2 q_t + \eta q_{t-1} + (d + g) s_t \big) = 0 \tag{7.9}$$

---

[2]Diese Art der Modellierung von Habit-Effekten ist sicherlich die einfachste Art. In der Literatur existiert darüber hinaus eine Vielzahl an Arbeiten, die sich mit Gewöhnungs- und Suchtverhalten beschäftigt (vgl. dazu z.B. Becker und Murphy 1988; Gruber und Köszegi 2001 oder Carroll 2000).

für den Rezipientenmarkt und

$$\beta^{t-1}\big(1 - 2s_t + (d+g)q_t\big) = 0 \tag{7.10}$$

für den Werbemarkt.

Steady-State-Gleichgewicht Die Formulierung des Medienkonsums als dynamisches Problem erlaubt die Analyse zweier Dimensionen: Zum einen die Berechnung eines langfristigen Gleichgewichts, das sogenannte Steady-State-Gleichgewicht; und zum anderen des Anpassungspfads zum Steady-State. Da wir lediglich die Auswirkungen des Habit-Effekts auf die Mengen, Preise und Gewinne darstellen wollen, beschränken wir uns im Folgenden auf die Darstellung des langfristigen Gleichgewichts.

Mengen Kombiniert man die Euler-Gleichungen, und unterstellt, dass langfristig alle Mengen gleichgroß sein werden, so lässt sich das langfristige Steady-State-Gleichgewicht berechnen. Die Mengen an beiden Märkten lauten

$$q = \frac{2+d+g}{4-(d+g)^2-2\eta(1+\beta)} \tag{7.11}$$

und

$$s = \frac{2+d+g-\eta(1+\beta)}{4-(d+g)^2-2\eta(1+\beta)}. \tag{7.12}$$

Das Gewöhnungsverhalten hat einen positiven Einfluss auf die Mengen. Sowohl die Auflage als auch das Werbevolumen steigen mit größerem η, also einem größeren Habit-Effekt. Die Netzeffekte wirken ebenfalls positiv, wie bisher. Setzt man den Gewöhnungseffekt gleich null ($\eta = 0$), so reduzieren sich die Mengen auf die bekannten Größen

$$\hat{q} = \hat{s} = \frac{1}{2-d-g}.$$

Setzt man die Netzeffekte gleich null, so erhält man

$$\bar{q} = \frac{1}{2-\eta(1+\beta)} \quad \text{und} \quad \bar{s} = \frac{1}{2}.$$

Preise Setzt man die Mengen wiederum in die Nachfragefunktionen ein, ergeben sich die optimalen Preise:

$$p = \frac{(1-g)(2+d+g) - \eta(\beta(2+d)) - g}{4-(d+g)^2-2\eta(1+\beta)} \tag{7.13}$$

und

$$r = \frac{(1 - d)(2 + d + g) - \eta(1 + \beta)}{4 - (d + g)^2 - 2\eta(1 + \beta)}.$$

(7.14)

Die Preise sind im Vergleich zum jeweiligen anderen Preis dann geringer, wenn Netzeffekte ausgenutzt werden können (analog zu den bisherigen Modellen). Liegen keine Gewöhnungseffekte vor, entspricht r dem Ergebnis der einfachen monopolistischen Plattform

$$\hat{r} = \frac{1 - d}{2 - d - g}.$$

Ein steigender (positiver) Netzeffekt d reduziert daher wie zuvor r. Die absolute Höhe und das relative Verhältnis der Preise ist wiederum von der Höhe und dem Verhältnis der Netzeffekte abhängig. Gewöhnungseffekte erhöhen die Auflage und damit über den Netzeffekt die Nachfrage nach Werbung. Dieser positive Effekt kann am besten ausgenutzt werden, wenn die Preise die Verbundenheit der Märkte widerspiegeln. Der Gewöhnungseffekt hat aber erwartungsgemäß einen positiven Effekt auf den Preis.

Gewinne   Der Gewinn des Monopols lässt sich berechnen als

$$\pi = \frac{(2 + d + g)[(1 - g)(2 + d + g) - \eta(\beta(2 + d)) - g]}{(4 - (d + g)^2 - 2\eta(1 + \beta))^2}$$
$$+ \frac{(2 + d + g - \eta(1 + \beta))((1 - d)(2 + d + g) - \eta(1 + \beta))}{(4 - (d + g)^2 - 2\eta(1 + \beta))^2}.$$

(7.15)

Die Gewinne steigen, wenn Leser sich an die Zeitung (das Produkt) gewöhnen, also dann, wenn ein Gewöhnungsverhalten vorliegt. Die monopolistische Plattform profitiert nicht nur von den Netzeffekten, sondern ebenso von den Gewöhnungseffekten. Mit $(d = g = 0)$ reduzieren sich die Gewinne zu

$$\bar{\pi} = \frac{8 - 4\eta - 8\eta\beta + \eta^2 + 2\eta^2\beta + \eta^2\beta^2}{(4 - 2\eta - 2\eta\beta)^2}.$$

Die Ableitung

$$\frac{\partial \bar{\pi}}{\partial \eta} = \frac{(\beta + \beta^2)\eta - 2}{((1 + \beta)\eta - 2)^3}$$

ist dann immer positiv, solange $\beta \leq 1$ und $\eta < 1$.

Der Gewöhnungseffekt hat einen positiven Einfluss auf Mengen, Preise und Gewinne. Da ein Habit-Effekt die Zahlungsbereitschaft der Konsumenten erhöht, ist dieses Ergebnis nicht besonders überraschend. Interessant ist darüber hinaus die Stärke dieses Effekts und das Zusammenspiel mit den Netzeffekten.[3]

---

[3]Für eine weiterführende Darstellung siehe Dewenter und Rösch (2011).

7.1.3 Mischfinanzierung und Werbefinanzierung

Medienunternehmen können verschiedene Finanzierungsmodelle wählen: Inhalte werden teilweise kostenlos zur Verfügung gestellt, dafür werden sie aber mit Werbung verknüpft. Der Konsument zahlt keinen monetären Preis für den Konsum der Inhalte; der Anbieter verkauft aber die Aufmerksamkeit der Konsumenten an Werbekunden weiter. Auf Nachrichtenseiten im Internet zahlen Konsumenten normalerweise keinen Preis. Die einzige Einnahmequelle dieser Seiten ist Werbung.[4]

Andere Medienunternehmen verzichten vollständig auf Werbung, dafür muss der Kunde aber einen monetären Preis bezahlen. Reine Bezahlinhalte sind allerdings derzeit eher die Ausnahme. Einige Nachrichtenseiten versuchen ihre Inhalte online gegen Bezahlung zugänglich zu machen. Der *Economist* benutzt dieses Konzept erfolgreich. Musikstreaming-Dienste wie *Spotify* lassen die Hörer zwischen reiner Werbefinanzierung und einem Bezahlmodell wählen: Entweder man nutzt den Service kostenlos, muss dafür aber Werbeunterbrechungen hinnehmen, oder man zahlt einen monatlichen Beitrag und kann unbegrenzt Musik ohne Werbeunterbrechung hören. Auf dem Fernsehmarkt sind häufig *Pay-TV*-Sender anzutreffen. Zwar werden dort die Filme ohne Werbeunterbrechnung ausgestrahlt, das Programm ist jedoch meist nicht völlig werbefrei.

Häufig nutzen Medienunternehmen eine Mischfinanzierung aus Werbung und Bezahlinhalten. Zeitungen zum Beispiel nutzen seit jeher Werbung, berechnen den Lesern aber auch einen Preis für die Zeitung.

Im nachfolgenden Modell[5] werden zwei Finanzierungsarten im Wettbewerb miteinander verglichen: reine Werbefinanzierung und gemischte Werbe- und Bezahlfinanzierung.

Zwei differenzierte Unternehmen konkurrieren um eine auf 1 normierte Masse an Konsumenten. Die Produktdifferenzierung wird mithilfe einer Hotelling-Linie modelliert, wobei die beiden Unternehmen jeweils an der Stelle 0 und 1 fest positioniert sind; die Konsumenten sind gleichverteilt entlang dieser Hotelling-Linie. Ihnen entstehen Transportkosten in Höhe von t, wenn sich ihr Standort von dem des Unternehmens unterscheidet. Ihre Position spiegelt also ihre Präferenz bezüglich der Produkte wider. Je näher die Konsumenten an dem Unternehmen positioniert sind, desto eher entspricht das Produkt ihren Vorstellungen. Der Nutzen der Konsumenten wird zum einen durch die Produkteigenschaften

---

[4]Dies gilt natürlich nur, wenn man eine reine Online-Zeitung betrachtet, ohne Quersubventionierung zwischen On- und Offline.

[5]Die ökonomische Literatur zur Programm- und Geschäftsmodellwahl von Fernsehsender ist durch die Theorie der zweiseitigen Märkte deutlich angestiegen. Das hier vorgestellte Modell ist eine starke Vereinfachung dieser Literatur, z.B. von Peitz und Valletti (2008) aber auch bzw. von Hotelling Modellen in zweiseitigen Märkten z.B. (Anderson und Gabszewicz 2006; Armstrong 2006, 2007; Anderson, Foros, Kind und Peitz 2012; Gabszewicz, Laussel und Sonnac 2001, 2005, 2006a, 2006b; Gabszewicz, Sonnac und Wauthy 2001; Ferrando, Gabszewicz, Laussel und Sonnac 2008; Stühmeier und Wenzel 2011, 2012; Choi 2006; Weeds 2012; Anderson und Coate 2005; Rochet und Tirole 2003b, 2006; Roson 2005; Reisinger, Ressner und Schmidtke 2009; Reisinger 2012; Kind, Nilssen und Sorgard 2007; Hagiu 2006).

(Transportkosten t) gemindert. Zum anderen fließen auch der Preis des Unternehmens p_i und die Werbemenge a_i negativ in die Nutzenfunktion u_i des Konsumenten ein. Der indirekte Netzeffekt d, der vom Werbemarkt ausgeht, hat ein negatives Vorzeichen, d.h. im Modell wird davon ausgegangen, dass Werbung grundsätzlich als störend wahrgenommen wird. Jeder Konsument zieht aber einen festen Nutzen v aus dem Konsum des Produkts, der gemindert wird durch Transportkosten t, Entfernung des Konsumenten zum Unternehmen (x_i bzw. $1 - x_i$), dem Preis p_i und der Werbemenge a_i, gewichtet mit dem indirekten Netzeffekt d.

$$u_i = \begin{cases} v - tx_i - p_1 - da_1 & \text{bei Kauf von Firma 1} \\ v - t(1 - x_i) - p_2 - da_2 & \text{bei Kauf von Firma 2.} \end{cases} \tag{7.16}$$

Das Modell beschreibt zwei konkurrierende Unternehmen, die von Konsumenten als differenziert wahrgenommen werden. Die beiden Unternehmen können ihren Preis p_i und die Werbemenge a_i wählen. Wobei Werbung von den Konsumenten als negativ wahrgenommen wird. Das Modell kann sowohl zwei Zeitungen beschreiben, die politisch unterschiedlich ausgerichtet sind, z.B. eher liberal (Standort $= 0$) oder eher konservativ (Standort $= 1$), oder zwei Fernsehsender, die entweder auf Unterhaltung oder auf Information ausgerichtet sind.

Unternehmen generieren Werbeeinnahmen $A(a)$ durch den Verkauf der Werbeplätze. Wobei die Werbeeinnahmen nicht linear ansteigen, sondern der Grenzertrag mit höherer Werbemenge abnimmt: $A(a) = \sqrt{a}$. Die Werbeeinnahmen $A(a)$ haben somit einen konkaven Verlauf. Der Werbemarkt und der Werbepreis sind exogen gegeben und werden nicht explizit modelliert.

7.1.3.1 Mischfinanzierung und Werbefinanzierung

Bieten die beiden Medienunternehmen ihre Inhalte/Services sowohl gegen Bezahlung als auch werbefinanziert an, kann die Nutzenfunktion jedes einzelnen Konsumenten wie obenstehend beschrieben werden. Der indifferente Konsument $\overline{x}$ erhält genau den gleichen Nutzen, egal, ob er bei Unternehmen 1 oder Unternehmen 2 kauft:

$$\overline{x} = \frac{1}{2} + \frac{1}{2t}(p_2 - p_1) + \frac{1}{2t}d(a_2 - a_1). \tag{7.17}$$

Entspricht $p_1 = p_2$ und setzen beide Unternehmen die gleiche Werbemenge $a_1 = a_2$ liegt der indifferente Konsument genau bei $\frac{1}{2}$. Wählt Unternehmen 2 einen höheren Preis $p_2 > p_1$ bei gleicher Werbemenge ($a_1 = a_2$), verschiebt sich der indifferente Konsument nach rechts auf der Hotelling-Linie; der Marktanteil von Unternehmen 1 steigt. Durch den höheren Preis verliert Unternehmen 2 Konsumenten. Gleiches gilt für die Werbemengen: Wählt Unternehmen 2 eine höhere Werbemenge, sinkt der Nutzen der Konsumenten, die sich für das Unternehmen entscheiden. Für einige Konsumenten in der Mitte der Linie ist es deshalb nutzenoptimal, zu Unternehmen 1 zu wechseln (für $p_1 = p_2$).

Der indifferente Konsument beschreibt die Nachfragefunktion der Unternehmen. Alle Konsumenten links davon entscheiden sich für Unternehmen 1, alle rechts davon für Unternehmen 2: $D_1 = \bar{x}$ und $D_2 = 1 - \bar{x}$. Der Gewinn des Unternehmens ergibt sich aus der Multiplikation der Menge mit dem Preis plus der Menge mal dem Werbeertrag:

$$\pi_1 = D1 \cdot \left(A(a_1) + p_1 \right) = \left[\frac{1}{2} + \frac{d(a_2 - a_1)}{2t} + \frac{p_2 - p1}{2t} \right] (\sqrt{a_1} + p_1). \qquad (7.18)$$

Das Unternehmen maximiert seinen Gewinn bezüglich der Werbemenge a_1 $\frac{\partial \pi_1}{\partial a_1} \overset{!}{=} 0$ und bezüglich des Preise $p1$ $\frac{\partial \pi_1}{\partial p_1} \overset{!}{=} 0$. Aus der Ableitung des Gewinns nach p_1 folgt, dass die Unternehmen im symmetrischen Gleichgewicht ($p_1 = p_2 = p^*$ und $a_1 = a_2 = a^*$) bei der Preissetzung die Transportkosten und die Werbeeinnahmen berücksichtigen:[6]

$$p^* = t - A\left(a^* \right) = t - \sqrt{a^*}. \qquad (7.19)$$

Je höher also die Werbeeinnahmen, desto niedriger der Preis. Das Unternehmen gibt höhere Werbeeinnahmen an die Konsumenten weiter.

Die Ableitung des Gewinns nach den Werbeeinnahmen ist:

$$\frac{\partial \pi_1}{\partial a_1} = \frac{a}{4\sqrt{a_1}} + \frac{da_2}{4t\sqrt{a_1}} - \frac{3d\sqrt{a_1}}{4t} + \frac{(p_2 - p_1)}{4t\sqrt{a_1}} - \frac{dp_1}{2t} \overset{!}{=} 0. \qquad (7.20)$$

Im symmetrischen Gleichgewicht muss wieder gelten, dass $p_1 = p_2 = p^*$ und $a_1 = a_2 = a^*$. Multipliziert man den Term anschließend mit $4t\sqrt{a^*}$ erhält man: $t - 2da^* - 2d\sqrt{a^*}p^*$. Setzt man nun $p^* = t - \sqrt{a^*}$ ergibt sich für die optimale Werbemenge a^*:

$$a^* = \left(\frac{1}{2d} \right)^2 \quad \text{und} \quad p^* = t - \frac{1}{2d}. \qquad (7.21)$$

Der Gewinn eines Unternehmens ist dann $\pi_i = D_i \cdot (A(a_i) + p_i) = \frac{t}{2}$ und unabhängig von dem indirekten Netzwerkparameter d. Je größer der Disnutzen der Konsumenten aus Werbung ($d\uparrow$), desto geringer der Preis ($p_i\downarrow$). Die beiden Unternehmen internalisieren die Netzeffekte somit vollständig über die Preise. Konsumenten zahlen einen niedrigeren Preis, um so den Nutzenverlust, der durch Werbung entsteht, auszugleichen.

7.1.3.2 Nur Werbefinanzierung

Das Modell vereinfacht sich, wenn die Unternehmen keine Preise setzen, sondern nur in der Werbemenge konkurrieren. Dadurch entfallen p_2 und p_1 in der Nutzenfunktion:

$$u_i = \begin{cases} v - tx_i - da_1 & \text{bei Kauf von Firma 1} \\ v - t(1 - x_i) - da_2 & \text{bei Kauf von Firma 2.} \end{cases} \qquad (7.22)$$

---

[6]Die Ableitung nach p_1 lautet: $\frac{\partial \pi_1}{\partial p_1} = -\frac{\sqrt{a_1}}{2t} + \frac{1}{2} + \frac{d(a_2 - a_1)}{2t} - \frac{p_2 - 2p_1}{2t} \overset{!}{=} 0.$

Konsumenten wählen das Unternehmen nur noch aufgrund ihrer Präferenzen (niedrigsten Transportkosten) und der Werbemengen. Der indifferente Konsument, der den gleichen Nutzen aus dem Kauf bei Unternehmen 1 und Unternehmen 2 zieht, ist:

$$\bar{x} = \frac{1}{2} + \frac{1}{2t}d(a_2 - a_1).$$

(7.23)

Wählen beide Unternehmen die gleiche Werbemenge $a_1 = a_2$, liegt der indifferente Konsument bei $\bar{x} = \frac{1}{2}$. Je größer die Werbemenge a_2 des Unternehmens 2 im Vergleich zur Werbemenge a_1, desto größer ist der Marktanteil von Unternehmen 1.

Der Gewinn von Unternehmen 1 lautet:

$$\pi_1 = D_1 \cdot A(a_1) = \left[\frac{1}{2} + \frac{1}{2t}d(a_2 - a_1) \right] \sqrt{a_1}.$$

(7.24)

Das Unternehmen maximiert seinen Gewinn bezüglich der Werbemenge a_1: $\frac{\partial \pi_1}{\partial a_1} \overset{!}{=} 0$. Wobei die Werbeeinnahmen wie gehabt mit $A(a_i) = \sqrt{a_i}$ gegeben sind. Anders ausgedrückt: Im symmetrischen Gleichgewicht ($a_1 = a_2 = a^*$) gilt:[7]

$$a^* = \frac{1}{2}\frac{t}{d}.$$

(7.25)

Je höher die Transportkosten t, je stärker die Konsumenten die Produkte der beiden Unternehmen als differenziert wahrnehmen, desto größer ist die Werbemenge a^*. Je schwächer also der Wettbewerb zwischen den Unternehmen, desto mehr Werbung erlauben sie. Umgekehrt reduziert der indirekte Netzwerkparameter d die Werbemenge. Das ist wenig überraschend, da d misst, wie stark Konsumenten von Werbung genervt sind.

Im symmetrischen Gleichgewicht folgt, dass $D_1 = D_2 = \frac{1}{2}$ da $a_1 = a_2$. Der Gewinn der beiden Unternehmen ergibt sich aus der Nachfrage D_i multipliziert mit den Werbeeinnahmen

$$\sqrt{a^*}\pi = \frac{1}{2}\sqrt{\frac{t}{2d}}.$$

7.1.3.3 Vergleich der Finanzierungsmodelle

Die reine Werbefinanzierung kann gegenüber einer gemischten Finanzierung vorteilhaft sein. Dazu müssen allerdings der indirekte Netzeffekt d niedrig und/oder der Werbepreis besonders hoch sein. Wenn Werbung nicht besonders störend und noch dazu besonders einträglich für die Unternehmen ist, ist es in diesem Modell sinnvoll das Produkt (z.B. die Inhalte) zu verschenken und sich ausschließlich über Werbung zu finanzieren.

---

7 $\frac{\partial \pi_1}{\partial a_1} = \frac{1}{4\sqrt{a_1}} + \frac{a_2 d}{4t\sqrt{a_1}} - \frac{3\sqrt{a_1}d}{4t} \overset{!}{=} 0.$

Das Ergebnis entspricht damit im Kern den vorangegangen Modellen. Der Unterschied liegt in der abweichenden Modellierung des Wettbewerbs, auch wurde auf einen Modellierung des Werbemarktes verzichtet. Verdient die Plattform Geld über Werbung, senkt sie den Preis für Konsumenten. Dadurch gewinnt sie mehr Konsumenten und kann so die Werbeeinnahmen erhöhen. Selbst ein Preis von null ist dann möglich.

Die Vorteilhaftigkeit des Finanzierungsmodells hängt im Wesentlichen von den indirekten Netzeffekten und deren Stärke ab. Hier wird nur der Effekt vom Werbe- auf den Konsumentenmarkt d berücksichtigt. Je stärker der Einfluss der Werbung auf die Konsumenten ist, desto weniger müssen diese bezahlen. Ein positiver Effekt der Werbung auf Konsumenten wird hier allerdings nicht betrachtet.

7.2   Wettbewerb und Regulierung

Die Erkenntnisse der Grundmodelle werden in diesem Kapitel auf ausgewählte wettbewerbliche Probleme aus dem Bereich der Medienökonomik angewendet. Hierzu gehören Kartellabsprachen zwischen zweiseitigen Plattformen, der Innovationswettbewerb oder der Zugang zu wesentlichen Einrichtungen. Auf diese Weise lassen sich die Flexibilität und die Einfachheit der Anwendung demonstrieren.

7.2.1   Kartellabsprachen

Bisher sind wir von wettbewerblichen Verhalten der Plattformen ausgegangen. Die Plattformen maximieren ihren eigenen Gewinn, unabhängig davon, ob sie Teil eines Duopols oder Oligopols sind. In solchen Märkten, besonders aber in engen Oligopolen, kommt es immer wieder zu Kartellen – zu Absprachen von Unternehmen mit dem Ziel den Wettbewerb zu beschränken. Diese Absprachen können verschiedene Parameter wie etwa den Preis, die Mengen, die Verbreitungsgebiete, die Werbeausgaben oder auch eine mögliche gemeinsame Forschung und Entwicklung betreffen. Werden Preise oder auch Mengen abgesprochen, verhält sich das Kartell wie ein Monopolist, indem es den gemeinsamen Gewinn maximiert. Die Wirkung eines solchen Kartells in einseitigen Märkten entspricht somit auch dem allokativen Wohlfahrtsverlust eines Monopols.

Doch lässt sich dieses Ergebnis direkt auf zweiseitige Plattformen übertragen? Kollusion kann in zweiseitigen Märkten unter bestimmten Umständen auch positive Effekte auf die Gesamtwohlfahrt, aber auch auf einzelne Teilmärkte nehmen (Dewenter, Haucap und Wenzel 2011). Insbesondere, wenn es zu Absprachen auf nur einem der beiden Märkte kommt (sog. Semi-Kollusion) und der zweite Markt nach wie vor wettbewerblich organisiert ist, profitieren oftmals die Konsumenten des zweiten Marktes von diesen Absprachen.

Im Folgenden stellen wir ein einfaches Modell gesättigter Märkte vor, in dem wir sowohl eine Kollusion über beide Märkte als auch die Semi-Kollusion über nur einen Markt analysieren. Wir gehen davon aus, dass zwei identische Plattformen auf beiden Märkten im Mengenwettbewerb zueinander stehen und sich über eine der beiden Mengen oder aber über beide Mengen absprechen können. Die Netzwerkeffekte addieren sich, wie in gesättigten Märkten üblich, wiederum zu eins ($g = 1 - d$). Es lassen sich unter der Annahme $c = 0$ die beiden Gewinnfunktionen

$$\pi_1 = (1 - q_1 - q_2 + ds_1)q_1 + \left(1 - s_1 - s_2 + (1 - d)q_1\right)s_1 \tag{7.26}$$

und

$$\pi_2 = (1 - q_2 - q_1 + ds_2)q_2 + \left(1 - s_2 - s_1 + (1 - d)q_2\right)s_2 \tag{7.27}$$

aufstellen.

7.2.1.1 Vollständige Kollusion

Verhalten sich beide Plattformen kompetitiv, ergibt sich das Ergebnis im Duopol aus Abschn. 6.3.1. Sprechen die Plattformen aber ihre Mengen ab, bilden sie also ein Kartell, dann maximieren sie nicht den individuellen, sondern den gemeinsamen Gewinn:

$$\max_{q_1,q_2,s_1,s_2} \pi = (1 - q_1 - q_2 + ds_1)q_1 + \left(1 - s_1 - s_2 + (1 - d)q_1\right)s_1$$
$$+ (1 - q_2 - q_1 + ds_2)q_2 + \left(1 - s_2 - s_1 + (1 - d)q_2\right)s_2. \tag{7.28}$$

Anhand der Bedingungen erster Ordnung lassen sich auch hier wiederum die optimalen Mengen ableiten als:

$$q_1^K = q_2^K = s_1^K = s_2^K = \frac{1}{3}. \tag{7.29}$$

Im Vergleich zum wettbewerblichen Verhalten sinken die Mengen deutlich von $\frac{1}{2}$ auf $\frac{1}{3}$. Es ergibt sich die Menge, die auch in gewöhnlichen Cournot-Duopolen zu beobachten ist. Die Preise p_K und r_K lauten:

$$p_K = \frac{1}{3} + \frac{1}{3}d \quad \text{und} \quad r_K = \frac{2}{3} - \frac{1}{3}d. \tag{7.30}$$

Absprachen über die Mengen haben nicht die gleichen Preise zur Folge, die von einer monopolistischen Plattform gesetzt werden. Dieses Ergebnis ist den Netzeffekten geschuldet: Die beiden Plattformen unterscheiden sich von einer einzelnen Plattform. Sie können jeweils nur ihr Netzwerk nutzen können, nicht jedoch das der anderen Plattform. Die Netzeffekte können somit von den beiden Plattformen nicht in gleicher Weise internalisiert werden wie von einer einzelnen. Während ein Monopol die Netzeffekte vollständig internalisieren kann, handelt ein Kartell zwar wie ein Monopol, die beiden Plattformen können aber lediglich die eigenen Netzeffekte nutzen und nicht die der anderen Plattform. Die Preise müssen sich entsprechend auch von den Monopolpreisen unterscheiden.

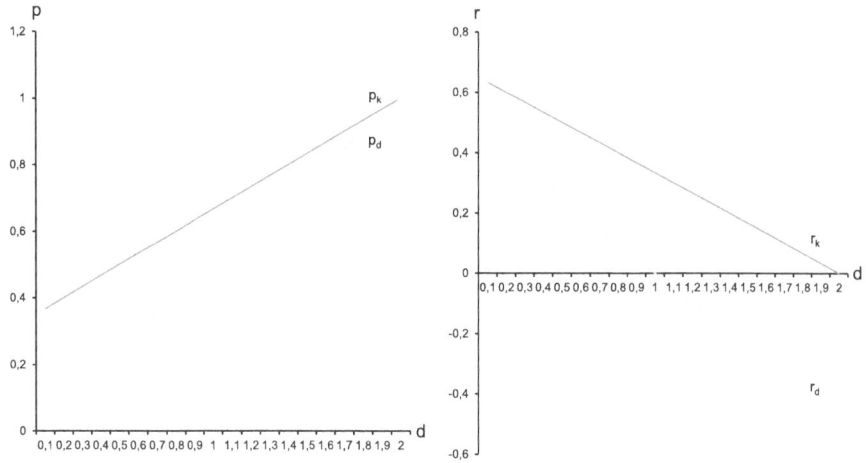

Abb. 7.1 Preisvergleich zwischen Kartell und Duopol

Der Vergleich der Kartellpreise mit den Duopol-Preis zeigt, dass für $d < 2$ p bei Kollusion immer größer ist als p bei Wettbewerb

$$p_K = \frac{1}{3} + \frac{1}{3}d > \frac{1}{2}d = p_D.$$

Auch der Preis des zweiten Marktes

$$r_K = \frac{2}{3} - \frac{1}{3}d > \frac{1}{2}(1-d) = r_D$$

liegt immer oberhalb des Preises im Duopol (r_D). r_K kann auch nicht, wie noch im Duopol, negativ werden. Bei d_2 würde er aber den Wert Null erreichen (siehe rechte Seite der Abb. 7.1).

Die Gewinne bzw. die Produzentenrenten beider Plattformen lauten:

$$\pi_1 = \pi_2 = \frac{1}{3}. \tag{7.31}$$

Sie liegen oberhalb der Gewinne einseitiger Cournot-Duopole. Die gesamte Produzentenrente beträgt $PR = \frac{2}{3}$ und ist kleiner als die Produzentenrente der monopolistischen Plattform $\pi_M = 1$. Das liegt wieder an den Netzeffekten: Die duopolistischen Plattformen können die Netzeffekte nicht vollständig internalisieren.

Die Konsumentenrenten der beiden Teilmärkte betragen

$$KR_1 = KR_2 = \frac{1}{9} \tag{7.32}$$

und die Gesamtwohlfahrt beträgt

$$W = 2(KR_1 + KR_2 + \pi_1) = \frac{10}{9} = 1.\overline{11}. \tag{7.33}$$

Die beiden Plattformen profitieren von der Kartellabsprache, die Gesamtwohlfahrt sinkt jedoch im Vergleich zum Monopolfall und auch im Vergleich zum Duopol-Fall. Anders als bei Dewenter et al. (2011) ist das Ergebnis bezüglich der Wohlfahrtseffekte in dieser Formulierung der Märkte also eindeutig.

7.2.1.2 Semi-Kollusion

Bei der sogenannten Semi-Kollusion sprechen sich Unternehmen über einen bestimmten Parameter wie z.B. die Qualität der Produkte oder über F&E-Projekte ab; sie stehen aber gleichzeitig über andere Parameter (wie etwa den Preis) weiterhin in Konkurrenz zueinander. Es zeigt sich, dass dann nicht immer von negativen Wohlfahrtseffekten der Absprachen auszugehen ist. Überträgt man diesen Gedanken auf zweiseitige Plattformen, ist es vorstellbar, dass sich die Unternehmen zwar über die Menge oder den Preis auf einem Markt absprechen, die andere Marktseite jedoch weiterhin kompetitiv bleibt. So könnten Zeitschriftenverlage zwar den Anzeigenpreis kollusiv bestimmen, am Lesermarkt dagegen weiterhin in Konkurrenz zueinander treten.

Ausgangspositionen sind die duopolistischen Gewinnfunktionen der Plattformen, wie auch schon bei der vollständigen Kollusion über beide Märkte. Nun wird aber davon ausgegangen, dass sich die Plattformen zunächst über eine der beiden Mengen (z.B. über s_i) absprechen und dann im zweiten Schritt die optimale Menge q_i wettbewerblich bestimmen.

Das Modell wird mithilfe der Rückwärtsinduktion gelöst. Wir bestimmen zunächst die optimale Mengen q_1, q_2 und anschließend die kollusiven Mengen s_1, s_2. Nach Ableiten der Gewinnfunktionen (6.57) nach den Mengen q_1 bzw. q_2 und auflösen erhalten wir:

$$q_1 = \frac{1}{3}(1 - s_2) + \frac{2}{3}s_1 \quad \text{und} \quad q_2 = \frac{1}{3}(1 - s_1) + \frac{2}{3}s_2. \tag{7.34}$$

Setzt man die Werte für q_1 und q_2 in die Gewinnfunktionen der Plattformen ein und differenziert nach den Mengen s_1 bzw. s_2, ergeben sich die optimalen Mengen

$$s_1 = s_2 = \frac{11}{34} \quad \text{und} \quad q_1 = q_2 = \frac{15}{34}. \tag{7.35}$$

Die Preise bestimmen sich aus der inversen Nachfragefunktion als

$$p_1 = p_2 = \frac{2}{17} + \frac{11}{34}d \quad \text{und} \quad r_1 = r_2 = \frac{27}{34} - \frac{15}{34}d. \tag{7.36}$$

Die Gewinne lauten:

$$\pi_1 = \pi_2 = \frac{21}{68} \approx 0{,}31. \tag{7.37}$$

Tab. 7.1 Preis-, Mengen- und Rentenvergleich bei Kollusion

	$q_1 = q_2$	$s_1 = s_2$	p	r	$\pi_1 = \pi_2$	KR_1	KR_2	W
M	1	1	d	$1-d$	1	$\frac{1}{2}$	$\frac{1}{2}$	2
D	$\frac{1}{2}$	$\frac{1}{2}$	$\frac{1}{2}d$	$\frac{1}{2}(1-d)$	$\frac{1}{4}$	$\frac{1}{4}$	$\frac{1}{4}$	$\frac{3}{2}$
K	$\frac{1}{3}$	$\frac{1}{3}$	$\frac{1}{3}+\frac{1}{3}d$	$\frac{2}{3}-\frac{1}{3}d$	$\frac{1}{3}$	$\frac{1}{9}$	$\frac{1}{9}$	$\frac{10}{9}$
S	$\frac{15}{34}$	$\frac{11}{34}$	$\frac{2}{17}+\frac{11}{34}d$	$\frac{27}{34}-\frac{15}{34}d$	$\approx 0,31$	$\approx 0,19$	$\approx 0,19$	$\approx 1,22$

Die Konsumentenrenten betragen

$$KR_1 = \frac{225}{1156} \approx 0,19 \quad \text{und} \quad KR_2 = \frac{121}{1156} \approx 0,10, \tag{7.38}$$

die Gesamtwohlfahrt

$$W_S = \frac{703}{578} \approx 1,22. \tag{7.39}$$

Stimmen die Plattformen nur die Mengen auf einem Markt ab, liegt der Gewinn nur marginal unter dem Gewinn bei vollständiger Kollusion. Auch dieses Ergebnis ist intuitiv, da nur ein Teil der gemeinsamen Gewinne maximiert wird. Die Konsumentenrenten bewegen sich jedoch deutlich in Richtung Plattform-Wettbewerb. Die Gesamtwohlfahrt liegt somit zwischen dem Duopol-Fall und der vollständigen Kollusion. Eine Semi-Kollusion ist weniger schädlich als eine vollständige Kollusion, führt aber dennoch zu Wohlfahrtsverlusten gegenüber dem Plattform-Wettbewerb und vor allem dem Monopolfall (siehe Tab. 7.1).

7.2.2 Zugang zu wesentlichen Einrichtungen

Ein weiterer Anwendungsbereich der Theorie der zweiseitigen Märkte ist die viel diskutierten Netzneutralität. Im Rahmen dieser Debatte werden verschiedene Fragestellungen diskutiert, so z.B. die Frage, ob eine Preisdifferenzierung erlaubt sein sollte, ob Qualitätsklassen eingeführt werden sollten oder inwiefern Inhalteanbieter höher bepreist werden sollten, wenn sie für höhere Datenvolumen verantwortlich sind.[8] Eine weitere Frage betrifft das sogenannte Blocking von (potenziellen) Konkurrenten.

Würde eine vertikal integrierte zweiseitige Plattform einem anderen Unternehmen Zugang zum Downstream-Bereich (Endkunden) verschaffen, wenn sie selbst dort Dienste anbietet? Nehmen wir das Beispiel eines vertikal integrierten und monopolistischen Internet Service Providers (ISP). Dieser bietet vier Dienste an: Internet-Zugang für Endkunden, Inhalte (Content) ebenfalls für Endkunden (unentgeltlich), Werbefläche für Werbekunden

---

[8]Zur Diskussion um die Netzneutralität vgl. z.B. Economides und Tåg (2012); Dewenter (2009); Schuett (2010); Krämer, Wiewiorra und Weinhardt (2013); Hermalin und Katz (2007); Kruse (2008).

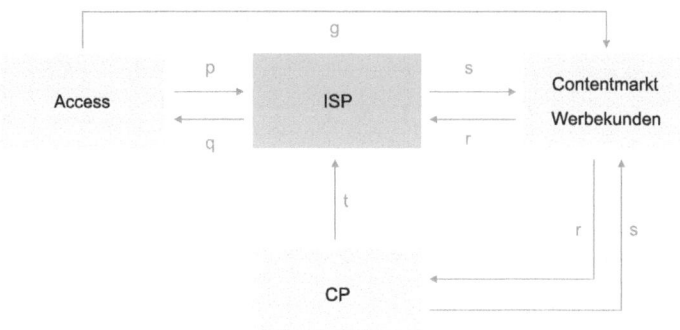

Abb. 7.2 Zugang zu wesentlichen Einrichtungen

und Zugang zum Internet für andere Inhalteanbieter (Content Provider, CP). Besitzt der ISP z.B. ein lokales oder regionales Monopol im Access-Markt (also beim Internetzugang), dann sind Inhalteanbieter darauf angewiesen, vom ISP Zugang zum Netz und damit zu *seinen* Kunden zu erhalten. Der vertikal integrierte ISP kann diesen Zugang gewähren oder auch verweigern.

Wird der Zugang gewährt, liegen mindestens zwei mögliche Effekte vor: Zum einen erhöht der ISP den Nutzen seiner Nachfrager am Access Markt: Internet-Nutzer können jetzt ein zusätzliches Angebot nutzen. Zum anderen könnte der CP jedoch Inhalte anbieten, die in Konkurrenz zu den vom ISP angebotenen Diensten treten. Verweigert er den Zugang zum eigenen Netz, verringert er den Wettbewerbsdruck am Inhaltemarkt, verzichtet aber auch auf weitere Einnahmen am Access-Markt.

Wir nehmen an dieser Stelle diese Diskussion auf, indem wir ein sehr einfaches und auf die wesentlichen Effekte reduziertes Modell wählen. Es bildet eine Situation ab, in dem ein vertikal integrierter ISP einem Inhalteanbieter Zugang zum Netz verschafft. Zunächst gehen wir davon aus, dass der Content-Provider ein zu den Inhalten des ISPs vollkommen differenziertes Produkt anbietet (so könnte der ISP ein Kleinanzeigenportal betreiben und der Inhalteanbieter eine Suchmaschine) und damit aus Sicht der Werbekunden zwei vollkommen unterschiedliche Zielgruppen anspricht, bevor wir anschließend den Fall unterstellen, indem ISP und Content-Provider vollkommene Substitute anbieten. Ziel ist es, herauszufinden, ob der ISP einen Anreiz hat, dem Content-Provider den Zugang zum eigenen Netz zu verweigern. Der Abbildung 7.2 kann die grundlegende Struktur des Modells entnommen werden.

7.2.2.1 Vollkommen differenzierte Inhalte

Ausgangspunkt unseres Modells ist ein monopolistischer ISP, der sowohl am Access- als auch am Content-Markt tätig ist. Den Access-Kunden verschafft er Zugang zum Internet und verlangt dafür einen Preis $p = 1 - q$, wobei q die nachgefragte Menge an Internetanschlüssen ist. Am Content-Markt bietet der ISP den Nutzern Inhalte kostenlos an und finanziert diesen Dienst über Werbung. Die inverse Werbenachfrage lautet: $r = 1 - s + gq$.

Es gibt also einen einseitigen indirekten Netzeffekt zwischen dem Access- und dem Werbemarkt g. Je mehr (z.B. lokale) Kunden sich für einen Internetanschluss entscheiden, die Inhalte konsumieren und damit die (lokale) Werbung sehen, desto größer der Nutzen der Werbekunden. Der schon bekannte Parameter g gibt wieder die Stärke dieses Netzeffekts an.[9]

Ein Content-Provider, der seine eigenen Inhalte im Internet anbieten möchte, würde nun gerne Zugang zum Netz der zweiseitigen Plattform erhalten. Wir unterstellen, dass der Content-Provider eine eigene Zielgruppe anspricht und dass er ebenfalls ein Monopol über die Nutzer seines Inhalts innehat. Wir nehmen weiterhin an, dass der Content-Provider im lokalen Monopol des ISP ansässig ist und keinen alternativen Zugang nutzen kann. Der ISP erhebt einen nutzungsabhängigen Preis t, der pro übertragenem Datenvolumen (diese ist direkt proportional zur Menge des Content-Providers s_C) entrichtet werden muss. Ignorieren wir mögliche Kosten, lautet die Gewinnfunktion des vertikal integrierten ISPs

$$\max_{q,s,t} \pi = (1-q)q + (1-s+gq)s + ts_C. \tag{7.40}$$

Wird dem Content-Provider Zugang zum Netz des ISPs gewährt und damit zum Internet, so maximiert dieser seinen Gewinn an einem eigenen monopolistischen Content-Markt

$$\max_{s_C} \pi_C = (1-s_C-t)s_C, \tag{7.41}$$

wobei $r_C = 1 - s_C$ die inverse Nachfragefunktion des CP ist und t das Zugangsentgelt, das er an den ISP als Volumenentgelt (z.B. pro transportiertem Gigabyte) entrichten muss und somit für ihn Grenzkosten darstellt. Der Content-Provider erfährt hier keinen Netzeffekt, was unterstellt, dass er nicht spezifisch von den Endkunden (Internet-Zugang) des ISPs profitiert.

Folgender zeitlicher Ablauf wird für das Modell angenommen: Der monopolistische ISP setzt die optimalen Mengen und das Zugangsentgelt für den Content-Provier (CP). Der CP beobachtet seine Grenzkosten t und maximiert dann seinen eigenen Gewinn. Wieder wird das Modell per Rückwärtsinduktion gelöst, indem zunächst die zweite Stufe mit der Berechnung der optimalen Menge des Inhalteanbieters (CP) durchgeführt wird. Nach Ableitung der Gewinnfunktion des CPs, ergibt sich s_C in Abhängigkeit des Zugangsentgelts als

$$s_C = \frac{1}{2}(1-t).$$

---

[9]Man könnte ebenso annehmen, dass Werbung einen Nutzen oder auch einen Disnutzen $-ds$ bei den Nutzern erzeugt. Um das Modell so anschaulich wie möglich zu halten, verzichten wir hier jedoch auf diese Darstellung. Ebenso wird nicht betrachtet, dass die Access-Kunden einen Nutzen aus den vom ISP und Content-Provider angebotenen Inhalten erfahren. Mit dieser Annahmen unterschätzen wir selbstverständlich die Wirkungen der Netzeffekte auf das Verhalten des ISPs.

Setzt man diese Menge in die Gewinnfunktion des ISPs ein, lassen sich die Bedingungen erster Ordnung der ersten Stufe, durch die Ableitungen nach q, s und t bestimmen. Durch Einsetzen und einigen Umstellungen ergeben sich dann die optimalen Mengen und das gewinnmaximale Zugangsentgelt:

$$q = s = \frac{1}{2 - g} \quad \text{und} \quad t = \frac{1}{2}. \tag{7.42}$$

Die Mengen steigen wie üblich mit der Stärke des Netzeffekts. Da es sich bei dem ISP um eine monopolistische Plattform handelt, setzt diese ebenso ein monopolistisches Zugangsentgelt. Setzt man diese wiederum in die Menge des Inhalteanbieters ein, ergibt sich ein Wert von

$$s_C = \frac{1}{4}. \tag{7.43}$$

Auch der CP ist Monopolist und bietet die Monopolmenge (gegeben die Grenzkosten von $t = \frac{1}{2}$) am Werbemarkt an. Nach Einsetzen der Mengen in die inversen Nachfragefunktionen lassen sich die gewinnmaximalen Preise des ISPs berechnen als

$$p = \frac{1 - g}{2 - g} \quad \text{und} \quad r = \frac{1}{2 - g}. \tag{7.44}$$

Neben dem Markterweiterungseffekt im Nenner reduziert der Netzwerkparameter g den Zugangspreis p im Zähler, um damit ein möglichst großes Netzwerk zu schaffen. Der Werbepreis erfährt lediglich einen Markterweiterungseffekt durch g. Der Inhalteanbieter setzt einen monopolistischen Preis von

$$r_C = \frac{1}{4}. \tag{7.45}$$

Die Gewinne der Plattformen lassen sich berechnen als

$$\pi = \frac{10 - g}{8(2 - g)} \quad \text{und} \quad \pi_C = \frac{1}{16}. \tag{7.46}$$

Der ISP verlangt zwar ein monopolistisches Zugangsentgelt, jedoch lässt er den CP auf das Netz und damit weitere Deckungsbeiträge abzuschöpfen. Der CP realisiert einen Monopolgewinn am Werbemarkt, da er dort ebenfalls als Monopolist auftritt. Für positive Mengen ($g < 2$) ist der Gewinn des ISPs immer größer als der des CPs.

7.2.2.2 Vollkommene Substitute

Im zweiten Schritt nehmen wir nun an, dass die Nutzer der Inhalte des ISPs und des CPs sich aus Sicht der Werbekunden nicht unterscheiden. Die Werbefläche auf beiden Plattformen stellen also vollkommene Substitute dar. Der ISP schafft sich Konkurrenz auf dem

Werbemarkt, wenn er den Content-Provider auf sein Netz lässt. Gleichzeitig kann er aber ein Zugangsentgelt für diesen Dienst erheben.[10]

Der Ablauf und der Aufbau dieser Variante unterscheiden sich nicht vom ersten Ansatz, abgesehen davon, dass nun der ISP und der Content-Provider in Mengenwettbewerb am Werbemarkt miteinander treten. Die Gewinnfunktionen sind also wie folgt anzupassen:

$$\max_{q,s,t} \pi = (1-q)q + (1-s-s_c+gq)s + ts_C \tag{7.47}$$

und

$$\max_{s_C} \pi_C = (1-s_C-s-t+gq)s_C. \tag{7.48}$$

Neben der Wettbewerbsbeziehung zwischen den beiden Plattformen enthält die Gewinnfunktion des Content-Providers nun auch den Netzeffekt g in Verbindung mit der Menge q am Internet-Zugangsmarkt. Nun profitieren auch die Werbekunden des CPs vom Netzwerk der Nutzer des ISPs. Da ISP und CP in direkter Konkurrenz um die Werbekunden stehen, ist diese Annahme sinnvoll. Beide bieten den Werbekunden die Aufmerksamkeit derselben Nutzer.

Zunächst wird wieder per Rückwärtsinduktion die zweite Stufe des Modells gelöst, indem die Gewinnfunktion des Content-Providers nach s_C abgeleitet und umgestellt wird zu

$$s_C = \frac{1}{2}(1-s+gq-t).$$

Einsetzen in die Gewinnfunktion des ISPs und Ableiten nach q, s und t ergibt die optimalen Mengen

$$q = s = \frac{1}{2-g}. \tag{7.49}$$

Diese unterscheiden sich nicht von denen aus dem ersten Ansatz. Der ISP als Stackelberg-Leader setzt nach wie vor die monopolistischen Mengen. Im gewöhnlichen Stackelberg-Modell führt der Wettbewerb dazu, dass eine größere Gesamtmenge am Werbemarkt reali-

---

[10]Wir verzichten auf die Modellierung des Nutzens der Access-Kunden aus einem weiteren Angebot. Fraglich ist jedoch, ob den Nutzern tatsächlich ein Nutzen aus einem zusätzlichen Angebot entstünde. Zwar würden sie indirekt über den Wettbewerb zwischen ISP und CP profitieren, ein Zusatznutzen entsteht aber nur dann, wenn die Plattformen differenzierte Inhalte anbieten. Eine solche Konstellation ist zwar aus Sicht der Werbekunden homogenen Zielgruppen denkbar, soll an dieser Stelle jedoch nicht weiter thematisiert werden.

siert wird und daraus ein geringerer Werbepreis resultiert. Im Gegensatz zum Monopolansatz setzt der ISP jedoch nun folgendes Zugangsentgelt für den Content-Provider:

$$t = \frac{1}{2 - g}. \tag{7.50}$$

Dieses ist nun abhängig von der Stärke des Netzeffektes. Der ISP passt den Preis dem indirekten Netzeffekt an. Auch der CP profitiert von diesem Effekt; dies berücksichtigt der Monopolist bei der Festlegung der gewinnmaximalen Zugangsentgelte.

Setzt man die Mengen in die inversen Nachfragefunktionen ein, so lassen sich die Preise des ISPs berechnen als:

$$p = \frac{1 - g}{2 - g} \quad \text{und} \quad r = \frac{1}{2 - g}. \tag{7.51}$$

Diese Preise entsprechen exakt denen aus dem Monopolmodell, was zumindest für den Werbemarkt der Stackelberg-Logik widerspricht. Wie es zu diesem Ergebnis kommt, wird klar, wenn man sich den optimalen Werbepreis genauer ansieht. Dieser gilt ebenso für den Content-Provider, da beide im Wettbewerb um die Werbekunden stehen

$$r_C = \frac{1}{2 - g}.$$

Dieser Preis entspricht dem Zugangsentgelt t. Es werden also keine Deckungsbeiträge erwirtschaftet. Der ISP setzt die Monopolmenge am Werbemarkt und einen monopolistisches Netzzugangsentgelt. Die Folge daraus, ist eine Werbemenge des Content-Providers von

$$s_C = 0. \tag{7.52}$$

Der Content-Provider wird aufgrund des Zugangsentgelts nicht am Werbemarkt tätig. Es kommt zum Ausschluss des Wettbewerbers. Dementsprechend ergeben sich die Gewinne des ISPs und des Content-Providers als

$$\pi = \frac{1}{2 - g} \quad \text{und} \quad \pi_C = 0. \tag{7.53}$$

Der ISP realisiert seinen Monopolgewinn, während der Content-Provider keinen Gewinn macht und vom Markt fernbleibt.

Tritt der Content-Provider mit einem vollkommenen Substitut am Inhaltemarkt an, so hat der ISP den Anreiz, den Zutritt am Upstream-Markt zu verweigern. Dieses Ergebnis entspricht dem aus einseitigen Märkten (vgl. Laffont und Tirole 1994; Armstrong 1997). Der ISP kann damit seine Marktmacht erhalten und weiterhin Monopolgewinne realisieren. Folge dieser Anreize für die Wettbewerbspolitik ist die Einführung eines Verbots der Netzzugangsverweigerung, wie sie vereinzelt in der Jurisprudenz (etwa im deutschen und im europäischen Wettbewerbsrecht) zur Anwendung kommt. Ebenso besteht oftmals eine Regulierung der Netzzugangsentgelte resistenter Monopole.

7.2.2.3 Differenzierte Produkte

Gilt das Ergebnis auch, wenn differenzierte Dienste vorliegen? Dies würde bedeuten, dass aus Sicht der Werbekunden keine deckungsgleichen Zielgruppen vorhanden sind, da die Produkte zu einem gewisses Grad differenziert sind. Weniger entscheidend ist, wie stark die Inhalte des ISPs und des Content-Providers tatsächlich differenziert sind, da dies nur wenig über die Differenzierung der Zielgruppen aussagt. Tatsächlich ist davon auszugehen, dass Zielgruppen durchaus homogener sein können, als die von den Plattformen angebotenen Inhalte.

Erweitert man das Modell um einen Produktdifferenzierungsparameter $\theta \in (0, 1)$, ergeben sich die inversen Nachfragefunktionen des Werbemarktes

$$r = 1 - s - \theta s_c + gq \quad \text{und} \quad r_C = 1 - s_C - \theta s - t + gq.$$

Das Modell entspricht bei einem $\theta = 1$ dem der vollkommenen Substitute und ein $\theta = 0$ definiert das Monopol-Modell. Liegt das θ jedoch zwischen diesen beiden Grenzen, liegt eine mehr oder weniger starke Produktdifferenzierung vor.

Mit einer stärkeren Produktdifferenzierung steigt die Marktmacht der einzelnen Plattform und damit auch die Mengen. In Verbindung mit den Netzeffekten sollten diese umso besser internalisierbar sein, je stärker die vorliegende Produktdifferenzierung ist. Doch welchen Einfluss hat dies auf den Anreiz den Content-Provider vom Netz auszuschließen? Tatsächlich besteht dieser Anreiz (unter den Annahmen des Modells) nur dann, wenn vollkommene Substitute vorliegen. Die Menge des Content-Providers lässt sich berechnen als

$$s_C = \frac{(1 - \theta)(2 + g)}{8 - 4\theta^2 + g^2(2\theta - 3)}. \tag{7.54}$$

Dieser Ausdruck kann nur dann den Wert Null annehmen, wenn $g = -2$ oder $\theta = 1$ ist.[11] Während ein $g = -2$ negative Netzeffekte bedeuten würde, die hier definitionsgemäß ausgeschlossen sind, kennzeichnet ein $\theta = 1$ vollkommene Substitute. Ein Ausschluss findet also nur dann statt, wenn die Zielgruppen aus Sicht der Werbekunden vollkommen austauschbar sind und der Wettbewerb am Werbemarkt damit entsprechend intensiv ist (siehe Abb. 7.3).

Aus dem Ergebnisse folgen klare Implikationen für die Wettbewerbspolitik. Ein Ausschluss (Blocking) von Wettbewerbern in Inhalte-Märkten kann auch in zweiseitigen Märkten vorkommen. Allerdings nur dann, wenn sich die Dienste sehr ähnlich sind, also von den Nachfragern als genügend substituierbar angesehen werden. Die Sorge um einen ständigen Ausschluss von Wettbewerbern ist demnach unbegründet, dennoch sollte es (wie

---

[11]Die gleichen Bedingungen gelten im Übrigen auch für den Gewinn π_C und die Preisdifferenz $r_C - t$.

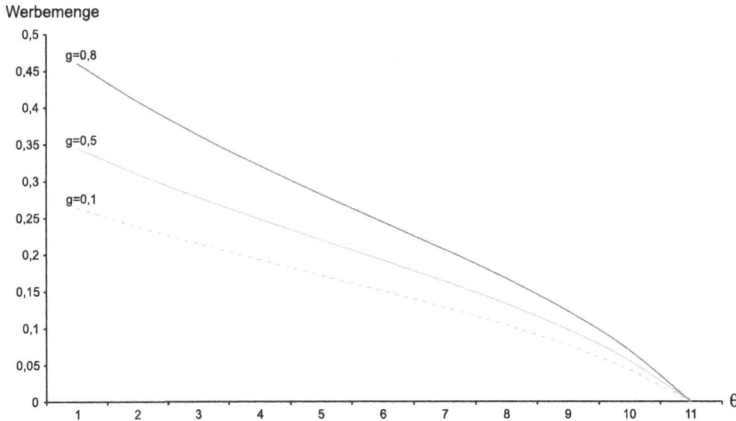

Abb. 7.3 Werbemenge des Content-Providers

in Europa durch das Wettbewerbsrecht gewährleistet) eine Verpflichtung für vertikal integrierte Plattformen geben, Wettbewerber im Inhalte-Bereich auf ihr Netz lassen zu müs-
sen. Das bedeutet, dass zum einen also eine berechtigte Sorge besteht, dass es zu einem
Ausschluss von tatsächlichen oder potentiellen Wettbewerbern kommen könnte. Die Er-
gebnisse bedeuten aber auch, dass in diesem Fall keine zusätzliche Festschreibung und
Regulierung der Netzneutralität notwendig ist, da dieser Fall bereits durch das bestehende
Wettbewerbsrecht abgedeckt ist. Zusätzlich könnte jedoch vertikal integrierten ISPs die
Pflicht auferlegt werden, diskriminierungsfreien Zugriff zu gestatten.

7.2.3 Innovationswettbewerb

Neben dem Preis- bzw. Mengenwettbewerb spielen in zweiseitigen Märkten auch andere
Parameter eine wesentliche Rolle. Auch und vor allem in Medienmärkten gehört dazu die
vertikale Produktdifferenzierung, also die Qualität der angebotenen Produkte und Dienstleistungen, oder auch Werbung. Ein weiterer Aspekt ist der Innovationswettbewerb zwischen den Plattformen. Sowohl Produkt- als auch Prozessinnovationen sind insbesondere
in dynamischen Märkten und bei vielen Internetplattformen ein wesentlicher Wettbewerb-
sparameter. Insbesondere die großen Internetplattformen bieten regelmäßig neue Produkte
und Prozesse an, um möglichst große Netzwerke zu schaffen oder zumindest die Nutzer
an ihre Plattform zu binden.

   Im Folgenden nehmen wir eine weitere Variable in das Standardmonopol- und
-duopolmodell mit auf: die Produktinnovation. Anschließend werden wir die Ergebnisse
bezüglich der Innovationstätigkeit miteinander vergleichen.

7.2.3.1 Monopolistische Plattform

Wir gehen davon aus, dass die Plattform Produktinnovationen an nur einem der beiden Märkte vornimmt. Ausgehend vom Standardmodell mit den indirekten Netzeffekten d und g lassen sich folgende inverse Nachfragefunktionen aufstellen

$$p = 1 - q + ds + \mu x, \qquad (7.55)$$

wobei x das Innovationslevel bzw. die -menge darstellen und μ den Einfluss der Innovation auf die Nachfrage. Ein höherer Grad an Produktinnovationen wirkt positiv auf die Zahlungsbereitschaft der Nutzer und führt damit zu einer Parallelverschiebung der inversen Nachfragefunktion.[12]

Die inverse Nachfrage des zweiten Marktes entspricht dann der des Standardmodells

$$r = 1 - s + gq. \qquad (7.56)$$

Ebenso nehmen wir an, dass Kosten für die Produktinnovation anfallen, die anhand der Innovationsausgaben $C(x) = \frac{1}{2}x^2$ beschrieben werden können.

Die Gewinnfunktion der Plattform lautet

$$\pi = (1 - q + ds + \mu x)q + (1 - s + gq)s - \frac{1}{2}x^2. \qquad (7.57)$$

Über die Bedingungen erster Ordnung bezüglich q, s und x lassen sich die optimalen Mengen berechnen als

$$q = \frac{2 + d + g}{4 - 2\mu^2 - (d + g)^2} \quad \text{und} \quad s = \frac{2 + d + g - \mu^2}{4 - 2\mu^2 - (d + g)^2}. \qquad (7.58)$$

Die Menge steigt am ersten Markt erwartungsgemäß mit dem Grad der Produktinnovation. s steigt aber ebenso in μ ($\frac{\partial s}{\partial \mu} > 0$). Eine Markterweiterung, hervorgerufen durch Produktinnovationen am ersten Markt, wirkt also über die Netzeffekte auch am zweiten Markt positiv auf die optimale Menge.

Der optimale Innovationsgrad lautet dementsprechend

$$x = \frac{\mu(2 + d + g)}{4 - 2\mu^2 - (d + g)^2}. \qquad (7.59)$$

Auch hier zeigt sich das Wechselspiel zwischen Netzeffekten und Innovationswirkung: Die Innovationswirkung ist umso stärker, je größer die Netzeffekte. Wie sich leicht zeigen lässt, ist $x(\mu, d, g) > x(\mu)$: Eine zweiseitige Plattform hat also immer einen größeren Anreiz, zu innovieren als eine einseitige.

---

[12]In Anlehnung an Dorfman und Steiner (1954), lässt sich dieser Ansatz ebenso bezüglich der optimalen Werbeausgaben und der optimale Qualität darstellen.

7.2.3.2 Duopolistische Plattformen

Die Analyse des duopolistischen Modells folgt entsprechend der des Monopolmodells. Unter der Annahmen von Mengenwettbewerb und homogenen Produkten ergeben sich die Gewinnfunktionen der beiden Plattformen als

$$\pi_1 = (1 - q_1 - q_2 + ds_1 + \mu x_1)q_1 + (1 - s_1 - s_2 + gq_1)s_1 - \frac{1}{2}x_1^2 \qquad (7.60)$$

und

$$\pi_2 = (1 - q_1 - q_2 + ds_2 + \mu x_2)q_2 + (1 - s_1 - s_2 + gq_2)s_2 - \frac{1}{2}x_2^2. \qquad (7.61)$$

Mithilfe der Bedingungen erster Ordnung bezüglich q, s und x lassen sich die optimalen Mengen ableiten als:

$$q_1 = q_2 = \frac{3 + d + g}{9 - 3\mu^2 - (d + g)^2} \quad \text{und} \quad s_1 = s_2 = \frac{3 + d + g - \mu^2}{9 - 3\mu^2 - (d + g)^2}. \qquad (7.62)$$

Wie auch im Monopolmodell wirken die Netzeffekte und die Innovationsmengen positiv auf die Mengen.

Der optimale Innovationsgrad lautet

$$x_i = \frac{\mu(3 + d + g)}{9 - 3\mu^2 - (d + g)^2}. \qquad (7.63)$$

Auch im Mengenwettbewerb stehende zweiseitige Plattformen investieren mehr in Innovationen als die entsprechenden einseitigen Plattformen. Die Verbindung von Netzeffekten und Innovationseffekt auf die Zahlungsbereitschaft kann hier festgestellt werden.

7.2.3.3 Vergleich monopolistischer und duopolistischer Plattformen

Inwiefern nimmt die Zweiseitigkeit Einfluss auf die Innovationshöhe bzw. die unterschiedlichen Innovationsausgaben unter den einzelnen Marktformen? Ein Vergleich

$$x \lessgtr x_i \quad \text{für } i = 1,2$$

ergibt eine Nullstelle $\mu = 0$, was den einfachen Fall ohne Innovationen abbildet. Alle anderen Nullstellen bezüglich μ und $d + g$ liegen außerhalb des Definitionsbereichs. Die monopolistische Plattform ist also immer innovativer als die duopolistische.

Allerdings gilt dieses Ergebnis auch ohne Netzeffekte. Auch in einseitigen Märkten innoviert der Monopolist mehr als der Duopolist (im vorliegenden Modellsetup). Inwiefern führen also die Netzeffekte zu einem größeren oder geringeren Unterschied im Innovationsverhalten zwischen den Marktformen? Hierzu betrachten wir die Differenz der Differenzen aus Monopol und Duopol zwischen einseitigen und zweiseitigen Märkten

$$(x - x_i)_{2SM} - (x - x_i)_{1SM} \lessgtr 0.$$

Setzt man die berechneten Werte ein, reduziert sich der Ausdruck zu

$$3NE + 7/2NE^2 + 5/4NE^3 + 1/8NE^4 > 0 \quad \text{für } NE = d + g > 0.$$

In zweiseitigen Märkten führt die Konzentration aufgrund der Netzeffekte also zu mehr Innovationen als in einseitigen Märkten.

7.2.4   Zweiseitige Plattform und einseitige Märkte

Die Entwicklung des Online-Handels und der Online-Dienstleistungen sowie die Einführung zweiseitiger Plattformen hat mittlerweile viele der traditionellen Märkte revolutioniert. Angefangen beim Online-Buchhandel, der starken Druck auf den traditionellen Buchhandel ausübt, über innovative Dienstleistungen, wie zum Beispiel der Online Kartendienst *Google Maps* oder Videostreamingplattformen, bis hin zu Voice-Over-IP-Telekommunikation führen neue Geschäftsmodelle zu drastischen Veränderungen auf vielen Märkten. Die Entwicklung mag schmerzlich für eingesessene Unternehmen in den einzelnen Märkten sein. Aus Wohlfahrtssicht sind die Folgen der Einführung neuer Geschäftsmodelle aber oftmals (meist) positiv zu bewerten. Sinkende Preise und zum Teil auch Nullpreise lassen zumindest aus Konsumentensicht steigende Renten erkennen.

Firmen können sich auch bewusst dazu entscheiden ein zweiseitiger Markt zu werden. Rysman (2009) führt *Amazon* als Beispiel an. *Amazon* startete als mehr oder weniger gewöhnlicher Online-Buchhändler. Erst später wurde der *Amazon Marketplace* eingeführt, der Verkäufer und Käufer miteinander verbindet. *Amazon* wurde somit erst zur zweiseitigen Plattform. Auch die Suche von *Google* war zunächst werbefrei. Erst später, nach erfolgreichem Markteintritt wurden die Suchergebnisse auch mit Werbung verknüpft.

Um den Effekt des Marktzutritts einer zweiseitigen Plattform in einen einseitigen, ehemals monopolistischen Markt zu analysieren, bedienen wir uns im Folgenden eines einfachen asymmetrischen Modells. Die Ausgangsposition ist ein monopolistischer einseitiger Markt. Wir lassen dann eine zweiseitige Plattform in diesen Markt eintreten, die den gleichen Dienst beispielsweise online anbietet. Bei einer Gewinnfunktion von $\pi = (1 - q)q$ generiert das monopolistische einseitige Unternehmen einen Gewinn von $\pi = \frac{1}{4}$, eine Konsumentenrente von $KR = \frac{1}{8}$ und einen Nettowohlfahrtsverlust von $NWV = \frac{1}{8}$ sowie eine Gesamtwohlfahrt von $W = \frac{3}{8}$. Durch den Eintritt der Plattform wird nun mithilfe der Netzeffekte ein zweiter Markt eröffnet.

Die zweiseitige Plattform ist demnach sowohl auf dem ersten Markt (Dienstemarkt) als auch auf dem zweiten (z.B. Werbemarkt) tätig. Die beiden Märkte sind durch indirekte Netzeffekte verbunden (die Netzeffekte sind auf $1 - d$ normiert). Die inverse Nachfragefunktionen (ohne Kosten) lauten:

$$p_1 = 1 - q_1 - q_2 + ds_1 \tag{7.64}$$

und

$$r_1 = 1 - s_1 + (1 - d)q_1. \tag{7.65}$$

Das zweite, traditionelle Unternehmen bietet lediglich die Dienstleistung (etwa einen Kartendienst) an. Sie tritt damit in direkter Konkurrenz zur Plattform (wir unterstellen hier vollkommene Austauschbarkeit der Dienste) und weist demnach die inverse Nachfrage

$$p_2 = 1 - q_1 - q_2 \tag{7.66}$$

auf. Anhand der Gewinnfunktionen

$$\pi_1 = (1 - q_1 - q_2 + ds_1)q_1 + \big(1 - s_1 + (1 - d)q_1\big)s_1 \tag{7.67}$$

und

$$\pi_2 = (1 - q_1 - q_2)q_2, \tag{7.68}$$

lassen sich unter der Annahme von unvollständigem (Mengen-)Wettbewerb die optimalen Mengen, Preise und Gewinne berechnen.

Während die zweiseitige Plattform Preise in Höhe von

$$p_1 = d \quad \text{und} \quad r_1 = 1 - d \tag{7.69}$$

verlangt und damit die Mengen

$$q_1 = s_1 = 1 \tag{7.70}$$

sowie den Gewinn

$$\pi_2 = 1 \tag{7.71}$$

realisiert, wird das traditionelle Unternehmen aus dem Markt gedrängt:

$$p_2 = q_2 = \pi_2 = 0. \tag{7.72}$$

Da sich der Preis der Plattform lediglich aus dem Netzeffekt d ableitet, das traditionelle Unternehmen jedoch keine Netzeffekte ausnutzen kann, muss der Preis $p_2 = 0$ sein. In diesem Fall macht das Unternehmen jedoch keine Gewinne und muss aus dem Markt austreten. Für $d < 0$ würde sogar ein negativer Preis resultieren, z.B. dann wenn eine Werbefinanzierung existiert und Werbung negativ von den Teilnehmern des anderen Marktes wahrgenommen wird. Ein negativer Preis könnte von dem traditionellen Monopolisten niemals gesetzt werden.

Das stilisierte asymmetrische Modell einer zweiseitigen Plattform und eines traditionel-len einseitigen Unternehmens zeigt die drastischen Auswirkungen einer Einführung des innovativen Geschäftsmodells. Auch, wenn die zweiseitige Plattform keine strategische Entscheidung über Preise oder Mengen trifft, sondern lediglich die beste Antwort auf das Verhalten des traditionellen Unternehmens gibt, kommt es aufgrund der Vorteile bezüglich der Netzeffekte zum Marktaustritt des traditionellen Unternehmens. Eine Verdrängung ist nicht beabsichtigt, ist aber aufgrund der Vorteile der Plattform durch die indirekten Netz-effekte die Folge.

Aus wohlfahrtsökonomischer Sicht ist die Nutzung der Netzeffekte zu begrüßen, wenn es dadurch zu einer höheren Gesamtwohlfahrt kommt ($W_{2SM} > W_{traditionell}$). Dies ist in diesem Modell der Fall, solange keine zu starken negativen Effekte von der Werbung auf den Dienstemarkt ausgehen. Dies ist klar, da bei einer zu starken negativen Werbewirkung der Markterweiterungseffekt negativ wird. Vergleicht man die Gesamtwohlfahrt aus beiden Modellen miteinander, ergibt sich ein kritisches $d = -1,25$. Das neue Geschäftsmodell ist also nur dann unterlegen, wenn Werbung einen relativ starken negativen Nutzen bei den Nutzern am Dienstemarkt erzeugt.

Implikationen

8

8.1 Wettbewerbliches Verhalten

In diesem Kapitel werden nun die aus dem theoretischen Teil ableitbaren Implikationen dargestellt und diskutiert. Da unsere Modelle sehr einfach gehalten sind, lassen sich nicht immer alle wettbewerblichen Situationen damit analysieren. Die Schlussfolgerungen werden daher, wenn notwendig, durch relevante Literatur ergänzt.

Bevor wir jedoch genauer auf Wettbewerbsprobleme und regulatorische Eingriffe eingehen, möchten wir zunächst einige der wichtigsten grundlegenden Schlussfolgerungen der vorgestellten Modelle wiederholen und diskutieren. Dies dient vor allem der einfacheren Darstellung der darauf folgenden Problembereiche.

8.1.1 Preise in zweiseitigen Märkten

Entscheidend für die Mengen, Preise, die Produzenten- und Konsumentenrente in zweiseitigen Märkten ist die Stärke und die Summe der Netzeffekte sowie deren Verhältnis zueinander. Vor allem die Summe der Netzeffekte ist dabei bei der Bestimmung der Mengen und Renten relevant. Nur wenn ausreichend starke Netzeffekte vorliegen, kommt es zu einer wesentlichen Markterweiterung und damit auch zu größeren Mengen und damit auch einer größeren Wohlfahrt, im Vergleich zu einseitigen Märkten. Wesentlich für die wohlfahrtsökonomische Betrachtung ist somit die (letztendlich auch empirische) Frage, wie stark die indirekten Netzeffekte tatsächlich im Einzelfall sind.

Unabhängig von der Stärke der Netzeffekte wird die Preissetzung jedoch auch immer vom Verhältnis der Netzeffekte bestimmt, auch bei nur geringer Markterweiterung. Ein relativ starker Netzeffekt hat immer einen relativ geringen Preis auf dem Markt zur Folge, von dem dieser Netzeffekt ausgeht. Die Intuition ist klar: Je stärker der Netzeffekt, desto mehr lohnt es sich einen geringeren Preis zu setzen und so die Verbindung zwischen den Märkten auszunutzen bzw. zu internalisieren. Der jeweils andere Preis, der mit einem relativ schwachen Netzeffekt in Verbindung steht, wird dafür höher gesetzt. Eine Zeitung

© Springer Fachmedien Wiesbaden 2015
R. Dewenter, J. Rösch, *Einführung in die neue Ökonomie der Medienmärkte*,
DOI 10.1007/978-3-658-04736-8_8

wählt den Zeitungspreis also relativ gering, dadurch werden mehr Leser angelockt, die Auflage erhöht sich und die Werbeflächen werden attraktiver für Werbekunden. Die Zeitung nutzt den starken Netzeffekt, der von den Lesern auf die Werbekunden ausgeht, indem sie den Copy–Preis senkt. Dafür kann ein höherer Anzeigenpreis realisiert werden.

Im Fall zweiseitiger Monopole führt eine typische Preissetzung bei unterschiedlich starken Netzeffekten dazu, dass ein Preis unterhalb, der andere oberhalb des Preises einseitiger Monopole realisiert wird. Es ergeben sich bei einfachem gewinnmaximalen Verhalten sowohl ein relativ hoher als auch ein relativ geringer Preis. Der geringe Preis kann ohne Weiteres auch unterhalb der Grenzkosten liegen oder negativ werden. Je stärker die Netzeffekte divergieren, desto größer ist die Differenz bzw. das Verhältnis der Preise.

Abbildung 8.1 zeigt die Preissetzung einer monopolistischen Plattform für unterschiedlich starke Netzeffekte. Der negative Preis geht auf einen sehr starken Netzeffekt ausgehend von Markt 1 auf Markt 2 zurück, ein negativer Preis kann dabei auch problemlos als Preis unterhalb der Grenzkosten interpretiert werden, wenn wir von Grenzkosten von null ausgehen. Die Teilnehmer an Markt 2 profitieren sehr stark von der Verbindung mit Markt 1 und müssen deshalb einen höheren Preis zahlen. Der Preis für Markt 1 ist gering, um so möglichst viele Konsumenten anzulocken. Die Netzeffekte können auf diese Weise optimal ausgenutzt werden. Die Stärke der Netzeffekte nimmt mit jedem Schaubild ab, um darzustellen, dass auch der Gesamtgewinn der Plattform hierdurch sinkt. Auch die Preise nähern sich dem Monopolpreis in einseitigen Märkten an. In jedem Fall werden unterschiedliche Preise und auch unterschiedliche Gewinne auf jedem der verbundenen Märkte erzielt. Dies ist auf das Vorhandensein und die Stärke der indirekten Netzeffekte zurückzuführen.

Diese Preis*struktur* hat auch dann Bestand, wenn man Duopole oder Oligopole (im Mengenwettbewerb) mithilfe des Modells betrachtet. Auch hier resultieren umso unterschiedlichere Preise, je weiter das Verhältnis der Netzeffekte von Eins entfernt ist. Allerdings sinkt das Preisniveau mit Marktzutritt. Beide Preise sind im Wettbewerb geringer als im zweiseitigen Monopol. Eine Ausnahme findet sich allerdings bei den negativen Preisen: Diese sind im Monopol geringer als im Oligopol. Der Monopolist hat den Anreiz, besonders starke Netzeffekte stärker auszunutzen, da er in der Lage ist, diese besser zu internalisieren. Reale Preise, die im Verhältnis zur Netzgröße gemessen werden, sind jedoch in allen Marktformen identisch.

▶ Preise in zweiseitigen Märkten können sowohl oberhalb als auch unterhalb der Monopolpreise oder auch der Grenzkosten liegen. Dies gilt unabhängig von der Marktstruktur.

Ein sozialer Planer würde in einer Monopolsituation dagegen typischerweise Preise setzen, die unterhalb der Monopolpreise in zweiseitigen Märkten liegen. Gibt es keine Nullgewinnbedingung, sind diese Preise sogar negativ bzw. liegen unterhalb der Grenzkosten. Negative Preise bzw. Preise unterhalb der Grenzkosten führen dazu, dass die einzelnen Netzeffekte optimal ausgenutzt werden können. Plattformen würden in dieser Situation Verluste machen, die möglicherweise über eine Staatsfinanzierung ausgeglichen werden

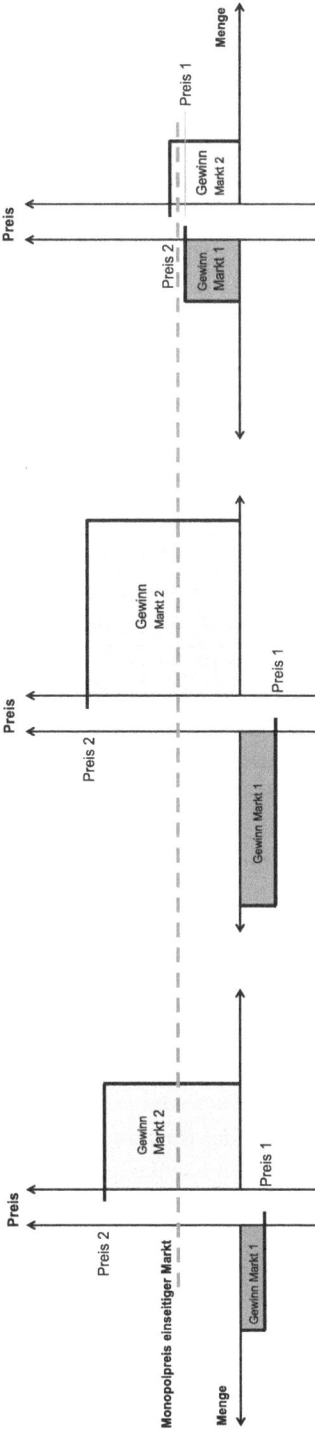

Abb. 8.1 Beispiele für Preissetzung in zweiseitigen Märkten bei unterschiedlichen Netzeffekten

müssten. Existiert dagegen eine Nullgewinnbedingung, ist wiederum die Differenz der Netzeffekte entscheidend. In diesem Fall wird immer ein negativer und ein positiver Preis gesetzt – solange die Netzeffekte unterschiedlich groß sind. Sind die Effekte gleich groß (und nur dann), werden Nullpreise (bzw. Grenzkostenpreise) gesetzt. Auf diese Weise werden Verluste der Plattformen verhindert (sieht man von Fixkosten ab). Diese Lösung stellt eine Second-Best-Lösung dar. Die Preisstruktur entspricht wieder der des zweiseitigen Monopols, die Preishöhe ist jedoch (ähnlich wie beim Ramsey-Pricing) geringer. Es kann aber auch durchaus der Fall sein, dass der soziale Planer einen Preis oberhalb des Preises setzt, den die zweiseitige monopolistische Plattform setzen würde. Dies ist dann möglich, wenn einer der beiden Netzeffekte besonders stark ist. Der zweite Preis auf dem anderen Markt wäre dann allerdings sehr gering.

Die Preishöhe allein lässt somit keine Schlüsse über Wohlfahrtseffekte zu. Entscheidend ist immer die Preisstruktur und damit die Betrachtung beider Preise auf beiden Märkten. Ebenso können die Grenzkosten nicht als Benchmark für wettbewerbliche Preise oder gar eine wohlfahrtsoptimale Preisstruktur dienen (vgl. Wright 2004). Werden beide Preise in Richtung Grenzkosten verzerrt, würde damit in der Regel keine Wohlfahrtssteigerung einhergehen. Ebenso lassen sich die Preis–Kosten-Margen damit nicht mehr interpretieren. Liegen etwa unterschiedlich starke Netzeffekte vor, ist eine der beiden Margen sehr gering oder gar negativ, die andere aber relativ hoch. Eine Aussage anhand dieser Margen über Marktmacht ist kaum möglich. Die Preisstruktur ist somit entscheidend und nicht mehr neutral – wie noch in einseitigen Märkten. Das Coase-Theorem kann damit aber nicht mehr angewandt werden (vgl. Rochet und Tirole 2003a).

Aus unserer Betrachtung der Gewöhnungs- bzw. Suchteffekte, lassen sich Rückschlüsse auf das dynamische Verhalten ziehen. So erhöhen Gewöhnungseffekte den Preissetzungsspielraum. Preise sind mit diesen Effekten tendenziell höher als ohne – wie auch in einseitigen Märkten. Wie Dewenter (2004) zeigt, ist jedoch im dynamischen Kontext zunächst mit geringeren Preisen zu rechnen. Ist der Gewöhnungseffekt noch nicht stark ausgeprägt, wird ein relativ geringer Preis gesetzt. Erst, wenn sich die Zahlungsbereitschaft erhöht, weil sich die Konsumenten an das Produkt gewöhnt haben, wird der Preis angehoben.

Unsere theoretische Darstellung beschränkt sich auf die Wirkung der Netzeffekte. Diese Beschränkung soll, aus didaktischen Gründen, den Fokus voll und ganz auf Netzeffekte legen. Tatsächlich spielen in der Realität auch andere Faktoren eine Rolle, die auch in einseitigen Märkten zum Tragen kommen. Dies sind vor allem die Höhe der Grenzkosten, die Marktgröße und die Preiselastizitäten der Nachfrage. Gerade die Preiselastizitäten bestimmen natürlich die Wirkung von z.B. Preissenkungen und müssen in eine Analyse des Marktes einbezogen werden.

8.1.2 Innovationswettbewerb

Innovationen spielen insbesondere dann eine wichtige Rolle, wenn neue Medien und junge Märkte betroffen sind. Eine Produktinnovation kann in diesem Fall zu einer stärkeren Ausnutzung des Netzeffekts führen. Die Nachfrage wird erhöht und damit das Netzwerk vergrößert. Der Markterweiterungseffekt einer Produktinnovation wird durch die vorhandenen Netzeffekte verstärkt. Besonders lohnend und dies noch mehr als in einseitigen Märkten, ist eine Innovation, die eine Plattform in eine marktmächtige Position oder sogar Monopolsituation bringt oder diese erhält. Bei starken Netzeffekten ist der Monopolist am besten in der Lage, die Netzeffekte auszunutzen. Plattformen haben unter diesen Umständen starke Anreize innovativ zu sein. Der Innovationsdruck ist damit relativ groß, da Marktanteile auch schnell verloren gehen können, wenn neue innovativere Plattformen in den Markt treten.

Viele Internetmärkte sind daher von einem hohen Innovationsgrad geprägt. Zum einen können neue Produkte und Dienste zwar Marktzutrittsbarrieren schaffen und die Marktstellung der Plattformen stärken, zum anderen sind aber auch Konkurrenten oder neue Marktteilnehmer in der Lage, mit neuen Angeboten Marktanteile zu erobern. Erfolgreiche Plattformen scheinen sich darüber bewusst zu sein, dass marktmächtige Positionen oftmals bestreitbar sind, wenn der Innovationswettbewerb vernachlässigt wird. So galt zum Beispiel einst *AltaVista* bei Suchmaschinen als uneinholbar, heute ist kaum vorstellbar, dass *Google* einmal nicht mehr die meisten Suchanfragen für sich verzeichnen wird. Ähnliches gilt für Anbieter wie den Onlinedienst *AOL*, den Hostingdienst *Geocities* oder die sozialen Netzwerke *MySpace*, *SchülerVZ* oder *StudiVZ*. Zurzeit haben Plattformen wie *Facebook* oder *Amazon* eine dominante Position inne, fraglich ist, wie lange das anhält.

Ein Eingriff in das Innovationsverhalten oder in das generelle Verhalten zweiseitiger Plattform kann äußerst problematisch sein. Zu beachten sind neben Innovationsausgaben und Markterweiterungseffekten ebenso die Auswirkungen auf Interdependenz zwischen den Märkten durch indirekte Netzeffekte. Ein regulatorischer Eingriff, der zu einer Wohlfahrtssteigerung führen soll, setzt ein hohes Maß an Informationen über Marktgegebenheiten und Verständnis über das Verhalten der Plattformen voraus. Sind diese Informationen nicht vorhanden, ist eine Wohlfahrtssteigerung kaum möglich. Besonders Eingriffe in hoch innovative Märkte sollten daher, wenn überhaupt, nur äußerst vorsichtig vorgenommen werden und minimalinvasiv. Möglicherweise kann jedoch über die Senkung von Marktzutrittsbarrieren der Wettbewerbsdruck und damit der Anreiz zu Innovationen aufrecht erhalten oder sogar erhöht werden.

8.2 Marktergebnis und Marktstruktur

8.2.1 Konzentrationstendenzen

Medienmärkte sind oftmals durch starke Konzentration gekennzeichnet. Gerade in traditionellen Märkten lassen sich regelmäßig enge Oligopole oder auch Monopole beobachten. Verbunden mit der hohen Marktkonzentration ist nicht selten Marktmacht oder auch Marktbeherrschung der Anbieter. Problematisch ist Marktmacht dann, wenn hohe Preise bei geringen Mengen durchgesetzt werden können und so zu Wohlfahrtsverlusten führen. Ein möglicher weiterer negativer Effekte kann auch ein Rückgang der Vielfalt sein bzw. aus ökonomischer Sicht eine Verringerung der Produktdifferenzierung.

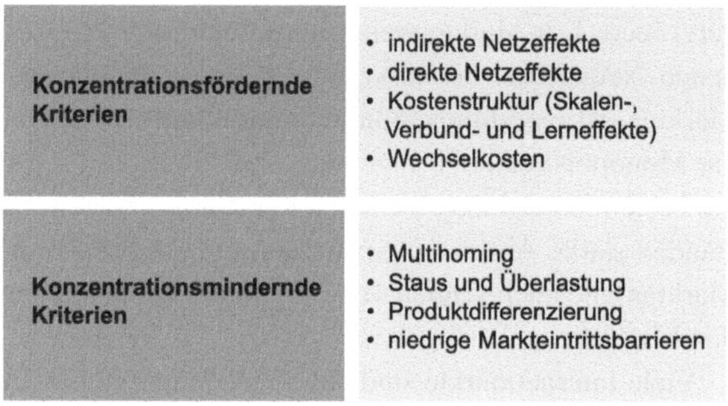

Abb. 8.2
Konzentrationstendenzen in
Medienmärkten Eigene
Darstellung auf Grundlage von
Evans und Schmalensee (2008)

Konzentrationsfördernde Kriterien	• indirekte Netzeffekte • direkte Netzeffekte • Kostenstruktur (Skalen-, Verbund- und Lerneffekte) • Wechselkosten
Konzentrationsmindernde Kriterien	• Multihoming • Staus und Überlastung • Produktdifferenzierung • niedrige Markteintrittsbarrieren

8.2.1.1 Positive Determinanten der Konzentration in Medienmärkten

Generell existieren sowohl positive als auch negative Determinanten der Konzentration (Abb. 8.2). Direkte und indirekte Netzeffekte sowie die Kostenstruktur wirken sich positiv auf die Konzentrationstendenz aus. Medienmärkte sind häufig durch hohe Fixkosten in Verbindung mit gleichzeitig relativ geringen Grenzkosten gekennzeichnet. Ebenso können Skaleneffekte oder auch Verbundvorteile vorliegen. So können Artikel in regionalen und überregionalen Zeitungen gleichzeitig erscheinen und sowohl in Online- als auch Offline-Medien genutzt werden. Die Durchschnittskosten fallen dann mit zunehmender Ausbringungsmenge.

Medienprodukte haben einen hohen Fixkostenanteil, können aber, nachdem sie einmal erstellt sind, relativ günstig vervielfältigt und vertrieben werden. Entscheidend sind häufig die sog. „First-Copy–Kosten". Das Schreiben eines Artikels, die Aufnahme und Produktion eines Musikalbums oder die Programmierung eines Computerspiels sind zeit- und kostenaufwendig. Der Vertrieb ist dagegen sehr günstig oder sogar nahezu kostenlos, besonders wenn das Produkt digital vertrieben wird. Der eigentlich hohe Fixkostenanteil entsteht durch das Beschäftigen einer Redaktion, das Betreiben einer Druckerei, den Aufbau eines Vertriebsnetzes oder das Betreiben von Musikstudios – insgesamt also durch die Infrastruktur der Medienunternehmen.

Durch das Internet und die Digitalisierung von Inhalten hat sich dies jedoch grundlegend geändert, insbesondere bezüglich neuer Medien. Die eigentliche Infrastruktur ist das Netz selbst und diese steht allen Unternehmen in gleicher Weise zur Verfügung (Dewenter und Haucap 2009). Lediglich ein Internetanschluss und Serverkapazitäten sind notwendig, um am Markt tätig zu werden. Serverparks können zwar sehr teuer sein, stellen aber nicht immer eine hohe Fixkostenbelastung dar. Der Vertrieb des produzierten Inhalts (Artikel, Musikstück, etc.) erfolgt zu sehr geringen oder ganz ohne Grenzkosten. Es ist kein proprietäres physisches Vertriebsnetz mehr notwendig.

Allein aufgrund des Fixkostenanteils oder von Skaleneffekten sind deshalb kaum Tendenzen zu einem natürlichen Monopol in neuen Medienmärkten zu erwarten. Zwar haben große Medienunternehmen immer noch Vorteile, das Internet und neue Technologien ermöglichen aber Markteintritte von vielen und auch kleineren Anbietern. Beispielsweise können Programmierer von Applikationen (Apps) relativ leicht in den Markt für mobile Kommunikation einsteigen und so selbst großen und finanzstarken Firmen produktbezogen starke Konkurrenz machen. Insgesamt sind die Markteintrittsbarrieren somit deutlich gesunken. Medienunternehmen profitieren nach wie vor von Größenvorteilen, allerdings kann aufgrund dieser Größenvorteile kein wesentliches Marktversagen unterstellt werden. Auch eine außergewöhnlich starke Fixkostenbelastung liegt nicht unbedingt vor.

Verbundvorteile (sog. economies of scope) sind dagegen durch das Internet eher angestiegen. Fernsehsender etwa können ihre Inhalte auch online in Mediatheken anbieten. Musik kann über CDs im Einzelhandel, *iTunes*, *YouTube* oder *Spotify* vertrieben werden. Auch Zeitungsartikel können sowohl off- als auch online erscheinen. Allerdings ist fraglich, inwieweit Verbundvorteile weiter ausgenutzt werden können. Einmal erstellt, können Inhalte zwar beliebig oft kopiert werden, das heißt aber nicht, dass sie auch beliebig oft nachgefragt werden. Mit jedem Inhalt wird ein bestimmtes Marktsegment bedient, ist es jedoch bedient, lässt sich der gleiche Inhalt nicht auch auf andere Marktsegmente übertragen. Ein Musikstück z.B. des Künstlers Jay-Z lässt sich als CD, Vinyl, über Radio und Fernsehen, als MP3 und Stream über *YouTube* oder *Spotify* vertreiben, Liebhaber elektronischer Musik oder von Rock-Musik werden aber durch diese oder weitere Vertriebskanäle nicht erreicht werden können. Ebenso können Unternehmen auch ohne Verbundvorteile erfolgreich sein. Blogs und Internet-Zeitungen zeigen, dass ein erfolgreiches Angebot auch ohne gedruckte Ausgabe möglich ist. Verbundeffekte mögen also durchaus vorliegen und auch einen Vorteil darstellen, aber die Größe des Vorteils ist durch die Nachfrage stark beschränkt. Auch ist damit zu rechnen, dass einige Produkte und Dienste mittelfristig nur noch online angeboten werden. Wie wichtig Verbundvorteile sind und ob sie einen starken Effekt auf die Konzentration von Medienmärkten haben ist daher fraglich.

Die Kostenstruktur spielt in Medienmärkten seit jeher eine wichtige Rolle, ihre Bedeutung hat aber durch die Digitalisierung und durch das Internet deutlich abgenommen. Größere Unternehmen haben in bestimmten Bereichen immer noch Kostenvorteile, aber die Entkopplung von Inhalt und Medium durch die Digitalisierung erlaubt vielen kleinen Anbietern zu geringen Kosten in den Markt einzutreten. Allein aufgrund der Tatsache, dass etablierte und potenzielle neue Unternehmen das Internet als Infrastruktur in gleicher Weise verwenden können, hat die Bedeutung der Kostenstruktur deutlich abgenommen.

Netzeffekte sind ein weiteres, in neuen Märkten wahrscheinlich das wesentliche Phänomen, das zu einer starken Marktkonzentration führen kann. Direkte aber – vor allem in zweiseitigen Märkten – indirekte Netzeffekte können eine Monopol- oder Quasi-Monopolstellung der Plattformen zur Folge haben. Sind die Effekte stark genug, kann es auch ohne hohe Fixkosten zu einem quasi-natürlichen Monopol kommen (siehe Abschn. 6.3.3). Andere Plattformen sind nicht mehr in der Lage, die Netzeffekte ähnlich gut zu internalisieren. Durch die zu geringeren Marktanteile kann die Verbindung zwischen den Märkten nicht mehr optimal genutzt werden.

Starke Netzeffekte in Kombination mit großen Netzwerken können dazu führen, dass ein rentabler Marktzutritt nicht möglich ist. Eine solche Situation würde dann für eine gewisse Resistenz des natürlichen Monopols sorgen, was tendenziell wieder für Regulierungsbedarf spräche. Auf der anderen Seite ist insbesondere in Märkten mit starken Netzeffekten oftmals eine hohe Innovationsintensität anzutreffen (siehe Abschn. 7.2.3),

was gegen eine Monopolresistenz spricht. Plattformen können mit relativ kleinen Innovationen schnell hohe Marktanteile erlangen. Außerdem können Monopole Netzeffekte
am besten internalisieren, was dazu führen kann, dass trotz einer Monopolsituation eine
wohlfahrtsoptimale Marktstruktur vorhanden ist. In der Realität lassen sich auch nur auf
wenigen Märkten tatsächlich große Konzentrationstendenzen erkennen. Und gerade bei
Internetdiensten konnten sehr starke monopolartige Stellungen häufig nur sehr kurzfristig
gehalten werden.

▶ Starke Netzeffekte können zu einer starken Konzentration führen, bis hin zu einem quasi-
  natürlichen Oligopol oder Monopol.

Liegen wie bei Spielkonsolen direkte und indirekte Netzeffekte gleichzeitig vor, ist
die Tendenz zur Konzentration stärker ausgeprägt. In dem Fall profitieren Konsumenten
direkt durch das Netzwerk, da es eine größere Zahl an Spielern gibt, mit denen sie spielen
oder sich austauschen können. Aber auch indirekt profitieren Spielkonsolen-Besitzer von
einer höheren Zahl an Nutzern. Für Spiele-Entwickler wird es attraktiver, Spiele für eine
bestimmte Konsole zu programmieren, je mehr potenzielle Käufer für das Spiel vorhanden
sind. Existiert ein großes Netzwerk auf der Seite der Spieler, steigt auch das Angebot an
Spielen, was den Spielern wiederum zugutekommt – sie profitieren indirekt von der Größe
ihres Netzwerks.

Bei sozialen Netzwerken wie etwa *Facebook* steht dagegen klar der direkte Netzeffekt
im Vordergrund. Je mehr Nutzer in einem Netzwerk angemeldet sind, desto mehr Freunde
und Bekannte können auf der Plattform gefunden werden, desto größer ist auch das eigene Netzwerk und desto größer ist der Nutzen jedes Mitglieds des Netzwerks. Soziale
Netzwerke finanzieren sich jedoch auch durch Werbung und dem Angebot an Online-
Spielen. Das heißt die Aufmerksamkeit der Benutzer, die Zeit die Nutzer auf den Plattformen verbringen, wird gebündelt und an Werbekunden oder Spiele-Anbieter verkauft.
Sowohl Spielkonsolenmärkte als auch Märkte für soziale Netzwerke weisen eine relativ
hohe Konzentration auf. In beiden Fällen ist dies (zumindest zum Teil) auf Netzeffekte
zurückzuführen.

Netzwerkeffekte können zu Wechselkosten (engl. switching costs) führen, welche sich
positiv auf die Marktkonzentration auswirken. Bei Spielkonsolen muss beispielsweise erst
das Gerät (*Playstation*, *Xbox*) angeschafft werden. Wurde das Gerät gekauft, ist der Kunde
in gewisser Weise an das System gebunden (*Lock-in*). Ein Wechsel zu einer anderen Konsole wäre mit weiteren, zum Teil hohen Kosten verbunden. Bei sozialen Netzwerken,
Suchmaschinen oder Nachrichtenseiten gibt es dagegen keinen *lock-in*-Effekt in diesem
Sinne, der Wechsel zu einer Plattform ist jederzeit und praktisch kostenlos möglich. Allerdings besteht kein Anreiz zum Wechsel, wenn andere soziale Netzwerke zu wenig von
den eigenen Peers genutzt werden.

Ebenso können Wechselkosten auch andere Ursachen haben, die ebenso in einseitigen Märkten vorliegen können (siehe Abschn. 2.4.1). Die Benutzung des Gutes muss erst
erlernt werden, Konsumenten gewöhnen sich an ein Produkt, sind durch langfristige Verträge an einen Anbieter gebunden oder haben über die Zeit eine Loyalität dem Anbieter

gegenüber entwickelt. Der Wechsel zu einem anderen Anbieter ist immer auch mit Suchkosten verbunden. Je nach Plattform sind diese Faktoren unterschiedlich stark ausgeprägt. Bei Suchmaschinen muss der Umgang nur selten aufwendig erlernt werden, die meisten Plattformen funktionieren sehr ähnlich. Allerdings gewöhnen sich Konsumenten an die Funktionsweise, den Aufbau und Präsentation der Ergebnisse eines Anbieters. Ein Wechsel wird dadurch vielleicht geringfügig erschwert, aber nicht verhindert. Die Loyalität gegenüber einem Anbieter spielt sicher bei vielen Produkten eine Rolle, allerdings können sich Anbieter diese Loyalität auch schnell verspielen. Die Ausnutzung dieser Kundenloyalität hängt auch vom Nutzen des Produkts für die Kunden ab und beschränkt somit auf die Möglichkeiten des Anbieters seine Marktmacht über „seine" Konsumenten auszunutzen.

8.2.1.2 Negative Determinanten der Konzentration in Medienmärkten

Neben den Determinanten, die zu einem Anstieg der Konzentration führen, existieren ebenso relativierende Faktoren. Eng verbunden mit indirekten Netzeffekten ist das Phänomen des *Multihomings*. Nachfrager müssen sich nicht für ein einziges Produkt entscheiden, sondern können die Angebote verschiedener Konkurrenten gleichzeitig oder in enger zeitlicher Abfolge konsumieren. Nachrichtenportale wie *Spiegel Online*, *bild.de*, *faz.net*, *sueddeutsche.de* oder *zeit.de* werden von vielen Konsumenten nacheinander besucht (je nach Präferenz in anderer Reihenfolge und Zusammensetzung). Keine Plattform kann sich in aller Regel komplett abschotten oder sich gegen Wettbewerber „endgültig" durchsetzen. Je verbreiteter Multihoming ist, desto höher ist der Wettbewerbsdruck und desto geringer sind die Konzentrationstendenzen. Mehrere Anbieter können quasi gleichzeitig die gleichen Konsumenten bedienen. Und auch Werbekunden platzieren ihre Werbung häufig auf mehreren Plattformen gleichzeitig. So erreichen sie ihre Zielgruppe auf möglichst breiter Basis und auch bewusst mehrfach. Interessant ist das Beispiel der sozialen Netzwerke: Hier liegt eine relativ hohe Konzentration vor, obwohl die Wechselkosten sehr gering sind. Mitglieder dieser Netzwerke können ohne Weiteres die Plattform wechseln und darüber hinaus auch Multihoming betreiben, dennoch liegt eine hohe Konzentration vor. Allerdings ist der Zeitaufwand deutlich höher, wenn man mehrere soziale Netzwerke in gleicher Weise nutzen möchte und damit auch die Kosten des Multihomings.

Kann ein Anbieter nicht alle Konsumenten gleichzeitig bedienen, weichen Konsumenten auf Alternativanbieter aus. Begrenzte Serverkapazitäten in Kombination mit hoher Nachfrage können zur Folge haben, dass Seiten nicht erreichbar oder nur sehr langsam aufrufbar sind. Besonders bei Streaming- oder Voice-Over-IP-Diensten sind Verzögerungen für Konsumenten nicht akzeptabel. Nutzen zu viele Konsumenten gleichzeitig einen bestimmten Dienst und reichen die Serverkapazitäten nicht aus, kann es zu Qualitätsminderungen und Störungen kommen. Der Filmgenuss ist nicht mehr uneingeschränkt möglich. Ähnliches gilt bei Voice-over-IP Diensten wie *Skype*, wenn das Gespräch aufgrund von Überlastung der Leitung stockt. Das Problem kann aber ebenso bei Online-Nachrichtenseiten oder sozialen Netzwerken auftreten. Anderen Anbietern eröffnet die Unzufriedenheit der Konsumenten eine Möglichkeit in den Markt eintreten oder Konsumenten von konkurrierenden Plattformen zu gewinnen. Stau und Überlast sowie generelle Kapazitätsprobleme wirken also ebenso den Konzentrationstendenzen entgegen.

Die meisten Medienplattformen, die im Wettbewerb zueinander stehen, sind nicht vollkommen homogen (austauschbar), sondern mehr oder weniger stark differenziert. Die
oben genannten Zeitungsportale werden vielleicht gleichzeitig von einer Person genutzt
aber sie unterscheiden sich auch deutlich. *bild.de* und *zeit.de* beispielsweise werden vermutlich nur von wenigen Konsumenten als austauschbar wahrgenommen. Auch *faz.net*
und *sueddeutsche.de* unterscheiden sich inhaltlich. Plattformen können dem Wettbewerb
entgehen indem sie sich in einer bestimmten Richtung oder Nische platzieren. Dadurch
erreichen sie zwar möglicherweise Marktmacht in ihrem Bereich (in ihrer Nische), insgesamt verbreitert sich aber das Angebot und die gesamte Marktkonzentration nimmt zumindest nicht zu. Produktdifferenzierung führt zu einem vielfältigeren Angebot.

Geringe Markteintrittsbarrieren und damit ein leichterer Marktzutritt haben negativen
Einfluss auf die Marktkonzentration. Durch die Digitalisierung wurde auch der Markteintritt in Medienmärkte erleichtert. Mit einer Lokalzeitung in Konkurrenz zu treten war noch
in den 1980er-Jahren aufwendig und sehr teuer. Nicht nur journalistische Kompetenz war
nötig, sondern auch Druckmaschinen (oder die Kooperation mit einer Druckerei) sowie
ein Vertriebsnetz. Viele Lokalzeitungen hatten dadurch ein mehr oder weniger gefestigtes
lokales Monopol. Durch das Internet hat sich dies schnell und nachhaltig geändert. Lokalzeitungen haben in allen Ressorts Konkurrenz durch lokale Blogs oder News-Seiten
bekommen. Fußballergebnisse von Kreis- oder Regionalligen können oft schon direkt
nach Abpfiff im Internet nachgelesen werden. Teilweise berichten Reporter auch per Live-
Ticker. Der Sportteil der Regionalzeitung am Montag verliert so an Aktualität, Exklusivität
und damit an Bedeutung. Auch regionale Kleinanzeigen können komfortabel und billiger
bei *eBay* oder anderen Portalen angeboten werden. Immobilien oder Partnerschaften können nun auch viel leichter über das Internet gefunden werden. Die Neuerungen machen
es Zeitungen schwer ihr klassisches Geschäftsmodell zu halten oder anders ausgedrückt:
Zeitungen sind einem deutlich stärkeren Wettbewerbsdruck ausgesetzt.

Letztendlich sind die Wohlfahrtseffekte der jeweiligen Marktstruktur dafür entscheidend, ob Regulierungsbedarf besteht oder ob ein wettbewerbspolitischer Eingriff notwendig ist. Die wohlfahrtsoptimale Marktstruktur muss in Abhängigkeit der Netzeffekte abgeleitet werden. Bereits bei einer moderaten Summe dieser Effekte kann das Monopol
eine optimale Marktform darstellen. Wie stark die Netzeffekte sind und in welchem Verhältnis sie zu den anderen Marktparametern stehen, ist vor allem eine empirische Frage.
Daher lohnt in jedem Fall ein genauer Blick auf die entscheidenden Größen (Tab. 8.1 zeigt
stilisiert die Eigenschaften verschiedener Plattformen).

8.2.2   Wohlfahrtseffekte

Auch die Wohlfahrtseffekte in zweiseitigen Märkten unterscheiden sich stark von denen in
einseitigen Märkten (siehe z.B. theoretische Analyse in Abschn. 6.2.1.4). Je nach Stärke
der Netzeffekte lassen sich Situationen identifizieren, in denen eine hohe Konzentration
wohlfahrtsoptimal sein kann. Selbst ein quasi-natürliches Monopol kann unter Umständen

Tab. 8.1 Eigenschaften verschiedener Plattformen

Markt	Netzeffekte	Kosten	Produkt-differenzierung	Wechselkosten	Multihoming	Beispiele
Suchmaschinen	indirekte/direkte	relativ hoch	kaum (horizontal)	gering	möglich	Google, Bing, Yahoo!
Soziale Netzwerke	hohe direkte und indirekte	moderat	ja	gering	möglich	Facebook, LinkedIn, Xing, YouTube, Flickr
Online Auktionshäuser	hohe indirekte	moderat	mittelere	gering	möglich	eBay
Online Sportnachrichten	indirekte	moderat	ja	gering	möglich	viele nationale und internationale Plattformen
Online Marketplaces	indirekten	moderat	ja	gering	möglich	Amazon, aber auch viele nationale und internationale Plattformen
Partnerbörsen	hohe indirekte	gering/moderat	ja	bei Anmeldung hoch	möglich	Elite Partner, Friends24, PARSHIP
Streamingplattformen	indirekte	moderat/hoch	ja	gering	möglich	YouTube, Spotify, Vimeo, Dailymotion
ISPs	indirekte	hoch/sehr hoch	kaum	mittel/hoch	nein	T-Online, Kabel Deutschland, 1&1
Spielkonsolen	indirekte	hoch	ja	mittel/hoch	möglich	Playstation, Xbox, Wii
Betriebssysteme	indirekte	hoch	ja	mittel/hoch	möglich	Windows, Apple
mobile Betriebssysteme	indirekte	hoch	ja	mittel/hoch	möglich	iOS, Android

eine optimale Marktstruktur darstellen. Nur weil indirekte Netzeffekte vorliegen, heißt das aber im Umkehrschluss noch nicht, dass alle hochkonzentrierten Märkte positiv zu beurteilen sind. Die Wohlfahrtsanalyse erfordert einen noch genaueren Blick auf die Marktparameter.

Ein geringer Preis auf einem Markt wirkt sich negativ auf die Produzenten- aber positiv auf die Konsumentenrente auf diesem Markt aus. Gleichzeitig findet über den indirekten Netzeffekt eine Markterweiterung auf dem anderen Markt statt und durch die Rückkopplung auch auf dem ursprünglichen Markt. Selbst, wenn auf dem einem Markt ein relativ hoher Preis verlangt wird, der zu einer geringeren Konsumenten- und einer höheren Produzentenrente führt, können diese Renten erst durch diesen Netz- und damit den Markterweiterungseffekt ihre Größe erreichen. Eine isolierte Betrachtung einzelner Renten ist in zweiseitigen Märkten daher nicht sinnvoll. Es sind immer beide Märkte und die entsprechenden Renten zu betrachten.

Dennoch ist Marktmacht auch in zweiseitigen Märkten relevant und kritisch zu beurteilen. Wie wir im Vergleich von Monopol- Wettbewerbsmodellen gesehen haben, setzen monopolistische Plattformen tendenziell höhere Preise als Wettbewerber. Eine genaue Beurteilung, wann trotzdem eine höhere Wohlfahrt in einem Monopol erreicht wird, muss im Einzelfall vorgenommen werden. In jedem Fall setzt aber eine marktmächtige Plattform keine wohlfahrtsoptimalen Preise oder Mengen. Sowohl die Preishöhe als auch möglicherweise die Preisstruktur können deutlich von den optimalen Werten abweichen (vgl. auch Evans und Schmalensee 2013). Insgesamt gilt auch hier wiederum, dass die Stärke der Netzeffekte relevant für das Ergebnis ist. Eine generelle Beschränkung von Marktmacht kann nicht aus den Wohlfahrtseffekten abgeleitet werden.

Die Wohlfahrtsbetrachtung muss also die indirekten Netzeffekte berücksichtigen. Indirekte Netzeffekte induzieren einen Effekt, der den negativen Auswirkungen der Marktkonzentration in einseitigen zumindest teilweise entgegen wirkt. Ob und wie stark die Netzeffekte aber das Ergebnis beeinflussen, ist letztendlich eine empirische Frage. Sind die Netzeffekte sehr klein, ist deren Existenz vielleicht erwähnenswert, aber nicht ausschlaggebend für das Ergebnis oder die Analyse. Sind die Netzeffekte dagegen sehr stark ausgeprägt, treten die bisherigen Ergebnisse aus einseitigen Märkten eher in den Hintergrund. Oftmals wird man aber Situationen antreffen, in denen die Stärke schwer zu beurteilen ist oder die sich zwischen den Extrempunkten bewegen. Eine genaue Abwägung ist deshalb erforderlich.

8.2.3   Asymmetrische Marktstrukturen

Asymmetrische Marktstrukturen sind tendenziell häufig in werbefinanzierten Medienmärkten anzutreffen. Werbemärkte sind dort oftmals weiter abzugrenzen als Rezipientenmärkte. Für die Konkurrenzbeziehung ist hier die Zielgruppe entscheidend, nicht die Präferenzen der Rezipienten für die Inhalte.

Abb. 8.3 Asymmetrische
Marktstruktur am Beispiel
einer lokalen Zeitung und eines
lokalen Radiosenders

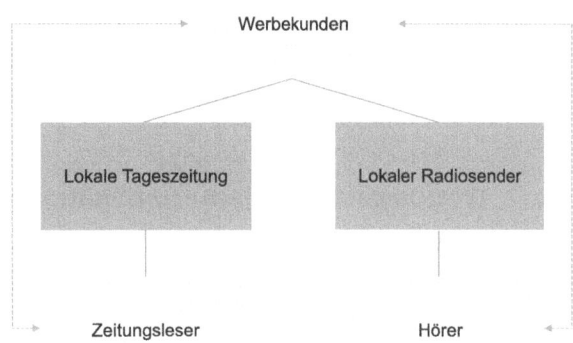

Eine lokale Tageszeitung mag beispielsweise ein Monopol über ihre Leser haben, Werbekunden können aber durchaus ein lokales Radio oder Anzeigenblätter als Substitut ansehen (vgl. Abb. 8.3). Ein soziales Netzwerk konkurriert vielleicht nicht direkt mit einer Suchmaschine um Nutzer, da diese beide Plattformen nutzen oder andere Gruppe angesprochen werden. Die Nutzer sehen die Suchmaschine und das soziale Netzwerk als nicht austauschbar an. Werbekunden dagegen schon. Auch der umgekehrte Fall ist denkbar: Wollen Werbekunden Fernsehzuschauer nach 20:00 Uhr erreichen, stehen ihnen nur private Sender zur Verfügung. Zuschauer können aber auch öffentlich-rechtliche Angebote wählen. Hätte der private Sender ein Monopol auf dem Werbemarkt, würde der umgekehrte Fall vorliegen.

Asymmetrische Marktstrukturen haben unterschiedliche Auswirkungen auf die Bewertung zweiseitiger Märkte. Zum einen betrifft die Asymmetrie die Marktabgrenzung (siehe Abschn. 8.3.1), es wird dadurch auch eine asymmetrische Abgrenzung der Märkte nötig. Zum anderen lassen sich auch andere Marktergebnisse beobachten. Plattformen sind vor allem auf der Marktseite, die eine engere Abgrenzung erfordert, typischerweise besser in der Lage, Netzeffekte auszunutzen.

Eine monopolistische Tageszeitung hat beispielsweise ein Monopol am Lesermarkt, steht aber am Anzeigenmarkt in Konkurrenz zu anderen Medien. Am Werbemarkt profitiert die Plattform dann von der starken Stellung am Lesermarkt, indem eine größere Menge als bei Wettbewerb realisiert wird und der Netzeffekt eine Markterweiterung am Werbemarkt erzeugt. Wie stark dieser Vorteil ist, hängt davon ab, welchen Strukturen die anderen Plattformen unterliegen. Ist der Konkurrent am Werbemarkt ebenfalls Monopolist (z.B. im lokalen Radiomarkt), so sind die Mengen insgesamt größer als im Fall von wettbewerblichen Situationen in beiden Märkten. Bestehen dagegen mehrere lokale Radiosender, steigt die Wettbewerbsintensität am Werbemarkt, die Lokalzeitung hat jedoch womöglich einen Vorteil durch eine größere Zielgruppe.

Asymmetrische Strukturen verlangen eine genaue Analyse bezüglich der Netzeffekte, der Marktstruktur und der unterschiedlichen Wettbewerber. Die Beschränkung des Verhaltens der Plattform ist nicht von der Tatsache abhängig, dass sie zwei Märkte bedient, sondern auch davon, dass die beiden Märkte asymmetrisch zusammenhängen können.

8.3   Wettbewerbspolitische Implikationen

Der folgende Abschnitt geht zunächst auf die komplexe Problematik der Marktabgrenzung in zweiseitigen Märkten ein. Anschließend wenden wir uns der Bestimmung von Marktmacht zu. Danach werden wir uns der Kollusion, dem Missbrauch einer marktbeherrschenden Stellung und den Fusionen widmen.

8.3.1   Marktabgrenzung zweiseitiger Märkte

Vor den meisten wettbewerblichen Analysen ist es notwendig den relevanten Markt abzugrenzen. Dies gilt in einseitigen ebenso wie in zweiseitigen Märkten. Die Bestimmung von Marktmacht erfordert, auch in gewöhnlichen Märkten, zunächst die Feststellung der vorhandenen Substitute und damit der konkurrierenden Unternehmen. Dies gilt auch bei der Betrachtung von möglichen missbräuchlichen Verhaltensweisen oder bei der Analyse von Unternehmenszusammenschlüssen. Während bei kollusiven Verhaltensweisen nicht unbedingt in jedem Fall eine Marktdefinition notwendig erscheint (etwa bei der Aufdeckung von Hardcore-Kartellen), muss spätestens bei der Bestimmung von Kartellschäden der Markt adäquat abgegrenzt werden.

Bei der Betrachtung von zweiseitigen Plattformen ist die Marktdefinition mindestens ebenso notwendig wie in einseitigen Märkten (vgl. Kehder 2013; Dewenter, Rösch und Terschüren 2014; Körber 2014b). Auch hier kann Marktmacht nur dann festgestellt werden, wenn Kenntnis über die konkurrierenden Plattformen und deren Struktur sowie Verhalten besteht. Dies gilt für Missbrauchsfälle ebenso wie für Fusionen. Auch kollusives Verhalten erfordert hier eine genauere Marktabgrenzung, da a priori unklar ist, welche Absprachen als wettbewerblich schädlich angesehen werden müssen und welche nicht.

Marktabgrenzung in zweiseitigen Märkten ist aber deutlich vielschichtiger. Anders als in einseitigen Märkten muss der relevante Markt über mindestens zwei Teilmärkte abgegrenzt werden, die über die Netzeffekte miteinander verbunden sind. Gleichzeitig können asymmetrische Beziehungen in den Teilmärkten vorliegen, sodass nicht alle Marktteilnehmer auf allen Märkten gleichzeitig anzutreffen sind, dafür aber zusätzliche Konkurrenten auf einem der Märkte in Erscheinung treten. Grundsätzlich müssen also alle wettbewerblichen Beziehungen auf allen beteiligten Märkten und deren Beziehung zueinander berücksichtigt werden.

8.3.1.1 Asymmetrie

Wichtig für die Marktabgrenzung ist die Unterscheidung zwischen Transaktions- und Nicht-Transaktionsmärkten (vgl. Affeldt et al. 2013; Filistrucchi et al. 2014; Filistrucchi, Klein und Michielsen 2012). Liegen Transaktionsmärkte vor, kann der Markt symmetrisch abgegrenzt werden, bei Nicht-Transaktionsmärkten können dagegen auch asymmetrische Abgrenzungen notwendig sein. Transaktionsmärkte sind dadurch gekennzeichnet, dass die Plattformen auf beiden Marktseiten gleichermaßen auftreten müssen, um eine Transaktion überhaupt herbeizuführen: Immobilienmakler zum Beispiel müssen sowohl am Käufer- als auch am Verkäufermarkt tätig sein, um Immobilien überhaupt vermitteln zu können. Kreditkartenunternehmen müssen sowohl Kreditkartennehmer als auch den Handel bedienen, wenn es zur Nutzung von Kreditkarten kommen soll. Es kann also eigentlich nur eine symmetrische Abgrenzung vorgenommen werden, denn beide Märkte müssen die gleiche Anzahl an Plattformen aufweisen. Es liegt damit ein gemeinsamer Markt mit zwei Teilmärkten vor.

Bei Nicht-Transaktionsmärkten ist eine symmetrische Abgrenzung nicht immer adäquat. Betrachtet man etwa lokale oder regionale Tageszeitungen kann durchaus eine asymmetrische Definition vorliegen. Auf der einen Seite sind die Leser an regionalen oder lokalen Inhalten interessiert. Werbekunden möchten mit ihrer Werbung jedoch eine bestimmte Zielgruppe erreichen. Ob dies über eine Zeitung, eine Zeitschrift, einen Radiosender oder andere Medien geschieht, ist zunächst unerheblich. Je nach Werbekunde können andere regionale Zeitungen, aber auch regionale Radiosender in Betracht kommen (vgl. Abb. 8.3). Andere Werbekunden können sogar überregionale Sender als Substitut ansehen, wenn sie darüber ebenso ihre Zielgruppe erreichen können. Generell ist also eine ausschließlich symmetrische Abgrenzung nicht zu rechtfertigen. Der Werbemarkt muss im Zweifel etwas weiter abgegrenzt werden als der Rezipientenmarkt.[1]

▶ Die Marktabgrenzung zweiseitiger Märkte muss eine mögliche Asymmetrie berücksichtigen.

8.3.1.2 Verbundenheit der Märkte

Außerdem ist es notwendig alle verbundenen (Teil-)Märkte einzubeziehen (vgl. Dewenter und Kaiser 2006; Evans und Noel 2008; Affeldt et al. 2013). Wird zum Beispiel nur einer von zwei verbundenen Märkten in die Marktabgrenzung einbezogen, ist eine Fehlinterpretation verschiedener Verhaltensweisen nicht nur möglich, sondern wahrscheinlich. Der „wahre Markt" kann über dieses Vorgehen nicht determiniert werden.

---

[1]Es gibt zahlreiche Beispiele für eine solche weitere Abgrenzung von Werbemärkten: Im Fall Intermedia Vermögensverwaltungs GmbH Health & Beauty (Europe) GmbH (2008); B6-22131-Fa-52/08 hat das Bundeskartellamt eine solche asymmetrische Abgrenzung vorgenommen. Das Amt hat hierbei den Lesermarkt für Kosmetik-Fachzeitschriften abgegrenzt und ähnliche Zeitschriften als nicht austauschbar aus Sicht des Lesers identifiziert. Der Anzeigenmarkt wurde aber korrekterweise weiter gefasst, hier wurden auch weitere Fachzeitschriften einbezogen.

► Bereits bei der Marktabgrenzung müssen die Netzeffekte mit einbezogen werden.

Betrachten wir z.b. den bereits häufig zitierten Single-Club. Der Club befindet sich in einer Straße mit einem anderen, normalen Club und setzt einen Eintrittspreis von null für Frauen, um so möglichst viele Frauen anzulocken und damit die Netzeffekte auszunutzen. Bei einer reinen Abgrenzung über den „Markt für Frauen" könnte davon ausgegangen werden, dass dieser Single-Club den normalen Club vom Markt verdrängen möchte. Bezieht man jedoch beide Märkte in die Analyse ein, stellt man fest, dass die indirekten Netzeffekte zwischen dem Markt für Männer und dem für Frauen eine solche Preissetzung erfordern. Es liegt also keine Verdrängungsabsicht vor, sondern ein gewöhnliches Gewinnmaximierungskalkül. Vermutlich sind die beiden Clubs nicht einmal am selben relevanten Markt tätig. Für den Single-Club wäre es vielleicht sogar schädlich zu viele Frauen, die in einer Beziehung sind, anzulocken. Dadurch würde die eine Marktseite „verwässert". Die Wahrscheinlichkeit eine passende Partnerin zu finden, würde für Männer zurückgehen, da ihre Bemühungen bei diesen Frauen ins Leere liefen. Dieser Zusammenhang wird aber erst dann klar, wenn beide Märkte (in diesem Falle gleichermaßen) abgegrenzt werden. Es müssen somit grundsätzlich immer alle miteinander verbundenen Märkte in die Analyse einbezogen werden.

8.3.1.3 Durchführung der Marktabgrenzung

Eine allgemein anerkannte Methode zur Abgrenzung von zweiseitigen Märkten hat sich bisher noch nicht durchgesetzt. Folgt man den nationalen und supranationalen Standards, kommen grundsätzlich verschiedene Varianten der Marktdefinition in Betracht. Die zeitliche und räumliche Abgrenzung spielen eine immer geringere Rolle, sodass die sachliche Abgrenzung noch stärker in den Mittelpunkt rückt. Diese kann anhand von qualitativen oder quantitativen Methoden vorgenommen werden. Sinnvoll erscheint die Verwendung eines Substitutionskonzepts, welches aus Sicht der verschiedenen Nachfrager in den einzelnen Teilmärkten angewandt werden sollte. So können im Zweifel auch asymmetrische Abgrenzungen erreicht werden.

Substitutionskonzepte sind weit verbreitet bei der Definition von relevanten Märkten. In der deutschen Wettbewerbspolitik wird z.B. das Bedarfsmarktkonzept angewendet. Es zielt darauf ab, herauszufinden, welche Produkte aus Sicht des verständigen Verbrauchers geeignet sind, denselben Bedarf zu decken. In der europäischen Union wird dagegen, wie bereits erwähnt, der SSNIP-Test (*Small but Significant Non-Transitory Increase in Price*, auch *hypothetischer Monopolistentest*) verwendet. Dieser ist in seiner ursprünglichen Form, die auf einseitige Märkte ausgelegt ist, nicht auf mehrseitige Märkte anwendbar. Jedoch gibt es verschiedene Vorschläge, einen für zweiseitige Plattformen modifizierten, aber auch sehr komplexen Test anzuwenden (vgl. Evans und Noel 2008; Affeldt et al. 2013; Filistrucchi et al. 2012, 2014). Das Ausmaß an quantitativer Analyse ist jedoch variabel. Von einfachen Analysen von Kreuzpreiselastizitäten bis hin zu komplexen Simulationen, sind verschiedene Vorgehensweisen denkbar.

Unter Berücksichtigung der Marktparameter können mithilfe des SSNIP-Tests daher zwar auch indirekte Netzeffekte und die Wirkungen von Preiserhöhungen auf die gesamten Gewinne der Plattformen analysiert werden. Dazu muss aber ein adäquates Modell des Marktes verwendet werden und die entsprechenden Daten müssen in ausreichendem Umfang zur Verfügung stehen. Die Tests haben außerdem weitere Nachteile bei der Anwendung auf zweiseitige Märkte. So ist der Test nicht für die Analyse von Märkten ausgelegt, in denen ein Nullpreis zu finden ist (wie jedoch in vielen Medienmärkten üblich). Eine hypothetische Preiserhöhung um einen bestimmten prozentualen Betrag ist in diesem Fall nicht durchführbar. Zwar könnten alternativ Qualitätsverringerungen anstelle von Preiserhöhungen unterstellt werden, dabei muss dann aber das Problem gelöst werden, ob und auf welche Weise Qualitätsänderungen bei Medienprodukten simuliert werden können. Ein weiteres Problem besteht darin, dass der SSNIP-Test einen statischen Ansatz darstellt, der nur schwerlich auf dynamische und innovative Märkte anzuwenden ist. Insbesondere Internetmärkte sind jedoch regelmäßig dynamische und besonders innovative Märkte. Es besteht daher die Gefahr, dass eine inadäquate Anwendung des SSNIP-Tests zu starken Fehleinschätzungen führen würde. Insgesamt besteht noch Forschungsbedarf, um Methoden zur Abgrenzung von zweiseitigen Märkten zu entwickeln.

Bis heute existiert daher keine adäquate Methode der Marktabgrenzung in zweiseitigen Märkten, die sich als belastbar erwiesen hätte. Weder ein qualitativer noch quantitativer Ansatz konnte sich etablieren. Aufgrund der Komplexität zweiseitiger Märkte ist es empfehlenswert, zumindest in Teilen auf eine quantitative Methode zurückzugreifen. Bereits die Bestimmungen von Kreuzpreiselastizitäten und die Stärke der Netzeffekte sind oft sinnvolle Maßnahmen. Ohne diese Informationen sind zweiseitige Märkte nur schwer zu bestimmen. Eine vollständige quantitative Analyse könnte jedoch ebenso an der Komplexität der Märkte scheitern.

Wettbewerbsbehörden kann daher empfohlen werden, die Theorie der zweiseitigen Märkte zu nutzen, um Einblicke in die Funktionsweisen der Märkte zu bekommen. Zwar sind noch viele der Fragen unbeantwortet, dennoch lassen sich einige Verhaltensweisen von Plattformen am Markt durch die Theorie erklären. Quantitative Methoden sollten die Marktanalyse unterstützen, um so die Austauschbeziehungen auf den verschiedenen Märkten zu erfassen.

▶ Bisher existiert keine adäquate und praktikable Methode zur Abgrenzung zweiseitiger Märkte.

Fallbeispiel: Internetsuchmaschinen

Suchmaschinen sind ein interessantes und aktuelles Beispiel, um die Problematik der Abgrenzung von zweiseitigen Märkten zu verdeutlichen. Suchmaschinen wie *Bing*, *Google* oder *Yahoo!* sind typischerweise mehrseitige Plattformen, die gleichzeitig auf mehreren Märkten tätig sind. Im Fall von *Google* werden neben *Google Search* auch andere Produkte wie *Google Maps*, *Google Scholar*, *YouTube* oder *Google News* am Inhalte- bzw. Suchmarkt angeboten. Auf der anderen Marktseite werden Werbeflächen vermarktet, die mit den Inhalten in Verbindung stehen. Ebenso treten diese Plattformen auch als Vermittler von fremden Werbeflächen auf. Es werden damit sowohl Transaktionsmärkte als auch Nicht-Transaktionsmärkte bedient.

Betrachtet man nur die Suchdienste, lassen sich drei Gruppen identifizieren, die über indirekte Netzeffekte verbunden sind. Zum einen profitieren die Nutzer (Suchenden) von einem großen Angebot an gefundenen Inhalten. Die zweite Gruppe, die Inhalteanbieter, profitieren von einer großen Anzahl an Suchenden, die die Suchmaschine nutzen. Ein Teil der Inhalteanbieter tritt dazu zusätzlich als Werbetreibende auf. Deren Nutzen hängt ebenso von der Zahl der Suchenden ab. Werbetreibende sind somit immer eine Teilmenge der Inhalteanbieter. Dennoch bestehen möglicherweise unterschiedliche Netzeffekte zwischen Usern auf der einen und Inhalteanbieter sowie Werbekunden auf der anderen Seite.

Für Suchende und Inhalteanbieter ist die Nutzung kostenlos. Nur Werbekunden zahlen für die Platzierung ihrer Angebote. Eine Analyse hypothetischer Preiserhöhungen wäre überhaupt nur am Werbemarkt möglich, nicht jedoch am Such- und Inhaltemarkt. Wie könnte man eine hypothetische Qualitätsreduktion durchführen? Theoretisch ließe sich zwar eine z.B. 5%ige Preiserhöhung auch durch eine Qualitätsreduktion simulieren. Fraglich ist jedoch, wie dies in Such- oder Inhaltemärkten vorgenommen werden könnte. Da Inhalte und Suchergebnisse mittlerweile sehr individuell gestaltet werden können, kann auch die Qualität von z.B. Suchergebnissen auch nicht verallgemeinert werden. Die Anwendung des SSNIP-Tests scheint daher (zumindest am Suchmarkt) fast unmöglich.

Außerdem muss wahrscheinlich eine asymmetrische Abgrenzung der Teilmärkte vorgenommen werden. Transaktionen zwischen Usern auf der einen und Werbekunden bzw. Inhaltenanbietern auf der anderen Seite können grundsätzlich beobachtet und damit auch individuell bepreist werden. Bei einigen Werbeformen auf Suchmaschinen ist ein solches System durch die *Pay-per-Click*-Technologie bereits realisiert. Dennoch handelt es sich bei den Such- und Inhaltemärkten, bisher zumindest, um Nicht-Transaktionsmärkte. Auch, wenn Werbekunden per Transaktion bepreist werden, können andere Werbeträger als Substitut zur Werbung bei Suchmaschinen infrage kommen. Werbeflächen können z.B. auch bei anderen Internetplattformen als Suchmaschinen eine Alternative darstellen. Tatsächlich ist dies jedoch eine empirische Frage, die dadurch beantwortet wird, inwiefern Such-, Display- und Kontextwerbung als Substitute angesehen werden können. Letztendlich könnte sogar ein noch weiter gefasster Online-Werbemarkt existieren, um bestimmte Zielgruppen zu erreichen.

Fallbeispiel: Internetsuchmaschinen

Neben allgemeinen Suchmaschinen, den sogenannten horizontalen Suchmaschinen wie *Bing* und *Google*, existieren auch spezielle, sog. vertikale Suchmaschinen. Diese können für bestimmte Suchbegriff ein Substitut sein, für wiederum andere Begriffe sind sie aber vollkommen irrelevant. Sucht man z.B. im Bereich „Shopping", so kommen neben den horizontalen Suchmaschinen auch Anbieter infrage, die entweder ein breites oder auch spezielles Angebot an Waren bereithalten bzw. vermitteln (vgl. Tab. 8.3.1.3 aus Dewenter et al. 2014). Kleidung z.B. kann über *Bing, Google, Yahoo!* u.ä. Seiten gesucht werden. Ebenso jedoch können aber auch Anbieter wie *ebay, Zalando, Amazon* oder die Herstellerseiten direkt genutzt werden. Wird nach ökonomischer Literatur gesucht, stehen u.a. Dienstanbieter wie *Google Scholar, EconLit* oder *EconBIZ* zur Auswahl. Eine Abgrenzung kann also nicht allgemein vorgenommen werden, sondern richtet sich nach dem Einzelfall und muss je nach Suchbegriff bzw. -kategorie vorgenommen werden. Als Alternativen stehen dann vertikale Suchmaschinen, soziale Netzwerke und Mobile Apps zur Verfügung.

Allgemeine Suche	Shopping	Videos	Ökonomische Artikel	Kartendienste
Bing	Amazon	YouTube	Google Scholar	Google Maps
Google	Google	Google	Google	Google
Yahoo	eBay	MyVideo	EconLit	Bing Maps
Ask.com	Zalando	vimeo	EconBIZ	Yahoo Maps
duckduckgo	Bing, Yahoo!	Bing, Yahoo!	Bing, Yahoo!	Apple Maps

Die Notwendigkeit, alle Teilmärkte abzugrenzen und nicht nur den Suchmarkt zu betrachten, ist letztendlich ebenso relevant wie intuitiv. Würde man lediglich einen Suchmarkt abgrenzen, so könnte bei dem vorherrschenden Nullpreis der Eindruck entstehen, die Suchmaschinen würden sich in einem Verdrängungswettbewerb befinden. Tatsächlich maximieren sie die Nutzerzahl, um möglichst hohe Umsätze am Werbemarkt zu realisieren. Auch könnte der Eindruck entstehen, die kostenlosen Leistungen sind nicht dazu geeignet, überhaupt einen Markt zu begründen – eine Auffassung, die unter manchen Juristen immer noch weit verbreitet ist. Diese Meinung lässt sich entkräften, wenn Inhalte- und Werbemarkt in die Analyse einbezogen werden. Denn zum einen zahlen die Nutzer mit ihrer Aufmerksamkeit für die angebotene(n) Werbung und Inhalte, zum anderen stellen sie Informationen über ihr Suchverhalten zur Verfügung, die es erlauben, auch andere Produkte (wie etwa individualisierte Werbung oder neue Applikationen) zu vermarkten. Eine einseitige Abgrenzung würde also zu einer völligen Fehleinschätzung des Marktes führen.

8.3.2   Marktmacht und die Bestimmung von Marktmacht

Die Feststellung von Marktmacht ist in der Wettbewerbspolitik notwendig, wenn es um die Beurteilung von potenziell missbräuchlichen Verhaltensweisen oder die Beurteilung von Unternehmenszusammenschlüssen geht. Im ersten Fall muss geprüft werden, ob das Verhalten von einem marktmächtigen oder marktbeherrschenden Unternehmen ausgeht. Im zweiten Fall wird überprüft, ob es nach einer Fusion zu einer Verstärkung einer marktbeherrschenden Stellung des neu entstehenden Unternehmens kommen könnte. Marktmacht wird dabei definiert, als die Fähigkeit die Preise oberhalb der Grenzkosten zu setzen (z.B. Motta 2004). Allein diese Definition macht klar, dass Marktmacht in zweiseitigen Märkten nicht auf diese Weise definiert oder gar bestimmt werden kann.

Preise in zweiseitigen Märkten sind nicht so einfach interpretierbar wie in einseitigen Märkten. Grenzkosten sind ungeeignet als Maßstab für allokativ effiziente Preise oder gar für ein Wohlfahrtsoptimum. Gleiches trifft auf die Preis–Kosten-Margen zu. Hohe Margen auf einem Markt gehen typischerweise mit geringen oder auch negativen Margen auf dem anderen Markt einher. Würde man diese Margen so behandeln wie in einseitigen Märkten, würde man schlussfolgern, dass auf einem Markt Marktmacht besteht, auf dem anderen aber nicht (oder sogar *Predatory Pricing*) vorliegt. Dies kann zwar in bestimmten Fällen durchaus der Fall sein, jedoch ist auch und vor allem das Verhältnis der Netzeffekte für die Höhe der Margen verantwortlich. Preishöhen und -margen allein lassen damit allein keine Schlussfolgerungen über Marktmacht zu.

Wie Wright (2004) korrekterweise anführt, folgt aus den obigen Beobachtungen, dass natürlich im Umkehrschluss eine Reduktion der Marktmacht nicht notwendigerweise zu einer effizienteren oder auch einer ausgeglicheneren Preisstruktur führen muss. Wie wir gezeigt haben, kann es in einem regulierten Monopol im Wohlfahrtsoptimum sowohl zu höheren als auch zu geringeren Preisen als einem unregulierten Monopol kommen. Eine ausgeglichenere Preisstruktur ist damit nicht klar definiert auch nur wünschenswert.

Marktanteile sind kein gutes Maß für Marktmacht in zweiseitigen Märkten. Sind diese schon in einseitigen Märkten nur ein Hilfsmittel zur ersten Einschätzung, können sie hier in der bisherigen Form nicht sinnvoll angewendet werden. Das hat folgende vier Gründe: Es kann zum Beispiel (i) eine zweiseitige Plattform auf einem Markt, von dem ein starker Netzeffekt ausgeht, einen hohen Marktanteil erlangen, jedoch keinen Anreiz haben (und auch nicht in der Lage sein), hohe Preise auf diesem Markt durchzusetzen. Der hohe Marktanteil kann dann nicht als Hinweis auf Marktmacht interpretiert werden. Sollte zusätzlich noch der Marktanteil auf dem zweiten Markt gering sein, ist diese Maß tatsächlich unbrauchbar. Um beim Beispiel der lokalen Tageszeitung zu bleiben: Diese mag auf dem Lesermarkt einen sehr hohen Marktanteil haben, auf dem Werbemarkt ist sie aber vielleicht nur ein kleiner Marktteilnehmer.

(ii) Die einzelnen Märkte, die von zweiseitigen Plattformen bedient werden, können nicht unabhängig voneinander betrachtet werden. Ansonsten würde immer eine falsche Interpretation des Verhaltens der Plattform und des Marktergebnisses erfolgen. Diese Tatsache macht damit eine isolierte Analyse von Marktanteilen unmöglich. Eine gleichzeitige Interpretation beider Marktanteile ist mit den bisherigen Instrumentarien nicht möglich (im Falle mehrerer Märkte, aller verbundenen Märkte). Damit ist aber auch unklar, ab welchen Marktanteilsgrenzen von Marktbeherrschung auszugehen ist. Schon in einseitigen Märkten sind die bestehenden Grenzen eher willkürlich gewählt. Es gibt also keinen Grund, warum sie ebenso für zweiseitige Märkte zutreffend sein sollten.

Darüber hinaus sind (iii) die Wohlfahrtseffekte bei starken Netzeffekten nicht eindeutig. Würde aufgrund der Marktanteile (etwa 100 % auf beiden Märkten) eine Marktbeherrschung festgestellt, so könnte dennoch eine wohlfahrtsoptimale Situation vorliegen.

Evans und Schmalensee (2013) führen (iv) an, dass eine oft geforderte Berechnung von wertmäßigen Marktanteilen in zweiseitigen Märkten meist nicht möglich sei, da viele Dienste typischerweise kostenlos oder aber zu „subventionierten" Preisen abgeben werden. Ein entsprechendes Maß sei gar nicht erst bestimmbar.

▶ Weder Marktanteile noch Preis–Kosten–Aufschläge allein sind gute Maßstäbe für Marktmacht in zweiseitigen Märkten.

Insgesamt lassen sich die klassischen Methoden zur Marktmachtmessung also nicht einfach auf zweiseitige Märkte übertragen. Evans (2003) schlägt daher vor, zu untersuchen, inwiefern Plattformen vor Marktzutritt geschützt und dementsprechend frei in ihrer Preissetzung sind. Hierzu müsste analysiert werden, wie hoch die Marktzutrittsbarrieren sind und inwiefern Netzeffekte möglicherweise eine Art natürliches Monopol hervorrufen. Allerdings ist damit noch nicht die Frage der Effizienz beantwortet.

8.3.3   Kartellierung

8.3.3.1 Horizontale Vereinbarungen

Die Wahrscheinlichkeit kollusiven Verhaltens in zweiseitigen Märkten ist aufgrund des höheren Koordinierungsaufwands tendenziell geringer als in einseitigen Märkten. Die wohlfahrtsökonomischen Wirkungen von Kartellen in zweiseitigen Märkten sind dagegen ambivalent. So zeigen wir in unserer theoretischen Analysen, dass ein Kartell zu einer geringeren Gesamtwohlfahrt führt als ein wettbewerblich organisierter Markt, wenn es gleichzeitig am Leser- und am Anzeigenmarkt gebildet wird. Dewenter et al. (2011) kommen zu einem ähnlichen Ergebnis, identifizieren jedoch auch Situationen, in denen die Wohlfahrt durchaus steigen kann.

Wird aber z.B. der Preis nur auf einem der beiden Teilmärkte (etwa am Anzeigenmarkt) abgesprochen, hat dies negative Auswirkungen auf die Nachfrager am Anzeigenmarkt. Die Konsumenten der anderen Marktseite (hier die Leser) können dabei durchaus von einer solchen Semi-Collusion profitieren. Der Grund dafür ist, dass ein Kartell am Anzeigenmarkt dazu führt, dass es dort zu einer starken Reduktion der Anzeigenmenge kommt. Werden die Anzeigen positiv (negativ) von den Lesern bewertet, kommt es dadurch auch zu einer Reduktion (Erhöhung) der Nachfrage nach Zeitungen. Der Wettbewerbsdruck auf dem Lesermarkt führt zeitgleich dazu, dass auch die Zeitungspreise stark gesenkt werden und somit die Auflage steigt. Durch dieses Verhalten und über den positiven Netzeffekt vom Leser- zum Anzeigenmarkt (und der damit steigenden Nachfrage nach Anzeigenflächen) sind die Zeitungen nun in der Lage, die höheren Kartellgewinne zu realisieren.[2]

---

[2]Für eine empirische Untersuchung von Kartellabsprachen im italienischen Zeitungsmarkt vgl. Argentesi und Filistrucchi (2007).

Der Gewinn lässt sich zwar mittels eines simultanen Kartells auf beiden Märkten erhöhen. Jedes Kartellmitglied hat jedoch bei Semi-Collusion am Anzeigenmarkt grundsätzlich den Anreiz, sich am Lesermarkt wettbewerblich zu verhalten, um so seine eigene Leserschaft (und über den Preiswettbewerb auch die Auflage der anderen Konkurrenten) zu erhöhen. Einen Anreiz zum Parallelverhalten am Lesermarkt wird daher durch die Existenz eines Kartells am Anzeigenmarkt nicht automatisch induziert. Ganz im Gegenteil kann die Konkurrenz am Lesermarkt bei einem Preis- oder Mengenkartell auf dem Werbemarkt sogar schärfer werden. Insgesamt lässt sich bei Dewenter et al. (2011) feststellen, dass die Konsumentenwohlfahrt unter Semi-Collusion sowohl am Leser- aber unter Umständen auch am Anzeigenmarkt höher sein kann als bei Wettbewerb. In bestimmten Situationen steigt jedoch (im Gegensatz zu unserer Analyse in Abschn. 7.2.1) die Gesamtwohlfahrt.

Oftmals reichen die Wohlfahrtsgewinne am Lesermarkt aber nicht aus, die Wohlfahrtsverluste zu kompensieren, die durch das Kartell entstehen. Dies lässt zugleich den Konsumentenstandard als Maß für die Gesamtwohlfahrt fragwürdig erscheinen – zumindest auf zweiseitigen Märkten. Auch bei kollusiven Verhaltens ist die Aufgabe der Kartellbehörden also komplizierter. Während in einseitigen Märkten zumindest hohe Preise und gleichförmiges Verhalten einen Hinweis auf Absprachen zwischen den Wettbewerbern geben können, ist die Preisstruktur auf zweiseitigen Märkten nur schwer zu deuten. Noch problematischer wird es aber, wenn Kartellabsprachen nur einen der beiden Märkte betreffen, da in diesem Fall mit einem intensiven Wettbewerb am jeweils anderen Markt zu rechnen ist. Hilfreich für die Identifikation von Kartellen könnten hier eventuell Preiserhöhungen auf zumindest einem Markt sein, die scheinbar ohne Änderungen der Rahmenbedingungen zustande gekommen sind. Ein hinreichendes Kriterium ist aber auch das nicht.

Ein weiterer relativierender Faktor ist die Tatsache, dass anders als bei Fusionen kartellierende Plattformen in aller Regel Netzeffekte nicht besser ausnutzen können. Kartellmitglieder bleiben rechtlich selbstständige Unternehmen und nutzen daher auch nur ihre eigenen Ressourcen und ihre eigene Netzeffekte. Eine Erhöhung der Menge eines Kartellmitglieds nutzt nur diesem etwas, also führt zu keiner Auswirkung über die Netzeffekte aller anderen Plattformen. Ein stärkeres Ausnutzen wäre lediglich dann möglich, wenn nur eine Plattform für alle Konkurrenten die Dienste oder Produkte anbieten würde. Dies ist jedoch in der Regel und vor allem in zweiseitigen Märkten kaum umsetzbar und würde auch eher einer Fusion gleich kommen. Mögliche Wohlfahrtseffekte können also nicht auf eine Steigerung des Markterweiterungseffekts durch größere Mengen einzelner Plattformen zurückgeführt werden. Vielmehr ist davon auszugehen, dass es zur Mengenreduktion kommt und daher typischerweise mit einem Wohlfahrtsverlust zu rechnen ist.

Fallbeispiel: Gemeinsame Videostreamingplattform RTL Interactive ProSiebenSat.1 AG
Das Bundeskartellamt (2011) untersagte das Vorhaben von *RTL Interactive* und der *ProSiebenSat.1 AG* eine gemeinsame Videostreaming-Plattform im Internet aufzubauen. Auf der Plattform sollten die Inhalte der beiden Sendergruppen sieben Tage kostenlos aufrufbar sein. Die Plattform sollte über eine gemeinsame Startseite verfügen, über die Nutzer dann zu den getrennten Inhalten der beiden Sendergruppen gelangen

würden. Werbeflächen hätte jede Sendergruppe im individuellen Bereich bzw. vor und während des Videostreams selbst angeboten und vermarktet. Das Amt untersagte das Vorhaben, da dadurch die marktbeherrschende Stellung des Duopols (der Antragsteller) am Markt für Fernsehwerbung verstärkt worden wäre. Die Forderung des Kartellamts, die Plattform für unbeteiligte Fernsehsender zu öffnen, lehnten die beiden antragstellenden Parteien ab.

Preisabsprachen auf dem Fernsehmarkt (Free-TV) sind nicht möglich ($p = 0$), auch die Werbezeit ist reguliert und damit für alle Sender im Prinzip gleich. Preisabsprachen könnte man so nur über den Werbepreis treffen. Würde man aber eine Absprache treffen wollen, um die Netzeffekte besser ausnutzen zu können, müsste man dem Verbraucher gegenüber als eine Plattform auftreten. Durch die gemeinsame Videostreaming-Plattform hätten die Betreiber ein viel größeres Zuschauernetzwerk aufgebaut als es für eine Sendergruppe allein möglich ist. Dadurch stiege natürlich auch die Attraktivität der Plattform für Werbekunden. Die Plattformen wären somit in der Lage ihre Gewinne auf dem Werbemarkt zu steigern.

Könnte so also ein Kartell zur Ausnutzung der Netzeffekte aussehen? Die gemeinsame Gewinnmaximierung berücksichtigt nicht die optimale Ausnutzung der Netzeffekte, erst durch das Auftreten als eine Plattform auf der alle (ein Großteil) der Konsumenten eines Marktes vereint sind, würde helfen die Netzeffekte zu internalisieren. Dies würde aber – wie in diesem Fall – einer Fusion bzw. einem Joint-Venture gleich kommen. Eine Wohlfahrtbetrachtung ist daher nicht leicht.

Kartelle in zweiseitigen Märkten sind somit ebenso ein Problem wie in einseitigen. Die Wirkungsweise und die optimale Kartellstruktur wurden bisher noch nicht abschließend untersucht. Indirekte Netzeffekte erschweren die Arbeit der Kartellbehörden. Auf der einen Seite können sie den Anreiz ein Kartell zu bilden abschwächen oder zumindest teilweise entgegenstehen. Auf der anderen Seite ergeben sich durch die Verbundenheit der Märkte neue Möglichkeit zur Absprache von Preisen, Mengen oder anderen Parametern. Zwar können Kartelle grundsätzlich dazu führen, dass eine Gruppe an Konsumenten durch einen Anstieg der Konsumentenrente besser gestellt wird. Betrachtet man beide Märkte, so ist jedoch in vielen Fällen zu erwarten, dass eine Absprache, die etwa zu einem höheren Preisniveau führt, auch einen negativen Gesamtwohlfahrtseffekt zur Folge hat.

Andere Schlussfolgerungen könnten gezogen werden, wenn eine Absprache dazu führt, dass Netzeffekte besser ausgenutzt werden können. Wird zum Beispiel die gemeinsame Vermarktung von Werbung als Bundle bei verschiedenen Plattformen verabredet und dadurch die Menge ausgeweitet, könnte es zu einem Markterweiterungseffekt kommen, der einen Anstieg der Wohlfahrt zur Folge hat.

8.3.3.2 Vertikale Vereinbarungen

Die Wirkung vertikaler Vereinbarungen ist bereits in einseitigen Märkten nicht immer eindeutig zu beurteilen. Die meisten dieser Verträge stellen aus wettbewerbspolitischer Sicht kein Problem dar. Betrachtet man jedoch Beziehungen in zweiseitigen Märkten oder gar zwischen unterschiedlichen zweiseitigen Plattformen, wird die Analyse deutlich komplexer als in „normalen" Märkten. Aus unseren einfachen Modellen lässt sich diesbezüglich nur wenig ableiten und es besteht – wie auch in anderen Bereichen – noch Forschungsbedarf. Im Folgenden möchten wir daher nur einige wenige Wettbewerbsbeschränkungen diskutieren, die bisher in der Literatur behandelt wurden.

Wird die Preisbindung der zweiten Hand in zweiseitigen Märkten angewandt, gelten die gleichen Argumente wie in einseitigen Märkten. Darüber hinaus stellt sich jedoch die Frage, wer eine solche Preisbindung ausspricht und wer davon betroffen ist. Wird eine Preisbindung etwa von Unternehmen ausgesprochen, die an zweiseitige Plattformen liefern, so wird damit möglicherweise in die gesamte Preisstruktur der Plattform eingegriffen. Dies kann das zu Ineffizienzen führen, da die Netzeffekte nicht mehr optimal internalisiert werden können. Wird zum Beispiel ein zu hoher Preis festgelegt, reduziert dies die Menge auf beiden Märkten und mindert damit die Wohlfahrt. Auf der anderen Seite kann es aber auch zu Effizienzsteigerungen kommen, wenn ein geringerer Preis gebunden wird, um der doppelten Marginalisierung aus dem Wege zu gehen. Möglicherweise kann dann die Preisstruktur mehr in Richtung Wohlfahrtsoptimum verschoben werden. Eine exakte Beurteilung ist jedoch ohne Kenntnis der Netzeffekte und Preiselastizitäten nur schwer möglich.

Das Gesetz gegen Wettbewerbsbeschränkung (GWB) sieht in Artikel §30 einen Ausnahmebereich für Verlage vor. Das Verbot der vertikalen Preisbindung wird hierdurch für Zeitungen und Zeitschriften aufgehoben. Verlage können so die Endkundenpreise mitbestimmen und für Zwischenhändler verbindlich vorgeben. Presse-Grossisten können den Preis für Zeitschriften oder Zeitungen also nicht beeinflussen, sondern müssen die Preisvorstellung des Verlags umsetzen. Geht man davon aus, dass die Preisstruktur des Verlags die Internalisierung der indirekten Netzeffekte widerspiegelt, kann so verhindert werden, dass diese Preisstruktur beeinflusst wird. Die Preisbindung zweiter Hand kann damit dem Ausnutzen indirekter Netzeffekte dienen und die Effizienz steigern. Allerdings ist der Handel von Verlagsprodukten typischerweise eher wettbewerblich strukturiert. Hohe Preisaufschläge sind hier normalerweise auch nicht zu erwarten. Würde man also die Gebietsmonopole der Presse-Grossisten abbauen, würde wohl auch dieses Argument für eine Preisbindung entfallen.

Bezüglich der Anwendung von Exklusivvereinbarungen argumentiert Evans (2003), dass der Anreiz entsprechende Verträge zu schließen größer sein könnte als in einseitigen Märkten. Aufgrund der indirekten Netzeffekte sind durch die Exklusivität immer beide Marktseiten betroffen. Unter Umständen sind Plattformen mithilfe der Vereinbarungen in der Lage, Marktmacht von einer Marktseite auf die andere zu übertragen. Hagiu (2009); Hagiu und Lee (2011) führt dagegen an, dass Plattformen durchaus den Anreiz haben können, bestimmte Produkte oder Teilnehmer eines Netzwerks auszuschließen oder nur mit bestimmten exklusive Verträge zu schließen. Der Grund dafür ist nicht unbedingt eine beabsichtigte Wettbewerbsbeschränkung, sondern eher der Versuch, die Qualität einer Plattform zu erhöhen. Liegen etwa starke Sortierungsexternalitäten vor, ist es wenig sinnvoll allein die Plattformgröße zu erhöhen. Eine Online-Partnervermittlungsplattform etwa, die sich darauf spezialisiert hat, Akademiker zu vermitteln, hat wenig Interesse, dass viele Nichtakademiker Nutzer dieser Plattform werden. Ansonsten reduziert sich der Nutzen der Mitglieder, die sich ausschließlich für Akademikern interessieren und denen somit die Suchkosten zu groß werden. Auch soziale Netzwerke wie *Facebook* behalten sich das Recht vor, Mitglieder auszuschließen, wenn diese gegen die Regeln des Netzwerks verstoßen.

Doganoglu und Wright (2010) analysieren die Wirkung von Exklusivverträgen, in zweiseitigen (als auch in einseitigen) Märkten. Exklusivbindungen können Multihoming und damit den Eintritt von effizienten Konkurrenten verhindern. Insgesamt führen diese Praktiken oft zu negativen Wohlfahrtseffekten. Dennoch kann eine der Marktseite wieder von den Exklusivverträgen profitieren. Lee (2013) findet vor allem einen negativen Einfluss von Exklusivverträgen. Am Beispiel der Spielkonsolenindustrie argumentiert er, dass es ohne Exklusivverträge zwar weniger Marktzutritt und damit weniger Wettbewerb gegeben hätte, lange und kostspielige Standardkriege jedoch nicht stattgefunden hätten. Dies hätte zu einem positiven Wohlfahrtseffekt geführt. Aber auch die umgekehrte Situation ist denkbar: Der Exklusivvertrag könnte dem etablierten Anbieter eine marktmächtige Position verschaffen. Seine Position könnte, bei starken Netzeffekten, zu einem natürlichen Monopol werden.

Ebenso ist die Wirkung von Vertikalabsprachen zunächst nicht eindeutig, wie der Fall der retroaktiven Rabatte der Werbezeitenvermarkter IP Deutschland und SevenOne Media (vgl. Bundeskartellamt 2009) zeigt. Die beiden Vermarkter, die zur *RTL* Gruppe und *ProSiebenSat.1* gehören, hatten mit Mediaagenturen Rabattsysteme vereinbart, bei denen Rückvergütungen gemessen am Gesamtwerbebudget gewährt und damit sehr geringe Preise bei großen Volumina realisiert wurden. Das Bundeskartellamt hat zwar eine Marktabschottung für kleinere Agenturen festgestellt. Unklar bleibt aber die Wirkung der Netzeffekte auf die Wohlfahrt. Zum einen steigt die Konsumentenrente der Agenturen und Werbekunden aufgrund der geringen Preise, zum anderen kommt es wohl ebenso zu einem Markterweiterungseffekt.

8.3.4 Missbrauch einer marktbeherrschenden Stellung

8.3.4.1 Verdrängungspreise und überhöhte Preise

Wie wir bisher mehrfach dargelegt haben, werden die Preise in zweiseitigen Märkten durch die relative Stärke der Netzeffekte bestimmt. Hohe Netzeffekte führen damit zu einem relativ geringen und geringe Netzeffekte zu einem relativ hohen Preis. Die Preisdifferenz steigt mit der Summe der Netzeffekte beider Märkte. Im Ergebnis können Preise so sehr stark voneinander abweichen. Einer der Preise liegt dabei in aller Regel unterhalb des Niveaus, das in einseitigen Märkten erreicht wird und der Preis am anderen Markt liegt typischerweise oberhalb dieses Niveaus. Bei monopolistischen Plattformen liegt also einer der Preise über, der andere aber unter dem Monopolpreis auf einseitigen Märkten (vorausgesetzt die Netzeffekte sind unterschiedlich stark). Dies kann so weit führen, dass einer der beiden Preise auch unterhalb der Grenzkosten liegt, negativ wird oder aber gleich null ist. Die Preissetzung orientiert sich zum einen an den üblichen Faktoren wie Preiselastizität, Kosten und Marktmacht, wird jedoch vor allem durch das Verhältnis der Netzeffekte bestimmt. Und auch im Wohlfahrtsoptimum liegt eine entsprechende Preisstruktur vor.

Die Schlussfolgerung daraus ist, dass allein aus der jeweiligen Preishöhe keine Rückschlüsse auf das wettbewerbliche Verhalten der zweiseitigen Plattformen gezogen werden können. Und anders als in einseitigen Märkten reicht es nicht aus, das Verhältnis der Preise zu den Kosten zu kennen, um über den Preis–Kosten–Aufschlag Aussagen über Marktmacht und Preisstrategien der Plattform treffen zu können. Ein Preis, der (auch dauerhaft) unterhalb der Kosten liegt, kann demnach nicht ohne Weiteres als Untereinstandspreis interpretiert werden (vgl. auch Wright 2004; Evans und Schmalensee 2008), da eine ganz normale Gewinnmaximierungsabsicht hinter diesem Verhalten stehen kann und typischerweise auch steht. Ein besonders geringer Preis sichert die Netzwerkgröße, um den relativ starken Netzeffekt auszunutzen. Eine Verdrängungsabsicht muss damit nicht verbunden sein und ist es in aller Regel auch nicht.

Dies bedeutet jedoch nicht zugleich, dass Verdrängungspreise nicht trotzdem vorliegen können. Die Feststellung von *Predatory Pricing* wird damit nur deutlich schwieriger als in einseitigen Märkten. Neben der Problematik, die adäquaten Kostenmaßstäbe zu bestimmen, kommen hier noch die Auswirkungen der Netzeffekte hinzu. Ist das Untereinstandspreiskonzept also generell schon als problematisch anzusehen, stellt sich hier die Frage, ob es in zweiseitigen Märkten überhaupt zur Anwendung kommen sollte, da ein Nachweis umso schwieriger ist.

Ist einer der Preise sehr gering, ist der jeweils andere Preise in aller Regel relativ hoch. Alleine um mögliche Verluste (oder sehr geringe Deckungsbeiträge) auf einem Markt durch den anderen Markt auszugleichen. Analog zum *Predatory-Pricing*-Problem kann dies nicht unmittelbar als Ausdruck von Marktmacht oder gar Marktbeherrschung gesehen werden. Um insgesamt einen positiven Deckungsbeitrag zu erwirtschaften, muss der Preis entsprechend höher sein, je geringer der andere Preis ist. Dies gilt vor allem dann, wenn einer der Preise unterhalb der Kosten liegt. Die Preishöhe allein erlaubt hier wiederum keine Rückschlüsse auf das wettbewerbliche Verhalten der Plattformen. *Excessive Pricing* ist ebenso wenig aus der reinen Preishöhe ablesbar wie *Predatory Pricing*. Es sind wiederum deutlich mehr Informationen nötig, um eine Einschätzung abgeben zu können.

Auch, wenn mithilfe weiterer Informationen über Kosten, Preiselastizitäten und Netzeffekte Aussagen über die Marktmacht einer oder mehrerer Plattformen getroffen werden können, ist damit noch keine Aussage über die resultierenden Wohlfahrtseffekte möglich. Die Gesamtwohlfahrt kann auch in Monopolen hoch sein, wenn diese die zugrundeliegenden starken Netzeffekte internalisieren.

Fallbeispiel: Online-Kartendienste

Ein Beispiel für eine potenzielle Verdrängung von Wettbewerbern anhand von Nullpreisen ist der Fall der Online-Kartendienste. Die Argumentation der traditionellen Online-Dienste, die ihre Online-Karten nicht kostenlos anbieten lautet wie folgt: *Google* biete seinen Dienst *Google Maps* kostenlos an, um damit andere Online-Kartenhersteller aus dem Markt zu verdrängen. Nach der erfolgreichen Verdrängung werden Preise für *Google Maps* verlangt und damit Monopolrenten abgeschöpft.[3]

Das Angebot von *Google Maps* kann dagegen auch als Einführung eines neuen Geschäftsmodells interpretiert werden. Google bietet den Kartendienst kostenlos für Nutzer an und erhöht damit den Nutzen und die Nutzung seiner Suchmaschine. Die Finanzierung kann generell über die Werbeeinnahmen von *Google* und ganz speziell über eine neue Form von Werbung bei *Google Maps* stattfinden. Da *Google* vor allem im Markt für Aufmerksamkeit und im Markt für Daten erfolgreich sein möchte, verfolgt das Unternehmen die Strategie, das Netzwerk mit vielen verschiedenen Diensten zu stärken. Während ein Kartendienstanbieter, der selbst keine Werbung schaltet, auf einem einseitigen Markt tätig ist, bietet *Google* das Produkt auf einem mehrseitigen Markt an. Die Finanzierungsform ändert sich dadurch, was zum einen die Konsumentenrente erhöht und zum anderen eine neue Form der Werbung schafft. Gleichzeitig kann aber *Google* Marktanteile am Online-Werbemarkt erhöhen. Sicherlich besteht hier jedoch keine Verdrängungsabsicht. Es liegen auch keine Verdrängungspreise vor – es handelt sich um ein typisches Preissetzungsverhalten auf mehrseitigen Märkten.

Google verfolgt als privates Unternehmen aber trotzdem und vor allem die Absicht Geld zu verdienen und seinen Gewinn zu maximieren. Dazu gehört auch, sich gegen Wettbewerber durchzusetzen und dazu kann eben auch die Konkurrenz im Geschäftsmodell gehören. Man könnte sagen, dass *Google* eine Geschäftsmodell-Innovation vollzogen hat und sich damit einen Vorteil gegenüber Wettbewerbern verschafft hat. Marktmächtige Unternehmen besitzen eine Tendenz ihre Marktmacht auch auszunutzen, deshalb muss aber nicht jedes Verhalten eines marktmächtigen Unternehmens auch Ausdruck des Ausnutzens von Marktmacht sein. Demnach sollten die Geschäftspraktiken von z.B. *Google* genau untersucht, allerdings auch die Wirkung der indirekten Netzwerkeffekte vollständig betrachtet werden.

Die Befürchtung, die Preise könnten nach Verdrängung anderer Anbieter erhöht werden ist aber wohl unbegründet. *Google* benötigt zum einen ein großes Netzwerk, um Werbeflächen besser verkaufen zu können. Zum anderen bestehen geringe Marktzutrittsbarrieren, wie z.B. das Angebot von *Microsofts Bing Maps* zeigt. Es ist sofort mit Marktzutritt von kostenlosen Angeboten zu rechnen, sodass die Preise erst gar nicht angehoben werden können. Außerdem könnten die anderen Anbieter auch ihr Geschäftsmodell anpassen und ebenfalls auch auf dem Werbemarkt tätig werden.

Die Übertragung von Marktmacht ist schwierig zu bestimmen. Auf der einen Seite besteht aus Sicht der Kartenhersteller ein erhöhter Wettbewerbsdruck – behalten sie das gewählte Geschäftsmodell, droht der Marktaustritt. Die Hersteller sind nicht überlebensfähig, wenn sie nicht ihre Strategie anpassen. Dies allein ist aber noch kein Grund,

---

[3]Vgl. Jugement de la 15ème chambre du tribunal de commerce de Paris, Bottin Cartographes contre Google France, Google Inc., 31 janvier 2012.

das Verhalten von z.B. *Google* zu verurteilen oder zu untersagen. Letztendlich müssen ineffiziente Unternehmen oder auch veraltete Geschäftsmodelle ständig aus dem Markt austreten bzw. überarbeitet werden. Dies ist aber kein Problem, sondern Ziel eines funktionierenden Wettbewerbs und lässt sich in vielen Märkten beobachten. So sind Buchhändler durch Online-Plattformen ebenso unter Druck geraten wie auch der Einzelhandel und die Verlage. Solange aber keine erkennbaren Wettbewerbsbeschränkungen vorliegen, gibt es auch keinen Grund einzugreifen. Es geht letztlich wieder um den Schutz des Wettbewerbs, nicht aber den der Wettbewerber.

Auf der anderen Seite darf das Beispiel jedoch nicht den Eindruck erwecken, dass es keine Übertragung von Marktmacht in zweiseitigen Märkten möglich wäre. Natürlich sind Situationen vorstellbar, in denen eine Plattform Marktmacht von einem auf einen anderen Markt überträgt. Jedoch würde man dabei ein strategisches Moment vermuten, dass eine Übertragung – abgesehen von den genannten Gründen – sinnvoll erscheinen lässt. Weiterhin stellt sich die Frage, wie die Wohlfahrtseffekte zu beurteilen sind. Wenn lediglich alte Geschäftsmodelle durch neue und überlegene ersetzt werden, entstehen damit effizientere Märkte – dagegen ist aber nichts einzuwenden. Wenn Marktmacht jedoch bewusst eingesetzt wird, um z.B. kleinere Konkurrenten zu behindern und damit den Wettbewerb zu beschränken sowie negative Wohlfahrtseffekte hervorzurufen, ist das Gegenteil der Fall.

8.3.4.2 Netzzugangsverweigerung

Marktbeherrschenden Unternehmen ist es untersagt anderen Unternehmen den Zugang zu eignen Netzen oder Infrastruktureinrichtungen zu verwehren, wenn diese ansonsten nicht mit dem marktbeherrschenden Unternehmen auf anderen Märkten in Konkurrenz treten können. Sowohl das deutsche als auch das europäische Wettbewerbsrecht regeln das explizit. Der Eigentümer der Infrastruktureinrichtungen oder des Netzes darf aber für den Zugang ein angemessenes Entgelt verlangen.

Würde der Inhaber der Einrichtung aber den Zugang am Upstream-Markt verwehren, käme es nicht zu Wettbewerb auf dem Downstream-Markt. Das marktbeherrschende Unternehmen hätte damit die Monopolstellung auf dem Zugangsmarkt auf den Endkundenmarkt übertragen. Ein Anreiz zu einem derartigen Ausschluss von Konkurrenten besteht in zweiseitigen Märkten, ebenso wie in einseitigen. Auch zweiseitige Plattformen haben in bestimmten Situationen ein Interesse daran, Konkurrenz im Downstream-Bereich (also z.B. am Endkundenmarkt) zu verhindern, um ihre Gewinne zu maximieren oder aber Monopolpreise für den Netzzugang zu verlangen.

Das Verhalten der Plattform, die die kritische Einrichtung betreibt, wird hier aber im Gegensatz zu einseitigen Märkten durch einen weiteren Effekte beeinflusst: Der Anreiz auszuschließen reduziert sich, wenn das Unternehmen, welches Zugang verlangt, den Nutzen der Teilnehmer des anderen Marktes erhöht (Abb. 8.4). Die Plattform erhöht durch die Gewährung des Zugangs das Netzwerk auf dem einen Markt und damit den Nutzen auf dem anderen Markt und kann so höhere Gewinne realisieren. Tritt das andere Unternehmen durch den Zugang aber in Konkurrenz zu den Diensten der Plattform auf einem

Abb. 8.4 Zugang zu
wesentlicher Einrichtung

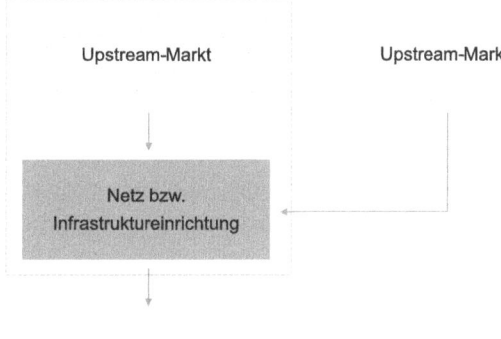

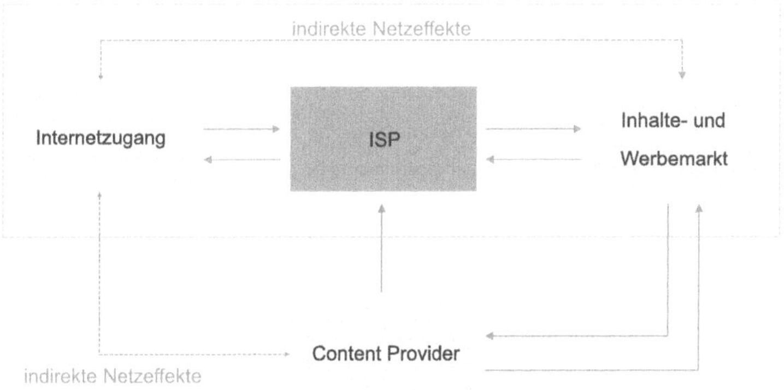

Abb. 8.5 Vertikal integrierter ISP

der Märkte, entsteht dadurch ein Verlust auf diesen Markt. Zugang wird nur dann gewährt, wenn der zusätzliche Gewinn durch Zugangsentgelt und die größeren Netzeffekte die Verluste durch die stärkere Konkurrenzsituation übersteigt. Profitieren Endkunden sehr stark von dem zusätzlichen Service, kann es für die Plattform besser sein einen Konkurrenten zuzulassen und dafür von größeren Netzeffekten zu profitieren.

In der Diskussion um Netzneutralität wird häufig ein vertikal integrierter ISP angeführt (siehe Abb. 8.5). Dieser bietet gleichzeitig den Endkunden Zugang zum Internet und Inhalte als werbefinanzierte Content-Provider an (vgl. auch Dewenter und Rösch 2014; Economides und Tåg 2012; Dewenter, Jaschinski und Wiese 2009). Im Beispiel profitieren die Endkunden sowohl vom Angebot (Inhalte) des ISPs als auch vom Angebot eines zweiten Inhalteanbieters. Die Zahlungsbereitschaft für den Netzzugang erhöht sich dadurch. Bittet nun der andere Inhalteanbieter den ISP um Netzzugang, findet nur dann ein Ausschluss statt, wenn der negative Effekt durch die Konkurrenz größer ist als der positive durch die größere Zahlungsbereitschaft der Kunden. Entscheidend ist dabei der Grad der Produktdifferenzierung zwischen den Diensten des ISP und des zweiten Inhalteanbieters. Bietet der letztere einen vollkommen differenzierten Inhalt an, als den, der vom ISP bereit gestellt wird (vollkommene Produktdifferenzierung) wird zwar der Monopolpreis für den Zugang verlangt, ein Ausschluss findet aber nicht statt. Bietet er dagegen ein vollkommenes Substitut an, so besteht ein Anreiz zum Ausschluss. Liegt eine gewisse Produktdifferenzierung vor, ist der Anreiz zum Ausschluss oder dazu Monopolpreise zu setzen nicht immer gegeben. Bei vollkommenen Substituten wäre auch fraglich, ob Endkunden überhaupt von einem perfekte identischen zusätzlichen Angebot profitieren würden und sich deren Zahlungsbereitschaft für den Netzzugang dadurch erhöhen würde.

Fiktives Beispiel: Monopolistischer Internet Service Provider (ISP)

Angenommen, ein monopolistischer ISP in einer ländlichen Gegend bietet neben dem Internetzugang auch lokalen Content an, z.B. Fußballergebnisse der regionalen Ligen oder Berichte über Gemeinde- und Stadtratssitzungen. Zusätzlich verkauft er Werbefläche auf seiner lokalen News-Seite. Bittet nun ein überregionaler Musikstreamingdienst um Zugang zu dem Netzwerk der lokalen Internetnutzer, hat der ISP keinen Anreiz diesen zu verwehren, da beide Anbieter nicht in Konkurrenz zueinander stehen. Die Konsumenten des ISP profitieren von dem Angebot, dadurch erhöht sich die Zahlungsbereitschaft der Kunden am Zugangsmarkt und er kann gegebenenfalls den Preis für Internetzugänge erhöhen. ebenso steigt der Gewinn des ISP zusätzlich durch das Zugangsentgelt, das der Streamingdienst für den Netzzugang entrichtet.

Bittet nun aber eine lokale Zeitung um Zugang zu den lokalen Internetnutzern, würde sein Gewinn zwar ebenfalls durch das Zugangsentgelt steigen und die Nutzer würden ebenfalls von dem zusätzlichen Angebot profitieren. Allerdings würde sich der ISP dadurch Konkurrenz am Werbemarkt schaffen. Sind die Werbeeinnahmen hinreichend wichtig, hätte der lokale ISP möglicherweise einen Anreiz den konkurrierenden Inhalteanbieter auszuschließen. Hinzu kommt, dass bei einer perfekten Duplizierung der lokalen Inhalte der Nutzen der Endkunden wohl nicht oder nur gering ansteigen würde. Somit wäre auch auf diesem Markt nur ein geringer Gewinnzuwachs zu erwarten.

Das fiktive Beispiel zeigt, dass ein Verbot der Zugangsverweigerung sinnvoll ist. Zwar reduziert sich der Anreiz zum Ausschluss im Vergleich zu einseitigen Märkten durch indirekte Netzeffekte, findet aber unter Umständen dennoch statt. Für diese Fälle muss der Missbrauch der marktbeherrschenden Stellung – wie bereits in Deutschland und der EU umgesetzt – verhindert werden. Eine weitere Regulierung, wie zum Beispiel die Netzneutralität, ist aus diesem Grund jedoch nicht notwendig. Das bestehende Wettbewerbsrecht in Deutschland und Europa ist ausreichend, um den Netzzugang zu gewährleisten.

▶ Auch in zweiseitigen Märkten existiert der Anreiz Wettbewerber den Netzzugang zu verweigern. Indirekte Netzeffekte können diesen Anreiz jedoch deutlich verringern.

Die Diskussion zeigt die allgemeine Problematik bei indirekten Netzeffekten. Oft steht der indirekte Netzeffekt dem ursprünglichen Anreiz entgegen oder die Folgen sind weniger folgenschwer. Das heißt aber nicht, dass indirekte Netzeffekte stets durchweg positiv zu bewerten sind und es zu keinen Wettbewerbsproblemen kommen kann. Wettbewerbsprobleme sind dadurch häufig nur schwieriger zu identifizieren. Auch das Verhalten der Unternehmen und die daraus resultierenden Auswirkungen auf das Marktergebnis sind schwerer zu durchschauen. Für Wettbewerbs- und Regulierungsbehörden bedeutet die Analyse also keineswegs, dass keine Wettbewerbsprobleme existieren und zweiseitige Märkte vollständig selbstregulierend sind. Es bedeutet vielmehr, dass weitere Parameter beachtet werden müssen wie etwa die Stärke, die Richtung und das Verhältnis der Netzeffekte. Diese Parameter sind zum Teil nur schwer zu erfassen oder überhaupt quantifizierbar, können aber doch zu einer vollkommen anderen Einschätzung der Situation führen.

8.3.4.3 Kopplungsbindungen

Die bisherigen theoretischen Betrachtungen lassen einige Fragen bezüglich des möglichen Missbrauchs einer marktbeherrschenden Stellung offen. Die Feststellung und Messung von Marktmacht sind in zweiseitigen Märkten ungleich komplizierter als in einseitigen Märkten. In aller Regel reicht es nicht aus, nur eine Marktseite zu betrachten. Weist einer der Märkte eine sehr hohe Konzentration auf, bedeutet das nicht, dass auch der gesamte Markt von Marktbeherrschung geprägt ist. Insbesondere die theoretische industrieökonomische Literatur zu zweiseitigen Märkten hält jedoch noch einige Implikationen für die Wettbewerbspolitik bezüglich der Missbrauchsaufsicht bereit. Einige der Arbeiten sollen daher im Folgenden kurz erwähnt werden.

Wie Evans (2003) und Evans und Noel (2008) anführen, finden sich gerade in zweiseitigen Märkten oftmals mehr Kopplungs- oder Bündelungsstrategien als in einseitigen Märkten. Der Grund dafür ist, dass das Geschäftsmodell zweiseitiger Plattformen darauf ausgelegt ist, möglichst große Netzwerke zu schaffen, um die Netzeffekte optimal ausnutzen zu können. Durch die Bündelung bestimmter Produkte lässt sich die Attraktivität einer Plattform erhöhen und damit die Nutzerzahl erhöhen – womöglich auf beiden Marktseiten. Gleichzeitig liegen in der Regel geringe Grenzkosten vor, was eine fast kostenlose Verbreitung ermöglicht.

Eine Kopplung kann aber auch, wie bereits diskutiert, zum Nachteil einer Marktseite erfolgen: Unterbrechen Fernsehsender ihr Programm für Werbung (Evans und Schmalensee 2013) und erzeugt Werbung einen Disnutzen (Peitz und Valletti 2008; Stühmeier und Wenzel 2011), so wird eine Marktseite durch die Kopplung zunächst schlechter gestellt. Diese Art der Kopplung ist jedoch insgesamt nicht wohlfahrtsschädlich, sondern geht auf die Internalisierung der Netzeffekte zurück. Rezipienten müssen dann zwar die Werbung als hedonischen Preis hinnehmen, zahlen aber in der Regel keinen oder aber einen geringeren pekuniären Preis für die Inhalte.

Choi (2010) analysiert die Wirkung von der *Kopplung* von Produkten in zweiseitigen Märkten, wenn Konsumenten in der Lage sind, Multihoming zu betreiben. Im Ergebnis zeigt sich, dass die Bündelung nicht zu negativen Wohlfahrtseffekten führen muss, sondern durchaus positive Effekte hervorrufen kann. Multihoming verhindert tendenziell, dass es zu Lock-in-Effekten kommt und sich nur eine Plattform am Markt durchsetzt. Bieten nun die Plattformen manche Produkte exklusiv an, so steigt die Bereitschaft zum Multihoming. Damit kommt es zu einer besseren Verbreitung der exklusiven Produkte und somit zu einer größeren Wohlfahrt. Einen ebenfalls positiven Wohlfahrtseffekt der Kopplung von Produkten in zweiseitigen Märkten, finden Amelio und Jullien (2012) für den Fall, dass die Netzeffekte stark genug sind. In beiden Fällen kann also Kopplung von Produkten sowohl positive als auch negative Wohlfahrtseffekte entfalten. Ebenso finden Rochet und Tirole (2008) einen positiven Effekt von Kopplungsverträgen in Kredit- und Debitkartenmärkten.

8.3.5 Unternehmenszusammenschlüsse

Wichtigster Aspekt für die Beurteilung von Fusionen ist die Frage, inwiefern die Gesamtwohlfahrt von einem Zusammenschluss beeinflusst wird. Bewertungsgrundlage für die Wohlfahrtseffekte ist oftmals das Preisniveau nach einem Zusammenschluss. Auch die Wirkungen von Fusionen in zweiseitigen Medienmärkten sind davon abhängig, welche Netzeffekte von den einzelnen Märkten ausgehen (vgl. auch Gal-Or und Dukes 2006; Dewenter und Kaiser 2006; Budzinski und Wacker 2007). Es ist vor allem dann nicht mit Preiserhöhungen zu rechnen, wenn starke Netzeffekte auch nach der Fusion noch Druck auf einen der Preise erwarten lassen. Aber auch Preiserhöhungen sind a priori nicht als Indiz dafür zu interpretieren, dass ein Zusammenschluss zu einem negativen Wohlfahrtseffekt führen würde. Aus diesem Grund ist die alleine Betrachtung von Preisen nach einer Fusion bzw. erwartete Preisveränderungen nicht ausreichend, um die Wohlfahrtswirkungen zu beurteilen.

Insbesondere beim Übergang von engen Oligopolen zu monopolistischen Märkten können auch positive Wohlfahrtseffekte beobachtet werden, da der Monopolist unter Umständen besser in der Lage ist die Netzeffekte zu internalisieren. Grundsätzlich ist also immer abzuwägen, welcher der beiden Effekte (Wettbewerbseffekt oder Markterweiterungseffekt) überwiegt. Liegt ein besonders starker Markterweiterungseffekt vor, können die Preise insgesamt steigen, die Renten aber dennoch höher sein als zuvor.

Positive Wohlfahrtseffekte sind auch durch die besondere Kostenstruktur möglich (vgl. auch Dewenter und Kaiser 2006). Sowohl Fixkostendegression als auch andere Kostenvorteile, die bei der Produktion und der Distribution von Medienprodukten anfallen, führen dazu, dass Effizienzvorteile die Folge von Zusammenschlüsse von Medienunternehmen sein können. Nimmt man beide Effekte zusammen, also die mögliche Internalisierung von indirekten Netzexternalitäten als auch mögliche Effizienzvorteile, wird eine Steigerung der Gesamtwohlfahrt durch eine Fusion wahrscheinlicher als in einseitigen Märkten.

Ähnlich wie bei kosteninduzierten Wohlfahrtseffekten könnte auch eine Effizienzverteidigung aufgrund von Netzeffekten in Betracht gezogen werden. So könnte einer Fusion, die sehr starke Netzeffekte ausnutzt und damit starke Markterweiterungseffekte sowie positive Wohlfahrtseffekte realisiert, möglicherweise stattgegeben werden, wenn diese Wohlfahrtseffekte nachgewiesen werden können.

▶ Bei Fusionen sollte auch eine Effizienzverteidigung aufgrund von Netzeffekten in Betracht gezogen werden.

Methoden, die indirekte Netzeffekte ignorieren, sind daher ungeeignet Fusionen in Medienmärkten zu beurteilen. Letztendlich muss sich die Einschätzung der Wettbewerbsbehörden auf alle verfügbaren Marktparameter stützen. Empirische Evidenz für mögliche positive Netzeffekte finden sich in einer von Chandra und Collard-Wexler (2009) durchgeführten Studie regionaler kanadischer Zeitungsmärkte. Eine anhaltende Konsolidierung der Zeitungsmärkte hat entgegen der Erwartungen nicht zu einem Anstieg der Preise geführt. Stattdessen ist es zu einer Reduktion sowohl der Anzeigen- als auch der Zeitungspreise nach den Fusionen gekommen. Insbesondere Preisänderungen der an der Fusion beteiligten Unternehmen fielen entweder negativ aus, es kam so zu einem Absinken der Preise oder aber die Preissteigerungen waren geringer als bei anderen Zeitungen.

Ein weiterer Aspekt von horizontalen Medienfusionen aber auch von crossmedialen Fusionen ist die Frage, inwiefern die (Meinungs-)Vielfalt von Zusammenschlüssen beeinträchtigt wird. Allein zu diesem Thema existiert eine umfangreiche ökonomische Literatur, angefangen bei Steiner (1952) bis zu den heutigen Modellen zweiseitiger Märkte (wie etwa Gabszewicz et al. 2005; Gal-Or und Dukes 2003; Peitz und Valletti 2008; Hartwich 2007; Kruse 2004). Grundsätzlich lässt sich ein positiver Effekt des Wettbewerbs auf die Vielfalt feststellen. Vor allem dann, wenn keine Kapazitätsbeschränkungen oder hohe Fixkosten vorhanden sind, also immer dann, wenn Plattformen problemlos differenzierte Inhalte anbieten können.

Eng verbunden mit der Vielfaltswirkung ist die Frage, welchen Einfluss die Marktkonzentration auf den sogenannten *Medienbias* nimmt. Inwiefern also im Wettbewerb oder aber im Monopol mit einer unverzerrten Berichterstattung zu rechnen ist. Neuere Arbeiten zeige, dass bei zumindest partiell politisch motivierten Medienunternehmern und unvollständig informierten Rezipienten eine höhere Marktkonzentration zu einer Abnahme der Meinungsvielfalt führen kann (vgl. dazu Mullainathan und Shleifer 2005; Gentzkow und Shapiro 2006; DellaVigna und Kaplan 2007; Anderson und McLaren 2012). Zwar gibt es in der Literatur keinen Konsens, welche Marktform am besten geeignet ist, positive Marktergebnisse zu generieren. Jedoch kann eine hohe Konzentration bis hin zum Monopol auch einen positiven Einfluss auf den Grad der Vielfalt und der Unverzerrtheit der Berichterstattung haben (vgl. Dewenter (2008) für eine Zusammenfassung).

Sowohl die allokative als auch die qualitative Effizienz können positiv und negativ von Medienfusionen beeinflusst werden. Im Vergleich zu einseitigen Märkten besteht jedoch relativ betrachtet eine größere Wahrscheinlichkeit, dass es zu einem positiven Wohlfahrtseffekt bei einer Fusion kommt. Letztendlich gilt auch hier, dass nur eine tiefer gehende ökonomische Analyse des jeweiligen Einzelfalls genauere Aussagen über die zu erwartenden Effekte zulässt. Eine einfache Mustervorhersage ist aufgrund der theoretischen Ergebnisse und der empirischen Evidenz nicht möglich. Gleichzeitig zeigt sich auch, dass aufgrund der Komplexität der zweiseitigen Märkte der ökonomisch fundierte Ansatz der Wettbewerbspolitik schnell an seine Grenzen kommen kann.

8.4   Fazit

Ziel dieses Kapitels ist es, die wichtigsten Implikationen aus unseren Modellen und der Literatur zu zweiseitigen Medienmärkten darzustellen. Unsere Betrachtung kann und soll dabei nicht umfassend sein. Es lassen sich jedoch einige grundlegende Beziehungen und Regeln ableiten, die hilfreich bei der Analyse von zweiseitigen (Medien-)Märkten sind.

Zweiseitige Märkte im Allgemeinen und Medienmärkte im Speziellen können und sollten wettbewerbspolitisch in aller Regel nicht auf die gleiche Weise behandelt werden wie einseitige Märkte. Die zugrundeliegende Industrieökonomik und die daraus folgenden Erkenntnisse unterscheiden sich deutlich von der gewöhnlichen Theorie. Die Analyse gestaltet sich komplexer und in manchen Fällen kann keine exakte Aussage getroffen werden, ohne die Stärke und die Richtung der Netzeffekte zu kennen.

Für die Betrachtung der wettbewerbspolitischen Implikationen ist entscheidend, wie stark die Netzeffekte *in der Summe* sind – abgesehen von der Analyse der Preise, bei denen vor allem das Verhältnis der Effekte eine Rolle spielt. Liegen nur sehr geringe Netzeffekte auf beiden Marktseiten vor, unterscheiden sich diese Märkte kaum von einseitigen Märkten. In diesem Fall besteht keine Notwendigkeit, eine unterschiedliche Behandlung vorzunehmen. Je stärker jedoch die Externalitäten sind, desto schwieriger (und fehlerbehafteter) wird eine Beurteilung des wettbewerblichen Verhaltens anhand der üblichen Methoden. Ebenso steigt mit der Stärke der Netzeffekte die Wahrscheinlichkeit von positiven Wohlfahrtseffekten. So kann bei ausreichend starken Netzeffekten auch eine monopolistische Plattform eine effiziente Marktstruktur darstellen.

Zusätzlich zu der Existenz der Netzeffekte sind Medienmärkte oftmals sehr dynamische Märkte. Gerade Internetplattformen und -märkte sind häufig von einem extrem hohen Innovationsgrad geprägt. Dies hat zum einen hohen Grad an Produkt- und Prozessinnovationen zur Folge. Zum anderen ist aufgrund der meist sehr geringen Marktzutrittsbarrieren keine Plattform davor geschützt, von anderen eingeholt oder gar abgelöst zu werden. Es ließen sich tatsächlich einige Beispiele aus den letzten Jahren aufzählen, wie etwa *Microsoft*, *Yahoo!*, *AltaVista*, *MySpace*, *StudiVZ* und *SchülerVZ* etc., bei denen scheinbar marktbeherrschende Plattform überraschend schnell an Marktanteilen verloren haben oder ganz aus dem Markt ausgeschieden sind.

Auf der anderen Seite können Netzeffekte aber auch zu einer Stärkung der Marktmacht führen. Bei ausreichend großen Netzeffekten gibt es eine starke Konzentrationstendenz, die jedoch nicht automatisch auch wohlfahrtsoptimal sein muss. Es kann aufgrund der Netzeffekte zu einem quasi-natürlichen Oligopol oder Monopol kommen, mit dem entsprechende Wohlfahrtsverluste verbunden sein können aber nicht müssen. Die Frage ist dann, wie resistent ein solches Oligopol oder Monopol ist und inwiefern Netzeffekte eine Marktzutrittsbarriere darstellen. Eine Beurteilung solcher Situationen ist nicht einfach, es werden Informationen über z.B. Netzwerkeffekte, Preiselastizitäten, Marktgröße und Kostenstruktur benötigt, um die Wohlfahrtseffekte zu betrachten.

Letztendlich sind viele Fragen bezüglich zweiseitiger Medienmärkte noch ungeklärt und es besteht noch einiger Forschungsbedarf. Dennoch muss die Wettbewerbspolitik eine Beurteilungen möglicher Wettbewerbsbeschränkungen vornehmen und kann sich nicht

auf die noch unklare ökonomische Theorie berufen. Denn auch wenn indirekte Netzeffekte dazu führen, dass einige Verhaltensweisen als weniger problematisch eingestuft werden müssen, liegen natürlich auch in dynamischen zweiseitigen Märkten Wettbewerbsbeschränkungen vor. Ein pragmatischer Hinweis für die Träger der Wettbewerbspolitik
könnte auf diese Dynamik abzielen. Liegen dynamische Märkte vor, in denen ein hoher
Innovationsgrad zu beobachten ist und sind die Wirkungen eines Verhaltens ausreichend
unklar, sollte vielleicht im Zweifel eher auf eine wettbewerbspolitische Maßnahme verzichtet werden.

Literaturverzeichnis

Affeldt, P., Filistrucchi, L. und Klein, T. J. (2013). Upward pricing pressure in two-sided markets. *The Economic Journal*, *123* (572), 505–523.

Akerlof, G. (1970). The market for 'lemons': quality uncertainty and the market mechanism. *The Quarterly Journal of Economics*, *84* (3), 488–500.

Ambrus, A. und Argenziano, R. (2009). Asymmetric networks in two-sided markets. *American Economic Journal: Microeconomics*, *1* (1), 17–52.

Amelio, A. und Jullien, B. (2012). Tying and freebies in two-sided markets. *International Journal of Industrial Organization*, *30* (5), 436–446.

Anderson, S. P. und Coate, S. (2005). Market provision of broadcasting: a welfare analysis. *The Review of Economic Studies*, *72* (4), 947–972.

Anderson, S. P., Foros, Ø., Kind, H. J. und Peitz, M. (2012). Media market concentration, advertising levels, and ad prices. *International Journal of Industrial Organization*, *30* (3), 321–325.

Anderson, S. P. und Gabszewicz, J. J. (2006). The media and advertising: a tale of two-sided markets. *Handbook of the Economics of Art and Culture*, *1*, 567–614.

Anderson, S. P. und McLaren, J. (2012). Media mergers and media bias with rational consumers. *Journal of the European Economic Association*, *10* (4), 831–859.

Areeda, P. und Turner, D. F. (1975). Predatory pricing and related practices under Section 2 of the sherman act. *Harvard Law Review*, 697–733.

Argentesi, E. und Filistrucchi, L. (2007). Estimating market power in a two-sided market: the case of newspapers. *Journal of Applied Econometrics*, *22* (7), 1247–1266.

Armstrong, M. (1997). Competition in telecommunications. *Oxford Review of Economic Policy*, *13* (1), 64–82.

Armstrong, M. (2006). Competition in two-sided markets. *The RAND Journal of Economics*, *37* (3), 668–691.

Armstrong, M. (2007). Public service broadcasting in the digital world. In: *The Economic Regulation of Broadcasting Markets: Evolving Technology and Chal48 for Policy*.

Balafoutas, L., Beck, A., Kerschbamer, R. und Sutter, M. (2013). What drivers taxi drivers? A field experiment on fraud in a market for credence goods. *The Review of Economic Studies*, *80* (3), 876–891.

Baumol, W. J. und Baumol, H. (1981). Book review: the economics of the performing arts by C. D. Throsby and G. A. Withers. *Journal of Political Economy*, *89*, 425–428.

Baumol, W. J., Panzar, J. C., Willig, R. D. und Bailey, E. E. (1982). Contestable markets and the theory of industry structure. *New York*.

© Springer Fachmedien Wiesbaden 2015
R. Dewenter, J. Rösch, *Einführung in die neue Ökonomie der Medienmärkte*,
DOI 10.1007/978-3-658-04736-8

Beck, H. (2006). Medienökonomie – Märkte, Besonderheiten und Wettbewerb. In: *Handbuch Medienmanagement* (S. 221–237). Springer, Berlin.

Beck, H. (2011). *Medienökonomie: Print, Fernsehen und Multimedia*. Springer, Berlin.

Becker, G. S. und Murphy, K. M. (1988). A theory of rational addiction. *The Journal of Political Economy*, 675–700.

Belleflamme, P. und Peitz, M. (2010). *Industrial organization: markets and strategies*. Cambridge University Press, Cambridge.

Bertrand, J. (1883). Review of théorie mathématique de la richesse sociale und recherche sur les principes mathématiques de la theorie des richesse. *Journal des Savants*, 499–508.

Bester, H. (2010). *Theorie der Industrieökonomik* (Bd. 2). Springer, Berlin.

Beyer, A. und Carl, P. (2012). *Einführung in die Medienökonomie* (Bd. 3846). UTB.

Blair, R. D. und Romano, R. E. (1993). Pricing decisions of the newspaper monopolist. *Southern Economic Journal*, *59*, 721–732.

Borrmann, J. und Finsinger, J. (1999). *Markt und Regulierung*. Vahlen, München.

Bucklin, R. E., Caves, R. E. und Andrew, W. L. (1989). Games of survival in the US newspaper industry. *Applied Economics*, *21* (5), 631–649.

Budzinski, O. und Wacker, K. (2007). The prohibition of the proposed springer-prosiebensat. 1 Merger: how much economics in German merger control? *Journal of Competition Law and Economics*, *3* (2), 281–306.

Bühler, S. und Jaeger, F. (2002). Einführung und Übersicht. In: *Einführung in die Industrieökonomik* (S. 1–12). Springer, Berlin.

Bundeskartellamt (2009). Tätigkeitsbericht des Bundeskartellamtes 2007/2008. *Deutscher Bundestag, Drucksache 16/13500*.

Caillaud, B. und Jullien, B. (2003). Chicken & egg: competition among intermediation service providers. *RAND Journal of Economics*, *34* (2), 309–328.

Carroll, C. D. (2000). Solving consumption models with multiplicative habits. *Economics Letters*, *68* (1), 67–77.

Chandra, A. und Collard-Wexler, A. (2009). Mergers in two-sided markets: an application to the Canadian newspaper industry. *Journal of Economics and Management Strategy*, *18* (4), 1045–1070.

Chaudhri, V. (1998). Pricing and efficiency of a circulation industry: the case of newspapers. *Information Economics and Policy*, *10* (1), 59–76.

Chen, J., Doraszelski, U. und Harrington, J. E. (2009). Avoiding market dominance: product compatibility in markets with network effects. *The RAND Journal of Economics*, *40* (3), 455–485.

Choi, J. P. (2006). Broadcast competition and advertising with free entry: subscription vs. free-to-air. *Information Economics and Policy*, *18* (2), 181–196.

Choi, J. P. (2010). Tying in two-sided marketes with multihoming. *The Journal of Industrial Economics*, *58* (3), 607–626.

Christiansen, A. (2006). Der 'more economic approach' in der EU-Fusionskontrolle. *Zeitschrift für Wirtschaftspolitik*, *55* (2), 150–174.

Church, J. und Gandal, N. (1992). Network effects, software provision, and standardization. *The Journal of Industrial Economics*, *40* (1), 85–103.

Coase, R. H. (1960). The problem of social cost. *Journal of Law and Economics*, *3*, 1–44.

Coenen, M. und Haucap, J. (2012). Ökonomische Grundlagen der Anreizregulierung (Nr. 35). DICE Ordnungspolitische Perspektiven.

Corden, W. (1952). The maximisation of profit by a newspaper. *The Review of Economic Studies*, *20* (3), 181–190.

Cournot, A.-A. (1838). *Recherches sur les principes mathématiques de la théorie des richesses* (Paris, Hrsg.). L. Hachette.

DellaVigna, S. und Kaplan, E. (2007). The fox news effect: media bias and voting. *The Quarterly Journal of Economics*, *122* (3), 1187–1234.

Dewenter, R. (2004). *Essays on interrelated media markets*. Nomos-Verlag, Baden-Baden.

Dewenter, R. (2008). Crossmediale Fusionen und Meinungsvielfalt – juristische und ökonomische Betrachtungen. In: F. Fechner (Hrsg.). *Medienrechtliche Schriften*, Technische Universität Ilmenau, Ilmenau.

Dewenter, R. (2009). Netzneutralität. In: J. Haucap/J. Kühling (Hrsg.) *Effiziente Regeln für Telekommunikationsmärkte in der Zukunft: Kartellrecht, Netzneutralität und Preis–Kosten-Scheren*, 115–147.

Dewenter, R. und Haucap, J. (2009). *Ökonomische Auswirkungen von öffentlich-rechtlichen Online-Angeboten* (N. Baden-Baden, Hrsg.). Marktauswirkungen innerhalb von Drei-Stufen-Tests.

Dewenter, R., Haucap, J. und Wenzel, T. (2011). Semi-collusion in media markets. *International Review of Law and Economics*, *31* (2), 92–98.

Dewenter, R. und Heimeshoff, U. (2014). Media bias and advertising: evidence from a German car magazine. *Forthcoming in: Review of Economics*.

Dewenter, R., Jaschinski, T. und Wiese, N. (2009). Wettbewerbliche Auswirkungen eines nichtneutralen Internets. In: J. Kruse und R. Dewenter (Hrsg.), *Wettbewerbsprobleme im Internet*, Nomos Verlag, Baden-Baden.

Dewenter, R. und Kaiser, U. (2006). Horizontale Fusionen auf zweiseitigen Märkten am Beispiel von Printmedien. *Perspektiven der Wirtschaftspolitik*, *7* (3), 335–353.

Dewenter, R. und Rösch, J. (2011). Newspaper habit. *Economics Bulletin*, *31* (4), 2884–2889.

Dewenter, R. und Rösch, J. (2014). Net neutrality and the incentives (not) to exclude competitors. *mimeo*.

Dewenter, R., Rösch, J. und Terschüren, A. (2014). Marktabgrenzung von Internetsuchmaschinenmärkten. *mimeo*.

Doganoglu, T. und Wright, J. (2010). Exclusive dealing with network effects. *International Journal of Industrial Organization*, *28* (2), 145–154.

Dorfman, R. und Steiner, P. O. (1954). Optimal advertising and optimal quality. *The American Economic Review*, 826–836.

Dulleck, U., Johnston, D., Kerschbamer, R. und Sutter, M. (2012). The good, the bad and the naive: do fair prices signal good types or do they induce good behaviour? *Working Papers in Economics and Statistics*.

Dulleck, U. und Kerschbamer, R. (2006). On doctors, mechanics, and computer specialists: the economics of credence goods. *Journal of Economic Literature*, *44*, 5–42.

Dulleck, U., Kerschbamer, R. und Sutter, M. (2011). The economics of credence goods: an experiment on the role of liability, verifiability, reputation, and competition. *The American Economic Review*, *101* (2), 526–555.

Economides, N. (1996). The economics of networks. *International Journal of Industrial Organization*, *14* (6), 673–699.

Economides, N. und Tåg, J. (2012). Network neutrality on the Internet: a two-sided market analysis. *Information Economics and Policy*, *24* (2), 91–104.

Ellman, M. und Germano, F. (2009). What do the papers sell? A model of advertising and media bias. *The Economic Journal*, *119* (537), 680–704.

Evans, D. S. (2003). Some empirical aspects of multi-sided platform industries. *Review of Network Economics*, *2* (3), 1–19.

Evans, D. S. (2012). Governing bad behavior by users of multi-sided platforms. *Berkeley Technology Law Journal*, *2* (27), 1201–1250.

Evans, D. S. und Noel, M. D. (2008). The analysis of mergers that involve multisided platform businesses. *Journal of Competition Law and Economics*, *4* (3), 663–695.

Evans, D. S. und Schmalensee, R. (2007). The industrial organization of markets with two-sided platforms. *Competition Policy International, 3* (1), 151–179.

Evans, D. S. und Schmalensee, R. (2008). Markets with two-sided platforms. *Issues in Competition Law and Policy, 1.*

Evans, D. S. und Schmalensee, R. (2013). The antitrust analysis of multi-sided platform businesses. *Oxford Handbook on International Antitrust Economics*, Oxford University Press, Oxford.

Farrell, J. und Klemperer, P. (2007). Coordination and lock-in: competition with switching costs and network effects. *Handbook of Industrial Organization, 3*, 1967–2072.

Farrell, J. und Saloner, G. (1986). Installed base and compatibility: innovation, product preannouncements, and predation. *The American Economic Review, 76* (5), 940–955.

Ferrando, J., Gabszewicz, J. J., Laussel, D. und Sonnac, N. (2008). Intermarket network externalities and competition: an application to the media industry. *International Journal of Economic Theory, 4* (3), 357–379.

Filistrucchi, L., Geradin, D., Van Damme, E. und Affeldt, P. (2014). Market definition in two-sided markets: theory and practice. *Journal of Competition Law and Economics, 10* (2), 293–339.

Filistrucchi, L., Klein, T. J. und Michielsen, T. O. (2012). Assessing unilateral merger effects in a two-sided market: an application to the Dutch daily newspaper market. *Journal of Competition Law and Economics, 8* (2), 297–329.

Gabszewicz, J., Laussel, D. und Sonnac, N. (2001). Press advertising and the ascent of the Pensée Unique. *European Economic Review, 45* (4), 641–651.

Gabszewicz, J., Laussel, D. und Sonnac, N. (2005). Does advertising lower the price of newspapers to consumers? A theoretical appraisal. *Economics Letters, 87* (1), 127–134.

Gabszewicz, J., Laussel, D. und Sonnac, N. (2006a). *Advertising and competitive access pricing to internet services or pay-tv.* CORE.

Gabszewicz, J., Laussel, D. und Sonnac, N. (2006b). Competition in the media and advertising markets. *The Manchester School, 74* (1), 1–22.

Gabszewicz, J., Sonnac, N. und Wauthy, X. (2001). On price competition with complementary goods. *Economics Letters, 70* (3), 431–437.

Gal-Or, E. und Dukes, A. (2003). Minimum differentiation in commercial media markets. *Journal of Economics & Management Strategy, 12* (3), 291–325.

Gal-Or, E. und Dukes, A. (2006). On the profitability of media mergers. *The Journal of Business, 79* (2), 489–525.

Gandal, N. (2002). Compatibility, standardization, and network effects: some policy implications. *Oxford Review of Economic Policy, 18* (1), 80–91.

Gentzkow, M. und Shapiro, J. M. (2006). Media bias and reputation. *Journal of Political Economy, 114* (2), 280–316.

Gruber, J. und Köszegi, B. (2001). Is addiction 'rational'? Theory and evidence. *The Quarterly Journal of Economics, 116* (4), 1261–1303.

Gustafsson, K. E. (1978). The circulation spiral and the principle of household coverage. *Scandinavian Economic History Review, 26* (1), 1–14.

Hagiu, A. (2006). Pricing and commitment by two-sided platforms. *The RAND Journal of Economics, 37* (3), 720–737.

Hagiu, A. (2009). Two-sided platforms: product variety and pricing structures. *Journal of Economics & Management Strategy, 18* (4), 1011–1043.

Hagiu, A. und Lee, R. S. (2011). Exclusivity and control. *Journal of Economics & Management Strategy, 20* (3), 679–708.

Hartwich, T. (2007). *Content choice in media markets* (Unveröffentlichte Dissertation). Ruhr-Universität Bochum.

Hass, B. H. (2007). Größenvorteile von Medienunternehmen: Eine kritische Würdigung der Anzeigen-Auflagen-Spirale. *Medienwirtschaft Sonderheft, 1* (2007), 70–78.

Haucap, J., Hartwich, T. und Uhde, A. (2005). Besonderheiten und Wettbewerbsprobleme des Marktes für wissenschaftliche Fachzeitschriften. *Vierteljahrshefte zur Wirtschaftsforschung/Quarterly Journal of Economic Research, 74* (3), 85–107.

Haucap, J. und Klein, G. J. (2012). *Einschränkungen der Preisgestaltung im Einzelhandel aus wettbewerbsökonomischer Perspektive.* Springer, Berlin.

Heinrich, J. (2001). *Medienökonomie*, Bd. 1: *Wiesbaden 2001.*

Heinrich, J. (2010). *Medienökonomie*, Bd. 2: *Hörfunk und Fernsehen.* Springer, Berlin

Hermalin, B. E. und Katz, M. L. (2007). The economics of product-line restrictions with an application to the network neutrality debate. *Information Economics and Policy, 19* (2), 215–248.

Hess, T. und von Walter, B. (2006). Toward content intermediation: shedding new light on the media sector. *The International Journal on Media Management, 8* (1), 2–8.

Hotelling, H. (1929). Stability in competition. *Economic Journal, 39,* 41–57.

Hubbard, T. N. (1998). An empirical examination of moral hazard in the vehicle inspection market. *RAND Journal of Economics, 29,* 406–426.

Jullien, B. (2011). Competition in multi-sided markets: divide and conquer. *American Economic Journal: Microeconomics, 3* (4), 186–219.

Jullien, B. und Rey, P. (2007). Resale price maintenance and collusion. *The RAND Journal of Economics, 38* (4), 983–1001.

Kaiser, U. und Song, M. (2009). Do media consumers really dislike advertising? An empirical assessment of the role of advertising in print media markets. *International Journal of Industrial Organization, 27* (2), 292–301.

Kaiser, U. und Wright, J. (2006). Price structure in two-sided markets: evidence from the magazine industry. *International Journal of Industrial Organization, 24* (1), 1–28.

Katz, M. L. und Shapiro, C. (1985). Network externalities, competition, and compatibility. *The American Economic Review, 75* (3), 424–440.

Katz, M. L. und Shapiro, C. (1994). Systems competition and network effects. *The Journal of Economic Perspectives, 8* (2), 93–115.

Kehder, C. (2013). *Konzepte und Methoden der Marktabgrenzung und ihre Anwendung auf zweiseitige Märkte.* Erscheint im Nomos Verlag.

Kerber, W. (2012). Wettbewerbspolitik. In: *Vahlens Kompendium der Wirtschaftstheorie und Wirtschaftspolitik* Bd. 2. (S. 369–434). Vahlen.

Kiefer, M. L. (2005). *Medienökonomik: Einführung in eine ökonomische Theorie der Medien.* Oldenbourg Wissenschaftsverlag.

Kind, H. J., Nilssen, T. und Sorgard, L. (2007). Competition for viewers and advertisers in a tv oligopoly. *Journal of Media Economics, 20* (3), 211–233.

Knieps, G. (2007). *Netzökonomie: Grundlagen-Strategien-Wettbewerbspolitik.* Springer, Berlin.

Kops, M. (2005). Bausteine einer Theorie des öffentlich-rechtlichen Rundfunks. In: C.-M. u. a. Ridder (Hrsg.), (S. 341–366). Wiesbaden.

Körber, T. (2014a). Der SIEC-Test im GWB-Verhältnis zum Unionsrecht und Auswirkungen auf die Praxis. *WUW: Wirtschaft und Wettbewerb, 64* (3), 250–260.

Körber, T. (2014b). Internet search engines and competition law. *Journal of Intellectual Property Law & Practice, 9* (6), 517–520.

Krämer, J., Wiewiorra, L. und Weinhardt, C. (2013). Net neutrality: a progress report. *Telecommunications Policy, 37* (9), 794–813.

Kreps, D. M. und Scheinkman, J. A. (1983). Quantity precommitment and Bertrand competition yield Cournot outcomes. *The Bell Journal of Economics,* 326–337.

Kruse, J. (2004). Publizistische Vielfalt und Effizienz durch den Markt oder durch staatliche Regulierung? In: M. Friedrichsen & W. Suefert (Hrsg.). *Effiziente Medienregulierung: Marktdefizite oder Regulierungsdefizite.* Nomos-Verlag, Baden-Baden.

Kruse, J. (2008). Internet-Überlast, Netzneutralität und Service-Qualität. *Wirtschaftsdienst*, *88* (3), 188–194.

Laffont, J.-J. und Tirole, J. (1994). Access pricing and competition. *European Economic Review*, *38*, (9), 1673–1710.

Lee, R. S. (2013). Vertical integration and exclusivity in platform and two-sided markets. *The American Economic Review*, *103* (7), 2960–3000.

Leibenstein, H. (1966). Allocative efficiency vs. x-efficiency. *The American Economic Review*, *56* (3), 392–415.

Motta, M. (2004). *Competition policy: theory and practice*. Cambridge University Press, Cambridge.

Mullainathan, S. und Shleifer, A. (2005). The market for news. *American Economic Review*, *95* (4), 1031–1053.

Neumann, M. (2000). *Wettbewerbspolitik Geschichte, Theorie und Praxis*. Springer, Wiesbaden.

Peitz, M. (2006). Marktplätze und indirekte Netzwerkeffekte. *Perspektiven der Wirtschaftspolitik*, *7* (3), 317–333.

Peitz, M. und Valletti, T. M. (2008). Content and advertising in the media: pay-tv versus free-to-air. *International Journal of Industrial Organization*, *26* (4), 949–965.

Pfähler, W. und Wiese, H. (2008). Kompatibilitätswettbewerb. *Unternehmensstrategien im Wettbewerb: Eine spieltheoretische Analyse*, 325–362.

Pindyck, R. und Rubinfeld, D. (2009). *Mikroökonomie (7. Ausg.)*. Pearson Studium, München.

Reisinger, M. (2012). Platform competition for advertisers and users in media markets. *International Journal of Industrial Organization*, *30* (2), 243–252.

Reisinger, M., Ressner, L. und Schmidtke, R. (2009). Two-sided markets with pecuniary and participation externalities. *The Journal of Industrial Economics*, *57* (1), 32–57.

Reuter, J. und Zitzewitz, E. (2006). Do ads influence editors? Advertising and bias in the financial media. *The Quarterly Journal of Economics*, *121* (1), 197–227.

Rey, P. und Vergé, T. (2010). Resale price maintenance and interlocking relationships. *The Journal of Industrial Economics*, *58* (4), 928–961.

Rochet, J.-C. und Tirole, J. (2002). Cooperation among competitors: some economics of payment card associations. *The RAND Journal of Economics*, *33* (4), 549–570.

Rochet, J.-C. und Tirole, J. (2003a). An economic analysis of the determination of interchange fees in payment card systems. *Review of Network Economics*, *2* (2).

Rochet, J.-C. und Tirole, J. (2003b). Platform competition in two-sided markets. *Journal of the European Economic Association*, *1* (4), 990–1029.

Rochet, J.-C. und Tirole, J. (2006). Two-sided markets: a progress report. *The RAND Journal of Economics*, *37* (3), 645–667.

Rochet, J. C. und Tirole, J. (2008). Tying in two-sided markets and the honor all cards rule. *International Journal of Industrial Organization*, *26* (6), 1333–1347.

Rosen, R. (2007). Platform competition with endogenous multihoming. In: R. Dewenter und J. Haucap (Hrsg.), Access Pricing: Theory and Practice (S. 229). Elsevier, Amsterdam.

Roson, R. (2005). Two-sided markets: a tentative survey. *Review of Network Economics*, *4* (2).

Rysman, M. (2009). The economics of two-sided markets. *The Journal of Economic Perspectives*, *23* (3), 125–143.

Schmidt, I. und Haucap, J. (2013). *Wettbewerbspolitik und Kartellrecht: Eine interdisziplinäre Einführung*. Oldenburg Wissenschaftsverlag; überarbeitete und aktualisierte Auflage.

Schuett, F. (2010). Network neutrality: a survey of the economic literature. *Review of Network Economics*, *9* (2).

Schulz, N. (2003). *Wettbewerbspolitik: eine Einführung aus industrieökonomischer Perspektive*. Mohr Siebeck.

Schumpeter, J. A. (1912). *Theorie der wirtschaftlichen Entwicklung*. Duncker & Humblot.

Schwalbe, U. (2011). Preisgestaltung in vertikalen Strukturen: Preisbindung und Preisempfehlung aus ökonomischer Sicht. *WUW: Wirtschaft und Wettbewerb, 61* (12), 1197–1215.

Schwalbe, U. und Zimmer, D. (2006). *Kartellrecht und Ökonomie: moderne ökonomische Ansätze in der europäischen und deutschen Zusammenschlusskontrolle.* Verlag Recht und Wirtschaft.

Shy, O. (2001). *The economics of network industries.* Cambridge University Press, Cambridge.

Siegert, G. (2003). *Medienökonomie.* Springer, Berlin.

Stackelberg, H. (1934). *Marktform und Gleichgewicht.* Springer, Berlin.

Steiner, P. O. (1952). Program patterns and preferences, and the workability of competition in radio broadcasting. *The Quarterly Journal of Economics, 66* (2), 194–223.

Stühmeier, T. und Wenzel, T. (2011). Getting beer during commercials: adverse effects of ad-avoidance. *Information Economics and Policy, 23* (1), 98–106.

Stühmeier, T. und Wenzel, T. (2012). Regulating advertising in the presence of public service broadcasting. *Review of Network Economics, 11* (2).

Tirole, J. (1999). *Industrieökonomik, 2. deutschsprachige Auflage, München/Wien,* Oldenburg.

Van Schewick, B. (2006). Towards an economic framework for network neutrality regulation. *Journal on Telecommunications & High Technology Law, 5,* 329.

Varian, H. R. und Buchegger, R. (2004). *Grundzüge der Mikroökonomik* (Bd. 6). *Oldenburg, München, Wien.*

Wandtke, A.-A. und Castendyk, O. (2011). *Wettbewerbs-und Werberecht* (Bd. 3). de Gruyter, Berlin.

Weeds, H. (2012). *TV wars: exclusive content and platform competition in pay tv.* Centre for Economic Policy Research.

Weyl, E. G. (2010). A price theory of multi-sided platforms. *The American Economic Review, 100* (4), 1642–1672.

Wright, J. (2003). Optimal card payment systems. *European Economic Review, 47* (4), 587–612.

Wright, J. (2004). One-sided logic in two-sided markets. *Review of Network Economics, 3* (1).

The manufacturer's authorised representative in the EU is Springer
Nature Customer Service Centre GmbH, Europaplatz 3, 69115 Heidelberg,
Germany. If you have any concerns regarding our products, please
contact ProductSafety@springernature.com

Printed and bound by CPI Group (UK) Ltd, Croydon, CR0 4YY
27/04/2026
02097633-0006